Renate Basch-Ritter

ÖSTERREICH AUF ALLEN MEEREN

Geschichte der k.(u.)k. Kriegsmarine
von 1382 bis 1918

Renate Basch-Ritter

ÖSTERREICH AUF ALLEN MEEREN

Geschichte der k.(u.)k. Kriegsmarine
von 1382 bis 1918

VERLAG STYRIA

Mit 167 Abbildungen, davon 14 in Farbe

CIP-Kurztitelaufnahme der Deutschen Bibliothek

Basch-Ritter, Renate:

Österreich auf allen Meeren : Geschichte d.
k. (u.) k. Kriegsmarine von 1382–1918 /
Renate Basch-Ritter. – Graz ; Wien ; Köln :
Verlag Styria, 1987.
ISBN 3-222-11796-9

© 1987 Verlag Styria Graz Wien Köln
Alle Rechte vorbehalten
Printed in Austria
Graphische Gestaltung: Hans Paar
Farblithos: Reproteam Graz
SW-Lithos, Satz und Druck: Druck- und Verlagshaus Styria, Graz
Gedruckt auf 115 g/m² Niklaplus
Bindung: Wiener Verlag, Himberg
ISBN 3-222-11796-9

„Warum Historiker schreiben und arbeiten . . .
die einen tun es, um Ehre und Ruhm bei Zeitgenossen
und Nachfahren zu erreichen . . . andere, um sich
bei denen beliebt zu machen, welche die Kriegstugenden
rühmen . . . mich lockt keiner dieser Gründe,
sondern die Größe der Sache . . . nicht Hoffnung
auf Nutzen, sondern Verpflichtung zur Ehrlichkeit,
Vaterlandsliebe und Liebe zum Nächsten,
der sich an meiner Arbeit erfreuen soll."

Johannes Longinus (Jan Dlugosz)
„Historia Polonica", vor 1480, Krakau

Inhalt

WIRKUNGSRAUM UND LEBENSART DER K. U. K. MARINE
1867–1918

Vorwort

Inmitten vieler, für Europa ungünstiger Entwicklungen ist die Tatsache ein Lichtblick, daß man sich wieder der eigenen Größe und Tradition erinnert. Auch in Österreich ist heute der Sinn für das, was unser Land durch die Jahrhunderte gewesen ist, erwacht. Die Erkenntnis reift heran, daß Österreich eine verantwortliche Weltmacht war, die ihre Pflichten erfüllte. In einer neuen Zeit, unter gänzlich geänderten Bedingungen, ist dies eine Herausforderung für jene jüngeren Österreicher, die wissen, auf welchem Boden sie stehen und was für sie das gewaltige geistige und traditionelle Erbe bedeutet.

Das gilt auch für die Geschichte der k. (u.) k. Kriegsmarine. Hier haben Österreicher, mit verhältnismäßig geringen Mitteln, Beachtliches vollbracht. Menschen, oft tief im Inland geboren, haben den Ruf der Meere vernommen und ihre Namen in den Annalen der Geschichte der Seefahrt verewigt.

Es ist nicht notwendig, hier auf Einzelpersonen hinzuweisen. Wer die österreichische Geschichte auch nur ein wenig kennt, ist mit ihnen vertraut.

Es ist verdienstvoll, daß Frau Professor Basch-Ritter nunmehr die Gesamtgeschichte der österreichischen Marine anschaulich darstellt. Hier wird denjenigen, deren Geschichtskenntnisse verhältnismäßig mangelhaft sind, gezeigt, was geleistet wurde. Wer diese Zeilen liest, weiß: Er darf stolz darauf sein, sich Österreicher zu nennen. Allerdings heißt das auch: Wir müssen uns heute derer würdig erweisen, die vor uns die österreichische Flagge auf die Weltmeere hinausgetragen haben.

Nicht zuletzt im Interesse des jungen Österreich wünsche ich dem Werk viel Erfolg.

OTTO
VON HABSBURG

ENTSTEHUNG UND ENTWICKLUNG

Die Geschichte der habsburgischen Kriegsmarine von 1382 bis 1918

I.
„Habsburg" erhält Zugang zum Meer

Die Vorgeschichte der österreichischen Marine begann im 14. Jahrhundert, in einer Zeit, in der sich innerhalb mehrerer Generationen auf vielen Gebieten des menschlichen Lebens grundlegende Veränderungen vollzogen.

Der Mensch des Mittelalters bewertete die Dinge der Welt „sub specie aeternitatis" (im Lichte der Ewigkeit), als einen Teil einer göttlichen Weltordnung, die für ihn nicht zu begreifen war und der er sich unterordnen mußte.

Die überschaubare Welt erschien klein, der Schwerpunkt des Weltgeschehens lag im Herzen Europas und rund um das Mittelmeer. Amerika und Australien entwickelten von Europa noch ungestört ihre eigenen Kulturen, der überwiegende Teil von Afrika und Asien war unerforscht, aus Indien und China drangen neben den begehrten Luxuswaren, die auf alten Handelswegen befördert wurden, nur spärliche Berichte ins Abendland.

Europa war um die Mitte des Jahrhunderts von schrecklichen Naturkatastrophen überschattet. Heuschreckenschwärme fielen aus dem Orient kommend ein und vernichteten weite Landstriche, Unwetter und Überschwemmungen verwüsteten die kärglichen Reste der Ernte. 1348 erschütterte ein gewaltiges Erdbeben den südöstlichen Raum des Alpenbogens. Mehr als 40 Burgen und Städte in Kärnten, Krain und der Steiermark sanken dabei in Trümmer.

Im Gefolge dieser Plagen drang im gleichen Jahr die Pest in Europa ein. Die Schiffe, die von der Levante nach Italien segelten, brachten neben ihren duftenden Gewürzladungen und den zarten Geweben auch ekelerregende und ansteckende Krankheitskeime von fernen Küsten mit. Die Ratten an Bord der Schiffe waren Träger der „Pasteurelle Pestis", desjenigen Bazillus, der die Beulenpest verursacht. Die durch Fliegen übertragene Krankheit lauerte an den Handelsplätzen, wuchs in den Hafenstädten an und nahm den Weg der Handelsstraßen in alle Städte Europas. Die Pest raffte ein Drittel der Menschen Europas hinweg.

Die Menschen waren verängstigt, alle Ordnungen schienen zusammenzubrechen, Glaubenszweifel, Aberglaube und Hexenwahn machten sich breit, „Geißler" und „Flagellanten" durchzogen die Länder und mahnten zur Buße. Kirche, Obrigkeit und Privatmann suchten für die vermeintlichen Strafen Gottes mit Eifer nach Schuldigen. Bald wurden sie gefunden – grausame Judenverfolgungen verdüsterten das verworrene Bild des Jahrhunderts.

Doch nicht alles war dunkel, düster, erschreckend und trostlos. Zur gleichen Zeit bahnte sich fast zögernd eine neue Epoche an, in der Wissenschaft und Forscherdrang an die Stelle von geistiger Beengtheit, Angst und Aberglaube traten.

Der Mensch an der Schwelle zur Neuzeit versuchte – ähnlich einem Jugendlichen, der die Geborgenheit und die Fesseln der Kindheit abstreift –, sich selbst und die Welt zu erforschen, die Geheimnisse der Natur und die fernsten Winkel der Welt zu ergründen und zu beherrschen.

Das geographische Weltbild veränderte sich ähnlich der Weltsicht des mittelalterlichen Menschen.

Allmählich setzte sich bei den Gelehrten die Ansicht durch, daß die Erde eine Kugel sei und daß den Seefahrern kein schreckliches Ende drohte, wenn sie mit ihren Schiffen den Rand der „Erdscheibe" erreichten.

Die Seefahrt begann sich von den küstennahen Gewässern zu lösen und wagte sich in die Weite des unbekannten Atlantiks. Spanische und portugiesische Seefahrer entdeckten Madeira, die Azoren und die Kanarischen Inseln. Für diese ersten Entdeckungsfahrten war der Kompaß mit Windrose und Magnetnadel sowie der „Quadrant", ein Gerät zur Bestimmung der geographischen Breite, ein unentbehrlicher Begleiter.

Das Zentrum der habsburgischen Herrschaft lag im 14. Jahrhundert an der Donau. Der Weg zum Meer erfolgte in mühsamen und zaghaften Schritten.

Im Jahre 1382 löste sich der Graf von Tibein (italienisch Duino) vom Patriarchat von Aquileia und verbündete sich mit der „Comune Trecentesco" – der „Gemeinschaft der dreizehn regierenden Familien" in Triest. Die Stadt Triest beschloß nun, um gegen die mächtigen Nachbarstädte Venedig und Aquileia gesichert zu sein, sich freiwillig dem Schutz des Habsburger Herzogs Leopold III. zu unterstellen. Eine Triestiner Gesandtschaft erreichte im September 1382 die Stadt Graz, die Residenz Herzog Leopolds III. Dieser erhielt eine Zueignungsurkunde. Die alten Gemeinderechte Triests blieben bestehen, ein „Capitano" residierte als Vertreter Leopolds in der Stadt an der Adria.

Die Verbindung Habsburgs, Österreichs und der Monarchie – die Bezeichnung der Herrschaft und der Bereich änderten sich im Laufe der Jahrhunderte – mit dem Meer begann demnach vor mehr als 600 Jahren.

Herzog Leopold III. war ein Bruder des legendären Herzogs Rudolf IV., der als „Rudolf der Stifter" besser bekannt geworden ist.

Dieser unternehmungslustige Habsburger schloß mit seinem Schwiegervater, dem Kaiser des Reiches Karl IV., aus

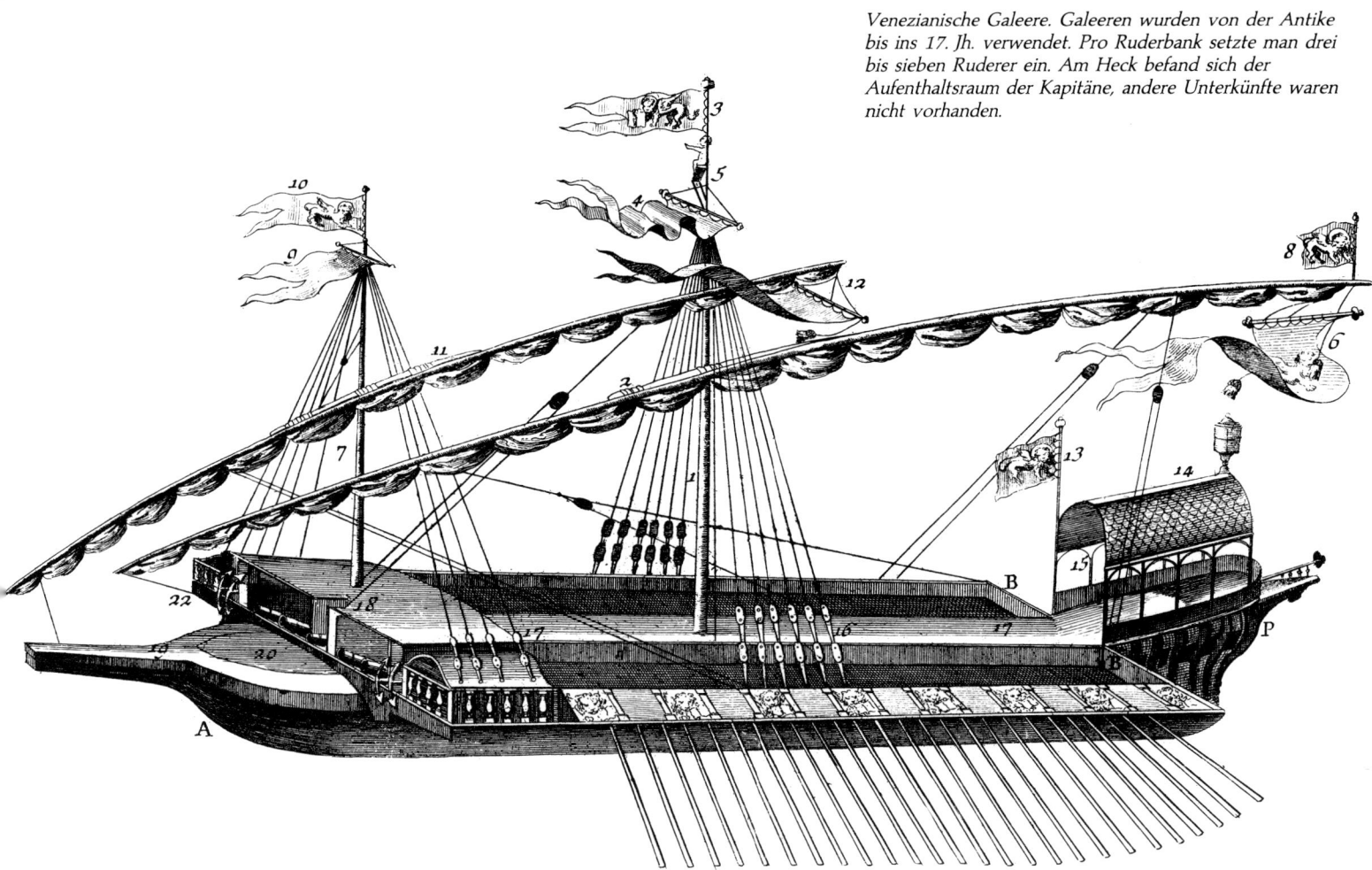

dem Geschlecht der Luxemburger, einen gegenseitigen Erbvertrag. Im Falle des Erlöschens der Dynastie „Habsburg" oder „Luxemburg" sollte die andere Dynastie den Herrschaftsbereich uneingeschränkt übernehmen. Schon einige Jahre zuvor hatte Rudolf mit den Anjous, dem ungarischen Herrscherhaus, einen ähnlichen Erbvertrag abgeschlossen.

Mit diesen Verträgen war zum ersten Mal die Idee einer Einheit von Alpen-, Sudeten- und Donauraum aufgetaucht. „Hausmachtpolitik" in Form von geschickten Erbverträgen, Ländertausch, Kauf oder erheirateter Länderbesitz waren die politischen Bande des Spätmittelalters. Die Verträge wurden so verfaßt, daß für alle Beteiligten eher weniger reiner Machtzuwachs als strategische und wirtschaftliche Vorteile zu erwarten waren.

Die Habsburger, denen wenige Generationen später die Gebiete ihrer Vertragspartner zufallen sollten, erwarteten sich eine Festigung ihrer Besitzungen in den Alpenländern und einen weiteren Zugang nach Süden zum Meer. Sie übernahmen später mit den Ländern des Sudeten-, Karpaten- und Donauraumes auch die politische Zielsetzung der vorhin genannten Herrscherhäuser. So wurde bereits im Spätmittelalter der Grundstein für die Donaumonarchie des 19. Jahrhunderts gelegt.

Der begabte und ideenreiche Herzog Rudolf der Stifter wurde nur 26 Jahre alt. Er starb im Winter 1365 während

eines Aufenthaltes bei seinem Verbündeten und Freund Barnabo Visconti, dem Herrn von Mailand.

Den Habsburger und Visconti verbanden gemeinsame Interessen gegen das Patriarchat von Aquileia, das an die Machtbereiche beider Herrscher grenzte und damit den Weg zur Adria versperrte.

Unter den Brüdern und Erben Rudolfs IV. wurden die Erblande geteilt, so daß es drei habsburgische Herrschaftsbereiche gab:

1. die österreichischen Länder – Residenz Wien,
2. die innerösterreichischen Länder – Residenz Graz,
3. die vorderösterreichischen Länder – Residenz Innsbruck.

Triest, das sich, wie eingangs erwähnt, freiwillig dem „steirischen" Leopold anvertraut hatte, gehörte seit 1382 zu Innerösterreich.

Die Geschichte des Habsburgerreiches als Seemacht konnte beginnen, oder besser gesagt, die Voraussetzungen dazu waren gegeben.

Mit der Erwerbung Triests hatte das Habsburgerreich Zugang zum Meer, dennoch konnte man es noch einige Jahrhunderte lang nicht als Seemacht bezeichnen. Es gab damals weder eine österreichische Flotte noch ausgebildete Seeleute. Die Schiffahrt beschränkte sich auf einige kleine unbedeutende Triestiner Handelsschiffe, die der übermächtigen

Der Markuslöwe: Der Herrschaftsbereich des Markuslöwen
reichte im Spätmittelalter vom Comer See über Istrien,
Dalmatien zur Ägäis und ins östliche Mittelmeer.

hafen der österreichischen Marine. Es sei daher ein Rückblick auf die Anfänge, die Entwicklung und die Eigenart der „Serenissima" gestattet.

Im 5. Jahrhundert n. Chr. flüchteten viele Bewohner der Poebene vor den kriegerischen Einfällen der Hunnen in die für Fremde undurchdringliche und geheimnisvolle Landschaft der Lagune. Dort, wo das feste Land endet, aber das Meer noch nicht beginnt; dort, wo bei Flut alles überschwemmt wird, aber bei Ebbe Hunderte von kleinen Sandbänken und Inseln auftauchen, gründeten die Flüchtlinge eine neue Stadt. Das Wasser war Venedigs Schutz, aber auch seine ständige Gefahr. Alle Gebäude mußten auf Pfählen aus widerstandsfähigem Holz erbaut werden, damit sie nicht im Schlamm versanken.

Fischfang, Salzgewinnung und Schiffahrt bildeten bald die wirtschaftliche Grundlage der neuen Siedlung. Bereits um 800 gewährte Karl der Große der Stadt freien Handel. Der Aufstieg der „civitas Venetiarum", das Anwachsen des Reichtums, die prunkvollen Bauten waren mit keiner anderen Stadt zu vergleichen. Im Jahre 828 brachten venezianische Seefahrer den mumifizierten Leichnam des Evangelisten Markus, den sie in einem Kloster in Alexandria erworben hatten, nach Venedig. Die Sage erzählt, daß der Leichnam gestohlen wurde und daß er in einer Kiste, bedeckt mit Kohl und Schweinespeck, in seine neue Heimat gelangt sei. Ob gekauft oder gestohlen, dem heiligen Markus wurde eine prächtige Kirche errichtet. Unter dem Patronat San Marcos und seines Wappentieres, dem geflügelten Löwen, wurde Venedig zur Weltmacht.

Zur Jahrtausendwende eroberte der Doge Pietro Orselo die Küste Istriens und des südlichen Dalmatiens. 80 Jahre später rettete Venedig Konstantinopel vor dem Ansturm der Normannen und erhielt dafür Privilegien für den Handel im östlichen Mittelmeer. Während der Kreuzzüge im 12. und 13. Jahrhundert gelang es Venedig, an der Küste von Kleinasien, Syrien und Palästina Handelsstationen zu errichten und nebenbei am Transport der Kreuzfahrer zu verdienen. Venedig beherrschte nun den gesamten Handel zwischen Europa, Nordafrika und dem Orient. Die Werft von Venedig, das „Arsenal", wurde der größte Schiffsbauplatz der Welt. Hier wurden Schiffe aller Art in Auftrag gegeben: Gondeln, Galeeren, Segelschiffe, Flußboote, Handels- und Kriegsschiffe.

Die Venezianer exportierten Schiffe, Salz, Glaswaren und Textilien. Sie verkauften Sklaven, Waffen und Getreide in die Länder der Levante, sie brachten Seidenstoffe, Teppiche,

Konkurrenz Venedigs in keiner Weise gewachsen waren. Die Republik Venedig beherrschte die Adria. Zu Beginn des 15. Jahrhunderts begann ihr Besitz am Comer See, umfaßte die Poebene, grenzte an die habsburgischen Länder Tirol und Kärnten, wurde durch die habsburgischen Küstengebiete bei Triest und Fiume (heute Rijeka) unterbrochen und reichte von der Mitte Dalmatiens bis vor die Tore der Republik Ragusa (heute Dubrovnik). Weite Gebiete Istriens, fast alle dalmatinischen Inseln, das in den Kreuzzügen erworbene Kreta unterstanden ebenso wie die ionischen und ägäischen Inseln der „Beherrscherin der Meere".

Venedig war im Zusammenhang mit der österreichischen Marine in den folgenden Jahrhunderten einige Male von großer Bedeutung. Für mehr als 50 Jahre war es der Haupt-

Essenzen und Gewürze nach Europa. Ihre Schiffe führten Öl aus Sizilien, Sklaven von den Küsten des Schwarzen Meeres und Nordafrikas, Wolle und Erze aus Nordeuropa, Kupfer aus Zypern und sogar Pelze und Leder aus Rußland. Sie brachten Bauholz von den Küsten Dalmatiens nach Ägypten, transportierten gottesfürchtige und abenteuerlustige Pilger ins „Heilige Land" und führten aus Indien Pfeffer, der damals mit Gold aufgewogen wurde, zu den Häfen Europas. Um das Jahr 1400 war Venedig die mächtigste und reichste Stadt des Mittelmeerraumes. Es fürchtete keine Konkurrenz.

Genua war in den sogenannten „Gewürzkriegen" besiegt worden. Eine Seeschlacht nahe der Inselgruppe Brioni hatte den lästigen Konkurrenten im Mittelmeer beseitigt.
Die Türken, die damals bereits einen Teil Kleinasiens beherrschten und die darangingen, eine Flotte nach venezianischem Muster zu bauen, nahm Venedig als Konkurrenten noch nicht ernst. Doch immer häufiger erbeuteten die Türken venezianische Schiffe, und nach und nach eroberten sie die Stützpunkte, die den Venezianern an den Handels- und Schiffahrtswegen nach Osten Schutz boten.

Venezianisches Kriegsschiff: Das „Arsenal" von Venedig wurde im Spätmittelalter zum großen Schiffsbauplatz des Abendlandes. Neben Galeeren entstanden hier ab dem 16. Jh. Segelschiffe aller Größenordnungen.

Querschnitt durch ein Kriegsschiff des 17. Jh.s. Für
Geschütze sind hier drei Decks vorgesehen. Unter der
Wasserlinie befinden sich die Depots für Tau- und
Ankerwerk und die Proviantkammern.
Die Seeleute schliefen in Hängematten, für die Offiziere
gab es winzige Kabinen.

Die Feste, die damals und zum Teil heute noch im Jahresablauf in Venedig gefeiert werden, spiegelten manche wichtigen Ereignisse seiner Geschichte wider.

Jedes Jahr am Himmelfahrtstag fuhr der jeweilige Doge mit großem Gefolge auf einer vergoldeten Galeere auf das offene Meer. Dort zog er einen kostbaren Ring vom Finger und warf ihn mit den Worten „Das ist das Zeichen der Herrschaft Venedigs über dich" ins Meer. (Natürlich wurde der Ring von einem Taucher wieder herausgeholt.)

Eine Volksbelustigung, die während des Karnevals durchgeführt wurde, erinnerte an den Kampf mit Genua. Bei diesem Spiel mußten sich zwei Gruppen, verteilt auf Boote und bewaffnet mit langen Stangen, bekämpfen. Die Gruppe, der es gelang, mehr Gegner in den Kanal zu befördern, blieb Sieger.

Die heute noch stattfindende „Regatta storica" am Canale Grande erinnert an die Einverleibung der Insel Zypern vor mehr als 500 Jahren. Die „Festa della Madonna della Salute" erinnert an die Errettung vor der Pest 1348.

Ein Teil der heutigen dalmatinisch-kroatischen Küste gehörte im 15. Jahrhundert zu Ungarn. Im 16. Jahrhundert kam durch die Erwerbung Ungarns dieser Teil der Küste an das Haus Habsburg.

Auch dieser neue Küstenerwerb führte nicht zum Ausbau einer habsburgischen Seemacht. Es fehlte an Geld und an Erfahrung, die Übermacht Venedigs zu brechen, schien aussichtslos.

Andere Probleme begannen das Habsburgerreich zu erschüttern. 1453 eroberten die Türken Konstantinopel, ein neues Zeitalter brach an. In wenigen Jahrzehnten wurde ein Großteil der Balkanhalbinsel türkisch, die Inseln der Ägäis wechselten ihren Besitzer.

Venedigs Macht begann zu sinken, der Schwerpunkt des Seehandels verlagerte sich in den westlichen Teil des Mittelmeeres. Der Türke, „der Erzfeind", wie er in Österreich bald genannt wurde, begann mit Waffengewalt an die Pforten des Reiches zu pochen. Die Interessen und Sorgen der Habsburger verlagerten sich an die Landgrenzen im Osten und Südosten ihres Reiches. „Habsburg" hatte Zugang zum Meer – doch die ersten österreichischen Kriegsschiffe wurden an der Donau gebaut. Die Donauflottille spielte eine nicht unbedeutende Rolle während der nun etwa 300 Jahre dauernden Türkenkriege.

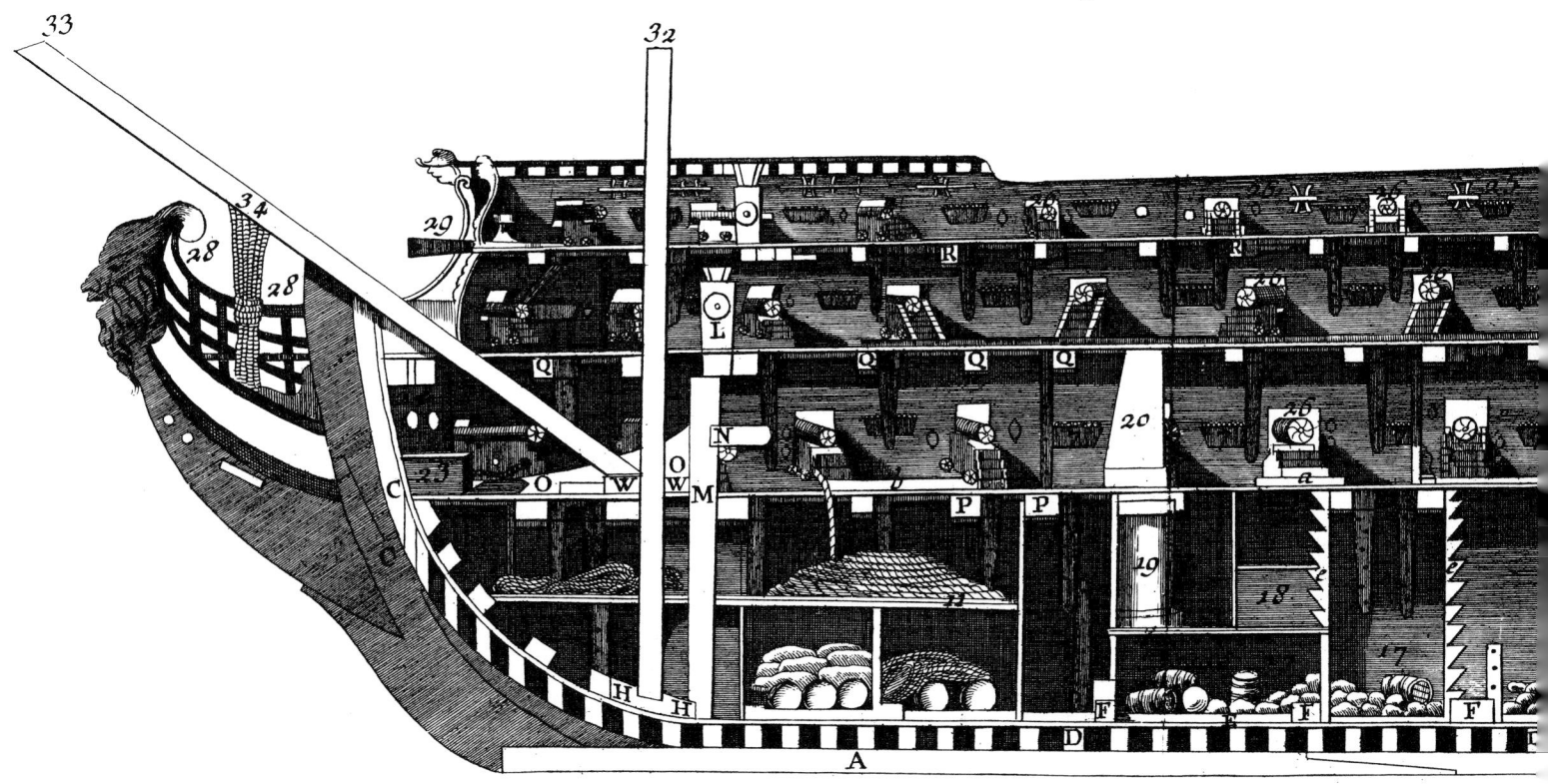

Zwei der wichtigsten Ereignisse der Weltgeschichte fielen in das 15. Jahrhundert. 1453 wurde, wie bereits erwähnt, Konstantinopel von den Türken erobert, 1492 entdeckte Kolumbus auf der Suche nach einem Seeweg nach Indien – den Landweg hatten die Türken gesperrt – den Doppelkontinent Amerika. Beide Geschehnisse wurden in der Folge für das Haus Habsburg und für Österreich von weitreichender Bedeutung. Im erfolgreichen Kampf gegen die Türken wurde Österreich zur kontinentalen Großmacht, die Entdeckung Amerikas brachte die spanischen Habsburger – die ja auch die Seemacht Spanien erwerben konnten – in den Besitz eines riesigen Kolonialreiches in Mittel- und Südamerika.

Die vorhin erwähnte Teilung der habsburgischen Länder ging unter Friedrich V. (Kaiser Friedrich III.), einem Herzog aus der steirischen Linie, zu Ende.

Der 1415 in Graz geborene Habsburger umgab sich gerne mit Gelehrten, Alchemisten, Astronomen und Astrologen. Eine Grenze zwischen diesen Gruppen war schwer zu ziehen, Wissenschaft und Aberglaube flossen ineinander über. Herzog Friedrich gefiel die Idee vom „Dominium Austriae",

die sein Ahne Rudolf der Stifter so geschickt in die Wege geleitet hatte. Er gab aus diesem Grund dem Erzhaus Österreich einen sehr selbstbewußten Wahlspruch oder, besser gesagt eine Buchstabenfolge, die verschieden interpretiert werden kann. „AEIOU" lautete die geheimnisvolle Abkürzung, die man auf dem Mobiliar, aber auch auf Bauwerken findet, wie zum Beispiel auf einem eingemauerten Stein im Innenhof der Burg zu Graz, am Westportal des Grazer Doms oder an der Bürgerspitalskirche in Krems.

Der Sinn der Vokalfolge ist bei allen Erklärungsversuchen gleich, Österreich hat demnach seit Ewigkeit her und für alle Zukunft eine große Bedeutung. AUSTRIAE EST IMPERARE ORBI UNIVERSO, ALLES ERDREICH IST ÖSTERREICH UNTERTAN, AUSTRIA ERIT IN ORBE ULTIMA sind nur einige von vielen Deutungen. Der pathetische Spruch schien dem Habsburger recht zu geben. Friedrich wurde zum deutschen König gewählt. Der feierlichen Krönung zu Aachen

1442 folgte zehn Jahre später die Kaiserkrönung durch den Papst in Rom.

In seiner Funktion als Kaiser des „Heiligen Römischen Reiches Deutscher Nation" konnte Friedrich III. darangehen, die Hausmacht seiner Familie zu stärken.

„Bella gerant alii, tu felix Austria nube" („Kriege mögen andere führen, du, glückliches Österreich, heirate!") ist der eine Teil des weniger oft zitierten ganzen Distichons „nam quae Mars aliis, dat tibi regna Venus" („was Mars den anderen gibt, möge dir Venus schenken").

Wer diesen Spruch im 15. Jahrhundert geprägt hat, ist nicht geklärt. Er paßt jedoch vortrefflich auf die Heiratspolitik der Habsburger an der Schwelle zur Neuzeit. Während der kurzen Zeitspanne von nur 40 Jahren gelang es, ein Weltreich zu erheiraten.

Die Folgen dieser geschickten Heiratspolitik erbrachten im 16. Jahrhundert ein völlig neues Bild der politischen Machtverteilung. Seit Juni 1519 beherrschte Karl V., der älteste der Enkeln Kaiser Maximilians I., ein riesiges Reich, in dem tatsächlich „die Sonne nie unterging". Denn nach der heute üblichen Einteilung der Welt in 24 Zeitzonen lagen die Länder innerhalb von sieben dieser 24 Zonen.

Der Herrschaftsbereich Karls in Europa breitete sich unregelmäßig nach allen Himmelsrichtungen aus. Er reichte von den östlichen Grenzen der Herzogtümer Österreich und Steiermark bis zu den Niederlanden an der Nordsee, vom Königreich Neapel im Süden bis zur Straße von Gibraltar und den Ufern des Atlantiks im Westen. Zu seinem Reich gehörten auch das von den Habsburgern „erheiratete" Spanien und die dazugehörigen Kolonien in Mittel- und Südamerika. Die Hochkulturen der Azteken, Mayas und Inkas waren den spanischen Conquistadoren, die im Namen des Kreuzes, des Schwertes und des Goldes gekommen waren, nicht gewachsen. Viele Abenteurer, die sich aus dem „el d'orado", dem „vergoldeten Land", reiche Schätze erwarteten, gelangten auf Karavellen, die unter der spanischen Flagge Habsburgs segelten, zur Neuen Welt.

Es war eine Welt der Seefahrt, in der Kaiser Karl lebte. Der Drang, die Neue Welt zu erforschen, von der nur Gott zu wissen schien, wo sie wirklich endete, neue, Reichtum versprechende Inseln zu entdecken, günstige Schiffahrtswege zu finden, beherrschte diese Epoche.

Wenige Jahre vor Karls Geburt hatte seine Großmutter mütterlicherseits, Königin Isabella von Kastilien, die Expedition des Genuesen Christoph Kolumbus, der einen neuen Seeweg über den Atlantik nach Indien suchte, ausgerüstet und den Ruhm und die Ehre, die sich aus der Entdeckung der vermeintlichen Ostküste Indiens ergaben, für Spanien in Anspruch genommen.

1497 – fünf Jahre nach der Entdeckung der Westindischen Inselgruppe durch Kolumbus – segelten die Genuesen Giovanni und Sebastiano Caboto, Vater und Sohn, im Dienste des englischen Königs Heinrich VII. durch den nördlichen Atlantik und erreichten die Küste Nordamerikas. Ihre Expedition führte sie von den Küsten der Halbinsel Labrador bis zum Raum des heutigen New York. Sebastiano Caboto, ein talentierter Kartograph, trat in die Dienste Karls V. und führte in dessen Auftrag eine Forschungsreise nach Südamerika durch, um geeignetes Neuland für spanische Kolonien zu suchen. Caboto segelte entlang der brasilianischen Küste bis zur Mündung des La Plata, wo er sich entschloß, den Paraná stromaufwärts zu fahren, bis er den Paraguay erreichte. Der Wunsch, neue Kolonien zu erwerben, erfüllte sich nicht, und so wurde der Genuese für einige Jahre in den Kerker von Oran, an der Küste Algeriens, verbannt. So wie Kolumbus und Sebastiano Caboto das Tor zum Goldenen Westen für Spanien öffneten, fand Vasco da Gama für Portugal einen Seeweg zu den Reichtümern des Ostens.

Die Kartographen des 16. Jahrhunderts waren ständig damit beschäftigt, neue Weltkarten zu zeichnen, die Umrisse der Kontinente zu erweitern und auszubessern oder mit neuen Einzelheiten zu versehen.

Zwischen den Seefahrernationen Portugal und Spanien kam es zu einem erbitterten Wettkampf um die neuentdeckten Küsten und Inseln, den Papst Alexander VI. durch einen skurrilen Schiedsspruch zu schlichten suchte. Nach dem Willen des Papstes sollte die Welt wie ein Apfel in zwei Hälften geteilt werden, die Schnittlinie war der 49. Längenkreis. Alle Länder westlich dieses Meridians sollten spanisches Kolonialgebiet werden, alles Land östlich des Meridians sollten die Portugiesen besitzen. Die Karte der Entdeckungen zeigt, daß dieser päpstliche Schiedsspruch bis in unsere Zeit nachhallt – noch immer spricht man in den Staaten Lateinamerikas, die westlich des Meridians liegen, Spanisch, in Brasilien, das durch päpstlichen Beschluß den Portugiesen zugewiesen war, ist die Muttersprache Portugiesisch.

1519 trat der portugiesische Seefahrer Fernão Magalhães (Magellan) in spanische Dienste. Er trug Karl V. einen phantastischen Plan vor, der endgültig beweisen sollte, daß die Erde eine Kugel sei, und der außerdem für Spanien neuen reichen Landbesitz versprach. Seine Idee war, die Gewürz-

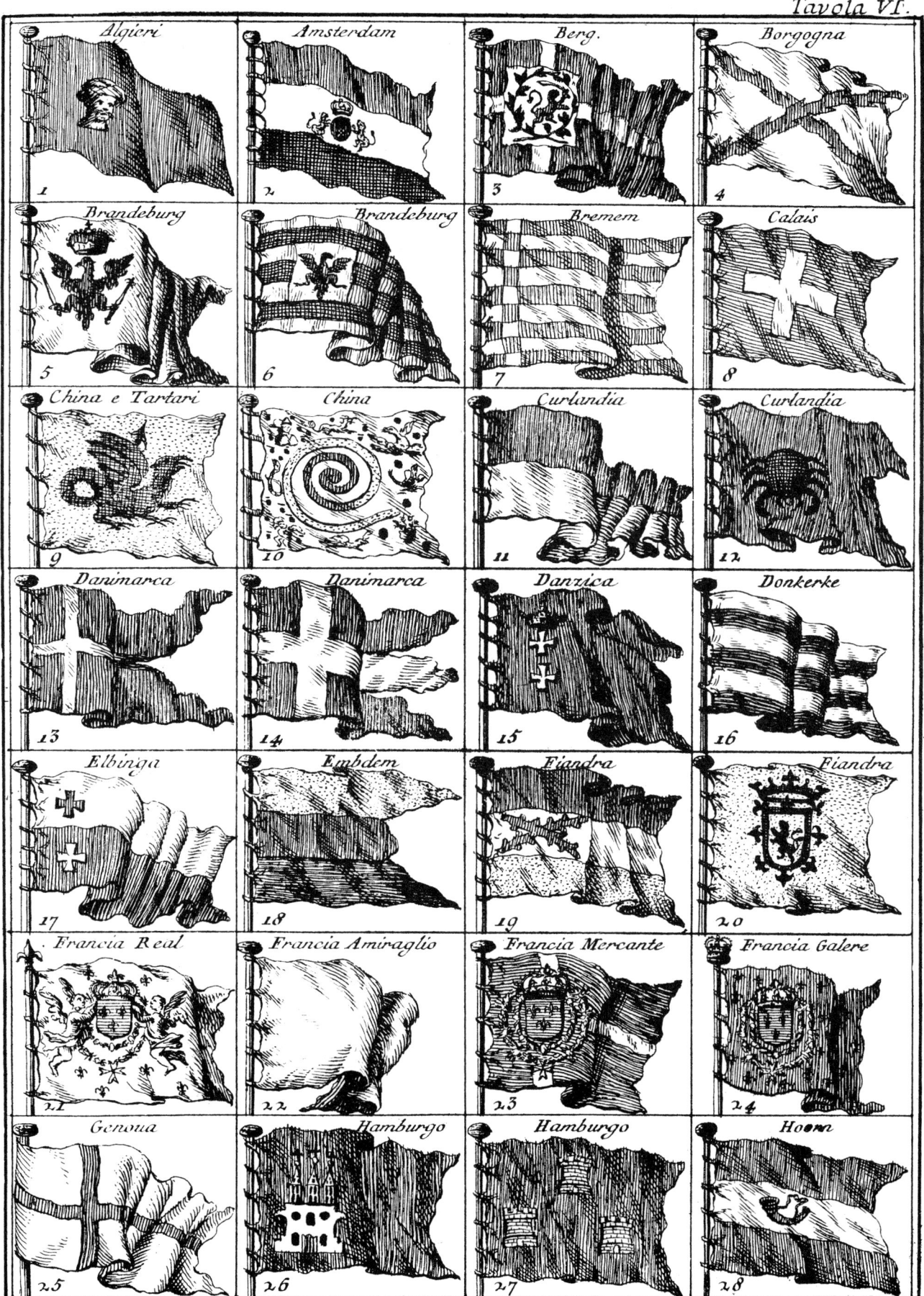

Algieri 1	Amsterdam 2	Berg. 3	Borgogna 4
Brandeburg 5	Brandeburg 6	Bremem 7	Calais 8
China e Tartari 9	China 10	Curlandia 11	Curlandia 12
Danimarca 13	Danimarca 14	Danzica 15	Donkerke 16
Elbinga 17	Embdem 18	Fiandra 19	Fiandra 20
Francia Real 21	Francia Amiraglio 22	Francia Mercante 23	Francia Galere 24
Genoua 25	Hamburgo 26	Hamburgo 27	Hoorn 28

Venezianischer Kompaß mit eingeschriebenen
Wind- und Landschaftsbezeichnungen.

Detail aus dem Kriegszug Kaiser Karls V. gegen Tunis.
Die Ruderer auf den Galeeren waren zumeist Sträflinge, aber
auch Freiwillige und Sklaven.

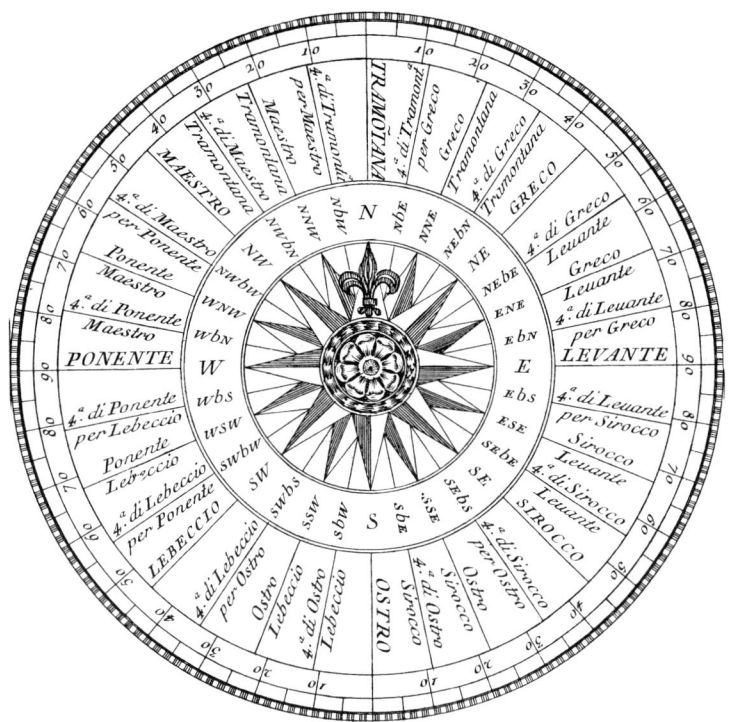

inseln (Molukken) vom Osten, vom Pazifischen Ozean her, zu erreichen und der spanischen Krone einzuverleiben. Karl V. erklärte sich bereit, für die Kosten der Expedition aufzukommen. Magellan fuhr im August 1519 mit seinem Flaggschiff *Trinidad* und vier weiteren kleineren Seglern von Sevilla aus den Guadalquivir flußabwärts zum Atlantik. Von der ersten Station, den Kanarischen Inseln, wo man Vorräte und Trinkwasser einholte, segelte die Expedition nach Patagonien zur Südspitze des heutigen Argentinien. Unter den spanischen Matrosen kam es zur Meuterei, sie verweigerten dem Portugiesen Magellan den Gehorsam und verlangten eine sofortige Rückkehr nach Spanien. Magellan ließ die Rädelsführer hinrichten und setzte die Fahrt fort. Bald entdeckte man die Durchfahrt zwischen dem Kontinent und der Insel Feuerland, die noch heute den Namen ihres Entdeckers, „Magellanstraße", trägt.

Nach langer Fahrt über den Pazifischen Ozean erreichte das Geschwader eine Inselgruppe, die man später nach dem spanischen Infanten die Philippinen nannte. Die Eingeborenen leisteten den eindringenden Europäern Widerstand. Magellan fiel im Kampf, das stark dezimierte und beschädigte Geschwader nahm Kurs auf die Molukken. 1522 fuhr die *Victoria*, das einzige übriggebliebene Schiff der Expe-

dition, nach dreijähriger Abwesenheit in den Hafen von Sevilla ein.

Mit Stolz schrieb Karl V. an seine Tante Margarete, Regentin der Niederlande, daß eines seiner Schiffe unter Spaniens Flagge die Welt umsegelt und ihm Ingwer, Zimt, Muskat und Sandelholz mitgebracht habe.

Kaiser Karl V. unternahm selbst so viele Reisen, wie kein Monarch zuvor. 1555 verzichtete der Kaiser auf einer Versammlung der Generalstände in Brüssel auf alle weiteren Regierungsgeschäfte und dankte zugunsten seines Sohnes Philipp II. ab, der nach seinem Willen nun die Regierung in den Niederlanden, in Spanien und in den Überseegebieten übernehmen sollte. Den Rückblick und die Rechtfertigung für seine 40jährige Regierungszeit beendete der Kaiser mit den Worten: „Ich war neunmal in Deutschland, sechsmal in Spanien, zweimal in Afrika. Ich segelte siebenmal nach Italien, zweimal nach England und zehnmal nach Flandern. Achtmal habe ich das Mittelmeer durchquert und dreimal den Ozean, nun wird es das vierte Mal sein, wenn ich nach Spanien fahre, um mir ein Grab zu suchen."

Die letzten Lebensjahre verbrachte Karl im spanischen Kloster San Yuste. Als Privatmann beschäftigte er sich mit Uhren, astronomischen Geräten, mit Globen, See- und Erdkarten. Sein Hofastronom Petrus Apianus fertigte ihm ein Planetarium aus purem Gold an. Der Kaiser verstand es, mit allen Seemannsgeräten seiner Zeit, wie Astrolabium, Kompaß und Quadrant, geschickt umzugehen.

Das Haus Habsburg stand im Zeitalter Karls V. auf dem Höhepunkt seiner Macht. Durch den Thronverzicht Kaiser Karls V. begann es sich in eine spanische und eine österreichische Linie zu spalten, denn die österreichischen Erblande hatte der Kaiser seinem jüngeren Bruder Ferdinand zugesprochen. Die Geschichte der beiden habsburgischen Linien verlief fortan getrennt. Die spanische Linie versuchte vergeblich, ihrem Land die Vormachtstellung als Seemacht zu erhalten, die österreichische Linie und ihr Landbesitz waren dazu berufen, das Bollwerk gegen die Osmanen zu sein. Die Kaiserkrone des „Heiligen Römischen Reiches Deutscher Nation" blieb bei der österreichischen Linie. Ferdinand, Kaiser Karls Bruder, war ihr nächster Träger. Die gemeinsamen Interessen beider Linien beeinflußten weiterhin die Geschichte Europas. Habsburg stand als dynastischer Koloß über Europa: mit dem einen Bein im Escorial bei Madrid, mit dem anderen Bein in Wien.

II.
Galeeren, Türken
und verschenkte Siege

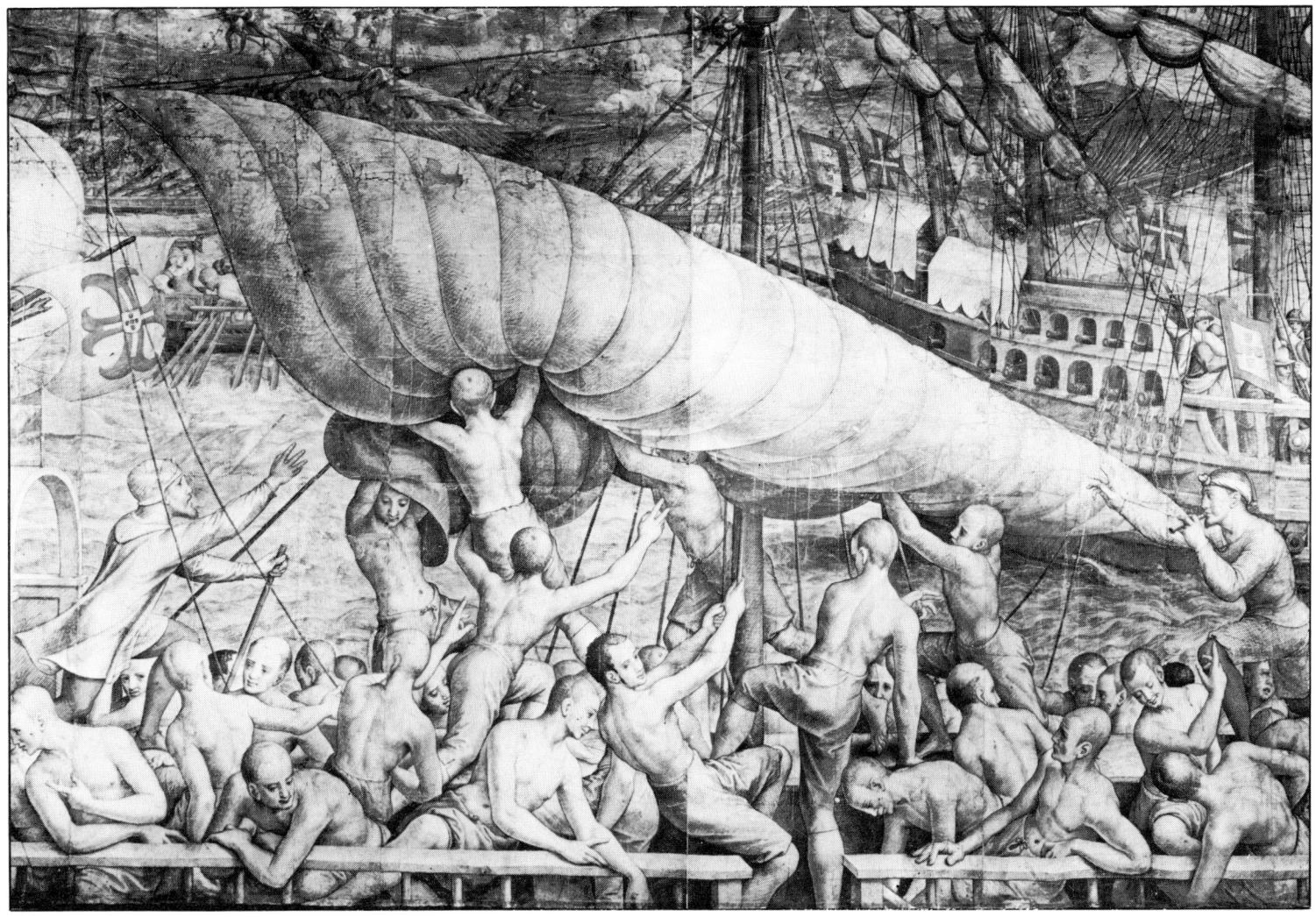

Im 13. Jahrhundert hatte sich in Kleinasien ein aus mehreren Turkvölkern zusammengesetztes Reich gebildet, das nach seinem Begründer Osman I. Osmanisches Reich benannt wurde. Bald dehnte sich das Osmanische Reich auf die südliche Balkanhalbinsel aus. 1389 wurde in der Schlacht auf dem Amselfeld das Großserbische Reich vernichtet.

1453 wurde, wie schon erwähnt, Konstantinopel erobert und als „Istanbul" Residenz der osmanischen Sultane. In der Folge besetzten die Türken, so nannte das christliche Abendland bald diese asiatischen moslemischen Scharen, den gesamten Balkanraum. Türkische Raubscharen drangen mehrmals über die Save, Mur und Drau in die östlichen Alpenländer ein.

Bei Mohács, einem Städtchen nahe der Donau im Bereich der ungarischen Tiefebene, kam es 1526 zur Katastrophe. Binnen weniger Stunden wurde das von seinem jungen König Ludwig II. befehligte ungarische Heer von den Türken, die Sultan Suleiman persönlich anführte, vernichtend geschlagen. König Ludwig war unter den vielen Gefallenen. Die Nacht nach der Schlacht soll Suleiman in einem Zelt verbracht haben, das von 2000 auf Speeren aufgespießten Ungarnköpfen umzäunt war.

Für Habsburg bedeutete die Katastrophe von Mohács einen Gewinn, denn mit Ludwigs Tod fiel aufgrund von gegenseitigen Erbverträgen die Krone Ungarns und Böhmens an Ferdinand I.

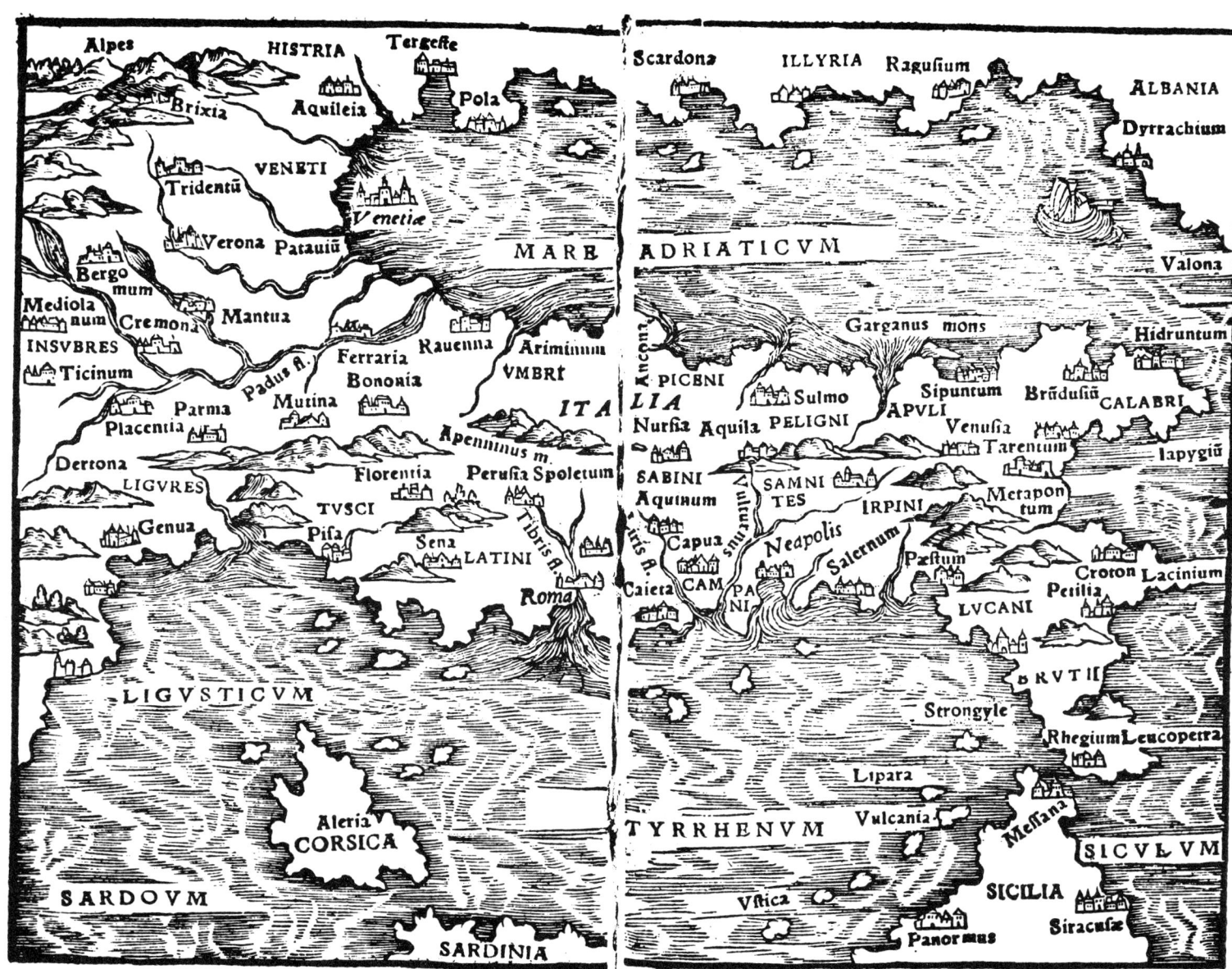

1526 war das staatsrechtliche Geburtsjahr der großösterreichischen Donaumonarchie. Bis zur tatsächlichen Herrschaft Habsburgs über Ungarn sollten aber damals noch mehr als eineinhalb Jahrhunderte vergehen.

Ferdinand I. übernahm gleichzeitig mit der ungarischen Stephanskrone auch die Verpflichtung zur weiteren Abwehr der Türken. Da diese bei ihren Kriegszügen fast immer von einer Donauflotte begleitet und unterstützt wurden, plante man nun auch in Wien den Bau einer kaiserlichen Donauflottille, einer „Armada". Diese erste österreichische Kriegs-

marine, die in ihrer Stärke im Vergleich zu den Flotten der Seemächte des 16. Jahrhunderts sehr bescheiden war, entstand im Binnenland. Die großen österreichischen Flüsse, die ja alle zum Einzugsbereich der Donau gehören, spielten in der Organisation des Nachschubwesens und beim Flottenbau eine wichtige Rolle, da bei dem schlechten Zustand der Landstraßen die Wasserwege oft die einzigen Verbindungs- und Nachschublinien für die Armee bildeten.

Bevor Ungarn türkisch wurde, nahmen die Schiffsbauer des Donaugebietes das Material für ihre „Nassaden", schmale,

Don Juan d'Austria: Der uneheliche Sohn Kaiser Karls V. erhielt vom Papst den Oberbefehl über die Flotte der „Liga" – eine Art Kreuzzug gegen die Türken. Die christliche Flotte bestand aus spanischen, venezianischen und päpstlichen Schiffen.

IOANNES AVSTRIACVS

flache Ruderboote (Naszád = ungarisch Boot) und „Tschaiken", militärische Flußschiffe (Sajka = ungarisch Kahn), aus den Eichenbeständen Slawoniens. Nun suchte das in Wien seit 1532 bestehende Schiffsmeisteramt notgedrungen andere Waldgebiete mit reichen geeigneten Baumbeständen. Die Wahl fiel auf das waldreiche nördliche Salzkammergut. Die Stadt Gmunden am Traunsee wurde ein Zentrum des Schiffsbaues. Viele vor den Türken geflüchtete Schopper (Schiffsbauer) fanden hier eine neue Heimat und bauten nach ihren alten Vorlagen Transport- und Kriegsschiffe aus Fichtenholz. „Traunerinnen", wie diese nach ihrem Herkunftsort benannten Schiffe hießen, waren weniger widerstandsfähig und billiger als Schiffe aus Eichenholz. Es lohnte sich nicht, die einmal auf der Donau eingesetzten Boote wieder stromaufwärts zu schleppen. Sie wurden dem „Plättenschinder" übergeben und zu Kleinholz zerlegt.

Während der Türkenkriege wurden wiederholt zur raschen Truppenverlegung Schiffsbrücken über die Donau gelegt. Sie bestanden meist aus Nassaden, „Siebnerinnen" (Zillen) und Salzschiffen, die mit Seilen und Pfählen miteinander verbunden waren. Ähnliche Schiffsbrücken verwendete man bei Bedarf bis in das 19. Jahrhundert, wie die Abbildung der Budapester Brücke zeigt. Feste Donaubrücken gab es damals nur selten am Oberlauf des Stromes. Nördlich von Wien bildete die Donau ein Gewirr von Altwasserarmen, Nebenläufen, Sandinseln und dazwischen immer wieder Auwaldstreifen, ähnlich der Stopfenreuther Au bei Hainburg.

Ein wirksames Hindernis besonderer Art waren die Sperrketten, die man knapp unter der Wasseroberfläche von einem Ufer zum anderen spannen konnte, wenn eine türkische Flottille die Donau stromaufwärts ruderte. Im Wiener Heeresgeschichtlichen Museum wird ein Teil einer imposanten Donausperrkette aufbewahrt, die den Zweck hatte, Schiffe zu stoppen, um sie dann vom Ufer aus zu beschießen. Diese Kette bestand ursprünglich aus 2972 Gliedern, sie hatte eine Länge von 590 Metern und wog 28 Tonnen.
1529 – drei Jahre nach der Schlacht bei Mohács – belagerte eine türkische Streitmacht von mehr als 100.000 Mann zum ersten Mal das Herz des Reiches, die Residenzstadt Wien. Die Türken hatten einen Teil ihres Trosses auf Schiffe verladen und diese donauaufwärts bis vor Wien rudern und streckenweise ziehen lassen. Um die Wiener von allen Nachschublinien abzuschneiden, verbrannten die Türken die hölzernen Donaubrücken. Eine kleine kaiserliche Donauflottille, die in aller Eile im Wiener Arsenal auf einer Donau-

23

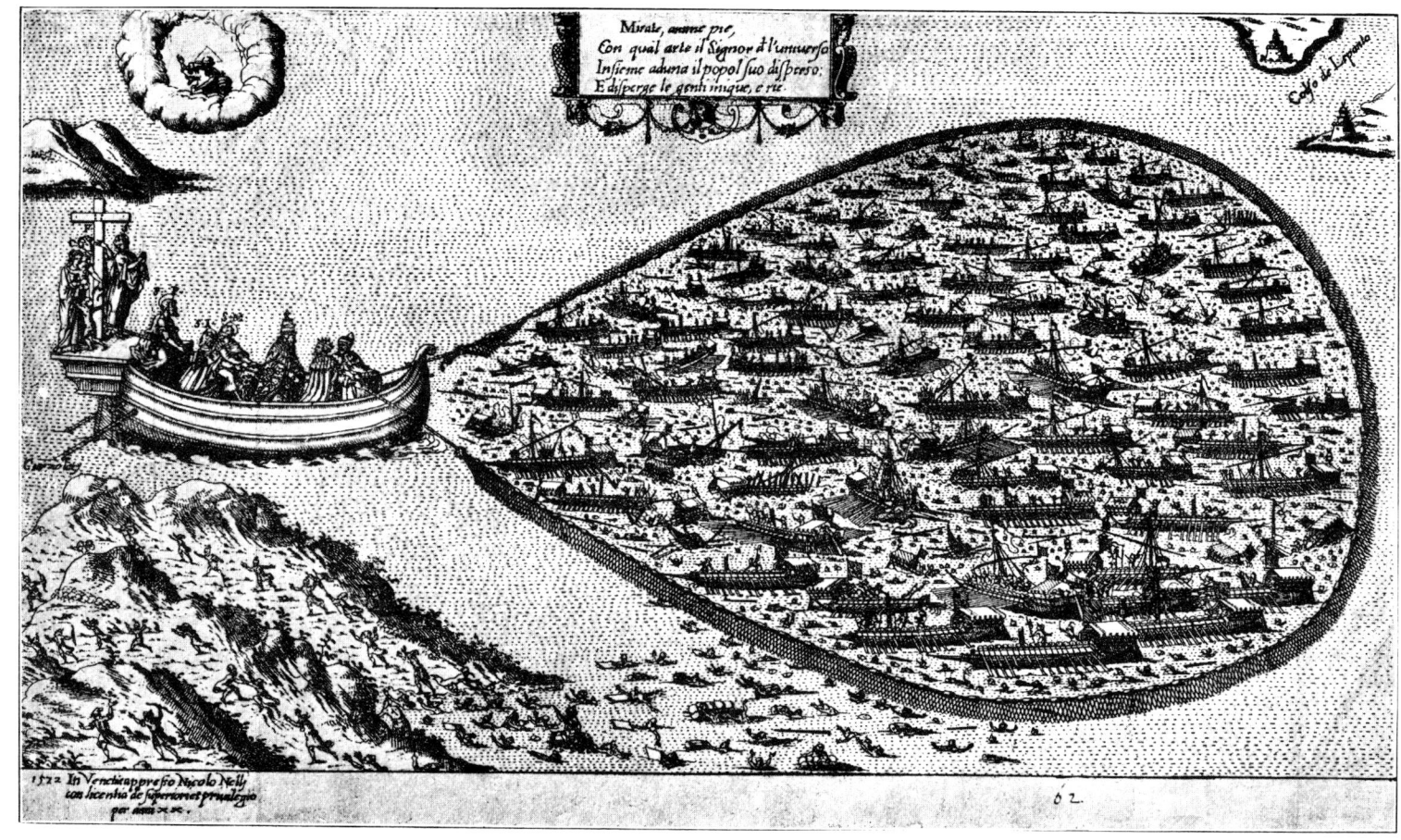

insel gebaut wurde, kam gar nicht zum Einsatz. Die Flottille mußte von den Wienern selbst in Brand gesteckt und versenkt werden, da keine ausgebildeten Mannschaften und Offiziere zur Verfügung standen.

Die Belagerung Wiens brachte den Türken keinen Erfolg. Heftiger Schneefall Mitte Oktober ließ sie einen vorzeitigen Wintereinfall befürchten und ihre Zelte abbrechen. Das Abendland atmete auf. 1547 wurde zwischen der „Hohen Pforte" und dem Reich ein Waffenstillstand geschlossen, der Kaiser Ferdinand I. kräftige Tributzahlungen abverlangte und Ungarn in drei Teile gliederte: der westliche Teil Ungarns mit Kroatien und einem Teil der dalmatinischen Küste blieb habsburgisch, im Osten, in Siebenbürgen, regierten türkische Vasallen, der mittlere Teil, die Tiefländer an Donau und Theiß, wurde von mehreren Paschas verwaltet.

„Herr des Ostens von dem Lande Tsin (China) bis zu den Grenzen Afrikas . . .", so bezeichnete sich Sultan Suleiman in einem Brief, den er an Kaiser Ferdinand I. sandte. Diese Ausdehnung des Osmanischen Reiches entsprach eher einem Wunschdenken. Doch seine Herrschaft begann immerhin an der Südspitze Arabiens, reichte bis nahe an die Straße von Gibraltar, von Ägypten im Süden bis an die Donau im Norden. Budapest und Belgrad, Bagdad und die Insel Rhodos fielen während seiner langen Regierungszeit in seine Macht. Suleiman fühlte sich durch die beiden habsburgischen Reiche, die Landmacht an der Donau und die Seemacht auf der Iberischen Halbinsel, in seinem Expansionsdrang und in seiner religiösen Pflicht, den islamischen Glauben mit dem Schwert in der Hand zu verbreiten, eingeengt.

In den Jahrzehnten nach der ersten Belagerung Wiens versuchten die Türken wiederholt, den Mißerfolg von 1529 auszugleichen. Mehrmals drangen türkische Heere, unterstützt von Donauflottillen, ohne besonderen Erfolg gegen das habsburgische Reich vor. Während dieser Zeit wurden im Wiener Arsenal ständig Donaukriegsschiffe gebaut und an die Kriegsschauplätze in der ungarischen Tiefebene geführt.

1540 wurde dem kaiserlichen Fahneneid die bis zum Ende des Ersten Weltkrieges gültige Formel „zu Wasser und zu Land" beigefügt. Gleichzeitig erschien eine „Schiffsordnung", die die deutschen Landsknechte zum Kampf auf dem Wasser verpflichtete. „Wie es auff dem Mörr zu faren mit den Teutschen Khnechten soll gehalten sein", lautete ihr Titel.

Zu dieser Zeit flüchteten einige tausend Christen aus den türkisch besetzten Gebieten Ungarns an die kroatische Küste. Bald bildeten diese „Uskoken" im Küstengebiet an der nördlichen Adria den ersten geordneten Grenzschutz gegen die Türken. 1555 wurden die habsburgischen Küstenstädte Triest und Fiume stark befestigt, um vor einem allfälligen Angriff einer türkischen Flotte geschützt zu sein. Im Jahr darauf wird in Wien der „Hofkriegsrat", eine Art Kriegsministerium, gegründet. Seine Hauptaufgabe war es, Maßnahmen gegen die Türken zu Wasser und zu Land zu setzen.

1556 führte der 72jährige Sultan Suleiman persönlich einen Feldzug gegen das habsburgische Westungarn. Die Türken, die das Ziel hatten, das habsburgische Reich im Zentrum zu treffen, wurden in Sziget aufgehalten, einer kleinen, gut befestigten Stadt westlich Fünfkirchen.

Die türkische Heermacht war der von Niklas Graf Zrinyi befehligten Besatzung der Festung im Verhältnis 100 : 1 überlegen, dennoch dauerte der Widerstand der Christen bereits mehrere Wochen. Suleiman forderte zur Unterstützung der Belagerer eine Flotte von Kriegsgaleeren an, die mit starken Geschützen armiert waren. Sogleich wurden sie von Belgrad, ihrem Ankerplatz, die Donau aufwärts gerudert. Nach mehrwöchiger Belagerung und Beschießung fielen die Festung und ihr tapferer Verteidiger. In der gleichen Nacht starb Suleiman in seinem Zelt. Der Großwesir versuchte den Tod des Sultans einige Zeit geheimzuhalten, um einen Aufruhr wegen Thronfolgestreitigkeiten zu vermeiden. Der Leibarzt des Sultans, Mitwisser des wenig heldenhaften Todes im Zelt, wurde auf der Stelle erwürgt, alle anwesenden Diener und Sklaven erdolcht. Die türkische Armee zog sich mit dem vermeintlich erkrankten Sultan, der seine Sänfte nie verließ, wieder zurück. Selim II., Sohn und Nachfolger Suleimans, schloß bald darauf mit Wien Frieden. Selims ehrgeizige Pläne richteten sich nach dem Westen. Sein Ziel war die Beherrschung des Mittelmeeres.

Die spanische Linie der Habsburger hatte sich im 16. Jahrhundert wiederholt gegen die aufsteigende Seemacht der Osmanen zur Wehr zu setzen. Islamische Korsaren (Piraten), deren „Nester" bei Algier und Tripolis lagen, erschwerten die christliche Seefahrt, der Orienthandel kam zum Erliegen.

Die Republik Venedig, die ihre Besitzungen im östlichen Mittelmeer bedroht sah, führte mit wechselhaftem Erfolg mehrere Kriege gegen die Hohe Pforte. In drei Kriegen gewann Venedig zwar die Inseln Zypern und Kephallinia, verlor jedoch Morea (Halbinsel Peloponnes), Negroponte (Insel Euböa) und die meisten ägäischen Inseln.

Sultan Selim plante, das kupferreiche Zypern, dessen Erträge in früheren Jahren den Pilgerstädten Mekka und Medina zugeflossen waren, seinem Reich wieder einzuverleiben. Da Venedig über eine starke Flotte verfügte, verhielt sich der Sultan einige Jahre abwartend.

Die venezianische Flotte war immer einsatzbereit. Dank der vortrefflichen Organisation des Arsenals und mit Hilfe von mehr als tausend Arbeitskräften konnte in wenigen Tagen eine Galeere hergestellt und ausgerüstet werden.

Am 13. September 1569 brach im Arsenal aus ungeklärter Ursache ein heftiger Brand aus, der das Pulvermagazin mit gewaltiger Detonation in die Luft jagte und einen Großteil aller Werkstätten vernichtete.

Der Feuerknall im Arsenal war das Alarmsignal für den Sultan, die Insel Zypern zu überfallen.

Venedig kannte die Stärke des Gegners und suchte Unterstützung bei anderen christlichen Mächten. Venezianische Gesandte baten an allen Fürstenhöfen von Krakau über Wien bis Lissabon um Hilfe, doch nur in Rom und Madrid fand die Serenissima Gehör. Die Hoffnung Venedigs lag vor allem bei König Philipp II. von Spanien, dessen italienische Besitzungen Sizilien, Sardinien und Neapel bei weiterem Vordringen des Halbmondes bedroht schienen.

Im Frühjahr 1570 segelte von Rhodos aus eine türkische Flotte mit 300 Schiffen unter dem Kommando von Piali Pascha nach Zypern. Trotz des tapferen Widerstandes der Bewohner der Festungen Nikosia und Famagusta brachten die Türken im Herbst 1570 die Insel in ihre Gewalt.

Die Geschichte weiß zu berichten, daß zu der Beute von Nikosia auch 1000 Jungfrauen gehörten, die nach Istanbul in den Harem des Sultans gebracht werden sollten. Den Tod der Schmach vorziehend, gelang es einer der Gefangenen, Feuer an die Pulverkammer des Transportschiffes zu legen und dieses mit allen Insassen in die Luft zu sprengen.

Die Seeschlacht von Lepanto: Auf der linken Bildseite ist die christliche Flotte formiert. Auf der rechten formiert sich das Zentrum der türkischen Flotte zum traditionellen Halbmond.

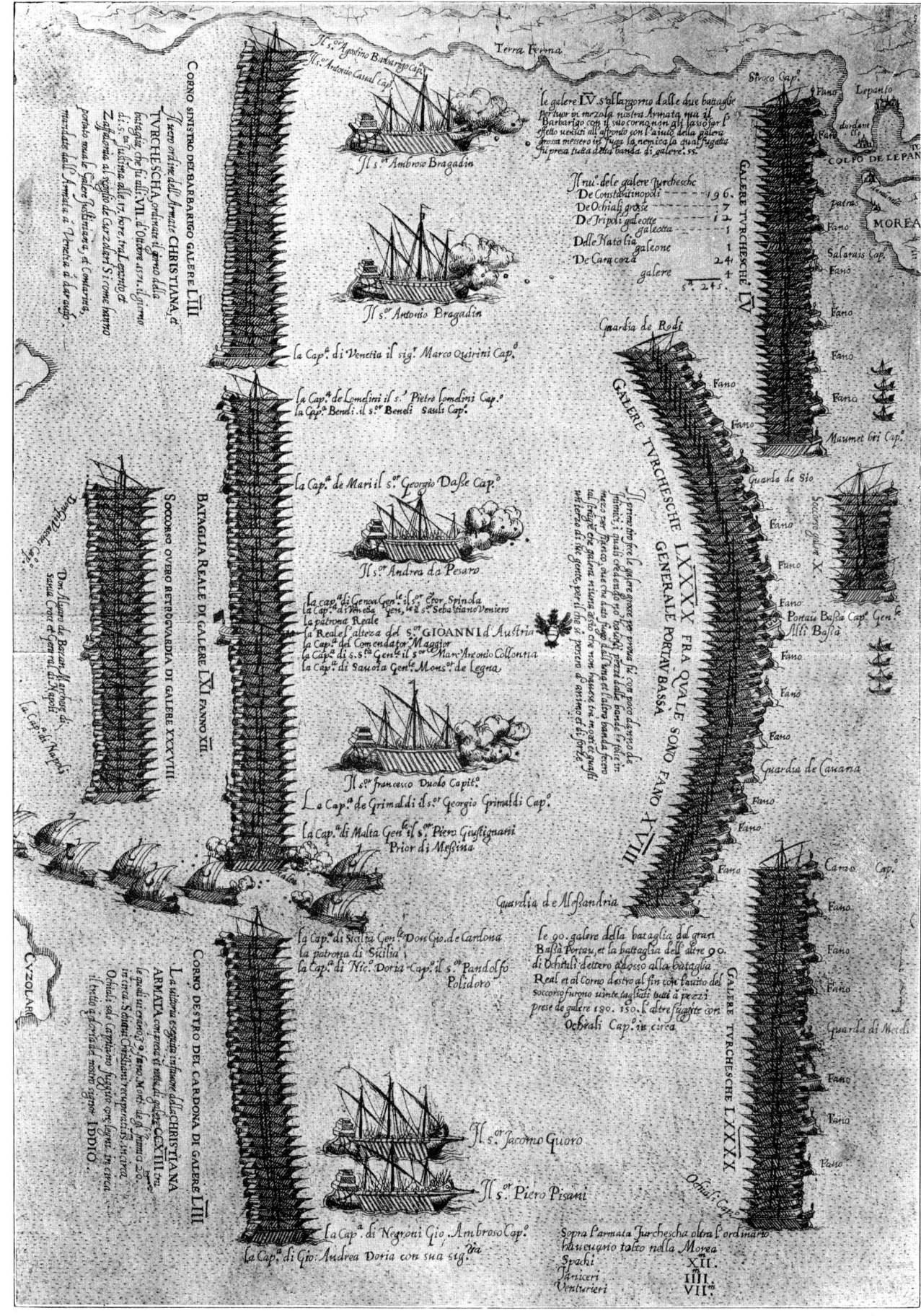

Inzwischen versuchte Papst Pius V., einen Vertrag zwischen Venedig, Spanien und dem Heiligen Stuhl zustande zu bringen. Das Ziel dieses Vertrages oder dieser geplanten „Liga" war es, eine starke abendländische Flottenmacht gegen den „Feind der Christenheit" zu organisieren.

Bei seinem Werben stützte sich der Papst vor allem auf die Jesuiten. Der Ordensgeneral Francesco Borgia entsandte seine redegewandten Ordensbrüder an die Höfe aller katholischen Herrscher.

Eine Art heiliges Fieber erfaßte die christliche Welt. Viele Freiwillige aus allen Ländern und sogar Protestanten kündigten ihr Interesse an diesem „Kreuzzug" an.

Am 25. Mai 1571 wurde in Rom die zwischen dem Papst und Vertretern der spanischen Krone und der Republik Venedig geschlossene „Heilige Liga" unterzeichnet. Ihre wichtigsten Bestimmungen lauteten:

1. Die „Heilige Liga" wird auf unbestimmte Dauer nicht nur gegen die Türken, sondern auch gegen Algier, Tunis und Tripolis gebildet.
2. Die Stärke der „Heiligen Liga" hat aus 200 Galeeren und 50.000 Soldaten – Spaniern, Italienern und Deutschen – zu bestehen.
3. Der Generalkapitän führt kein nationales Rangabzeichen, sondern das Banner der „Heiligen Liga".

Zum Führer der Liga bestimmte der Papst den jungen Don Juan d'Austria. Der 26jährige Prinz war ein illegitimer Sohn Kaiser Karls V., gezeugt mit der Regensburgerin Barbara Blomberg. Die „strahlende Erscheinung", die man dem jungen Habsburgersproß bescheinigte, und der ungeheure Triumph, der später mit seinem Namen verbunden war, ließen seinen Halbbruder, den verschlossenen, streng und kühl wirkenden König Philipp von Spanien, mißtrauisch und neidisch werden.

Mit Don Juan wird zum ersten Mal der Name Habsburg und Österreich in Zusammenhang mit einer der großen Schlachten der Seekriegsgeschichte gebracht. Don Juan d'Austria gilt als der erste österreichische Seeheld, obwohl er selbst nie in Österreich war und die Seeschlacht von Lepanto unter der Flagge der „Heiligen Liga" ausgetragen wurde.

Für die spanische Linie der Habsburger wurde Lepanto zur Existenzfrage, für die österreichische Linie bedeutete der Ausgang der Seeschlacht eine mehr als hundert Jahre lang dauernde Ruhepause bis zum großen Türkensturm von 1683.

In Barcelona erfolgte die Einschiffung der Truppen und die Verproviantierung der Schiffe. Zwei der Vettern Don Juans, die österreichischen Erzherzöge Rudolf und Ernst, begleiteten den jungen Generalkapitän auf sein Kommandoschiff, die *Reale*.

Am 20. Juli fuhr Don Juan mit seiner Flotte aus 47 Galeeren über Genua nach Neapel. Hier erhielt er das Geschenk des Papstes, das Banner der Liga und den Feldherrnstab des Oberbefehlshabers zu Land und zu Wasser. Das Banner war aus kostbarem blauen Seidendamast gefertigt. Es zeigte in der Mitte den Gekreuzigten, darunter das Wappen des Papstes und daneben das in viele Felder geteilte Wappen des Hauses Habsburg und jenes der Republik Venedig.

Am 24. August langte Don Juan mit der spanischen Flotte unter Admiral Andrea Doria am Sammelplatz der Liga in Messina ein. Die venezianische Flotte unter Admiral Sebastiano Venier und die päpstliche Escadre unter Marcantonio Colonna lagen hier bereits vor Anker. Es war die größte christliche Flotte, die je im Mittelmeerraum konzentriert war: etwa 300 Schiffe mit 80.000 Mann, davon 50.000 Matrosen, Ruderknechte und Galeerensklaven, der Rest stark bewaffnete Soldaten.

Die türkische Flotte Sultan Selims bestand aus 180 Galeeren, 200 kleineren Schiffen mit etwa 90.000 Mann Besatzung und war somit der christlichen Armada zahlenmäßig überlegen. Den Oberbefehl führte Ali Pascha, sein Admiralsschiff, die *Baschtarda*, brauchte keinen Vergleich mit der *Reale* zu scheuen. Einer der maßgeblichen Offiziere war Uluch-Ali, Kommandant der algerischen Escader. Uluch-Ali war gebürtiger Süditaliener, als Kind von Korsaren entführt und in die Türkei gebracht, hatte er im Dienst des Sultans eine märchenhafte Karriere erlebt.

Am 7. Oktober rüsteten beide Flotten zur Schlacht. Während die christliche Flotte in den Golf von Patras einlief, kamen die Türken in Sichtweite. Auf der *Reale* wurde eine Signalflagge gehißt, und sogleich begannen die letzten fieberhaften Vorbereitungen. Um den Geschützen eine bessere Schußlinie zu geben, hatte man bereits Tage zuvor die hochaufragenden Schiffsschnäbel abgesägt. Nun wurden die Stückpforten geöffnet, die Armbrustschützen, die Musketiere und die Kanoniere überprüften ein letztes Mal den Zustand ihrer Waffen. Enterbeile und Munition wurden ebenso in Reserve zurechtgelegt wie Brot, Wein und Wasser. Auf mehreren Galeeren bereiteten Ärzte ihr Verbandszeug und ihre chirurgischen Instrumente vor.

Während die Galeeren ihre vorher ausgemachten Plätze einnahmen, segelte Don Juan, angetan mit einem Prunkharnisch, ein Kruzifix in der Hand und das Goldene Vlies um den Hals, mit einem kleinen Segler rasch entlang der Kampflinie und begeisterte die Besatzungen mit einer kurzen Ansprache, für die christliche Sache zu kämpfen.

Von den türkischen Schiffen erklang indessen eine laute stampfende Musik, die durch Zimbeln und Schalmeien, durch Pauken und Tschinellen für europäische Ohren recht wunderlich klang. Die Türken segelten mit gutem Rückenwind gegen die Christen. Plötzlich schlief der Wind ein. Die Segel fielen, und dann ruderten zum ersten Mal seit der Seeschlacht von Actium, wo 31 v. Chr. der Römer Mark Anton Kleopatras Flotte gegen Oktavian verspielte, wieder Kriegsgaleeren in breiter Front aufeinander zu. Es sollte die letzte Galeerenschlacht der Geschichte werden.

Das taktische Ziel der türkischen Admiräle war es, die feindlichen Galeeren durch einen mächtigen Rammsporn zu vernichten. Dieses Vorhaben wurde aber von der Liga rechtzeitig durch ein aus allen Rohren eröffnetes Feuer vereitelt. Wie durch ein Wunder kam ein leichter Westwind auf, der die Segel der christlichen Flotte füllte und das Rudern erleichterte. Die Schiffe näherten sich, die Schlacht begann. Der Kampf wurde auf beiden Seiten mit größter Härte, Erbitterung und Grausamkeit ausgefochten. Hören wir, was die Zeitgenossen und Chronisten darüber berichten.

Ein junger spanischer Freiwilliger mit dem Namen Miguel de Cervantes war von dem denkwürdigen Tag der Schlacht zutiefst bewegt. Dreißig Jahre später läßt er den Helden seines Romanes „Don Quijote" (1. Buch, Kap. 39) folgendes erzählen:

> „Aber an jenem Tage, der der Christenheit soviel Glück brachte, weil er die Welt und alle Nationen über ihren bisherigen Irrtum, daß die Türken zur See unüberwindlich seien, aufklärte, an diesem Tag, an dem der Stolz und die Hoffart der Ottomanen gebrochen wurden, war ich unter so vielen Glücklichen, die es dort gab."

Den Höhepunkt der Schlacht bildete das Zusammentreffen der beiden Flaggschiffe, der *Reale* und der *Baschtarda*. Das aufragende Vorschiff der türkischen Galeere ragte weit über das Deck des christlichen Admiralsschiffes und verkeilte sich in dessen Takelung. Die beiden Schiffe bildeten nun ein einziges Kampffeld, auf dem Mann gegen Mann gekämpft wurde. Ali Pascha wurde von einer Kugel mitten in die Stirn getroffen und fiel tot auf das Deck. Ein Soldat aus Malaga hieb ihm den Kopf ab, steckte diese makabre Trophäe auf eine Lanze und hielt sie laut jubelnd empor. Die Türken erstarrten im Kampf, und von den Galeeren der Christen ertönte lautes Siegesgeheul. Don Juan ließ von der *Reale* Posaunenfanfaren erschallen, um die für die Christen günstige Botschaft über das weite Schlachtfeld zu verkünden. Das islamische Banner des türkischen Flaggschiffes wurde eingeholt, und statt dessen wehte bald die Fahne der Liga von dem überwundenen Schiff.

Der Kampf dauerte acht Stunden. Das Ergebnis brachte zwar der Liga einen überwältigenden Sieg, bedeutete aber den Tod von 8000 Christen und 25.000 bis 30.000 Türken. Die militärische Bilanz war für die Türken verheerend. Abgesehen von der großen Anzahl an Gefallenen und der doppelten Menge an Verwundeten mußte der Sultan den Verlust von 180 Galeeren hinnehmen. Unbezahlbare Schätze wie Geschmeide, Goldstücke, Seidenstickereien und Teppiche fielen in die Hände der Christen, da die wohlhabenden Türken, ihrer eigenen Staatsordnung mißtrauend, ihre Kostbarkeiten immer bei sich trugen. Die christliche Flotte erholte sich von der Schwere ihres glücklichen Sieges im Hafen Petala an der ionischen Küste. Von hier entsandte Don Juan Botschafter mit der Siegesmeldung, mit genauen Berichten über besonders tapfere Kämpfer und vor allem mit dem Banner der Besiegten an den Papst. Der Doge, sein Halbbruder Philipp von Spanien und sein Vetter Kaiser Maximilian II. in Wien erhielten ebenfalls, neben der Siegesmeldung, einzelne Stücke aus der kostbaren Beute.

Die europäische Christenheit war einige Zeit in einem wahren Siegestaumel. Der Papst ließ im ganzen katholischen Europa zur Mittagszeit die Glocken läuten („Lepantoläuten"). In vielen Kirchen wurden „Lepanto-Kanzeln" erbaut, die Schlacht wurde in zahlreichen Gemälden illustriert, von denen besonders das riesige Fresko Tintorettos im Dogenpalast europaweite Beachtung fand.

Im Winter 1571/72 plante die Liga, den Krieg gegen die Türken fortzusetzen. Es blieb beim Plan, denn wie oft bei einem Bündnis begannen die Verbündeten ihren eigenen Interessen nachzugehen. Die politischen Folgen von Lepanto waren nicht weitreichend. Spanien, das nun für kurze Zeit die beherrschende Seemacht im Mittelmeer war, hatte die Gefahr des Islams verbannt, die Überfälle der Barbaresken in Nordafrika schränkten sich ein. Spanien konnte sich seinen überseeischen Besitzungen widmen und mußte sich bald mit seinem Konkurrenten auf dem Atlantik messen — der englischen Seemacht.

1588 ging die spanische Armada im Kampf gegen England zugrunde. England wurde die beherrschende Seemacht Europas. Lepanto und seine politischen Konsequenzen betrafen Venedig am stärksten. Die Lagunenstadt hatte ihre politische Unabhängigkeit bewahrt, aber ihre beherrschende Handelsposition in der Levante eingebüßt. Um 1580 erschien im östlichen Mittelmeer die britische „Levant Companie", um mit den Türken ins Geschäft zu kommen. Venedig schloß wenige Monate nach dem Seesieg bei Lepanto einen Separatfrieden mit den Türken, verzichtete da-

bei auf Zypern und leistete dem besiegten Gegner noch Tributzahlungen. „Venedig, die Hure, die mit den Türken schläft", spottete man an den Fürstenhöfen Europas.

Die Türkei, die nach der Vernichtung ihrer Flotte ernstlich bedroht schien, konnte sich rasch erholen. Sie hatte keinen Landverlust zu beklagen, ihre Seemacht war zwar gebrochen, aber im folgenden Jahrhundert war ihre geballte Kraft wieder gegen ein Zentrum der Christenheit gerichtet. Diesmal sollte die österreichische Linie der Habsburger um ihren Bestand kämpfen.

III.
„Wallenstein – Generalkapitän des Baltischen und Ozeanischen Meeres" – Schiffsbrücken und Sperrketten

1564 wurden nach dem Tode Kaiser Ferdinands I. die habsburgischen Erblande wieder geteilt. Maximilian II. erhielt die Erblande an der Donau und die Kaiserwürde, Erzherzog Karl erhielt Innerösterreich, zu dem wie bei den früheren Teilungen die Steiermark, Kärnten, Krain, Görz, Triest, Friaul und Istrien gehörten. Mit diesem Erbe übernahm der Erzherzog das „Generalat" der windischen und kroatischen Grenze, das ihm den Schutz der Küste sowie die Verteidigung des Reiches gegen die Türken auferlegte. Neben diesem Kreuz, an dem er zeitlebens zu tragen hatte, war seine Regierungszeit geprägt von der ständigen Auseinandersetzung zwischen Katholiken und Protestanten, die ganz Mitteleuropa umfaßte und schließlich in den Dreißigjährigen Krieg mündete.

Der in Graz geborene Sohn Karls von Innerösterreich, Erzherzog Ferdinand, übernahm nach dem Aussterben der Hauptlinie der Habsburger als Ferdinand II. die deutsche Kaiserwürde. Das Heilige Römische Reich Deutscher Nation war damals nur mehr ein leerer Begriff, die Macht des Herrschers war nur dort, wo gerade seine Truppen standen. Albrecht von Wallenstein, ein böhmischer Adeliger im Dienste der Habsburger, war der bedeutendste Heerführer

Der Donauübergang Prinz Eugens 1717.
Vom 16. bis zum 18. Jh.
drangen wiederholt türkische Heere
gegen das habsburgische Reich vor.
Während dieser Zeit wurden in Wien
immer wieder Kriegsschiffe gebaut
und auf dem Wasserweg
in die ungarische Tiefebene gebracht.

auf katholischer Seite. Während der ersten Jahre des Dreißigjährigen Krieges drang er im Kampf gegen den protestantischen Christian IV. von Dänemark bis an die Ostsee vor. Hier konnte er nur mehr in ohnmächtigem Zorn der am Horizont verschwundenen Flotte des Dänenkönigs nachsehen. Es wird erzählt, daß Wallenstein daraufhin den Befehl gab, die Wellen des Meeres zu beschießen, ähnlich dem Züchtigungsversuch des Perserkönigs Xerxes, der mehr als 2000 Jahre zuvor die Wogen des Hellespont auspeitschen ließ, da sie ihn durch ihre stürmische Unruhe erzürnten. Wallenstein plante den Bau einer kaiserlichen Flotte an der Nord- und Ostsee. Etwas voreilig verlieh Kaiser Ferdinand II. dem ehrgeizigen Feldherrn den Titel „Generalkapitän des Ozeanischen und Baltischen Meeres und der aufhabenden Armada".

Die Kriegsereignisse im gesamten Reich standen damals schlecht für die Kaiserlichen, und so konnte Schweden die Forderung an den Kaiser stellen, alle Ostseefestungen zu schleifen, den Bau von Kriegsschiffen zu unterlassen und die vorhandenen Kriegsschiffe zu versenken. Der Begründung des schwedischen Königs, „weil die Herrschaft über die Ostsee schon immer den Dänen und Schweden zustand", konnte der Habsburger nicht widersprechen. Die Hansestädte schlossen sich der Meinung Schwedens an, und somit waren Wallensteins maritime Pläne gescheitert.

Der Plan Wallensteins, die habsburgischen Länder zur Seemacht aufzubauen, war nicht allzu verwunderlich, er entsprach der Mentalität des 17. Jahrhunderts, die das Meer nicht mehr als trennendes, sondern als verbindendes Element ansah. Aus den Trümmern des durch den langen Krieg gequälten Kontinents erwuchs die Sehnsucht nach Ferne und Weite, nach Kolonien und neuen Handelsbeziehungen. Es sollten noch einige Jahrzehnte vergehen, bis Habsburg sich diese Wünsche erfüllen konnte.

Während des Dreißigjährigen Krieges wurde noch ein anderer Kriegsschauplatz für eine kleine kaiserliche Flotte von lokaler Wichtigkeit. Es war dies der Bodensee, dessen Fläche und Uferfestungen in den Jahren 1632 bis 1648 von kaiserlichen Schiffen geschützt wurden. Einige rasch umgebaute und nun armierte Lastschiffe wurden von den kaiserlichen Städten Bregenz, Konstanz, Überlingen und Lindau mit Mannschaft und Material versorgt. Bei einem der zahlreichen Gefechte gelang es den Kaiserlichen, das schwedische Schiff *Bachofen* nahe der Insel Mainau zu entern und nach Konstanz zu schleppen. Ein Höhepunkt der Kampfhandlungen war die von Graf Franz Mercy geleitete Befreiung der von schwedischen Einheiten besetzten Stadt Überlingen und die Übergabe dieser Stadt an die Kaiserlichen.

1647 gelang es den Schweden bei einem Überraschungsangriff, Bregenz einzunehmen und mehrere Schiffe zu erbeuten. Eine Belagerung der Stadt Lindau mußten die Schweden wieder abbrechen, da die kaiserliche Flotte eilends zu Hilfe kam.

1648, nach Beendigung des Dreißigjährigen Krieges, zogen sich die Gegner innerhalb weniger Wochen vom Kriegsschauplatz Bodensee zurück. Die Insel Mainau blieb noch für ein Jahr von Schweden besetzt, die schwedischen Schiffe wurden abgewrackt, die kaiserlichen Schiffe erhielten wieder ihre alte Funktion als Last- und Handelsschiffe.

Kleinkrieg an der Adria

Die vorhin erwähnten Uskoken, deren Siedlungszentrum um Zengg (Senji) lag, verpflichteten sich gegenüber Erzherzog Karl von Innerösterreich und dessen Sohn Erzherzog Ferdinand, die Grenze und die Küste gegenüber dem Erbfeind zu schützen. Die Uskoken faßten den Begriff Erbfeind recht großzügig auf und griffen auch so manches venezianische Handelsschiff an. Venedig rächte sich (1615) mit einem Überfall auf Zengg und Triest und verwüstete dort die für den Export so wichtigen Salzgärten der Stadt.

Der Grazer Hof reagierte zuerst mit Protestnoten, bald aber mit der Entsendung von Truppen, die aus angeworbenen Söldnern, wehrhaften Bauern von der Militärgrenze und aus Uskoken bestanden. Der Kleinkrieg zwischen „Graz und Venedig" wurde im Raum Görz, Triest und Fiume ausgetragen.

Während dieses Krieges tauchte in Innerösterreich der Plan auf, in Triest eine Kriegsflotte zu bauen. Ein englischer Kapitän mit dem Namen Robert Elliot unterstützte die in maritimen Fragen wenig gebildete Regierung am Grazer Hof. Seit 1382, dem Jahr der Erwerbung Triests, war das Habsburgerreich theoretisch eine Seemacht, nun sollte es endlich über wehrhafte Schiffe verfügen.

Zwei große Galeeren gingen in Triest in Bau. Das Holz für den Schiffsbau kam aus den Wäldern nahe der Adelsberger Grotte (Postumia, Postojna), den Besitzungen des Hans Ulrich von Eggenberg. Dieser steinreiche Adelige, ein Vertrauter Erzherzog Ferdinands von Innerösterreich, überließ das Bauholz großzügig der Triestiner Werft, um so einen Beitrag zur Verteidigung der innerösterreichischen Küste zu leisten.

Kurz vor Fertigstellung der beiden Galeeren kam es zum Friedensschluß zwischen Venedig und Innerösterreich. Da es für die beiden Schiffe keinen Interessenten mehr gab, wurden sie abgewrackt.

Der Wunsch nach einer innerösterreichischen Flotte geriet wieder in Vergessenheit. Die Uskoken wurden ins Landesinnere umgesiedelt, ihre Schiffe wurden auf Befehl Venedigs verbrannt.

Türkenkriege im Donauraum

Nach dem Dreißigjährigen Krieg begann eine neuerliche Welle von Türkenkriegen, die in der in der ganzen Christenheit Aufsehen erregenden zweiten Türkenbelagerung Wiens 1683 ihren Höhepunkt erreichte und 1718 im Frieden von Passarowitz abebbte.

Die Donau und ihre Nebenflüsse wie Mur, Drau, Raab und Save sind mit ihrem Lauf nach Osten bzw. Südosten gerichtet und bildeten somit damals eine wichtige natürliche Nachschublinie gegen die Türken.

Da die Landverbindungen im 17. und 18. Jahrhundert kaum die Bezeichnung „Straße" verdienten, waren die Wasserläufe die wichtigsten Transportwege für Truppen, Artillerie und Verpflegung. Armierte Flußkriegsschiffe spielten daher während der Türkenkriege eine nicht zu unterschätzende Rolle.

Bei den berühmten großen Belagerungen von Zenta, Peterwardein, Budapest und Belgrad waren auf christlicher und türkischer Seite Kriegsschiffe und Schiffsbrücken im Einsatz. Bei der zweiten Türkenbelagerung von Wien 1683 waren ebenfalls etliche Kriegsschiffe beteiligt.

Im Juli 1683 drang unter der Führung des Großwesirs Kara Mustafa ein 200.000 Mann starkes osmanisches Heer gegen Wien vor und umschloß am rechten Donauufer die befestigte Stadt. Die Nordseite der Stadt war durch die Donau und mehrere Altarme der Donau geschützt. Die in aller Eile aus Linz und Komorn herbeigeführten Schiffe der Donauflottille nahmen am Kampfgeschehen nicht teil, sie dienten aber zum Transport und zur Verpflegung der Truppen. Der Verteidiger der Stadt, Graf Rüdiger von Starhemberg, war auf fremde Hilfe angewiesen.

Mitte August sammelte sich am linken Donauufer nahe Tulln ein Entsatzheer unter der Führung des Polenkönigs Johann Sobieski und des Herzogs Karl von Lothringen. Bei Krems und Tulln wurden zwei Schiffsbrücken errichtet, über

Babel. 7. L.f. Afsyrische Monarchi. 8. Oh. Semiramis. 9. I.q. Sodoma. 10. K.h. Abraham. 11. L.g. Iacob. 12. G.k. Apis. 13. H.h. Ioseph. 14. M.q. Iob. 15. G.e. Cecrops Kön. zu Athen. 16. H.q. Moyses. 17. I.h. Exodus. 18. G.r. Inach. König zu Argos. 19. H.c.
ne Vlic. 26. E.f. Sirenes. 27. G.e. Hercules. 28. I.q. Iephte. 29. I.e. Troja verstöhrt. 30. I.q. Heli. 31. H.q. Samson. 32. I.q. Saul. 33. G.e. Codz. 34. H.e. Homer. 35. H.q. David. 36. I.q. Hunger in Samaria. 37. L.f. Elias &c. 38. I.q. Iezabel
48. I.q. Senacherib. 49. D.e. Sibilla. 50. I.q. Iraias. 51. H.e. Sappho. 52. L.q. Iüdische Gefangens. 53. L.f. Daniel. 54. L.q. Nabuchod. 55. D.f. Phalaris Tyrañ. 56. H.e. Die 7 Weise. *III. Period. 57. L.c. Cyrus &c. Persischer Monarch. 58. E.e. Pythagoras. 59. Hl. Cambyses. 60. H.c.
Hippocrates. 66. G.e. Socrates. 69. D.e. Gallier belagt Rom. 70. D.e. Mar.Curti, in die Gruebe. 71. H.e. Diana Temp. zu Ephes. 72. G.e. Aristoteles. 73. G.e. Epinus. 74. E.e. Demosthenes. 75. F.e. Diogenes. *IV. Period. 76. M.f. Alexander M. Griechischer Monarch.
G.q. Pharao. 82. E.e. Eñ.q. Poet. 84. C.e. Anderer Punischer Krieg-Hanibal &c. 85. G.e. Macedonia vö Römer erobert. 86. C.q. Dritter Punischer Krieg. Carthago verstöhrt. 87. E.e. Carenth verstöhrt. 88. B.c. Numantia verstöhrt. 89. H.e. Attal. lezter König zu Pergamo. 90. B.g.
w erobert Gallie. 96. E.e. Pharsalischer Krieg Cæsar u. Pompei. 97. D.e. Cæsar ermordet. Ant. Christ. 43. 98. D.e. Cicero enthaupt. 99. G.d. Brut. u: Cassy geschlage. 100. E.e. Atonius, Cleopatra zu Actiu geschlag. End der Griechische. Anfang der Römische Monarch. Ant. Chr. 30.

Andreas Ehman Sculp. A.V.

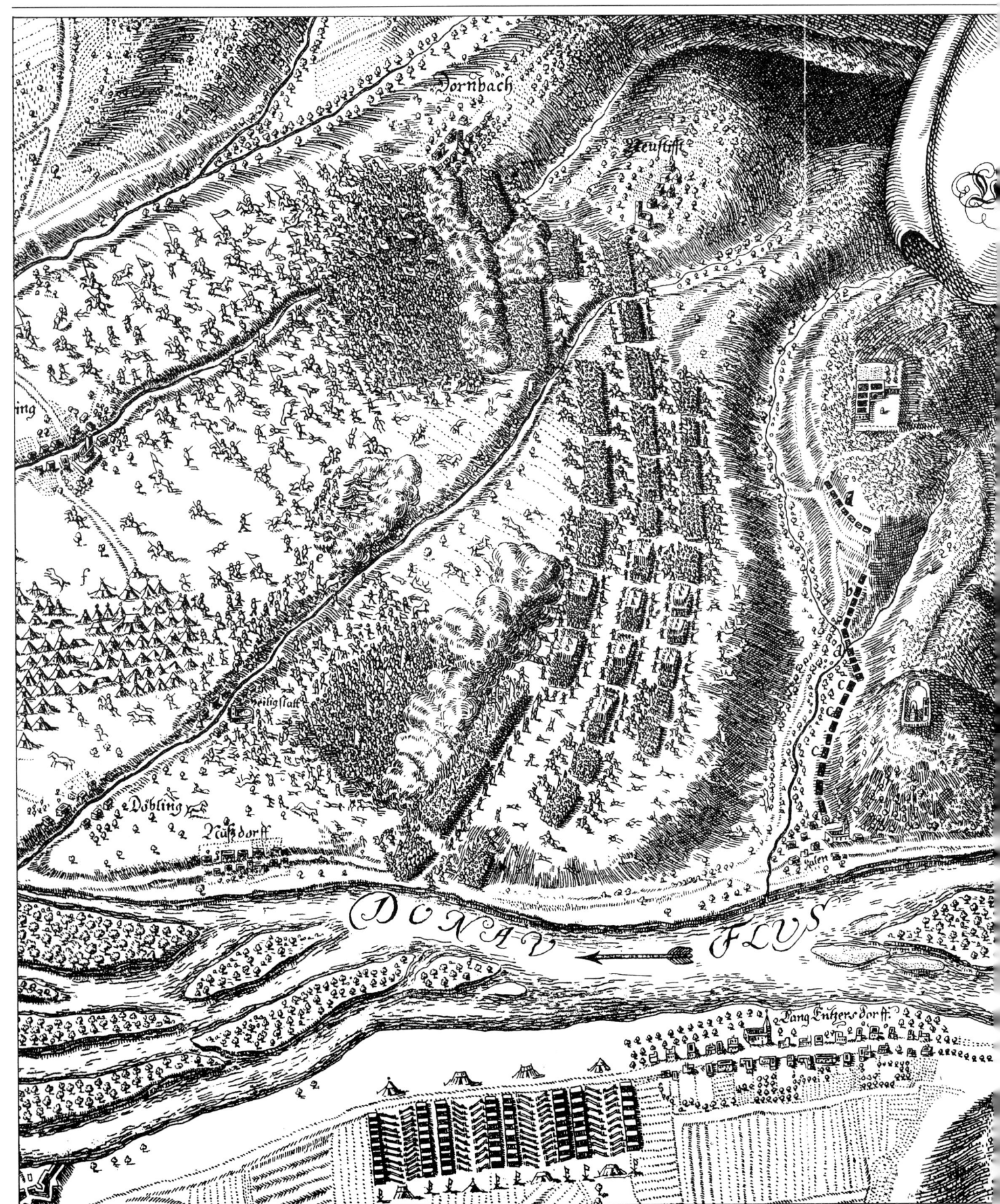

Dornbach

Neustifft

Döbling

Nußdorff

Heiligstatt

DONAV FLVS

Lang Enzersdorff

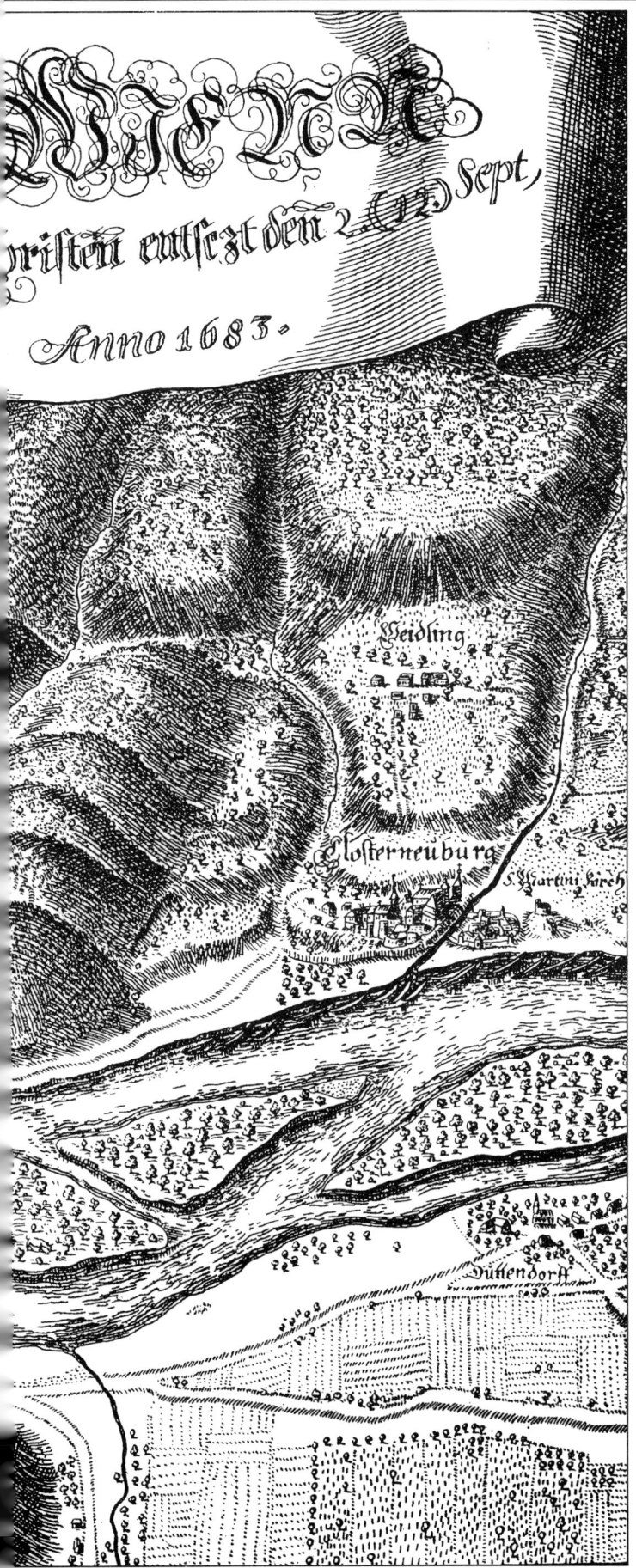

die am 8. September ein 86.000 Mann starkes Entsatzheer die Donau übersetzte und über Klosterneuburg den Kahlenberg erreichte. Am 12. September 1683 kam es zur entscheidenden Schlacht. Das vom Kahlenberg herabströmende Entsatzheer griff die überraschten Türken an, die wehrhafte Wiener Bevölkerung öffnete die Stadttore und eilte zum Kampf. Das türkische Heer wurde vernichtend geschlagen, die Überlebenden flüchteten donauabwärts in Richtung Osten. Ähnlich wie bei Lepanto fiel den Siegern eine ungeheure Beute in die Hände. Die militärischen Erfolge wurden fortgesetzt. An den nächsten, von Prinz Eugen geführten Türkenkriegen nahm eine große Donauflottille teil.

Die Donauschiffe, die am Ende des 17. Jahrhunderts gebaut wurden, waren Galeeren mit Ruderbänken, langen kräftigen Riemen und mit einer mächtigen Takelage, wie sie bei Seeschiffen üblich war. Riemen und Takelage hatten bei Fahrten gegen die Strömung wenig Effekt, und so mußten die Galeeren bei Bedarf vom Ufer aus mühsam auf „Treppelwegen" von Pferden und Sklaven oder von bezahlten Schiffsknechten stromaufwärts gezogen werden. Noch heute gibt es entlang der Donau auf österreichischem Gebiet Hunderte Kilometer „Treppelwege", die meist als Rad- und Wanderwege genützt werden.

Der letzte größere Türkenkrieg, den die österreichischen Erblande zu ertragen hatten, dauerte von 1716 bis 1718.

Der Anlaß dazu war wieder einmal ein Besitzstreit zwischen der Hohen Pforte und Venedig. Die Türken hatten das zu Venedig gehörende Morea (Halbinsel Peloponnes) erobert, daraufhin bat Venedig Österreich um militärische Unterstützung. Kaiser Karl VI. willigte ein, schloß mit Venedig ein Bündnis und forderte die Türken zum Frieden auf. Die Antwort der Türken war eine Kriegserklärung an Österreich.

Prinz Eugen zog mit einer Landarmee von etwa 80.000 Mann donauaufwärts. In Wien wurde in aller Eile eine Flotte gebaut, Offiziere und Mannschaften wurden rasch in den Niederlanden angeworben.

Die Flotte fuhr Richtung Peterwardein ab und wurde unterwegs durch Geschütze aus den Festungen Raab, Neuhäusel, Komorn und Buda armiert. Bei Peterwardein gelang es dem Prinzen Eugen, den Großteil seiner Armee auf Schiffsbrücken über die Donau zu bringen, die Türken somit zu überrumpeln und zu besiegen. Der Donauübergang bei Pancsova (bei Belgrad) führte in der Folge zum Fall des von den Türken besetzten Belgrad.

Im bald darauf folgenden Frieden von Passarowitz (an der

Donau, Serbien) erhielt Österreich die Walachei, das Banat, Teile Serbiens bis an die Drina, Morava und Save sowie Teile Bosniens. Die Türken mußten sich zu religiöser Toleranz gegenüber ihren in den südlichen Balkanländern untertanen Christen verpflichten. Österreich schloß mit den Türken einen Handelsvertrag, die sogenannte „Orientalische Kompanie". Ihr Handel erstreckte sich über alle Mittelmeerländer bis Portugal, vor allem aber auf die türkischen Län-

der. Sie durfte eigene Schiffe bauen, die Erzeugung von Schiffstauen, Segeln, Ankern und Ketten aufnehmen. Die Kompanie erhielt das Monopol der Zuckerraffinade, des Kupferhandels und eine eigene Lotterie.

Venedig, das während der Türkenkriege mit der Flotte der Pforte mehrere Seeschlachten mit wechselhaftem Erfolg auszufechten hatte, mußte auf Morea verzichten, behielt aber seine Besitzungen in Istrien und Dalmatien.

IV.
Das „Kolonialzeitalter" Österreichs
im 18. Jahrhundert

Durch die militärischen Erfolge und durch das diplomatische Geschick des Prinzen Eugen stand das Haus Österreich nach dem Frieden von Passarowitz auf einem später nie wieder erreichten Höhepunkt seiner Macht. Die habsburgischen Länder erstreckten sich vom Balkan über die Donauebenen, von der Adria über die alpenländischen Erbländer, von der südlichen Apenninenhalbinsel bis an die Niederlande an der Nordsee. Über diesen Landbesitz strahlte der Glanz der Kaiserkrone, dennoch fielen manche Schatten auf dieses Reich. Die Dynastie drohte auszusterben.
Im Jahre 1700 war die spanische Linie der Habsburger erloschen. Um die spanische Erbfolge wurde in Europa und in den Kolonien unter der Beteiligung fast aller europäischen Staaten 13 Jahre lang gekämpft. Erzherzog Karl (der spätere Kaiser Karl VI.) bemühte sich vergeblich mit Hilfe rasch wechselnder Bündnispartner gegen den Konkurrenten Frankreich um den spanischen Thron. Das spanische Erbe wurde geteilt, Frankreich erhielt Spanien, die spanischen Nebenlande – die Niederlande, Mailand, Neapel und Sardinien – kamen an die österreichische Linie der Habsburger. Karl VI. besaß nun Besitzungen mit umfangreichen Küstengebieten, zu denen natürlich Hafenstädte, Werftanlagen und Flotteneinheiten zählten. In den Niederlanden war die Seefahrt der wichtigste Wirtschaftsfaktor, Überseehandel und Kolonialpolitik waren für die Seemächte selbstverständliche Notwendigkeit. Karl VI., der einen Teil seiner Jugend in Spanien verbracht hatte, und Prinz Eugen, der für kurze Zeit die Statthalterschaft in den Niederlanden erhielt, erkannten bald den Wert einer modernen Kriegs- und Handelsflotte. Auf Anraten des Prinzen gründete Karl VI. in Ostende die „Kaiserliche Ost- und Westindische Handelskompanie", die bald in rege Handelsbeziehungen mit den spanischen Kolonien Amerikas und einigen europäischen Stützpunkten in Indien kam. Die Kompanie durfte Handelsverträge abschließen und erhielt als besonderes Privileg das Recht, unter der kaiserlichen Flagge zu segeln. Ein Grundgedanke des Merkantilismus (es war dies das Wirtschaftssystem des 17. und 18. Jahrhunderts) war es, möglichst billig Rohstoffe aus Kolonien zu importieren. Habsburg, nun eine junge Seemacht, konnte sich diesen Bestrebungen anschließen. 1719 wurde an der Koromandelküste in Ostindien die habsburgische Flagge gehißt und mit dem Bau einer Festung begonnen. An der Guineaküste (Westafrika), in Kanton (China) und an der Malabarküste (Indien) entstanden habsburgische Faktoreien. Drei Schiffe des Unternehmens trugen den Namen des Prinzen Eugen. Die „Kaiser-

lich-Königlich-Indische Gesellschaft", wie die Ostindische Kompanie auch genannt wurde, warf beachtliche Gewinne ab, die Seemächte, allen voran England, fühlten sich in ihrem Indienhandel gestört.
Karl VI. blieb ohne männlichen Erben, und der österreichischen Linie der Habsburger drohte ein ähnliches Schicksal wie der spanischen Linie. So entschloß sich der Kaiser, eine Erbfolgeordnung zu erlassen, nach deren Bestimmungen die Unteilbarkeit aller habsburgischen Besitzungen festgelegt wurde. Ein weiterer Punkt war, daß in Ermangelung eines männlichen Nachkommens seine Tochter Maria Theresia die Erbin des für alle Zeit untrennbaren Besitzes sein sollte. Karl VI. gelang es unter großen wirtschaftlichen Opfern, die Zustimmung der ausländischen Staaten zu dieser „Pragmatischen Sanktion" zu erkaufen. Um die Anerkennung der für Österreich so wichtigen Pragmatischen Sanktion durch England zu gewinnen, löste Kaiser Karl die Ostindische Kompanie 1732 wieder auf und erstickte damit den aufblühenden habsburgischen Überseehandel im Keim.
Es lag nun auf der Hand, die maritimen Kenntnisse, die man in den Niederlanden erworben hatte, an die erbländischen Küstengebiete an der Adria zu übertragen.
Kaiser Karl begann, den Seehandel durch den Ausbau der beiden Hafenstädte Triest und Fiume zu fördern. Beide Städte wurden zu Freihäfen erklärt, was für die Kaufleute einen Umschlag ihrer Waren ohne Zwischenhandel bedeutete. Eine weitere wesentliche Unterstützung des Seehandels war der planmäßige Ausbau von Straßen, die von den Wirtschaftszentren verschiedenster Art an die Küsten führten. Auf Betreiben Prinz Eugens, der sich unermüdlich für Wirtschafts- und Kolonisationspolitik im Sinne des Merkantilismus einsetzte, wurde eine „moderne" Straße von Wien über den Semmering, durch die Steiermark und Krain nach Triest gebaut. Ein anderer wichtiger Verkehrsweg durchquerte Tirol und verband Triest mit München.
Von besonderer Bedeutung war die „Via Carolina", die von St. Veit am Pflaumb (später Fiume, heute Rijeka) in Richtung Osten zur Donau führte. Dort, in der Batschka und im Banat, begann in den von den Türkenkriegen entvölkerten Gebieten eine rege Kolonisationstätigkeit durch freiwillige, vorwiegend schwäbische Aussiedler. Von diesen „Schwabenzügen", die mit ihren Schiffen, den „Ulmer Schachteln", vom Oberlauf der Donau bis in die neuerworbenen Gebiete an der Donau im Mündungsgebiet von Drau, Save und Theiß herabgefahren waren, wird im Zusammenhang mit der Kolonisationspolitik Maria Theresias die Rede sein.

*Schiffsbrücke bei Ofen. An der Donau entstand
zwischen Ofen und Belgrad im 18. Jh. ein für Europa
einmaliges Kolonisationsgebiet.*

Um die zivile Handelsschiffahrt zu schützen, erteilte Kaiser Karl dem Wiener Arsenal den Befehl, die bestehende Donauflottille zu erneuern und zu vergrößern. In Triest sollte eine Kriegsmarine gebaut werden – es war dies der zweite Versuch zum Aufbau einer habsburgisch-erbländischen Kriegsmarine.

1725 wurde der bislang in britischen Diensten stehende Vizeadmiral Deigham zum österreichischen Marinekommandanten ernannt. In dem neuerbauten Triestiner Marinearsenal wurden einige „Linienschiffe", eine „Fregatte" und mehrere Galeeren gebaut. Unter „Linienschiff" versteht man die jeweils größte Ordnung der Kriegsschiffe, die als Kern der Flotte in der „Schlachtlinie" zu fahren hatten. Die Linienschiffe des 18. Jahrhunderts hatten mehrere Decks mit Stückpforten bzw. Geschützen an den Breitseiten. „Fregatten" waren kleinere Fahrzeuge mit nur je einer Geschützreihe auf beiden Seiten des Decks.

Die neue Flotte übernahm auch drei Linienschiffe, die *San Carlo*, die *Santa Elisabetta* und die *San Michele*, die aus dem vorübergehend habsburgischen Neapel stammten.

1730 wurde für Offiziere und Mannschaften das erste kaiserliche Marinereglement erlassen. Der zweite Kommandant dieser „Alten Triestiner Marine" (so lautete die Bezeichnung in der Marineliteratur) war, nach dem Ausscheiden Admiral Deighams, der gebürtige Genuese Graf Lukas Pallavicini. Der wohllautende Titel, der ihm – ähnlich wie 100 Jahre zuvor an Wallenstein – vom Kaiser verliehen wurde, war: „General der Galeeren und der übrigen Marine". Die Mannschaften stammten vorwiegend aus den Küstenorten Istriens und Dalmatiens, die Offiziere wurden – damals schon Tradition in der österreichischen Marine auf Donau und Adria – den verschiedensten europäischen Seemächten abgeheuert.

Leider konnte die junge Flotte keine besonderen Erfolge erringen. In einem Krieg, der 1733 zwischen Österreich und Frankreich mit Spanien auf der Gegenseite ausbrach, wurde die Flotte nicht einmal eingesetzt. Neapel und Sizilien gingen für Habsburg wieder verloren.

1736 starb Prinz Eugen, sein Lebenswerk – die Rettung der ungarischen Donaugebiete vor den Türken – schien damals ebenso in Frage gestellt wie seine merkantilen Pläne nach einer österreichischen Kolonialpolitik und der Errichtung einer bleibenden Kriegsmarine.

1738 brach ein Türkenkrieg aus, der Habsburg empfindliche Verluste an Menschen und Land einbrachte. Während des Krieges wurden im Wiener Arsenal mehrere Galeeren gebaut, die Mannschaft wurde in den Niederlanden angeheuert. Die Matrosen hatten sich vermutlich ohne besondere Begeisterung für den Dienst auf den Galeeren gemeldet, denn die Betreuung der Schiffe war derartig nachlässig, daß bereits ein Schiff nahe den Prateraune und ein zweites nahe bei Petronell (Carnuntum) auf eine Sandbank auflief und schwer beschädigt wurde. Die Mannschaften und die Geschütze der Triestiner Marine wurden nun rasch von der Adria zur Donau gebracht. Die Triestiner Flotte wurde nicht mehr gebraucht, die Schiffe lagen untätig im Hafen und vermoderten. Eines Tages im Jahre 1737 versank das von Ratten und Bohrwürmern zerfressene Linienschiff *San Carlo* mitten im Hafen. Die Mole San Carlo in Triest erinnert heute noch an eines der ersten österreichischen Seeschiffe.

Dieser Vorgang des Versinkens war symbolisch für die Kriegsmarine Kaiser Karls VI. Noch war es nicht gelungen, aus Österreich eine Seemacht zu schaffen.

„Kolonialpolitik" Maria Theresias

Zu Beginn ihrer langen Regierungszeit (1740–1780) mußte sich Maria Theresia trotz der theoretischen Anerkennung der Pragmatischen Sanktion gegen zahlreiche Interessenten, die das habsburgische Erbe aufteilen wollten, mit Waffengewalt verteidigen.

Dank ihrer Intelligenz, ihrer Hartnäckigkeit und ihres unermüdlichen Eifers gelang es ihr mit Hilfe von geschickten Ratgebern und mit der Unterstützung ungarischer Truppen, ihren Länderbesitz nahezu ganz zu bewahren und zu wirtschaftlicher und kultureller Blüte zu bringen. Der ungarische Raum wurde Zentrum ihrer wirtschaftlichen Reformen.

Hier am großen Strom südlich von Budapest bis nach Belgrad entstand mit Hilfe von Hunderten Transport- und Kriegsschiffen ein für Europa einmaliges Kolonisationsgebiet. Nach den Siegen Prinz Eugens bei Peterwardein und bei Belgrad war die Besiedlung der Batschka und des Banates ein Gebot der wirtschaftlichen und militärischen Vernunft. „Populations-" oder Bevölkerungspolitik zählte zu den Grundsätzen des Merkantilismus. Die Hebung der Einwohnerzahl bedeutete die Vermehrung des Steueraufkommens und die Stärkung der Militärschaft. Religiöse und nationalpolitische Gründe spielten daneben auch eine Rolle, so legte Maria Theresia besonderen Wert auf den Aufbau von mit katholischen Bauern und Handwerkern bewohnten

Schwabendörfern. Allerdings wurden auch italienische Kolonisten, denen der Anbau von Maulbeerbäumen („morari") anvertraut wurde, sowie Serben, Walachen (Rumänen), Armenier und Juden ansässig. Den wirtschaftlichen Schwerpunkt bildeten die planmäßig angelegten Schachbrettdörfer der Donauschwaben. Die Kolonisten waren in drei großen „Schwabenzügen" in die „Schwäbische Türkei" gekommen. Die „Ulmer Schachteln", die in monatelanger Fahrt donauabwärts fuhren, wurden von kaiserlichen Kriegsschiffen begleitet und geschützt. Das Wort „Schachteln" hörten die Schiffer aus Ulm für ihre eckigen Gefährte nicht gerne. Die offizielle Bezeichnung war „Ordinarii" („die Regelmäßigen"), da seit den Zeiten Maria Theresias eine regelmäßige Schiffsverbindung zwischen Ulm, Wien und Ungarn bestand. Die neuen Siedlungen wurden alle nach einem bestimmten Schema gebaut, die Schwaben erhielten neben Gebäuden und Sachwerten auch zahlreiche finanzielle Vergünstigungen. Ein Musterbeispiel für eine Schwabensiedlung, die im engen Zusammenhang mit der Ausrüstung von Donauschiffen und mit der Herstellung von kaiserlichen Uniformstoffen stand, war die von Maria Theresia gegründete Kameralherrschaft Apathin an der Donau. 1768 wurde der Herrscherin ein genauer Plan der Siedlung Apathin und eine Statistik ihrer Einwohner vorgelegt. Die Wiener Hofkammer bekundete ihr bevorzugtes Interesse an Apathin in der Anlage mehrerer Manufakturen. So entstand ein Betrieb, in dem Segel und Schifftaue hergestellt wurden, die Apathiner Hanfseile wurden sogar für die britische Kriegsmarine exportiert. In einer anderen Manufaktur wurden Uniformstoffe hergestellt und eingefärbt. Die Farbstoffe für

manche der berühmt farbenprächtigen österreichischen Uniformen stammten aus Apathiner Waid-, Krapp- und Indigoplantagen. Weithin bekannt war das „Apathiner Blau", das aus Indigo gewonnen wurde. Am Donauufer entstand eine Werft (sie ist heute noch in Betrieb), in der vor allem Tschaiken zur Sicherung der nahen türkischen Grenze gebaut wurden.

Die Schwabensiedlungen waren optisch und organisatorisch wahre Mustersiedlungen. Neben der Gründung von Pfarren und Schulen wurden von öffentlicher Hand erste soziale und gesundheitspolitische Maßnahmen gesetzt, denn in allen größeren Gemeinden entstanden Krankenhäuser, Quarantänestationen und Distriktschirurgenhäuser.

Im Zusammenhang mit der wirtschaftlichen Erschließung stand der großzügige Ausbau eines Verkehrsnetzes, das den Donauraum mit der Adria verband. Die Hauptader dieses Verkehrsnetzes war die schon erwähnte Via Carolina, die Karlstadt mit Fiume verband. Von Karlstadt aus wurde nun ein Kanalsystem gebaut, mit dessen Hilfe man mit Handels- und Kriegsschiffen alle wichtigen Städte im ungarischen Donauraum erreichen konnte.

1760 wurde im Zentrum des Banates die Temesvarer Handelskompanie gegründet, deren Hauptaufgabe darin bestand, landwirtschaftliche Produkte aus der Batschka und dem Banat an die Küste nach Fiume zu bringen. 1779 übergab Maria Theresia den Freihafen Fiume und die kleinen Hafenorte Porto Re und Buccari (heute Bakar) an Ungarn, das dadurch eigene adriatische Hafenstädte erhielt.

Unter Maria Theresia wurden nur wenige Kriegsschiffe gebaut. Man begnügte sich mit dem Bau und der Konstruktion

Donaukriegsschiffe des 18. Jh.s. Bei der Binnenkolonisation
zur Zeit Maria Theresias kamen Schiffe zum Einsatz,
die mit Rudern und Segeln bedient werden konnten.

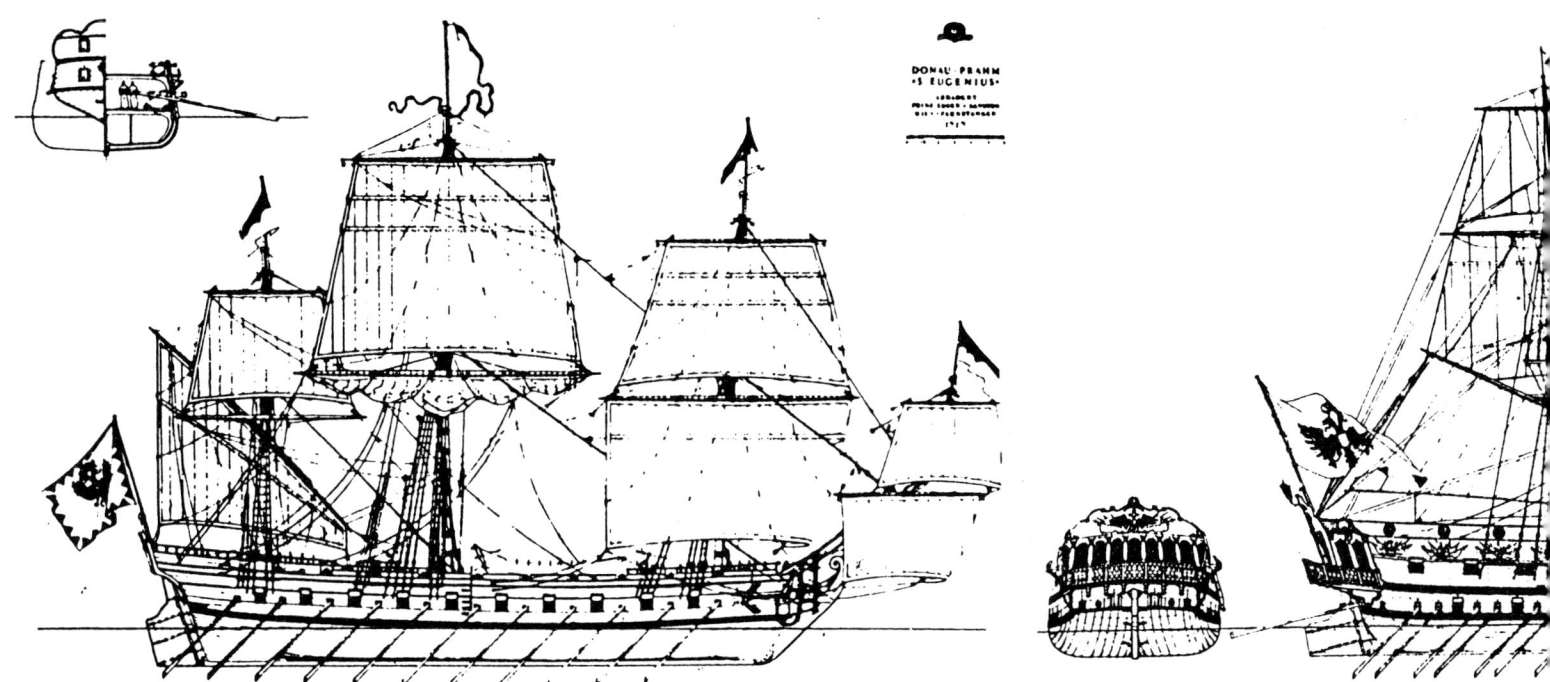

neuer Handelsschiffe und bemühte sich um die Beseitigung von Stromhindernissen in den schiffbaren Flüssen.

Im Auftrag der kaiserlichen Regierung entstanden neue Navigationskarten für das Stromgebiet von Donau und Theiß. Ein ganzes Heer von „Genie-Offizieren" begann die erbländischen Küstengebiete zu vermessen und die ersten brauchbaren Karten herzustellen.

Die österreichische Handelsschiffahrt im Mittelmeer war durch die ständigen Überfälle der Barbareskenstaaten (Marokko, Algerien, Tunesien) stark gefährdet. Da Österreich keine Kriegsschiffe aufbieten konnte, mußte man mit den Barbaresken Frieden schließen, was allerdings mit einer kräftigen Tributzahlung verbunden war.

Nach dem Abkommen mit den Barbaresken und nach der Einführung eines eigenen Wimpels, der den kaiserlichen Reichsadler zeigte, wagte sich die Handelsmarine durch die Straße von Gibraltar in den Atlantik. Die Kenntnis über die Kolonialreiche Großbritanniens, Frankreichs und Spaniens ist heute Allgemeinwissen. In kaum einem Geschichtsbuch wird aber die Tatsache erwähnt, daß im 18. Jahrhundert auch Österreich mit viel Energie und Mut, aber ohne Blutvergießen erfolgreich den Versuch unternommen hat, in Afrika und Indien kleine Kolonien zu begründen.

1775 überreichte der in Triest ansässige Kapitän Wilhelm Bolts Maria Theresia eine Denkschrift, in der auf die gün-stige Gelegenheit hingewiesen wurde, eine erbländische Handelskompanie für den Raum Ostindien zu begründen. Bolts hatte Erfolg, die Kaiserin gestattete die Gründung einer „Triester-Ostindischen-Handelskompanie", die mit kaiserlichen Privilegien ausgestattet wurde. Die Schiffe der Gesellschaft erhielten das Recht, unter der Reichsflagge mit dem Doppeladler zu segeln.

1776 lief die *Joseph und Theresia*, das größte Schiff der Kompanie, aus dem Triestiner Hafen aus. Zum Schutz der Seeleute und der Ladung fuhr eine etwa 30 Mann starke militärische Besatzung mit. Im März des folgenden Jahres erreichte das Schiff die Delagoa-Bai an der Südostküste Afrikas. Kapitän Bolts erwarb von einem über die mitgebrachten Geschenke sichtlich erfreuten einheimischen Häuptling den Hafen und erklärte ihn feierlich als österreichische Kolonie. Bolts ließ eine kleine Befestigung aus Erdwällen und Pfählen errichten. Nach der Bestückung mit neun Kanonen wurde die Reichsflagge gehißt. Nach einigen Monaten blieben zehn Mann als Besatzungsmacht zurück, die *Joseph und Theresia* segelte weiter in Richtung Indischer Ozean.

Bald erreichte Kapitän Bolts die indische Malabarküste. Auch hier gelang es dem Kapitän, von einem indischen Fürsten ein beträchtliches Küstengebiet für die österreichische Krone zu erwerben. Dem Inder wurden Kanonen aus

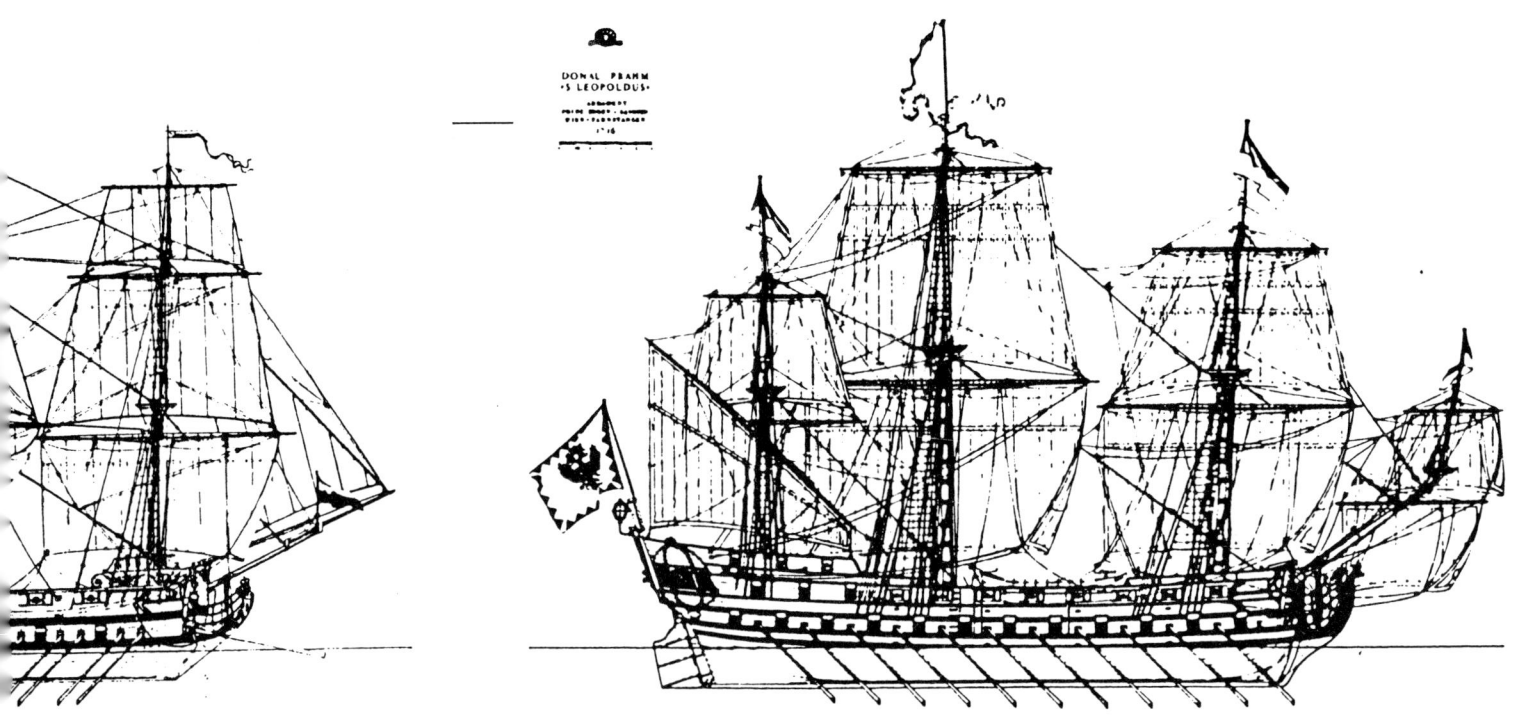

dem Triestiner Arsenal und Porzellan aus der Wiener Augarten-Manufaktur als Ehrengeschenke überlassen.

1778 lief das österreichische Schiff die Nikobaren an, eine von Malaien bewohnte Inselgruppe nordwestlich von Sumatra. Auch hier gelang ohne Schwierigkeiten die koloniale Erwerbung einer kleinen Insel.

Nach vierjähriger Abwesenheit kehrte Kapitän Bolts nach Triest zurück. Die Expedition war zu voller Zufriedenheit des Wiener Hofes verlaufen. Die mitgebrachte Ladung bestand vor allem aus Salpeter, das man notwendig zur Herstellung von Schießpulver brauchte.

Die Flotte der Triestiner-Ostindischen-Kompanie wurde erweitert, der Personalstand in den kleinen österreichischen Kolonien auf tausend Mann aufgestockt. Die oberste Leitung wurde einem „Faktor" übertragen, ein „Almosemer" (Militärgeistlicher) war für die geistliche Betreuung zuständig, und zwei Chirurgen sorgten für das körperliche Wohlbefinden der Kolonisten.

1783 kam das blühende Unternehmen zum Stillstand. Kaiser Joseph II. (der seit 1765 Mitregent seiner Mutter Maria Theresia war) erklärte das ganze Kolonialgeschäft als sehr „verworren". Der wahre Grund war wohl die Konkurrenz der übrigen Seemächte und — wie immer — der Mangel an einheimischen Mannschaften und Offizieren für die Marine. Der Nachschub wurde eingestellt, die Niederlassungen verfielen, die Faktoreien und die Kompanie wurden aufgelassen.

Der afrikanische Hafen kam an Portugal, die indischen Besitzungen und die Nikobaren an Großbritannien.

Unter Joseph II. wurde zum dritten Mal der Versuch unternommen, eine österreichische Kriegsmarine zu begründen. Kanzler Fürst Kaunitz hatte dem Kaiser bei dessen Regierungsantritt einen umfangreichen Flottenplan vorgelegt, zu dessen Realisierung es aus Geldmangel nie gekommen ist. 1786 wurden in Ostende zwei Kutter, die *La-Juste* und die *Le-Ferme*, für die österreichische Marine angekauft. Sie kamen am 4. Oktober 1786 in Triest an. Dieser Tag gilt als der endgültige Geburtstag der österreichischen Kriegsmarine, denn bis zum Zusammenbruch der Monarchie im Herbst 1918 gab es — abgesehen von einem kurzen Intermezzo während der Napoleonischen Kriege — ständig eine österreichische Kriegsmarine in der Adria.

Im gleichen Jahr erfolgte der Flaggenbefehl Kaiser Josephs II. Statt des bisherigen schwarzen kaiserlichen Doppeladlers im goldenen Feld wurde die rot-weiß-rote Flagge eingeführt, mit dem gleichfarbigen goldumrandeten Wappen im Mittelfeld, überhöht von der erzherzoglichen Krone. Alle Schiffe, Seebehörden und Häfen der Monarchie führten diese Flagge, bis sie am 18. November 1918 auf der *Viribus Unitis* im Hafen von Pola eingeholt wurde.

V.
Der Markuslöwe
sieht „rot-weiß-rot"

1789 war in Paris die Revolution ausgebrochen, die sich gegen die Regierungsform des Absolutismus, gegen die höfische kostspielige Prunkentfaltung und gegen die Vorrechte des Adels empörte. Die Schlagworte von Freiheit, Gleichheit und Brüderlichkeit, die Gedanken der Aufklärung, das Vorbild der wenige Jahre zuvor in den USA eingeführten Demokratie versetzten die Franzosen in einen Taumel idealisierender Ideen, die eine Art goldenes Zeitalter der Gleichberechtigung aller Menschen erwarten ließen. Bald verebbte der Idealismus, Terror und Gewaltakte waren die Methoden der Staatsgewalt. Österreich stand damals mit dem revoltierenden Frankreich in einem Krieg, der mit Unterbrechungen mehr als 20 Jahre dauern sollte. Andere europäische Staaten wie England, Holland, Preußen und Rußland unterstützten Österreich und bildeten wechselweise „Koalitionen" gegen Frankreich. Diese „Koalitionskriege" wurden ab 1795 von Napoleon Bonaparte in seinen verschiedenen Funktionen zuerst als leitender General der französischen Armee, dann als erster Konsul Frankreichs und schließlich als Kaiser der Franzosen geleitet und entschieden. Napoleon entfernte sich bald von den ursprünglichen Plänen der Revolution, seine Kriege hatten die Beherrschung Europas zum Ziel. Das Ziel wurde nicht erreicht, dennoch wurden die alten Ordnungen und Grenzen erschüttert. Die Landkarte Europas wurde verändert und somit auch die habsburgischen Länder und Küsten.

Die Napoleonischen Kriege waren für den Bestand Österreichs und für die Wehrkraft seiner Armeen eine harte Zerreißprobe. Das Schicksal Österreichs entschied sich dabei wieder einmal an der Donau, nahe bei Wien auf dem Marchfeld, dem „Schlachtfeld" Niederösterreichs. Ähnlich wie bei den Kriegen vergangener Jahrhunderte spielte die Donau eine wichtige Rolle als Nachschublinie und als Kriegsschauplatz.

Die Kämpfe auf dem Festland wurden von einem Zweikampf zwischen der traditionellen Seemacht England und der expandierenden Seemacht Frankreich begleitet. Die Kriegsschauplätze waren die nordeuropäischen Gewässer, der Atlantik und das Mittelmeer.

Im Mittelmeer wurde die französische Flotte in den ersten Kriegsjahren durch die an Flottenmaterial weit überlegenen Engländer in Schach gehalten, dennoch fürchtete die junge Seemacht Österreich um den spärlichen Bestand ihrer Handelsschiffe und um ihre Küstenstädte.

1797 kam es in der nördlichen Adria zu einem bemerkenswerten Vorfall, der das Ende der tausendjährigen selbstän-

„Orientalischer Hafen um 1800."

digen Geschichte Venedigs und zugleich der Beginn der österreichischen Seemacht wurde, die das Erbe Venedigs übernahm.

Die Triestiner Hafenverwaltung beschloß, ihre Handels-schiffe vor den anrückenden Franzosen zu schützen und in den Hafen Portore (Kraljevica) südlich von Fiume zu führen. Die Handelsflotte, die einen Teil der Triestiner Artillerie an Bord hatte, wurde von mehreren Kriegsschiffen begleitet. Auf der Höhe von Quieto, an der Westküste Istriens, tauchte plötzlich ein französisches Geschwader auf. Die österreichischen Handelsschiffe flüchteten in den neutralen, zur Republik Venedig gehörenden Hafen, die Kriegsschiffe versperrten schützend die Hafeneinfahrt. Die Franzosen mißachteten die Neutralität des Hafens und begannen das Feuer zu eröffnen. Die Österreicher erwiderten den Angriff und brachten dem überlegenen Gegner erhebliche Schäden bei. Als nun das im Hafen vor Anker liegende venezianische Linienschiff *L'Eolo* den bedrängten Österreichern zu Hilfe kam, brach das französische Geschwader den Kampf ab und segelte davon.

Der österreichische Flottenverband erreichte ohne Verluste und ab nun ungestört seinen Bestimmungsort.

Die politischen Folgen dieses kleinen Gefechtes standen in keiner Relation zu den tatsächlichen Vorkommnissen.

Napoleon Bonaparte ließ der Republik Venedig ein mit scharfen Worten abgefaßtes Ultimatum überreichen, in dem unter anderem die Bestrafung des Kommandanten der *L'Eolo* verlangt wurde. Das Ultimatum lief ab – Napoleon erklärte Venedig den Krieg. Die Franzosen besetzten die Lagunenstadt und übernahmen einen Großteil der 184 vor-handenen venezianischen Schiffe, die aus Linienschiffen, Fregatten, Galeeren, Kanonenbooten, Briggs, Schebecken und Felucken bestanden. Einen unersetzlichen Verlust für die Erforschung der Schiffsbautechnik bedeutete die Plünde-rung einer Sammlung von Schiffsmodellen und nautischen Instrumenten. Ein Teil dieser Schätze landete ebenso wie die berühmte Geschützsammlung des Arsenals im Louvre in Paris. Manche Wertgegenstände kamen nach dem Wiener Kongreß nach Venedig zurück, einiges blieb für immer ver-schollen.

Der kurze, für Frankreich erfolgreich verlaufende Krieg mit Venedig endete im Oktober 1797 im Friedensschluß von Campo Formido (Formio), einem Städtchen nahe Udine.

Die Ergebnisse des von Napoleon diktierten Friedens waren für Venedig katastrophal, für Österreich hingegen brachten sie eine Arrondierung seines Besitzes. Die österreichischen

Niederlande (Belgien) und die Lombardei fielen an Frank-reich, Venedig mit Istrien und Dalmatien kam an Öster-reich.

Die Fahne des Markuslöwen wich der des Doppeladlers, die rot-weiß-rote Flagge wehte vom Arsenaleingang und von den Masten der an Österreich übergebenen Kriegsschiffe. Aus Österreich, das seit vielen Jahrhunderten seine kleinen Küstengebiete eher stiefmütterlich behandelt hatte, war un-versehens eine Großmacht an der Adria geworden.

Die Bezeichnung der Flotte, die das Erbe Venedigs über-nahm, war „Venezianisch-Österreichische Marine". Der Haupthafen war natürlich Venedig, Offiziere und Mann-schaften wurden teilweise übernommen. Die neu erwor-bene langgestreckte Küstenlinie, durch Hunderte parallel zur Küste laufende Inseln geschützt, war von Italienern, Kroaten und „Dalmatinern" bewohnt, die vorzügliche See-leute stellten.

Im Jahre 1800 wurde in Wien ein Marine-Oberkommando errichtet, das ab dem folgenden Jahr von Erzherzog Karl als Kriegs- und Marineminister geleitet wurde. Gleichzeitig wurden viele neue Ämter und Amtstitel ins Leben gerufen. Eine vielversprechende Epoche der österreichischen See-kriegsgeschichte war angebrochen. Den Reformen in der Verwaltung und in der Organisation folgte 1803 eine Dienstvorschrift, die ein halbes Jahrhundert in Kraft blieb. Die Vorschrift, die in italienischer Sprache verfaßt war, lautete unter anderem: „Die Schiffsjungen können im Alter

von 10 Jahren aufgenommen werden. Sie stehen an Bord unter der unmittelbaren Aufsicht des Kaplans, der ihnen Religions- und anderen Unterricht erteilt. Sie sind den Seekadetten und Unteroffizieren zur Bedienung zugewiesen. Bei schönem Wetter werden sie in der Takelage unterrichtet, zur Stärkung des patriotischen Gefühls haben sie jeden Tag nach Schluß der Arbeit Seine Majestät mit drei Evviva-Rufen zu grüßen. Mit fünfzehn Jahren können sie auf eigenen Wunsch als Matrosen eintreten.

Die Matrosen müssen sich immer rein halten, alle Tage kämmen und einmal in der Woche rasieren . . .

Die Bootsleute (Unteroffiziere) sind Führer der Wachen. Sie tragen im Dienst einen kurzen Stock, um säumige Leute mit zwei oder drei Streichen bestrafen zu können. Mehr soll aber nicht geschlagen werden, da auch diese Streiche nur geduldet sind . . . Dem Schiffskoch ist es bei strenger Strafe verboten, das Fett von der Suppe abzuschöpfen, um davon zu profitieren . . .

Bei ansteckenden Krankheiten haben die Chirurgen täglich mehrere Räucherungen vorzunehmen, um die Luft zu reinigen und zu erneuern. Der erste Chirurg soll insbesondere die Krankheiten, vor allem jene in fremden Gebieten, studieren und, statt sich ein unabänderliches, fast immer falsches Heilsystem zurechtzulegen, mehr den natürlichen Heiltrieb zu fördern trachten . . .

Der Schiffskaplan, ein Mann von Lebensart und tadellosem Lebenswandel, hat die Kranken täglich zu besuchen und ihnen, ohne zu lange und überflüssige Predigten, Mut zuzusprechen.

Dem Kommandanten ist es bei Strafe der Dienstentlassung verboten, Handel zu treiben oder zu erlauben, daß dies eine Person der Besatzung tue."

Die Dienst- und Kommandosprache der venezianisch-österreichischen Marine war italienisch. 1805 wurde eine Verordnung erlassen, nach der alle Seekadetten, um befördert zu werden, die deutsche Sprache beherrschen müßten. Den Offizieren in niedrigen Rängen wurde drei Jahre Zeit gegeben, um die deutsche Sprache zu erlernen.

Die positive Entwicklung der österreichischen Marine wurde leider durch die politischen Ereignisse jäh unterbrochen. Die Koalitionskriege brachten vorübergehend den Verlust der Küstengebiete. Bis 1813 war die rot-weiß-rote Flagge von der See verschwunden.

Das Jahr 1809 bedeutete einen dunklen Punkt in der österreichischen Geschichte. Die Franzosen zogen entlang der Donau in Richtung Wien. Im letzten Augenblick wurde eine

Donauflottille aus kleineren Tschaiken gebaut, die allerdings gar nicht zum Einsatz kamen.

Der unerwartete Sieg Erzherzog Karls über Napoleon bei Aspern (bei Wien) im Mai 1809 kam wohl auch deswegen zustande, weil die französischen Truppen von den Österreichern immer wieder gehindert wurden, ihre Schiffsbrücke fertigzustellen. So blieb ein Teil des französischen Heeres südlich der Donau ohne Übergangsmöglichkeit.

Nach der Niederlage bei Aspern ließ Napoleon in der Lobau eine Pfahlbrücke und eine Pontonbrücke errichten, um bei Angriff und Rückzug beweglicher zu sein. Die alte Donausperrkette aus den Bauernkriegen fand bei diesen provisorischen Brücken ebenfalls Verwendung.

Im Juli 1809 konnte Napoleon seine Niederlage — er war zum ersten Mal besiegt worden — durch einen glänzenden Sieg bei Deutsch Wagram (bei Wien) wieder gutmachen. Die Kriegshandlungen endeten mit dem Frieden von Schönbrunn. Dieser wurde noch durch die Hochzeit Napoleons mit Marie Luise, einer Tochter Kaiser Franz' I., bekräftigt.

Der Wiener Kongreß 1814/15 brachte die verwischten Grenzen Europas wieder in Ordnung.

Österreich gelang es dabei, alle seine ursprünglichen Küstengebiete und die venezianische Neuerwerbung des Jahres 1797 wieder zu erhalten. Der Aufbau der Marine ging nun wieder voran.

Mit Venedig kam nun die gesamte Kriegsmarine des früheren napoleonischen italienischen Königreiches an Österreich. Der ehemalige Vizekönig von Italien, Eugen Beauharnais – der Stiefsohn Napoleons –, hatte den Übergabevertrag unterzeichnet.

Während der Befreiungskriege wurde auch eine kleine österreichische Flottille auf dem Comer See und auf dem Gardasee mit Erfolg gegen die Franzosen eingesetzt.

Zum Bestand der venezianischen Marine gehörte außer dem Schiffsmaterial und der Anlage des Seearsenals noch eine Menge verschiedener Liegenschaften. So scheinen im Inventar auch zehn Klöster, zwei Kirchen, drei Palazzi, eine Schule und drei Inseln auf. Auf den Inseln befanden sich Pulvermagazine und Lebensmitteldepots. In den Klöstern waren verschiedene Marineeinrichtungen wie z. B. das Marinekollegium und das Marinestrafhaus untergebracht.

Um die Marine im traditionellen venezianischen Stil weiterzuführen, hätte man ein Vermögen benötigt, das natürlich nicht aufzutreiben war. Die Mitglieder des kaiserlichen Hofkriegsrates meinten, daß es die Hauptaufgabe der Marine sein sollte, die Küsten zu beschützen. Sparsamkeit und Einschränkung wären das oberste Gebot.

Der Kaiser war einige Male in Venedig und besichtigte dabei immer das berühmte Arsenal. Sein erster Besuch im Oktober 1815 wurde in der Wiener Zeitung ausführlich beschrieben. Kaiser Franz I. verstand es, sich in Venedig, für das Österreich doch eine fremde Macht blieb, durch geschickte Gnadenerweise Sympathien zu erwerben. So gab er den Befehl, die vier berühmten Bronzepferde des Markusdomes und vor allem den geflügelten Markuslöwen – diese Symbolfiguren hatte Napoleon nach Paris verschleppt – sogleich wieder auf ihren alten Platz zu bringen. Der Markuslöwe war nun wieder auf der Spitze der hohen Säule auf der „Piazzetta" – allerdings befand er sich in Nachbarschaft mit einem Fahnenmast, von dem die rot-weiß-rote Flagge wehte.

Da man der neuen Marine keine besondere Aufgabe übergeben konnte, beschäftigten sich die zuständigen Wiener Behörden mit einer Fülle von Vorschriften über die Aufnahme, die Beförderung und die Pensionierung von Marineuren mit Reglements und Instruktionen und mit der Ausbildung des Marineoffiziersnachwuchses.

Das Marinekadettenkollegium oder kurz Marinekolleg hatte für Söhne von Marine- und Armeeoffizieren und Staatsbeamten 20 Freiplätze zu vergeben. Im Zeugnis aus dem Jahre 1842 eines 15jährigen Zöglings, mit dem Namen Wilhelm Tegetthoff, wurden folgende Gegenstände beurteilt:

Religion
Mathematik
Geschichte (Seekriegsgeschichte)
Geographie
Seegesetze
Deutsche Sprache
Französische Sprache
Orthographie
Artillerie Dienst
Abrichtungsreglement
Zeichnen
Kalligraphie

In anderen Jahrgängen wurden dazu Nautik, Seetaktik und Schiffsbau gelehrt. Als sportliche Übungen waren Schwimmen, Rudern und Fechten vorgesehen. Während der Sommermonate erfolgte die praktische Ausbildung auf Schulschiffen.

Zu den verschiedensten organisatorischen und administrativen Berichten gesellte sich 1825 eine neue Bekleidungsvorschrift.

Die Zöglinge des Marinekollegiums waren wie Offiziere adjustiert, ihr Uniformkragen trug einen kleinen gestickten Anker. Die vorgeschriebene Kopfbedeckung war für sie ein Zylinder aus Lackleder, den man mit Wichse und Bürste bearbeiten mußte wie einen Stiefel.

Die Uniformen der einzelnen Chargen waren natürlich durch die Distinktionsborten auf den Ärmelaufschlägen zu unterscheiden.

Die Bekleidungsvorschriften wurden mehrfach geringfügig geändert. So erhielt die Besatzung der beiden Fregatten, der *Austria* und der *Principessa Augusta* das Recht, ihre Uniformen mit goldenen Epauletten zu ergänzen. Die Fregatten hatten die Aufgabe, die Erzherzogin Leopoldine, eine Tochter Kaiser Franz' I., nach Rio de Janeiro zu ihrem künftigen Gatten, dem Thronfolger Dom Pedro von Brasilien, zu bringen.

Die Brautfahrt nach Brasilien war die erste überseeische Aktivität der österreichischen Kriegsmarine. Bei dieser Reise wurden auch zahlreiche Passagiere und Handelswaren transportiert.

Die große Bedeutung dieser Fahrt liegt aber nicht so sehr im dynastisch-familienpolitischen Bereich, sondern auf naturwissenschaftlichem Gebiet.

Wenige Jahre zuvor hatte Alexander von Humboldt, der preußische Universalgelehrte, eine Südamerika-Expedition

beendet. Die Früchte dieser Expedition waren viele Kisten, die ein Sammelsurium von Gesteinsproben, getrockneten Pflanzen, Fossilien, Skeletten und vor allem viele Notizen, Tabellen, Landkarten und Landschaftsskizzen beinhalteten. Diese Forschungsergebnisse hatten die junge Erzherzogin und spätere Königin von Brasilien dazu inspiriert, eine ähnliche Expedition unter österreichischer Leitung zu organisieren. So führten die beiden Fregatten außer dem Hofstaat auch eine ansehnliche Zahl an Gelehrten, Sammlern und Malern mit, die den Auftrag erhielten, die unerschlossenen Regionen Brasiliens zu durchforschen. Viele Objekte aus dem Gebiet der Botanik, Zoologie, Geologie und Ethnologie wurden nach Wien verfrachtet. Hier entstand das „Brasilianische Museum", jahrelang waren Wissenschaftler damit

beschäftigt, die „Exoten" in ein System zu bringen und die Zusammenhänge zwischen Natur- und Kulturformen zu klären.

Diese erste große österreichische Expedition wurde richtungsweisend für viele wissenschaftliche Forschungsaufträge, die mit Schiffen unter der rot-weiß-roten Flagge erfolgten. Meist wurden dabei diplomatische Missionen mit der Erkundung fremder Kulturen, einer Anknüpfung neuer Handelsbeziehungen oder einer Erprobung nautischer und meteorologischer Geräte verbunden.

So brachte die Fregatte *Carolina* 1820 einen österreichischen Gesandten nach Rio de Janeiro und segelte sodann auf der traditionellen Route der Ostindienfahrer über den Atlantik, vorbei am Kap der Guten Hoffnung, durch den

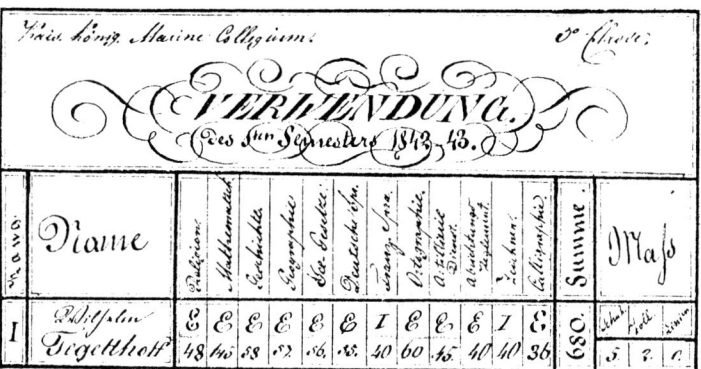

Indischen Ozean weiter nach Kanton in China, um ebenfalls einen Diplomaten zu seinem Ziel zu bringen. Gleichzeitig beförderte man eine Ladung Quecksilber und schloß mit der chinesischen Regierung die ersten Handelsverträge ab. Auf der Liste der teilnehmenden Offiziere fällt der Name Ritter von Ghega auf, es war der Vater des weltberühmten Erbauers der Semmeringbahn. Auf der Fahrt von Kanton nach Singapur brach auf der *Carolina* die Cholera aus – 20 Marineure erhielten im Indischen Ozean ihr Seemannsbegräbnis. In den heimischen Gewässern der Adria wurde 1819 mit einem großangelegten Kartenwerk begonnen. Diese Seekarten zeigten neben den Küstenformen, Anlageplätzen und Leuchttürmen auch die Meerestiefe, die Klippen und Sandbänke an.

Eine kuriose zivile Aufgabe der Kriegsmarine war es, den Postdienst von Triest nach Dalmatien zu übernehmen, erst 1832 erhielten die Dampfschiffe des Österreichischen Lloyd diese Aufgabe. In den dreißiger Jahren des 19. Jahrhunderts nahm sich die Kriegsmarine polnischer Emigranten an. In den nächsten Jahren beförderte die österreichische Kriegsmarine noch dreimal polnische Auswanderer nach New York.

1829 kam es zu einem schweren Konflikt zwischen Österreich und Marokko, das damals als Barbareskenstaat bezeichnet wurde, da es sich ganz offen zur Piraterie und zum Sklavenfang bekannte. Ein marokkanischer Korsar hatte nahe der Straße von Gibraltar ein Triestiner Handelsschiff gekapert und beabsichtigte, die Besatzung auf dem Sklavenmarkt anzubieten. Mehrere österreichische Fregatten segelten eilends nach Marokko, um die Besatzung zu retten oder, falls das nicht mehr möglich wäre, um Vergeltung zu üben. Bei El Araisch (heute Larache) an der Atlantikküste Marokkos kam es zu einer Blockade des Hafens durch österreichi-

sche Schiffe und zu einem Artilleriegefecht, das für Österreich siegreich zu Ende ging.

Der Konflikt mit Marokko war das erste international beachtete militärische Auftreten der österreichischen Kriegsmarine. Die österreichische Handelsschiffahrt wurde von den Barbaresken nie mehr behelligt.

Allmählich drang in einigen Bevölkerungsschichten der habsburgischen Monarchie die Erkenntnis durch, Angehörige der Seemacht zu sein. Diese Erkenntnis zeigte sich in den damals so beliebten und häufig erscheinenden Seemannsgeschichten, in malerischen Schiffsdarstellungen und in spektakulären Meldungen in den Zeitungen über die neuesten Erfindungen auf dem Gebiet der Schiffsbautechnik.

So erfolgte 1829 die Probefahrt des Schraubendampfers *Civetta* im Hafen von Triest. Leider hatte diese Vorführung nicht den gewünschten Erfolg. Die Idee der Schiffsschraube, eine Erfindung des k. k. Marineforstbeamten Josef Ressel, wurde wenig später im Ausland verwertet.

1830 wurde in Wien die „Erste k. k. privilegierte Donau-Dampfschiffahrtsgesellschaft" (DDSG) gegründet. Diese Passagier- und Frachtschiffreederei führte zunächst von Wien bis zur Donaumündung in das Schwarze Meer. 1834 fuhr das Dampfschiff *Marie Dorothee* von Triest bis Konstantinopel. 1836 erfolgte die schon erwähnte Gründung des „Österreichischen Lloyd" in Triest. Diese private Reederei übernahm mit einigen Dampfern der DDSG auch deren Liniendienst. Nach der Eröffnung des Suezkanals (1869) befuhr der Österreichische Lloyd regelmäßig die Strecken von Triest nach Indien und China und nach Südamerika. Diese Schiffahrtsgesellschaft existiert heute noch unter dem Namen „Lloyd Triestino" weiter.

Ein großes Verdienst um die Popularität der österreichischen Kriegsmarine gebührte dem jungen Erzherzog Friedrich, einem Sohn des damals sehr beliebten Erzherzogs Karl, der als Sieger über Napoleon (bei Aspern 1809) in die österreichische Geschichte eingegangen ist. Erzherzog Friedrich trat auf seinen eigenen Wunsch hin als 16jähriger in die österreichische Kriegsmarine ein. Er erhielt auf der Fregatte *Medea* seine Ausbildung und bekam schon mit 19 Jahren das Kommando über die *Guerriera*. Viele junge binnenländische Aristokraten, aber auch Söhne aus bürgerlichen Kreisen folgten dem Beispiel des Erzherzogs, der Beruf des Seeoffiziers wurde zu einer erstrebenswerten Laufbahn. Die Namenslisten der Seeoffiziere aus der Zeit des „Vormärz" sind fast vollständig erhalten. Die italienischen Na-

men überwiegen, wie die folgende Tabelle der österreichischen Escader in der Levante im Sommer 1840 zeigt:

Escaderstab: Konteradmiral Franz Graf Bandiera
    Escaderadjutant Anton Freiherr von Bourgignon
    Erster Chirurg Dr. Franz Martinelli
Kommandant der Fregatte *Medea:*
    Frgkpt. (Fregattenkapitän) Johann Bunatovich
Kommandant der Fregatte *Guerriera:*
    Lschkpt. (Linienschiffskapitän) Erzherzog Friedrich
Kommandant der Korvette *Lipsia:*
    Kkpt. (Korvettenkapitän) Peter Meddalena
Kommandant der Brigg *Montecuccoli:*
    Schlt. (Schiffsleutnant) Baron Kudiaffsky
Kommandant der Brigg *Veneto:*
    Kkpt. Anton nobile de Morari (der Ururgroßvater der Autorin)

Die Marine führte damals innerhalb der Monarchie ein Sonderleben. Die Offiziere unterhielten sich vorwiegend italienisch. Der k. u. k. Linienschiffskapitän Max von Rottauscher berichtete in seinem 1913 erschienenen autobiographischen Buch „Als Venedig noch österreichisch war" über die Zeit um 1840 und über seine älteren Kollegen: „Matrosen und Offiziere blieben Venezianer. Es fiel wenigen Angehörigen der alten Erblande ein, in der Adria zu dienen. Man wußte wohl auch kaum, daß hinter Cap Salvore Kriegsschiffe die rot-weiß-rote Flagge trugen ... Dalmatien war ja nichts, denn halbe Türkei. Kaum mehr als zwei Wegstunden entfernt von der Küste begann schon das Gebiet eines Paschas ... Die österreichische Biedermeiermarine also vegetierte jenseits Europas. Und sie war des zufrieden, denn der Doppeladler galt den guten Leuten nur als äußerliches Symbol. In Wahrheit lebten sie noch immer

49

die Zeiten des heiligen Markus. Sein Löwe schwebte ihrem Geist vor, die altvenetianischen Kommandorufe und Exercicien regierten . . ."

Bevor aber das starke italienische Element in der Marine im Revolutionsjahr 1848 beinahe zu dessen Auflösung führte, kam die Kriegsmarine 1840 während des Krieges zwischen der Türkei und seinem offiziellen Vasallen Ägypten nochmals zu internationalem Ansehen.

Der Einsatzort war die syrische Küste. Der politische Hintergrund war die Erhebung des Vizekönigs von Ägypten Mehmed Ali gegen Sultan Mohammed II. Der Vizekönig wünschte ein unabhängiges Ägypten und die Erbfolge für seinen Stiefsohn Ibrahim Pascha. Dieser marschierte nun in Syrien ein, eine ägyptische Flotte segelte in Richtung Konstantinopel. Sultan Mohammed wandte sich an die europäischen Großmächte um Hilfe. England, Preußen, Rußland und Österreich schlossen mit der Pforte ein Bündnis mit dem Ziel, die Levante zu befrieden und den einträglichen Orienthandel nicht untergehen zu lassen. Eine Flotte, bestehend aus britischen, österreichischen und türkischen Schiffen, wurde unter dem Kommando des britischen Admirals Stopford ausgerüstet. Ein österreichisches Geschwader unter dem Kommandanten Graf Bandiera vereinigte sich mit der britischen Flotte vor Beirut und erreichte nach einem Artilleriegefecht den Fall der Festung.

Erzherzog Friedrich, der die *Guerriera* kommandierte, fiel wenige Tage später bei der Belagerung von Saida (Syrien) durch besondere Bravour und Entschlußkraft auf. Der junge Erzherzog drang an der Spitze einer Landeeinheit durch die Straßen der orientalischen Stadt bis zur Höhe des Stadtkastells vor und überwältigte die bereits stark dezimierte Besatzung. Eiligst wurde die österreichische Flagge auf dem Kastell gehißt und so den auf den Schiffen verbliebenen Kameraden und Verbündeten die erfolgreiche Einnahme angezeigt. Kaiser Ferdinand verlieh Erzherzog Friedrich, seinem Cousin, dafür die höchste militärische Auszeichnung, das „Ritterkreuz des Maria-Theresien-Ordens".

Bald nach der Eroberung von Saida gelang es den vereinten Briten, Türken und Österreichern, die gesamte syrische Küste mit Ausnahme von Acri (das Akkon der Kreuzfahrer) zu erobern.

Im November des Jahres 1840 begannen die Verbündeten mit der Blockade des Hafens von Acri. Nach einem Artilleriegefecht, das das Pulvermagazin von Acri in die Luft jagte, aber der verbündeten Flotte so gut wie keinen Schaden zufügte, drang wiederum unter der Führung Erzherzog

Friedrichs eine Landeeinheit durch eine Öffnung in der Festungsmauer ein und erstürmte die Zitadelle. Die Besatzung war bereits geflohen. Erzherzog Friedrich ließ nun auf einem Flaggenstock eine türkische und eine britische Flagge neben einer österreichischen Flagge hissen. Dieses Zeichen wurde sofort von einem spontanen Geschützsalut der österreichischen, türkischen und britischen Flotteneinheit begrüßt.

Dieses Flaggenzeichen Erzherzog Friedrichs war mehr als eine Siegesmeldung, die Briten hatten diese ritterliche Geste sehr wohl verstanden. Denn etwa 650 Jahre zuvor (1191) war hier einer Legende nach die rot-weiß-rote Fahne entstanden. Danach hatte der englische König Löwenherz die Fahne des Babenbergers Leopold beleidigt und zerrissen. Nun hißte ein österreichischer Erzherzog die britische Flagge freiwillig neben der seinen. Die Erstürmung von Akkon war das letzte Unternehmen dieses Krieges. Mehmed Ali unterwarf sich dem Sultan.

Erzherzog Friedrich unternahm 1842 mit der gerade vom Stapel gelaufenen Fregatte *Bellona* eine Inspektionsreise nach England, um die Einrichtungen der führenden europäischen Seemacht zu studieren.

1844 erfolgte die Ernennung des Erzherzogs zum Marineoberkommandanten, eine umfangreiche Modernisierung und Vergrößerung des Schiffsparks war vorgesehen. Die Bemühungen wurden jäh unterbrochen, denn im Oktober 1846 starb der erst 26 Jahre alte Erzherzog. 300 Jahre zuvor hatte der allzu frühe Tod Don Juan d'Austrias viele maritime Pläne der Habsburgermonarchie zerschlagen, und nun bereitete der unerwartete Tod des jungen Habsburgers einen harten Rückschlag für die Entwicklung Österreichs zur maritimen Großmacht.

Um die Jahrhundertmitte waren die nationalen Forderungen der Volksgruppen innerhalb der Monarchie und innerhalb Europas nicht mehr zu überhören. Europa stand vor einer neuen Revolutionswelle, die ihren Niederschlag auch in der österreichisch-venezianischen Marine fand.

VI.
Sein Schicksal heißt „Novara"

Die Revolution von 1848/49

Im März 1848 griff die von Frankreich ausgehende Revolution auf Italien, die habsburgischen Länder und die übrigen deutschen Staaten über. Die Zentren des Aufstandes innerhalb der habsburgischen Monarchie waren Wien, Prag, Budapest, Agram, Mailand und Venedig.

In Lombardo-Venetien hatte die Revolution einen überwiegend nationalen Charakter, der von der Bewegung „Giovane Italia" (Junges Italien) geschürt wurde und ein vereinigtes Italien ohne österreichische Herrschaft zum Ziel hatte. Carlo Alberto, der König des kleinen Reiches Sardinien-Piemont, stellte sich an die Spitze dieser Bewegung. Das revoltierende Mailand bat nun den sardischen König gegen die unerwünschte österreichische Regierungsmacht um Hilfe. Die österreichische Regierung sandte den damals bereits 82jährigen Generalfeldmarschall Josef Wenzel Graf Radetzky nach Oberitalien. Dem ungemein populären und schon zu Lebzeiten zur Legende gewordenen greisen Radetzky gelang bei Custozza ein entscheidender Sieg, der Aufstand in der Lombardei war bereits im Sommer 1848 zu Ende.

Weitaus komplizierter, langdauernder und folgenreicher verlief der Aufstand in Venedig, dem Haupthafen der österreichischen Marine. Der Kommandant des Arsenals, Linienschiffskapitän Marinovich, wurde von meuternden Arsenalarbeitern erschlagen. Als dann der Marineoberkommandant, Vizeadmiral von Martini, von Revolutionären überwältigt wurde und sich die meisten Offiziere italienischer Herkunft der Revolte anschlossen, schien die österreichisch-venezianische Marine und Venedig selbst für Österreich verloren. Die österreichische Besatzung verließ die Lagunenstadt, die unabhängige Republik Venedig wurde von Daniele Manin, dem Führer der Aufständischen, ausgerufen. Die Wiener Regierung enthob nun die Offiziere italienischer Abstammung von ihrem Treueeid gegenüber der rotweiß-roten Flagge. Von den ursprünglich etwa 5000 Marineangehörigen blieben nur 70 Offiziere und 700 Matrosen der Fahne treu.

Der Militärkommandant von Triest, Franz Graf Gyulai, übernahm den provisorischen Oberbefehl über die restliche Flotte und berief alle Marineeinheiten, die sich im Raum der Levante und der südlichen Adria befanden, nach Triest zurück.

Die Katastrophe von Venedig bedeutete das Ende der vorwiegend „italienischen" venezianisch-österreichischen

S.M.S. „Novara".

Marine, gleichzeitig aber auch den Beginn einer neuen Ära, in der die k. k. Marine zum Repräsentanten aller Nationalitäten innerhalb der habsburgischen Monarchie wurde. Die fehlenden Offiziere und Mannschaften wurden durch Freiwillige aus den Reihen des Heeres aufgefüllt.

Für die kleine österreichische Flotte, die aus drei Fregatten, zwei Korvetten, drei Briggs, einem Raddampfer und 34 kleinen Kanonierschaluppen bestand, wurde Pola, an der Südspitze Istriens, zum künftigen Hauptkriegshafen bestimmt.

Im Frühjahr 1848 bildete die österreichische Marine eine Blockade vor Venedig, von der Landseite rückten die Truppen Radetzkys zur Lagune vor.

Eine italienische Eskadre, bestehend aus sardischen, venezianischen und neapolitanischen Einheiten, zwang die zahlen-

mäßig unterlegenen Österreicher wieder zur Aufgabe der
Blockade. Zwischen Österreich und Sardinien-Piemont
wurde ein Waffenstillstand geschlossen.

Im Dezember 1848 dankte Kaiser Ferdinand zugunsten seines erst achtzehnjährigen Neffen Franz Joseph ab.

In den italienischen Provinzen blieb die Lage während der
Wintermonate unverändert. Im Jänner 1849 wurde die
österreichische Marine in Triest provisorisch etabliert, die
Übersiedlung nach Pola sollte erst nach der Fertigstellung
aller notwendigen Anlagen erfolgen.

Im März 1849 kündigte Sardinien-Piemont den Waffenstillstand des Vorjahres. Generalfeldmarschall Radetzky konnte
den Krieg, der daraufhin losbrach, durch seine glänzenden
Siege bei Mortara und Novara innerhalb von 100 Stunden
beenden.

Der besiegte König Carlo Alberto dankte zugunsten seines
Sohnes Vittorio Emmanuele ab. Zwischen Österreich und
Sardinien-Piemont wurde erneut ein Waffenstillstand geschlossen. Da die sardische Flotte nun als Gegner ausschied,
konnte die österreichische Kriegsmarine die im Vorjahr un-
terbrochene Blockade Venedigs wieder aufnehmen. Gleichzeitig rückte die österreichische Armee von der Landseite
wieder gegen die Lagune vor.

Im März 1849 erfolgte in der k. k. Kriegsmarine ein Füh-
rungswechsel, der sich in militärischer und organisatori-
scher Hinsicht äußerst positiv auswirken sollte. Der gebürtige Däne Admiral Hans Birch von Dahlerup wurde von
seinem Heimatland freigestellt und übernahm das Marinekommando. Innerhalb weniger Wochen gelang es Dahlerup, aus den kärglichen Restbeständen der ehemaligen
österreichisch-venezianischen Marine eine äußerst diszipli-
nierte und tatkräftige Flotte zu formen. Bald kam es zu den
ersten militärischen Erfolgen.

Im Juli 1849 kam es bei der Belagerung und gleichzeitigen
Blockade Venedigs zum Einsatz unglaublicher, optisch
effektvoller, wenngleich nicht sehr gefährlicher neuartiger
Waffen. Es waren dies Ballonbomben, die den ersten Luftangriff der Weltgeschichte einleiteten.

Feldmarschall Radetzky, der von den Ballonbombenversu-
chen des k. k. Artillerieoffiziers Franz Uchatius gehört hatte,
forderte in Wien „Luftunterstützung" für das strategisch
kaum bezwingbare Gebiet der Lagune an. Die Unterstützung traf für die Armee- und Blockadeeinheiten ein. Am
2. Juli 1849 stiegen von den österreichischen Schiffen der
Blockadeflotte Heißluftballons auf, an denen die mit einem
Zeitzünder versehenen „Uchatiusbomben" angebracht waren. Einige der Bomben kamen tatsächlich in der Lagunenstadt und auf den vorgelagerten Inseln zur Explosion. Der
Schaden war gering, aber der psychologische Effekt dieses
kuriosen Luftangriffes war enorm. Dabei tat es nichts zur
Sache, daß ein leicht aufkommender Wind die Ballons wieder in die Richtung der Angreifer zurücktrieb, und die Bomben über dem offenen Meer explodierten. Venedig, das die
Blockade der Österreicher nicht brechen konnte und das
durch die österreichische Armee vom Festland her vor
allem Nachschub abgeschnitten war und dessen Lebensmit-
telvorräte daher zu Ende gingen, kapitulierte.

Bald darauf zog wieder die k. k. Armee, an der Spitze der
siegreiche Feldmarschall Radetzky, in die Stadt des Markuslöwen ein.

Dahlerup reorganisiert die Marine
Erzherzog Ferdinand Max –
der Bruder Kaiser Franz Josephs –
übernimmt das Marineoberkommando

Nach der Wiedereinnahme Venedigs begann Admiral Dahlerup mit großer Energie die Reorganisation der k. k. Marine. Die Beschaulichkeit und Laxheit, die man der österreichisch-venezianischen Marine öfters nachgesagt hatte, sollte durch unnachsichtige Strenge bei der Ausbildung und durch absolute Disziplin im Dienst ersetzt werden. Eine der ersten Maßnahmen Dahlerups war die Einführung der deutschen Dienst- und Kommandosprache. Der Anteil der Italiener unter den Seeoffizieren ging stark zurück, an ihrer Stelle wurden zahlreiche Offiziere aus den habsburgischen Binnenländern, aber auch aus den norddeutschen Staaten und aus Nordeuropa aufgenommen.
Auf Veranlassung des reformfreudigen Kommandanten wurden neue Dienstvorschriften in deutscher Sprache erlassen, die italienischen Namen einiger Schiffe wurden durch deutsche bzw. österreichische Namen ersetzt. So

wurde aus der Fregatte *Lipsia – Leipzig*, aus *Veneto – Pola*, aus *Venezia – Triest*.
Da Venedig nach dem Kriegsjahr 1848/49 als Haupthafen nicht mehr geeignet erschien, wurde, wie schon erwähnt, Pola ab 1850 zum Zentralhafen ausgebaut.
Nach der Kapitulation Venedigs kamen der gesamte Schiffspark und das Arsenal wieder in österreichischen Besitz. Dahlerup, der der technischen Entwicklung der Dampfschiffe eher skeptisch gegenüberstand, hatte umfangreiche Pläne zur weiteren Aufstockung der Marine durch traditionelle Segelschiffe.
Im September 1854 wurde als neuer Marineoberkommandant ein junger Habsburger ernannt – es war der Bruder Kaiser Franz Josephs – Erzherzog Ferdinand Max, der spätere Kaiser Maximilian von Mexiko.
Erzherzog Ferdinand Max (1832–1867), ein begabter, phantasievoller, romantischer und gleichzeitig ehrgeiziger junger Mann, stand im Schatten seines nur um zwei Jahre älteren Bruders. 1851 trat der Erzherzog als k. k. Fregattenleutnant in die Kriegsmarine ein. Zu Beginn seiner Dienstzeit war Ferdinand Max Seeoffizier auf der legendären *Novara*, einer 1850 vom Stapel gelaufenen Segelfregatte, die mit allen entscheidenden Phasen seiner persönlichen Geschichte verknüpft werden sollte. Die *Novara* führte den jungen Erzherzog, der wie wenige Jahre zuvor sein Onkel Erzherzog Friedrich die maritimen Einrichtungen Englands studieren wollte, 1854 zu den Britischen Inseln. Die *Novara* unternahm 1857 bis 1859 nach seiner Idee die weltberühmte Forschungs-Weltreise. Die *Novara* brachte den Habsburger, nunmehr Kaiser Maximilian, von seinem Schloß Miramare bei Triest in seine neue Heimat Mexiko, die *Novara* führte mit der k. k. Flagge auf Halbmast unter dem Kommando Admiral Tegetthoffs die sterblichen Überreste des unglücklichen Kaisers in die alte Heimat zurück.
Von der Expedition der *Novara* und dem tragischen Unternehmen Kaiser Maximilians von Mexiko wird noch später die Rede sein.
Erzherzog Ferdinand Max erhielt 1854 gleichzeitig mit der Ernennung zum Oberkommandanten den Rang eines Konteradmirals. Das Ziel, das sich der Habsburger gesteckt hatte, war es, die österreichische Marine heraus aus ihrer Beengtheit zu einer militärischen, handelspolitischen, wissenschaftlichen und technischen Blüte zu führen, die über die Adria hinaus auf allen Meeren zur Geltung kommen sollte. Während der Ära des Erzherzogs als Marineoberkommandant (1854–1862) wurde der Schiffspark rasch mo-

dernisiert und enorm vergrößert. Auf der neuerbauten Werft im Arsenal von Pola, aber auch in den Arsenalen von Triest und Venedig, liefen in diesen Jahren nicht weniger als sieben Schlachtschiffe, acht Kreuzer und Dutzende kleinerer Kampfschiffe und Raddampfer vom Stapel. Die Schlachtschiffe wurden nun mit Dampf betrieben, die Takelage blieb aber noch erhalten. Zur Verstärkung der hölzernen Bordwände verwendete man eiserne Panzerplatten. Die österreichischen Panzerschiffe wurden durchwegs auf heimischen Werften gebaut, das Rohmaterial für die Panzerplatten stammte vom steirischen Erzberg. Die Schiffsschraube, die Erfindung des österreichischen Marineforstbeamten Josef Ressel, dessen Erfindung zunächst belächelt worden war und der sein Patent ins Ausland verkaufen mußte, fand ab 1854 wiederholt Verwendung. Viele Segelschiffe wurden nun zu Schraubendampfern umgebaut, wie zum Beispiel die *Novara* oder die *Schwarzenberg,* die 1864 im Gefecht von Helgoland das Flaggschiff· Tegetthoffs wurde. Eines der bekanntesten Schiffe, das für die österreichische Marine nahezu „Symbolfigur" hatte, war das in Pola in den Jahren 1855 bis 1861 erbaute Schraubenlinienschiff *Kaiser.* Der *Kaiser* kämpfte bei Helgoland, war entscheidend beim Sieg bei Lissa beteiligt, wurde mehrmals modernisiert und umgebaut und diente ab 1901 unter dem Namen *Bellona* als Hulk in Pola.

Zur neuen Generation von Seeoffizieren, die mit Erzherzog Ferdinand Max in die neue Ära und in die höheren Ränge hineinwuchsen, gehörten Namen wie Tegetthoff, Sterneck, Spaun, Montecuccoli und Haus.

Ein Steirer namens „Tegetthoff"

Wilhelm von Tegetthoff wurde am 23. Dezember 1827 als Sohn eines k. k. Offiziers im steirischen Marburg an der Drau geboren. Seine Ahnen stammten aus Westfalen, ließen sich im 18. Jahrhundert in Österreich nieder und stellten vier Generationen hindurch bedeutende Offiziere.

Aus der Ehe eines Karl von Tegetthoff mit der Grazerin Leopoldine Czermak stammten drei Söhne. Der älteste, Karl, wurde Feldmarschalleutnant, der jüngste, Albrecht, Professor für Mathematik. Wilhelm, der Zweitgeborene, besuchte in Marburg die Unterstufe des Gymnasiums und trat sodann mit dreizehn Jahren in das Marinekolleg in Venedig ein. 1845 wurde er, noch nicht achtzehn Jahre alt, als effektiver Marinekadett ausgemustert. Da viele österrei-

chische Seeoffiziere italienischer Sprache und Herkunft zur vorübergehend bestehenden Republik Venedig überliefen, wurde Tegetthoff bereits im Frühjahr 1848 zum Linienschiffsfähnrich befördert. 1849 erhielt der junge Offizier das Kommando über den Raddampfer *Vulkan* und wirkte mit diesem bei der Blockade Venedigs mit. In den darauffolgenden drei Jahren versah Tegetthoff den Dienst auf Kriegsschiffen in der Levante, 1852 wurde er zum Linienschiffsleutnant (Hauptmann) befördert, 1854 erhielt er das Kommando über die Goelette *Elisabeth,* die in der Ägäis und an

der syrischen Küste kreuzte. Im folgenden Jahr (1855) wurde Tegetthoff das Kommando über den Raddampfer *Taurus* anvertraut, der als österreichisches Stationsschiff nach Sulina, einer Stadt an einem der Mündungsarme der Donau, beordert war. Hier zeigte der junge Seeoffizier zum ersten Mal seine überdurchschnittlichen diplomatischen, militärischen und organisatorischen Fähigkeiten. Die Siedlungen und Hafenanlagen im Donaudelta waren während des Krimkrieges (1853–1856) zerstört oder stark beschädigt worden. Viele beschädigte Schiffe lagen zum Teil unbe-

mannt und ohne Wartung in Sulina. Die Donauschiffahrt kam wegen unzulänglicher Baggerung und wegen vieler nicht weggeschaffter Hindernisse beinahe zum Erliegen. Tegetthoff, der Repräsentant der kleinen österreichischen Seemacht, organisierte nun gemeinsam mit griechischen und britischen Offizieren die notwendigsten Aufräumungsarbeiten. Bald waren die ärgsten Mißstände beseitigt, der Donauhandel hatte wieder Zufahrt zum Schwarzen Meer. Der österreichische Botschafter in Konstantinopel, Freiherr von Prokesch-Osten, berichtete Erzherzog Ferdinand Max

Hölzernes Linienschiff um 1850 in großer Flaggengala.

über das außerordentlich gründliche, umfassende und energische Wirken des jungen Kommandanten.

Der Erzherzog protegierte den auffallend tüchtigen Tegetthoff und beauftragte ihn 1857, die Küsten des Roten Meeres nach einer etwaigen Anlage für eine österreichische Kohlestation zu durchforschen. Das Gebiet des Roten Meeres erlangte damals internationales Interesse, da der Bau des Suezkanals bereits im Planungsstadium war.

Eine weitere Aufgabe für Tegetthoff war es, die Möglichkeit zum Erwerb einer österreichischen Kolonie zu überprüfen. Tegetthoff begann seine Erkundungsfahrt in das Rote Meer von Ägypten aus, gemeinsam mit dem berühmten Afrikaforscher Dr. Heuglin aus Württemberg. An der Somaliküste wurden die beiden Forschungsreisenden von Eingeborenen überfallen und gefangen, Heuglin erlitt dabei eine schwere Verletzung durch einen Wurfspeer. Tegetthoffs diplomatisches Geschick rettete beiden Freiheit und Leben. Tegetthoff setzte die Reise allein fort und fand in der Insel Sokotra einen für Österreich geeigneten Stützpunkt. Nach der Rückkehr in die Heimat riet er zum Ankauf der Insel, die zum Preis von 100.000 Talern zu haben gewesen wäre. Erzherzog Ferdinand Max befürwortete das Projekt, aber leider stellte die Wiener Regierung wegen Mangels an Geld und Interesse die Verhandlungen ein.

Wie gut der Vorschlag Tegetthoffs für die österreichische Seefahrt gewesen wäre, beweist die Tatsache, daß die Briten wenige Jahre später Sokotra vom Sultan von Kischin (südliches Aden) gegen eine jährliche Pacht von 360 Dollar erwarben und einen Marinestützpunkt errichteten.

Die Karriere Tegetthoffs war beispiellos. 1858 rückte er zum Korvettenkapitän (Major) vor, 1859 erhielt er das Kommando über den Schraubendampfer *Kaiserin Elisabeth,* der Erzherzog Ferdinand Max zu einer Reise nach Brasilien führte. 1860 erfolgte die Beförderung Tegetthoffs zum Fregattenkapitän (Oberstleutnant) und im nächsten Jahr zum Linienschiffskapitän (Oberst). Mit dieser Beförderung war das Kommando über die österreichische Flottenabteilung in der Levante verbunden.

Die Seeschlacht von Lissa, die den Ruhm Tegetthoffs unsterblich machte, steht im Brennpunkt der gesamten österreichischen Marineliteratur, die bisher ausschließlich von Männern geschaffen wurde. Handelsfahrten, Seekrieg, Entdeckungen, Schiffsbautechnik galt und gilt als männliche Domäne. Daher ist die Tatsache besonders bemerkenswert, daß Tegetthoff seine unmittelbaren Eindrücke von seinen Reisen und militärischen Einsätzen einer Freundin, die auf allen Gebieten der Marine und Marinepolitik sehr beschlagen war, ausführlich schriftlich mitteilte. Diese Dame war Tegetthoff nicht nur durch freundschaftliche Gefühle verbunden, sondern sie verstand es auch, wie aus Tegetthoffs Briefen zu entnehmen ist, den als persönlich verschlossen und unnahbar geltenden Junggesellen mit „heiteren, geistreichen, witzigen und hin und wieder boshaften Geschichten" über das Marinemilieu zu unterhalten.

Die hochgebildete Dame, eine in Triest lebende Baronin, verheiratet mit einem preußischen Konsul, gehörte zur besten Triestiner Gesellschaft. Ihre Briefe, denen auch Zeitungsausschnitte über die Marine betreffende Ereignisse beigefügt waren, erreichten Tegetthoff auf seinen Schiffen in der Levante, bei Helgoland, in Pola, in London und New York.

Die Antworten Tegetthoffs sind in vielen Briefen erhalten, sie illustrieren ein Porträt eines geistreichen, sensiblen, rastlosen, die Öffentlichkeit scheuenden und manchmal depressiven Mannes.

1859 ging die Weltumsegelung der *Novara* (30. April 1857 bis 30. August 1859) erfolgreich zu Ende. Die Idee für diese Expedition stammte, wie erwähnt, von Erzherzog Ferdinand Max. Bei der Wahl der Teilnehmer, die nicht zur Marine gehörten, wurden die „Akademie der Wissenschaften", die „Geographische Gesellschaft", die „Geologische Reichsanstalt" und die „Gesellschaft der Ärzte" um Personalvorschläge gebeten.

Das Kommando über die Novara erhielt der Fregattenkapitän Bernhard von Wüllerstorf-Urbair, der Direktor der Marinesternwarte und Professor für Astronomie an der Marineakademie in Venedig gewesen war und daher alle hydrographischen und meteorologischen Experimente selbst leiten konnte.

Als Experte für Länder- und Völkerkunde und als Wirtschaftsfachmann zur Erkundung neuer Märkte wurde Karl von Scherzer nominiert. Scherzer hatte sich damals bereits durch seine Publikationen auf nationalökonomischem, wirtschafts- und kolonialhistorischem Gebiet einen Namen gemacht. Jahre später begleitete er den Kronprinzen Rudolf bei dessen ausgedehnten Studienreisen zur See. Vor der Reise mit der Novara nahm Scherzer Kontakt auf mit dem

Biologen Charles Darwin, dem Geographen Carl von Ritter, dem Chemiker Justus von Liebig und dem greisen Universalgelehrten Alexander von Humboldt.

Der bekannte Geologe Ferdinand von Hochstetter, ein Spezialist auf dem Gebiet der Vulkan- und Erdbebenforschung und späterer Organisator des Wiener Naturhistorischen Museums, erhielt den Aufgabenkreis Geologie und Mineralogie zugewiesen. Georg Ritter von Frauenfeld, ein weiterer international bekannter Naturforscher, übernahm die Forschungsgebiete Botanik und Zoologie.

Dem Schiffsarzt Dr. Eduard Schwarz wurde die Sorge um die Gesundheit der Besatzung anvertraut. Gleichzeitig sollte sich Dr. Schwarz um die Erforschung verschiedener Tropenkrankheiten und um die Anlage eines Herbariums bemühen.

Ähnlich wie bei der Brasilienexpedition fünfzig Jahre zuvor wurde, um die vielfältigen Reiseeindrücke unmittelbar fest-

Skizzen von Marineuniformen der Preußischen Marine um 1855.

57

zuhalten, in der Person des Josef Selleny ein Künstler engagiert, der bis dahin vorwiegend als Landschaftsmaler bekannt war. Seine zahlreichen Skizzen, Zeichnungen und Aquarelle über die diversen Forschungsergebnisse und über das Leben an Bord der *Novara* sowie seine nahezu fotografisch naturgetreuen Objektstudien haben ganz wesentlich zum Ruhm der *Novara*-Weltumsegelung beigetragen.

Die Reise der *Novara* ging von Triest durch das Mittelmeer, durch die Straße von Gibraltar nach Madeira, sodann nach Rio de Janeiro – von Brasilien die traditionelle Route zurück über den südlichen Atlantik, vorbei am Kap der Guten Hoffnung nach Ceylon. Sodann segelte die *Novara* zu den ehemaligen österreichischen Kolonien an der Koromandelküste und zu den Inselgruppen der Nikobaren. Die kleine Insel „Teressa" erinnerte an die kurze Kolonialzeit im Zeitalter der gleichnamigen großen Herrscherin Maria Theresia. Hier auf den Nikobaren soll ein Eingeborener stolz „seine" Uniform gezeigt haben. Es handelte sich dabei um eine alte zerschlissene Jacke der Triester Garde aus der Zeit des unternehmungslustigen Kapitän Bolts.

Diesmal hatten die Österreicher keine kolonialen Pläne, sondern nautische Aufnahmen des Indischen Ozeans in ihrem Programm. Die Fahrt ging dann nach Singapur, von dort nach Java, sodann zu den Philippinen und weiter nach Hongkong (das bereits britische Kolonie geworden war), von dort nach Kanton (China) und Macao, das damals noch als Umschlagplatz für den Sklavenhandel galt.

Die *Novara* segelte den trägen Jangtsekiang flußaufwärts bis Shanghai, wo das erste „deutsche" Kriegsschiff von der Besatzung europäischer Handelsdampfer mit lautem „Hurra" begrüßt wurde. Von China führte die Route durch den Pazifischen Ozean zu den Inselgruppen der Marianen (Guam), den Karolinen und Salomoninseln und schließlich nach Australien und Neuseeland. Die Erforschung dieser Doppelinsel bildete einen wissenschaftlichen Höhepunkt auf geographischem, geologischem, zoologischem und ethnologischem Gebiet. Die Namenswahl in der Topographie Neuseelands deutet heute noch auf die Erforschung durch österreichische Gelehrte hin.

Da die *Novara* vor Australien in einen Taifun geraten war, mußte sie zwangsläufig in Sydney einen längeren Aufenthalt zur Ausbesserung in Kauf nehmen. Der Aufenthalt dort wurde aber sogleich für verschiedene Forschungen genutzt. Die grundlegenden Forschungsarbeiten über die Herkunft und Lebensweise der „Australneger" stammten von den Mitgliedern der *Novara*-Expedition.

Von Neuseeland gelangte die *Novara* nach Chile, durch die Magellanstraße erreichte sie wiederum den Atlantik, landete auf den Azoren und verkürzte die geplante Fahrt, da 1859 der Krieg zwischen Österreich und Italien einerseits und Frankreich andererseits ausgebrochen war. Man fürchtete um die kostbare Schiffsladung. Erst bei der Landung in Gibraltar erfuhr Kommandant Wüllerstorf-Urbair, daß Napoleon III. die *Novara* für „neutral" erklärt hatte. Die Achtung vor der wissenschaftlichen Leistung überwog das rein strategische Interesse an einem feindlichen Kriegsschiff.

Am 30. August erreichte die *Novara* die heimatliche Küste und landete unter ungeheurem Jubel der Bevölkerung in Triest. Während der gesamten Fahrt waren immer wieder meteorologische, erdmagnetische und hydrographische Untersuchungen und Aufzeichnungen gemacht worden. Bei allen Stationen waren umfangreiche Experimente vorgenommen worden.

Die wissenschaftlichen Ergebnisse erschienen in einer 21bändigen Dokumentationsreihe mit dem Titel „Die Reise der österreichischen Fregatte *Novara* um die Erde in den Jahren 1857/58/59". Die Arbeiten waren in nautisch-physikalische, geologisch-botanische, zoologische, anthropologisch-ethnographische, linguistische, medizinische und statistisch-kommerzielle Abschnitte unterteilt.

Durch die Weltreise war die *Novara* und damit die österreichische Marine zu einem international bekannten Begriff geworden. Die Idee, österreichische Kriegsschiffe für Forschungsreisen und zur Anknüpfung wirtschaftlicher Kontakte zu verwenden, wurde für die nächsten Jahrzehnte zum festen Programm. So erlebte der Sinn der romantischen und skurrilen Buchstabenfolge „A E I O U", die Kaiser Friedrich III. „erfunden" hatte, ein halbes Jahrtausend später eine eigenwillige Renaissance. Die österreichische Fahne zeigte sich nun tatsächlich und noch dazu in friedlicher Mission auf dem „gesamten Erdkreis".

1859 kam es zwischen dem von Napoleon III. unterstützten Königreich Sardinien-Piemont und Österreich zum Krieg. Das Ziel war, wie bereits 1848, die „Befreiung" italienischer Gebiete von der österreichischen Herrschaft und die Errichtung eines einheitlichen italienischen Staates.

Die Österreicher wurden von den verbündeten französisch-italienischen Truppen bei Magenta und Solferino besiegt. Im Waffenstillstand von Villafranca wurde vereinbart, daß Österreich die Lombardei an Italien abzutreten habe, Venetien sollte weiterhin im Verband der Habsburgermonarchie bleiben. Sardinien-Piemont erhielt durch diesen Vertrag

einen wertvollen Gebietsgewinn, König Vittorio Emmanuele nahm zwei Jahre später den Titel eines Königs von Italien an. Die österreichische Kriegsmarine hatte während des Krieges keine nennenswerten Kampfhandlungen zu bestehen.

Kaiser Maximilian von Mexiko

Napoleon III., der sich selbst gerne als der Schutzherr aller romanischen Völker sah, griff in den Jahren von 1861 bis 1867 wiederholt in die innenpolitischen und finanziellen Schwierigkeiten Mexikos ein. In diesem völlig verarmten und verschuldeten Land war nach einem unüberschaubaren Bürgerkrieg zwischen Klerikalen und Liberalen der Mestize Benito Juarez Präsident von Mexiko geworden. Da Mexiko seinen umfangreichen Rückzahlungsverpflichtungen an die europäischen Gläubigerstaaten Spanien, England und Frankreich nicht nachkommen konnte, besetzten französische Truppen das Land und zogen in die Hauptstadt ein. Eine von den Franzosen einberufene Notablenversammlung proklamierte Mexiko als Kaiserreich, die Krone sollte nach dem Ergebnis einer Volksabstimmung dem Bruder Kaiser Franz Josephs, dem bereits mehrfach erwähnten Erzherzog Ferdinand Max, angeboten werden.

Im April 1864 empfing der Erzherzog im Schloß Miramare bei Triest die mexikanische Deputation, die ihm seine Wahl zum Kaiser von Mexiko mitteilte. Der Erzherzog nahm die Wahl an und verzichtete auf alle Rechte im Zusammenhang mit der Erbfolge innerhalb der habsburgischen Monarchie. Kaiser Franz Joseph gestattete die Anwerbung eines Freiwilligenkorps, das schließlich aus 7000 Österreichern bestand. Unter den Freiwilligen befanden sich auch etliche Offiziere und Aristokraten, wie zum Beispiel Johann Carl Graf Khevenhüller-Metsch, der über seinen dreijährigen Aufenthalt in Mexiko ausführliche Tagebuchaufzeichnungen hinterlassen hat. Am 14. April 1864 erfolgte der feierliche, von Salutschüssen übertönte Abschied von Miramare. Kaiser Maximilian und seine Frau Charlotte kamen an Bord der in voller Flaggengala prangenden *Novara*. Ende Mai ging die *Novara* in Vera Cruz (Mexiko) vor Anker, Anfang Juni hielt das Kaiserpaar seinen Einzug in die gleichnamige Hauptstadt Mexikos.

Bald sah sich Maximilian, in einem Land, das sich weder in wirtschaftlicher noch in kultureller Hinsicht mit Österreich vergleichen ließ, einer Fülle von wirtschaftlichen Schwierigkeiten und persönlichen Gegnern gegenüber. Es kam zu einem neuerlichen Bürgerkrieg, in dessen Verlauf Maximilian besiegt und gefangen wurde. Ein Kriegsgericht verurteilte den Habsburger zum Tod. Am 19. Juni 1867 wurde der Kaiser (und mit ihm zwei österreichische Generäle) in Querétaro erschossen. Kaiserin Charlotte kam nach Europa zurück, ignorierte die bittere Realität, verfiel in schwerste Depressionen und überlebte in geistiger Umnachtung ihren Gatten um mehr als fünfzig Jahre. Ein halbes Jahr nach dem Tod Kaiser Maximilians wurde Tegetthoff von der kaiserlichen Familie beauftragt, den Sarkophag mit den sterblichen Überresten von den neuen Machthabern in Mexiko zu erbitten, was ihm nach langen Unterhandlungen auch gelang. Die *Novara,* die der Erzherzog als junger Seeoffizier befeligt und die ihn als Kaiser nach Mexiko befördert hatte, brachte nun den Sarkophag in die alte Heimat zurück.

Der Tod Kaiser Maximilians war für Österreich und vor allem für die österreichische Marine, deren Oberbefehlshaber er ja gewesen war, ein schwerer Schock.

Das Marineministerium, das auf Wunsch des Erzherzogs Kriegs- und Handelsmarine ab 1862 zusammengefaßt hatte, wurde wieder aufgelassen, die Agenden der Kriegsmarine übernahm das Kriegsministerium.

Der Dänisch-Deutsche Krieg 1864

Tegetthoff, der inzwischen Kommandant der österreichischen Flottenabteilung in der Levante geworden war, erfuhr auf der Insel Rhodos, wo das österreichische Geschwader vor Anker lag, vom Ausbruch des Krieges zwischen Dänemark und dem Deutschen Bund. Dänemark beabsichtigte, das Herzogtum Schleswig-Holstein, das dem Deutschen Bund angehörte, seinem Staatsgebiet einzuverleiben. Eine der militärischen Maßnahmen der Dänen war es daher, die Elbemündung und Hamburg zu blockieren, um die deutsche Handelsschiffahrt lahmzulegen. Österreich war damals die einzige größere Seemacht innerhalb des Deutschen Bundes. Ein österreichisches Geschwader unter Konteradmiral Bernhard von Wüllerstorf-Urbair erhielt den Befehl, von Pola mit dem Raddampfer *Elisabeth*, dem Linienschiff *Kaiser*, der Panzerfregatte *Don Juan d'Austria* und der Korvette *Erzherzog Friedrich* in die Nordsee abzufahren. Gleichzeitig sollte Tegetthoff mit den Fregatten *Radetzky* und *Schwarzenberg* und einigen kleineren Booten nach Lissabon abgehen, um dort auf das Geschwader Wüllerstorfs zu warten, der den Oberbefehl über die gesamte Aktion hatte.

Die Ankunft Wüllerstorfs verzögerte sich, und so vereinigte sich Tegetthoff mit einem kleinen preußischen Geschwader vor der holländischen Küste und ging tags darauf in Cuxhaven vor Anker. Die Dänen suchten den Kampf, da sie natürlich wußten, daß das Gros der Flotte noch nicht eingetroffen war.

Das dänische Geschwader, das von Kommodore Suenson befehligt wurde, bestand aus zwei Fregatten und einer Korvette und war mit insgesamt 102 Geschützen bestückt.

Den Österreichern standen nur die erwähnten Kriegsschiffe *Radetzky* und *Schwarzenberg* mit zusammen 88 Geschützen zur Verfügung. Die Dänen kamen aus einer kampferprobten Seemacht, Österreich und Preußen hatten keinerlei Erfahrung ähnlicher Art aufzuweisen.

Die Taktik Tegetthoffs bei dem Gefecht war es, die Linie des überlegenen Gegners zu durchbrechen, auf kurze Distanz heranzukommen, um eine möglichst große Wirkung der Geschütze zu erreichen. Das geplante Manöver gelang, die Dänen sprachen voll Anerkennung von einem „tollkühnen Durchbruch". Nach zweistündigem, sehr heftigem Artillerieduell, bei dem die *Schwarzenberg* 153 Treffer erhielt, ein Fünftel ihrer Mannschaft verlor und an mehreren Stellen brannte, drehten die Dänen ab und ließen sich in der Nordsee nicht mehr blicken. Die deutschen Handelsschiffe hatten wieder freie Fahrt.

Die Verluste der Österreicher waren höher als die der Dänen, trotzdem galt „Helgoland" als österreichischer Erfolg, da die Blockade aufgehoben und die Nordsee frei war. Die 130 gefallenen österreichischen Matrosen erhielten in Hamburg-Altona ein Ehrenmal.

Wenige Tage nach der Schlacht erreichte Tegetthoff eine Depesche aus Wien, in der ihm die Ernennung zum Konteradmiral mitgeteilt wurde. Die vor Freude laut jubelnden Matrosen hoben in der Kommandokajüte ihren erst 37jährigen Admiral auf die Schultern und trugen ihn auf das Deck, wo die patriotische Begeisterung kein Ende nehmen wollte. Admiral Tegetthoff verfaßte einen offiziellen Bericht für das Ministerium und einen privaten Brief an die Baronin L. in Triest.

Der Wortlaut des Briefes lautet:

Cuxhaven, am 25. Mai 1864

Verehrte Frau Baronin!

... ich verschob das Schreiben, wartend auf irgend etwas, das ich Ihnen, verehrte Baronin, berichten könnte, zumindest aber auf eine einigermaßen heitere Stimmung, um meine ganze lange Schwadronreise mit etwas philosophischem Gleichmut beurteilen zu können. Endlich ergraute der 9. Mai, der Tag meiner und meiner Schiffe Feuertaufe.

Das Gefecht war bald vorüber, die Kugeln hörten auf zu fliegen, jedoch nur um einem Hagel an Papierbögen Platz zu machen. Ohne Ihre erprobte Geduld mit meinem Gejammer noch weiter zu ermüden, bitte ich, mir zu glauben, daß ich in den letzten Wochen zu Tode gehetzt wurde, daß ich nie an Land gehe, nie Ruhe habe und dennoch, abgesehen von endlosen dienstlichen Korrespondenzen, 37 Briefe unbeantwortet auf meinem Schreibtisch liegen ... Daß der Kaiser mein erstes Debüt so gnädig beurteilen, so glänzend belohnen werde, kam mir mehr als unerwartet. Meine Beförderung kam wie ein Blitz aus heiterem Wetter ...   *Tegetthoff*

VII.
„Glorreich siegend bei Lissa"

Zweifrontenkrieg für Österreich

Einige Wochen vor dem Erfolg der österreichischen Kriegsmarine bei Helgoland war der verbündeten österreichischen und preußischen Armee ein Sieg bei Oeversee und bei den „Düppeler Schanzen" gelungen. Das Grazer Regiment „König der Belgier" war dabei durch hervorragende Tapferkeit aufgefallen und von Kaiser Franz Joseph in der Folge besonders belobigt und ausgezeichnet worden.

Am 20. Juli 1864 kam es in Wien zum Friedensschluß zwischen den Mitgliedern des Deutschen Bundes und Dänemark, das auf seine Ansprüche bezüglich Schleswig-Holstein verzichtete.

Schon zwei Jahre nach „Helgoland" kam es zwischen den ehemaligen Waffenbrüdern Österreich und Preußen zu politischen Mißstimmigkeiten, die schließlich in den sogenannten „Deutschen Krieg" mündeten. Der Anlaß dazu war eine differierende Auffassung über die militärische Notwendigkeit zur Wahl des Hafens Kiel zum neuen preußischen Flottenstützpunkt. Die eigentlichen Ursachen für die Differenzen lagen aber viel tiefer. Es ging um die Vorherrschaft innerhalb des Deutschen Bundes, oder besser gesagt um die Entstehung eines neuen deutschen Einheitsstaates. Der preußische Ministerpräsident Graf Bismarck strebte die sogenannte „kleindeutsche Lösung" an, das heißt ein deutsches Reich, das ohne Österreich von Berlin aus regiert würde. Die in Österreich vertretene „großdeutsche Lösung" sah die Wiedererrichtung eines gemeinsamen Großreiches vor, das, wie vor dem Zeitalter Napoleons, seine Zentrale im Habsburgerreich haben sollte.

Preußen wurde von einigen deutschen Kleinstaaten unterstützt und schloß außerdem ein Bündnis mit dem Königreich Italien, das die Gelegenheit für günstig erachtete, die restlichen „unerlösten", unter österreichischer Herrschaft stehenden Gebiete zu befreien.

Österreich hatte nun einen Zweifrontenkrieg zu führen, im Norden gegen Preußen und im Süden gegen Italien.

In Oberitalien gelang es der österreichischen Südarmee mit etwa 80.000 Mann unter Erzherzog Albrecht – dem Sohn Erzherzog Karls –, bei Custozza einen glänzenden Sieg über die etwa doppelt so starke italienische Armee zu erringen. Im Norden kam es am 3. Juli 1866 zur Katastrophe von Königgrätz; die Österreicher unter Feldzeugmeister Benedek unterlagen den Preußen unter General Moltke.

Die österreichische Südarmee marschierte gegen Norden, da weitere preußische Angriffe zu befürchten waren. Öster-

Admiral Tegetthoff.

reichs Inseln, Küsten und Hafenstädte waren somit ungeschützt. Angriffe der Italiener waren zu befürchten. Die österreichische Flotte, die in Pola beziehungsweise an der Reede von Fasana (gegenüber Brioni) in Bereitschaft lag, war der einzige Schutz. Bevor nun die unmittelbaren Ereignisse, die zur Seeschlacht von Lissa führten, geschildert werden, soll zunächst die Stärke und Eigenart der italienischen Flotte erläutert werden.

Das junge Königreich Italien hatte seit seiner Entstehung 1861 sein Heer modernisiert und vor allem seine Marine ausgebaut. Italien verfügte über eine Flotte, die damals zu den größten und modernsten der Welt gehörte. Dem Königreich stand im Vergleich zu Österreich eine fast doppelt so hohe Anzahl an Panzerschiffen zur Verfügung, die mit den damals modernsten Stahlreif-Armstronggeschützen bestückt waren. Österreich hatte seine Geschütze bei „Krupp" in Essen bestellt und bezahlt – sie wurden aber von Preußen beschlagnahmt.

Die Mannschaft der italienischen Flotte stand im Rufe großer Erfahrung und Tüchtigkeit, die Offiziere waren auf allen Gebieten der Nautik bestens ausgebildet. Die technische und zahlenmäßige Überlegenheit verursachte allerdings eine übergroße Sorglosigkeit. Der Flottenkommandant Admiral Carlo Conte di Persano hielt im Frühsommer 1866 großangelegte Manöver und Gefechtsübungen – wie sie bei den Österreichern nahezu pausenlos durchgeführt wurden – für unnotwendig.

Eines der strategischen Ziele der italienischen Flotte war es, die Insel Lissa (heute Vis) einzunehmen, die damals häufig als „Gibraltar der Adria" bezeichnet wurde, um sich von dort aus die Herrschaft über die östlichen Küsten der Adria zu sichern. Am 7. Juli erhielt Persano folgende Instruktionen:

1. Bei Empfang dieser Instructionen haben Euer Excellenz mit der Ihnen unterstehenden Flotte in See zu gehen, um die feindliche Flotte aufzusuchen und im Falle der Begegnung sie ohne weiteres anzugreifen. Der Kampf ist bis zum Äußersten durchzuführen, um einen vollen und entscheidenden Erfolg zu erzielen.

2. Der wesentliche Zweck unseres Kriegszuges im adriatischen Meere muß vor allem sein, uns zu Herren desselben zu machen, dieses Meer von der österreichischen Escadre zu befreien.

3. In der Voraussetzung, daß die feindlichen Streitkräfte lahmgelegt worden sind, haben Euer Excellenz den Versuch zu machen, sich durch einen Handstreich der Eisenbahn zu bemächtigen, welche längs der Küste des Golfes von Duino läuft und von Nabresina aus, sich nach Venedig, Triest und Wien verzweigt. Diese Operation hat den Zweck, die Eisenbahn und Telegraphenverbindung zu zerstören . . .

Unterzeichnet   Depretis, Marineminister

Als privaten Zusatz bemerkte Depretis: „Bedenke, daß Italien auf seine Flotte schaut als die Kraft seiner Zukunft! Am Meer liegen Italiens schönste Städte, zeige, daß sein Meer auch tatsächlich das seinige ist."

Persano zögerte, er wollte erst auf die *Affondatore* warten, ein Panzerschiff, das erst im Mai 1866 auf einer britischen Werft fertiggestellt worden war. Der *Affondatore* ging ein besonderer Ruf voraus. Sie wurde als das stärkste Schiff der Welt bezeichnet, galt als unsinkbar und war nach dem Muster der Panzerschiffe, die sich im amerikanischen Bürgerkrieg auf dem Mississippi bewährt hatten, gebaut wor-

den. Die „Times" behauptete in einem stolzen Artikel, daß dieses mit einem neun Meter langen Rammsporn ausgestattete Panzerschiff die gesamte österreichische Flotte im Alleingang vernichten könnte.

Die *Affondatore* wurde angeliefert, und an Persano stellte die italienische Regierung bei weiterer Untätigkeit eine Enthebung vom Flottenkommando in Aussicht.

Am 15. Juli wurde die Eroberung der Insel Lissa nochmals angeordnet. Zum Flaggschiff der Italiener wurde die *Rè d'Italia* bestimmt.

Der Stand der italienischen Flotte war folgender:

Name	Rang	PS	Besatzung	Tonnengehalt
1. FAHRZEUGE MIT VOLLER PANZERUNG				
Rè d'Italia	Fregatte	800	600	5.700
Rè di Portogallo	Fregatte	800	550	5.700
Formidabile	Korvette	480	350	2.700
Terribile	Korvette	480	350	2.700
2. FAHRZEUGE MIT TEILWEISER PANZERUNG				
Principe di Carignano	Fregatte	600	440	4.000
Ancona	Fregatte	700	480	4.250
Castelfiderdo	Fregatte	700	480	4.250
Maria Pia	Fregatte	700	480	4.250
San Martino	Fregatte	700	480	4.250
Palestro	Kanonenboot	300	250	2.000
Varese	Kanonenboot	300	250	2.000
3. TURMSCHIFF (Monitor)				
Affondatore		700	290	4.000
4. UNGEPANZERTE FAHRZEUGE				
Fregatten Korvetten Aviso Proviantschiff Spitalschiff 20 Fahrzeuge		7.600	6.500	38.000

5. KLEINE HILFSFAHRZEUGE

Die Zahlenangaben über Anzahl der Schiffe und Bemannung schwanken selbst bei offiziellen Berichten, da die Hilfsfahrzeuge meist nicht mitgerechnet wurden.

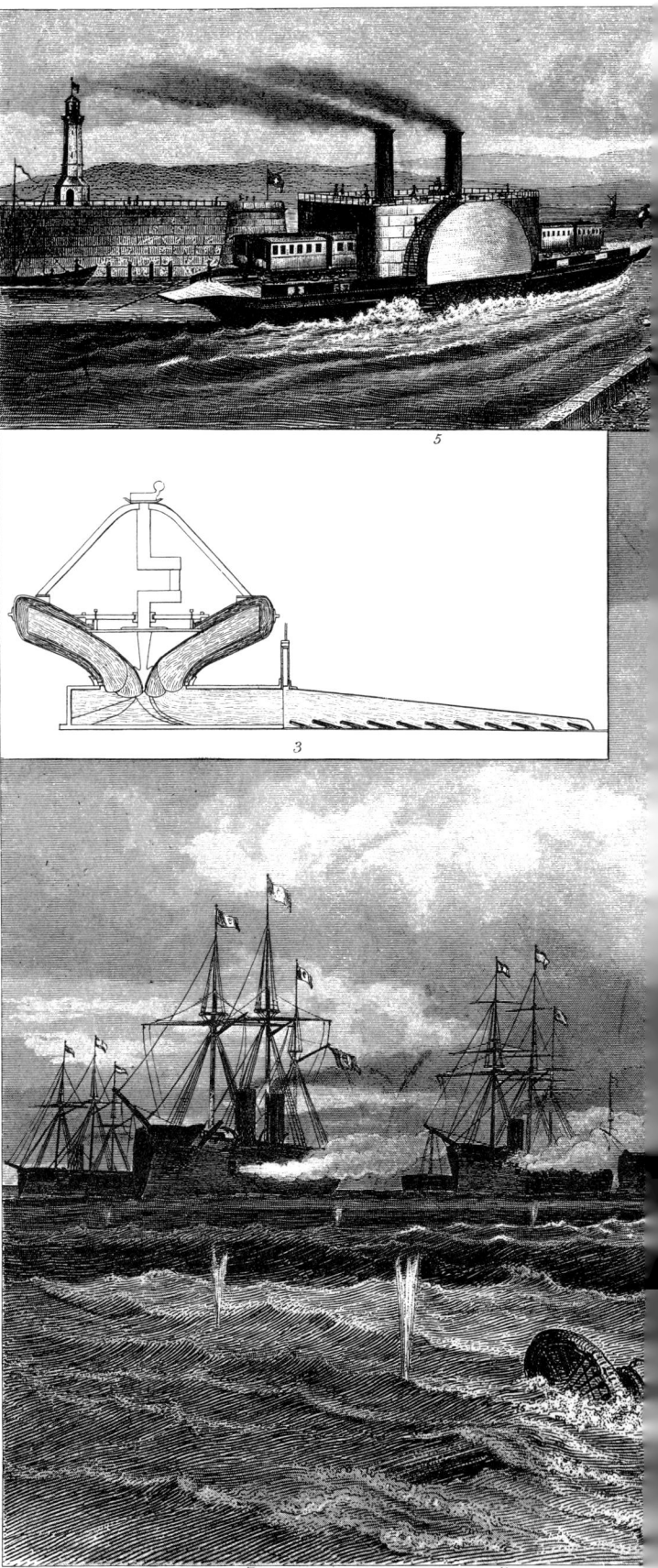

Die italienischen Schiffe waren den österreichischen weit überlegen. Sie waren nach den modernsten technischen Plänen gebaut, ihre Geschütze hatten größere Reichweite, ihre Fahrgeschwindigkeit war höher. Die Zahl der Bemannung, der Geschütze und der Tonnage (die dem Schiffsgewicht entsprechende Wasserverdrängung) war höher als die vergleichbaren Werte der Österreicher. Die österreichische Flotte bot ein weniger stolzes Bild. Tegetthoff erhielt erst im Mai das Kommando über die österreichische Flotte in dem bevorstehenden ungleichen Kampf.

Die Nachricht von Tegetthoffs Ernennung löste in Pola einen Sturm der Begeisterung aus. Max von Rottauscher, damals 20jähriger Fregattenfähnrich, berichtet in seiner bereits zitierten Autobiographie: „Tegetthoff Eskadrekommandant! Da waren wir erst sprachlos vor Freude. Dann jauchzten wir unter unserer Sonnenplane, man rief Rückwärtsstehenden den geliebten Namen zu, man schüttelte sich überglücklich die Hände. Täglich gab es Avancements. Eine unglaubliche Bewegung summte durch die Gassen. Die Munitionskarren der Forts rumpelten einher, Ordonnanzen liefen, vor der Stadt waren Holzbaracken für die Reservisten aufgeschlagen. Pola bot ein Bild emsiger Geschäftigkeit – hier Schiffe, die in Zutakelung begriffen waren, dort Penichen voll Kohle, Süßwasser und Munition, von Ruderbooten geschleppt, dort wieder ächzende Kräne . . . Die Schlote dampften, über Laufplanken liefen, emsigen Ameisen gleich, zahllose Kohlenträger. Dampfer kamen, mit Arbeitern gefüllt, vom venezianischen Arsenal herüber. Reparaturen flogen von der Hand . . ."

Von den sieben österreichischen Panzerschiffen befanden sich fünf, weder überholt noch ausgerüstet, in den verschiedenen Arsenalen. Zwei neue Panzerschiffe, die ebenso wie die *Affondatore* mit einem Rammsporn unter der Wasserlinie ausgestattet wurden, befanden sich noch auf der Werft in Triest. Das größte österreichische Holzschiff, der *Kaiser*, galt als total veraltet und unbrauchbar. Die berühmte *Novara* war inzwischen zu einer Schraubenfregatte umgebaut worden, ein Brand (vermutlich ein Sabotageakt) hatte sie jedoch schwer beschädigt. Tegetthoff ging nun mit beispielloser Energie an die Organisation und Instandsetzung seiner Flotte. Er verstand es, durch ständiges Üben von Gefechtssituationen und durch die sich selbst und seinen Mannschaften auferlegte Disziplin eine Atmosphäre zu schaffen, die sich von einer anfänglichen Skepsis zu patriotischer Begeisterung entwickelte.

1–4 Reactionsschiff oder hydraulischer Propelle

hiff. 6 *Regatta.* — *Seeschlacht bei Lissa (1866):* 7 *Affondatore;* 8 *Kaiser;* 9 *Rè d'Italia;* 10 *Erzherzog Maximilian;* 11 *Palestro.*

65

Die Augenzeugen der Ereignisse von Lissa, die zeitgenössische Presse und viele Historiker berichten, daß selten im Verlauf der Geschichte der Ausgang einer Schlacht so sehr durch das Verhalten eines einzigen Mannes beeinflußt wurde. Die Entschlossenheit Tegetthoffs, dem überlegenen Gegner ein siegreiches Treffen zu bieten, riß Mannschaften und Offiziere mit und spornte alle Beteiligten zu Höchstleistungen an.

Tegetthoff beantragte die Zuteilung der noch unfertigen Panzerschiffe *Erzherzog Ferdinand Max* und *Habsburg* aus Triest. Da an den vorhandenen Holzschiffen keine Panzerplatten mehr angebracht werden konnten, ließ Tegetthoff einige Fregatten und Korvetten ebenso wie den legendären *Kaiser* mit Ankerketten und Eisenbahnschienen an Bug und Bordwänden verstärken. Die *Novara* und andere kleinere Schiffe wurden, da die ärarischen Werften Tag und Nacht ausgelastet waren, auf privaten Werften ausgerüstet. Tegetthoff war „überall zugleich", beaufsichtigte persönlich die Arbeiten und jagte ein Schiff nach dem anderen auf die Reede von Fasana, wo die zum Teil eben angeheuerte und

vereidigte Mannschaft pausenlos eingeübt wurde. Sobald alle Einheiten in Fasana vorhanden waren, nutzte Tegetthoff den Juni zu taktischen Übungen im Verbande. Die Flotte erhielt als Marsch- und Gefechtsordnung eine Formation in drei hintereinander fahrenden Keilen. Die erste Keilformation wurde von sieben Panzerschiffen gebildet, die zweite von den Holzschiffen und die dritte von kleineren Hilfsschiffen. Diese berühmt gewordene „Rammformation" wurde von dem neuen Flaggschiff Tegetthoffs, der *Erzherzog Ferdinand Max,* angeführt. In zahlreichen Besprechungen wurde die geplante Rammtechnik erläutert. Sie bestand darin, einem überlegenen Gegner keine Gelegenheit zu geben, sein stärkeres Geschützpotential auszuspielen, sondern mit einem Rammstoß die Flanke des feindlichen Schiffes zu zerstören. Dabei sollten immer mehrere Einheiten ein feindliches Objekt kampfunfähig machen.

Ende Juni findet Tegetthoff Zeit, einen persönlichen Brief, der zugleich ein Lagebericht ist, an die Baronin L. in Triest zu schreiben:

Nach dem Revolutionsjahr 1848/49 erschien Venedig als
Haupthafen der Monarchie nicht mehr geeignet.
Das kleine Fischerdorf Pola wurde zum Zentralhafen
ausersehen und ab 1850 ausgebaut.

Fasana, Sonntag abends

„. . . Daß ich viel zu tun habe, sehr viel – dessen brauche ich Sie wohl nicht zu versichern. Mit der Zahl der Schiffe wächst der Umfang der Geschäfte – das Personal zu deren Bewältigung jedoch nicht. Manchmal absorbieren die laufenden Geschäfte beinahe den ganzen Tag, der Rest – das Wichtigere – muß aber doch auch getan und besorgt werden. Daher ein unaufhörliches Hetzen und Zeit für gar nichts . . . *Kaiser* und *Habsburg* kommen nächster Tage nach, wir wären dann so ziemlich en grand complet und höchlichst erfreut, wenn die Geschichte einmal losginge. Das ewige Kanonenexerzieren und Scheibenschießen füllt am Ende nicht die Existenz eines Menschen, und bei der Marine fehlt ganz und gar die Abwechslung, der gewisse Grad von Aufregung, der Märsche und Garnisonswechsel begleitet und bei der Armee für den angestrengten Dienst – den Kriegsvorbereitungen ausmachen – in hohem Grade entschädigt. Bei uns geht alles seinen langweiligen Gang fort, bis zum Tage der Aktion, den wir daher am meisten herbeisehnen müssen. Wir liegen nun zwei Monate in Fasana – hiemit ist genug gesagt. . . . Ich bitte Sie jedoch, keine übertriebenen Besorgnisse zu hegen – wir sind nicht so schwach, wie Sie zu glauben scheinen. Wir liegen heute 24 Schiffe hier, darunter 6 Panzerschiffe; doch auch hinter hölzernen Wänden pochen Herzen von Eisen. . . . In jenem Blatte des ‚Giornale della Marina‘ steht es schwarz auf weiß, daß nur das Erscheinen der Armada Persanos im Golfe genügen würde, um die Österreicher zu veranlassen, sich wie Maulwürfe hinter der Arena von Pola zu verkriechen . . .“

Wie erwähnt, wurde Admiral Persano wiederholt von seiner Regierung aufgefordert, in See zu gehen und eine Entscheidung zu erzwingen. Endlich, am 16. Juli, lief die italienische Flotte aus, um die Insel Lissa zu erobern.
Lissa war im Zeitalter Napoleons vorübergehend in englischem Besitz, 1815 wurde die Insel durch eine der Bestimmungen des Wiener Kongresses Österreich zugesprochen. Die Engländer hatten starke Festungsanlagen errichtet, die Österreicher hatten sie noch weiter ausgebaut und verstärkt. 1866 verfügte Lissa zu seiner Verteidigung über 3000 Mann Besatzung und etwa 100, wenngleich auch veraltete Geschütze. Lissa liegt in der mittleren Adria, von Pola (143 Seemeilen) und Ancona (114 Seemeilen) annähernd gleich weit entfernt. Die Insel hat eine Nord-Süd-

Ausdehnung von etwa 10 Kilometer, die West-Ost-Erstreckung beträgt etwa 18 Kilometer. In einem Zeitungsbericht der Grazer Tagespost vom Juli 1866 findet man folgende Beschreibung:

„Lissa ist ungefähr 200 Seemeilen von Triest entfernt. Die Insel ist ein Kriegshafen und hat insgesamt nur zwei Ortschaften, Lissa und Comissa. Die Ortschaft Lissa hat an 4000 Einwohner. Die ganze Insel ist nur 1½ Meilen lang, und höchstens ⅝ Meilen breit. Sie besteht aus hohem Felsengebirge, doch wachsen auf den steilen Berglehnen viele und gute Weintrauben, Citronen, Orangen, Johannisbrot. Die Bevölkerung treibt Weinbau und Fischzucht, und man fängt hier Millionen Sardellen. Gesprochen wird italienisch und dalmatinisch. Ich sah unter den Einwohnern viel schöne Männer, die Frauen dagegen sind ausnehmend häßlich. Nur unter den jungen Mädchen findet man mitunter eine erträglich hübsche. Doch sind diese Frauen sehr sittsam. Wenn sich unsere Infanteristen erlauben, ihnen auf die Schulter zu klopfen, kommen sie gleich sich weinend beschweren. Die ganze Bevölkerung ist katholisch, die Kirchen, deren es drei gibt, sind täglich von Männern und Weibern besucht. Die Wohlhabenderen tragen sich sehr einfach, die Ärmeren gehen zerlumpt einher. Von Luxus nicht die geringste Spur; ich habe noch keine Equipage zu Gesicht bekommen.“

Am 17. Juli erschien die italienische Flotte vor Lissa. Diese Meldung, die Tegetthoff nach Pola telegrafisch mitgeteilt wurde, erwiderte er mit der lakonischen Depesche: „Ausharren! Es kommt Entsatz!“
Die nächsten beiden Tage vergingen mit einem heftigen Artilleriegefecht zwischen der zahlenmäßig so geringen österreichischen Besatzung der Insel und der übermächtigen italienischen Flotte. Die Befestigungsanlagen von Lissa waren bereits stark beschädigt, doch die italienische Flotte kam nicht dazu, ihre Marineinfanterie zu landen.
Tegetthoff erhielt aus Wien die entscheidende Depesche: „Auf Allerhöchsten Befehl nach eigenem Ermessen handeln. Wegen Demonstrationen gegen Lissa nicht auslaufen.“
Der zweite Satz war überholt, da Tegetthoff inzwischen wußte, daß es sich um keinen Scheinangriff, sondern um einen tatsächlichen Eroberungsversuch der Insel Lissa handelte. Zu Mittag war die kaiserliche Depesche eingetroffen, eine halbe Stunde später lief die österreichische Flotte aus. Sie bestand aus folgenden Einheiten:

Escadre-Kommandant: Konteradmiral Wilhelm von Tegetthoff
Escadre-Adjutant: Fregattenkapitän Karl Ritter von Lindner
Escadre-Adjutant: Korvettenkapitän Ferdinand Attlmayr
Flaggenschiff: Erzherzog Ferdinand Max
Personal-Adjutant: Linienschiffleutnant Franz Freiherr von Minutillo

I. DIVISION (Panzerschiffe)
Konteradmiral Wilhelm von Tegetthoff

Name	Kommandant	PS	Mann	Tonnengehalt
Panzerfregatte *Erzherzog Ferdinand Max*	Linienschiffskapitän Max Freiherr von Sterneck	800	490	5100
Panzerfregatte *Habsburg*	Linienschiffskapitän Karl Faber	800	480	5100
Panzerfregatte *Kaiser Max*	Linienschiffskapitän Gustav Ritter von Gröller	650	390	3600
Panzerfregatte *Prinz Eugen*	Linienschiffskapitän Alfred Barry	650	390	3600
Panzerfregatte *Don Juan d'Austria*	Linienschiffskapitän Anton Ritter von Wiplinger	650	390	3600
Panzerfregatte *Drache*	Linienschiffskapitän Heinrich Freiherr von Moll	500	340	3000
Panzerfregatte *Salamander*	Linienschiffskapitän Karl Kern	500	340	3000
Aviso Raddampfer *Kaiserin Elisabeth*	Fregattenkapitän Tobias Österreicher	350	166	1500

II. DIVISION (Holzschiffe)
Commodore Linienschiffskapitän Anton von Petz

Name	Kommandant	PS	Mann	Tonnengehalt
Schraubenlinienschiff *Kaiser*	Linienschiffskapitän Anton von Petz	800	900	5200
Schraubenfregatte *Novara*	Linienschiffskapitän Eric von Klint	500	540	2500
Schraubenfregatte *Fürst Felix Schwarzenberg*	Linienschiffskapitän Georg Millosich	400	550	2200
Schraubenfregatte *Radetzky*	Linienschiffskapitän Josef von Aurnhammer	300	400	2200

Name	Kommandant	PS	Mann	Tonnengehalt
Schraubenfregatte *Adria*	Fregattenkapitän Adolf Daufalik	300	400	2200
Schraubenfregatte *Donau*	Fregattenkapitän Maximilian Pitner	300	400	2200
Schraubenkorvette *Erzherzog Friedrich*	Fregattenkapitän Markus Florio	230	300	1500
Aviso-Rad-Dampfer *Greif*	Fregattenkapitän Karl Kronowetter	300	100	1250
Aviso-Lloyd-Dampfer *Stadium*	Linienschiffsleutnant Viktor Graf Wimpfen	360	33	1400

III. DIVISION (Kanonenboote)
Fregattenkapitän Ludwig Eberle

Name	Kommandant	PS	Mann	Tonnengehalt
Schrauben-Kanonenboot *Hum*	Fregattenkapitän Ludwig Eberle	230	140	870
Schrauben-Kanonenboot *Dalmat*	Fregattenkapitän Wilhelm von Wikede	230	140	850
Schrauben-Kanonenboot *Wall*	Korvettenkapitän Alexander Graf Kielmannsegge	230	140	850
Schrauben-Kanonenboot *Velebich*	Korvettenkapitän Viktor Herzfeld	230	140	850
Schrauben-Kanonenboot *Reka*	Korvettenkapitän Adolf Nölting	230	140	850
Schrauben-Kanonenboot *Seehund*	Fregattenkapitän Wilhelm Calafatti	230	140	850
Schrauben-Kanonenboot *Streiter*	Korvettenkapitän Rudolf Ungewitter	230	100	500
Schrauben-Schoner *Narenta*	Linienschiffsleutnant Franz Spindler	90	100	500
Schrauben-Schoner *Kerka*	Linienschiffsleutnant Gustav Masotti	90	100	500
Aviso-Rad-Dampfer *Andreas Hofer*	Korvettenkapitän Ulrich Lund	180	100	770

Summe: 27 Schiffe, 10.000 PS (aufgerundet), 7.800 Mann (aufgerundet), 57.000 Tonnen (aufgerundet)

Lassen wir nun nochmals Linienschiffsfähnrich Max von Rottauscher, der die Seeschlacht auf der Fregatte *Austria* miterlebte, zu Wort kommen:

„Das Admiralsschiff blieb auf der Reede, um letzte Depeschen in Brioni zu empfangen oder aufzugeben. Von den übrigen aber riß jeder, sobald er klar war, den Anker aus dem Grund. Ein rasselndes Poltern durchlief die Eskadre; die ersten strebten schon der Ausfahrt zu. Kurze Zeit später waren die Schiffe in See südlich Brionis versammelt und fuhren ganz langsam, auf Tegetthoff harrend, an der istrischen Küste hin.

Schlag 1 Uhr erschien hinter uns der Admiral. Aus dem Ginsterschäumen der Riffinseln vorbrechend, schüttete der *Ferdinand Max* das Wasser am Bug empor. Wie zu letzter Musterung stand Tegetthoff auf dem Hinterkastell seines Panzers. Um ihn waren seine Vertrauten versammelt. Wir erkannten sie durchs Fernrohr Mann um Mann: Sterneck, Lindner, Attlmayer, Spaun, Minutillo. Die zwei Signalkadetten Görz und Sinkowsky hielten sich etwas abseits und kramten in aufgeschichteten Flaggen. So sauste die *Ferdinand Max* florschwarz, dem Fliegenden Holländer ähnlich, von hinten nach vorne durch die Eskadre. In diesem Augenblick geschah das Gewaltige, etwas, das mit dem grauen Gang der Neuzeit unvereinbar schien. Denn plötzlich, ohne daß ein Befehl hierzu gefallen war, erbrachen alle Luken trappelndes Gewühl, aus den Tiefen jedes Schiffes heraus rannte die Mannschaft, stürmte die Masten, je höher, je besser krabbelten Hunderte und Hunderte von Menschen empor, schienen jegliche Besinnung verloren zu haben, nur mehr Händeausstrecken und jauchzendes Geschrei zu sein. Auf den Schiffen, die Musik mitführten, eilten deren Leute Hals über Kopf zusammen und spielten die Volkshymne. Tegetthoff zog die Mütze vom Haupte. Er schwenkte sie mit weitem Kreisen des Armes. Stürmisch vorbeigerissen, von Jubel überschüttet, von völlig disharmonisch durcheinander rauschender Musik umbraust, stürzte das Admiralsschiff an die Tete.

Nun hatte es diese erreicht, wie abgeschnitten erstarb der Lärm, die Musik mitten im Spiel. Die Menschenmassen rieselten auf Deck zurück. Ein atemloses Schweigen folgte. Rasch nacheinander flogen die Signale zur Bildung jener drei konzentrischen Keile auf, mit denen marschiert wurde. Als erster Keil die sieben Panzer, an ihrer Spitze *Ferdinand Max*, als zweiter wir Fregatten,

geführt vom Linienschiff *Kaiser*, als dritter die sieben Kanonenboote, alles in allem ein eisenumkleidetes Holzgeschoß. Präzise und knapp, binnen weniger Augenblicke erfolgten die nötigen Bewegungen, dann setzte sich die Flotte in volle Fahrt."

Die Flotte fuhr die ganze Nacht durch und erreichte in den Morgenstunden des 20. Juli die Gewässer von Lissa. Das Wetter an diesem denkwürdigen Tag war schlecht, die See war bewegt, Nebel, Regen und Wind behinderten die Sicht. Doch bald überholte eine Regenbö die Flotte und schob sich als dunkle Wand gegen Lissa, die Österreicher einer neugierigen Sonne überlassend.

Das Admiralsschiff signalisierte:

„,Klar Schiff zum Gefecht.' Alle antworteten: ‚Klar Schiff zum Gefecht'; es signalisierte den Panzerschiffen: ‚Den Feind anrennen und zum Sinken bringen!' Die Panzerschiffe antworteten: ‚Den Feind anrennen und zum Sinken bringen!' Die Alarmhörner schmetterten. Wir hörten hier, dort eines, dann viele, immer stärker, je mehr sich das Blasen vom *Ferdinand Max* her über die Flotte nach hinten fortpflanzte und anschwellend schließlich alle Schiffe ergriff.

Die Stückpforten flogen auf, und in die wasserstaubdurchsickerte, sonnschäumende Luft schossen blitzschnell auf sämtlichen Masten geballte Tücher empor, streckten sich im reißenden Wind und wurden Flaggengala. Alles war Licht, buntes Farbenströmen und Stoß nach vorwärts. Noch einmal zeigte der *Ferdinand Max* ein Signal, das Wort ‚muß'. Es sollte den Ausruf ‚Muß Sieg vor Lissa werden' einleiten. Aber zugleich taumelte die Regenbö nach rechts ab und lief gegen die hohe See. Lissa und die feindliche Flotte lagen vor uns. Die Signalmannschaft des Admiralsschiffes hatte nicht mehr Zeit, den Satz zu vollenden. Einige Sekunden lang sauste das eherne Wort ‚muß' an der Spitze der Keile einher, gleichsam die Stelle bezeichnend, wo Tegetthoff war. Dann kroch es herunter, und nichts mehr folgte. Die Offiziere schüttelten einander die Hände. Jeder eilte an seinen Posten."

Admiral Persano rief beim Anblick der österreichischen Flotte lachend aus: „Ecco, i pescatori" („Na also, die Fischer"), befahl, seine Flotte in Schlachtordnung aufzustellen und ließ sich auf die „unüberwindliche" *Affondatore* überschiffen, ohne daß dies den übrigen Einheiten mitgeteilt wurde. Die *Affondatore* hatte keine Admiralsflagge an Bord, die übrigen Einheiten der italienischen Flotte vermu-

lag die unüberwindliche *Affondatore* ihren Verletzungen" und sank vor ihrem Heimathafen Ancona.

Die Verluste der Italiener waren außerordentlich hoch. Sie hatten 38 Offiziere und 574 Mann zu beklagen, die Österreicher trauerten um drei Offiziere und 35 Mann. Die italienische Flotte büßte wie erwähnt drei Panzerschiffe ein, drei weitere waren kampfunfähig geworden. Von den österreichischen Schiffen war nur der *Kaiser* schwer beschädigt worden, seine gröbsten Schäden wurden gleich im Hafen von Lissa ausgebessert.

Lissa war nach Trafalgar die größte Seeschlacht des 19. Jahrhunderts. Es war die letzte, an der noch Holzschiffe mit Takelage teilnahmen, es war die einzige große Schlacht des Jahrhunderts, in der man den Gegner durch Rammstoß angriff, obwohl damals alle Kampfschiffe mit einem Rammsporn ausgestattet waren.

Nach dem Sieg

Am Abend des 20. Juli 1866 beorderte Tegetthoff den Avisodampfer *Stadium* nach Spalato (Split), um an Kaiser Franz Joseph eine Depesche mit der Siegesmeldung zu entsenden.

Der Konteradmiral signalisierte sodann seinen persönlichen Dank und seine Anerkennung an die noch im Hafen von Lissa verankerte Flotte.

Am nächsten Tag brachte der Lloyddampfer *Venezia* ein Telegramm Kaiser Franz Josephs mit dem Inhalt: „Ich ernenne Sie zum Vize-Admiral. Den Offizieren und Mannschaften Meiner tapferen Flotte Meinen Dank. Ich erwarte Ihre Auszeichnungsanträge." Diese Anträge erfolgten bald; 120 Offiziere, Ärzte und Maschineningenieure wurden mit Tapferkeitsorden und Verdienstkreuzen ausgezeichnet, fast 500 Kadetten und Mannschaftsangehörige mit Tapferkeitsmedaillen belohnt.

Die Kommandanten aller „Lissa-Schiffe" überreichten Tegetthoff ein „Tapferkeitszeugnis", das ihn veranlassen sollte, sich um die höchste österreichische Kriegsauszeichnung, den Maria-Theresien-Orden, zu bewerben.

Die italienischen Zeitungen druckten fantasievolle Berichte über den Sieg der Italiener bei Lissa ab! Unter anderem wurde behauptet, daß der *Kaiser* mit 1000 Tiroler Scharfschützen gerammt worden und darauf gesunken sei. Die Tiroler, bekanntlich ein wildes, blutrünstiges Bergbauernvolk, das sich von rohem Gemsenfleisch ernähre, hätten ihre

teten ihren Kommandanten während der ganzen Schlacht weiterhin auf der *Rè d'Italia*.

Die Italiener eröffneten das Feuer. Der erste Treffer riß dem Kommandanten des *Drachen*, dem Linienschiffskapitän Freiherr von Moll, die Schädeldecke ab. Die Österreicher durchbrachen wie geplant die feindliche Schlachtordnung. Es entwickelte sich ein Melee. Die *Erzherzog Ferdinand Max* mit Tegetthoff an Bord rammte das italienische Panzerschiff *Rè d'Italia*. Es sank binnen zwei Minuten. Der hölzerne *Kaiser* versuchte, den *Rè di Portugallo* zu rammen, wurde dabei stark beschädigt und geriet in Brand. Die italienische *Palestro* erhielt mehrere schwere Treffer, die unter anderem auch die Pulverkammer erreichten. Das Schiff explodierte und versank mit einem Großteil der Mannschaft. Die *Affondatore* versuchte mehrmals vergeblich, den lädierten und brennenden *Kaiser* zu rammen und wurde dabei von den dem *Kaiser* zu Hilfe kommenden Österreichern mit gezielten Breitseiten arg zugerichtet.

Nach zwei Stunden war die Schlacht vorbei. Die italienische Flotte steuerte Richtung Ancona. Wenige Tage später „er-

71

Köpfe während der Schlacht mit spitzen Zillertalerhüten bedeckt gehabt. Nach dem Untergang des *Kaiser* hätten dann die schwimmenden Hüte auf imposante Weise das ganze Meer um Lissa bedeckt.

Erst nach einigen Wochen drang die Wahrheit über den Ausgang der Schlacht durch, gegen Persano wurden kriegsrechtliche Maßnahmen eingeleitet, die für ihn den Verlust seines Admiralsranges und die Enthebung aus seinem Amt zur Folge hatten.

Die britische und französische Presse berichtete allerdings noch einige Zeit hartnäckig über den Untergang des *Kaiser*. Tegetthoff beendete nach dem Eintreffen der kompletten Flotte in Triest diese Gerüchte mit einer Einladung für ausländische Offiziere und Kriegsberichterstatter an Bord des „versunkenen" *Kaiser*. Die Begleichung der Rechnung für dieses Festessen wurde nachträglich vom Marineministerium verweigert. Tegetthoff wurde für sein „eigenmächtiges Vorgehen" heftig kritisiert. Der Admiral war über diese Zurechtweisung zutiefst erbittert.

Die Kriegsmarine und die öffentliche Meinung erwarteten die Ernennung Tegetthoffs zum Marineminister. Diese Erwartung wurde durch eine seltsame Regelung enttäuscht. Das Kriegsministerium schickte Tegetthoff nach England und in die USA, um Erfahrungen zum Aufbau einer schlagkräftigen österreichischen Marine zu sammeln.

Die österreichischen Zeitungen befaßten sich anfangs nur zögernd mit dem unerwarteten, aber umso glänzenderen Sieg. So berichtet die Grazer Tagespost am 1. August 1866:

„Die steirische Eisenindustrie
und der Sieg bei Lissa.

Auch die steirische Eisenindustrie hat bei Lissa ihren Sieg erfochten; es waren Panzer aus steirischem Eisen, welche die Schiffswände der schönen österreichischen Fregatten vor den wuchtigen Projectilen der italienischen Flotte und vor den Sporen ihrer Widderschiffe schützten. Auf den steirischen Hütten zu Zeltweg und Store wurden die Panzer geschmiedet für die ruhmgekrönten Schiffe *Ferdinand Max* und *Habsburg* und *Kaiser Max, Don Juan d'Austria, Prinz Eugen, Salamander* und *Drache*. Sie alle waren zum größten Theile mit Platten aus diesen vaterländischen Werken armiert. Sind schon die specifischen Eigenschaften des Eisens die Grundbedingung für die Fabrikation vorzüglich widerstandsfähiger Panzerplatten, so gereicht gleichwohl das Resultat des heißen Tages von Lissa den genannten

Werken zur Ehre, da sie es verstanden, aus dem guten Material durch Anwendung schwieriger und complicirter Manipulationen Platten von so großem Gewichte und von bis jetzt unübertroffener Festigkeit herzustellen.

Blieben die 300pfündigen Kugeln der modernen Geschützungeheuer, wie sie unseren Feinden zu Gebote standen und von denen für unsere artilleristisch minder günstig bestellte Escadre das Schlimmste zu befürchten war, in den Panzerwänden unserer Fregatten stecken und war so Schiff und Mannschaft geschützt, so wurden die Panzer der feindlichen Schiffe schon durch die aus unsern 48-Pfündern gegebenen wohlgezielten Breitseiten buchstäblich in Fetzen geschossen und doch waren es Fabrikate der berühmtesten Werkstätten in Frankreich, England und Amerika, denen gegenüber die Superiorität des steirischen Eisens in so eclatanter Weise bewiesen wurde.

Es waren die Worte eines vor Jahren gestorbenen hochgeachteten Steiermärkers: ‚Es wird insbesondere das norische Eisen, das tausendfach nützliche zu den Künsten des Friedens und stark als Waffe zum Kampfe, soweit die Geschichte zurückreicht, mit Ruhm genannt werden' – die da wieder einmal in Erfüllung gingen. Dieses Eisen hat seinen Ruhm neuerdings glänzend bewährt und wird ihn wohl bewähren, so lange man Pflug und Waffen brauchen wird."

Die „Wiener Zeitung" veröffentlichte folgenden Bericht, der ebenfalls in der genannten Grazer Tagespost erschien:

„Kriegsnachrichten.
Die ‚Wiener Zeitung' veröffentlicht den Bericht des Viceadmirals Wilhelm Tegetthoff über die Schlacht bei Lissa. Der Bericht ist mit jener nüchternen Ruhe und Wahrheitsliebe verfaßt, die sich so vorteilhaft abhebt von den großsprecherischen und oft lügenhaften Kampfberichten der Preußen und Italiener. Die in dem Bülletin dargelegten Thatsachen sind sämmtlich bekannt und wurden in mehrfachen Darstellungen bereits unseren Lesern mitgetheilt. An die Panzerdivision gab im Beginn des Kampfes der muthige Seeheld Tegetthoff den Befehl: ‚Den Feind anlaufen und ihn zum Sinken bringen.' Wie dieser Befehl ausgeführt wurde, ist bekannt. Der Vice-Admiral lobt besonders die Bravour des Commodore Petz, welcher das Linienschiff *Kaiser* commandirte, und des Linienschiffscapitäns Max Baron

von Sternek, welcher in einer halben Stunde drei sardische Panzerschiffe anlief und den *Rè d'Italia* mit einer Bemannung von mehr als 600 Mann in den Grund bohrte. Der Bericht schließt mit folgenden Worten: ‚Commandanten, Officiere und Mannschaften haben ihre Pflicht gethan; sie haben mit einer Hingebung, Ausdauer und Ruhe gekämpft, der selbst der Gegner die Anerkennung nicht wird versagen können. Ihre Leistungen stehen um so höher, wenn man bedenkt, welch' kurze Zeit der größte Theil der Schiffe ausgerüstet ist und daß bei manchen zwischen dem Tage der Ausrüstung und dem Tage der Schlacht kaum der Zeitraum von drei Wochen liegt. Zudem ist nicht außer Acht zu lassen, daß sie mit dem Bewußtsein in den Kampf gingen, es mit einem materiell stärkeren Feinde zu thun zu haben, und daß nur moralische Kraft und seemännisches Geschick dieser Uebermacht ein Gleichgewicht zu halten vermag.'"

Tegetthoff erhielt zahlreiche Glückwunschbriefe, auch ein Schreiben von Kaiser Maximilian aus Mexiko, in dem der Kaiser sich selbst und seine Tätigkeit bei der österreichischen Marine genauso pathetisch schildert wie den Sieg Tegetthoffs.
Einige Worte aus dem Gratulationsbrief des greisen Admirals Dahlerup geben gleichzeitig patriotisch und objektiv eine Wertung über Lissa: „Reif überlegt, kalt und kühn im entworfenen Plane, tapfer in der Ausführung, hat die Seeschlacht bei Lissa einen Glanz über die österreichische Flagge und Österreichs Kriegs-Marine verbreitet, der sie im Kriegsruhm mit den größten Marinen der Welt gleichstellt ... Eine schöne Zukunft liegt der österreichischen Kriegs-Marine offen, jeder Zweifel von ihrer Notwendigkeit und ihrem Wert für den Staat muß von nun an verstummen ..."

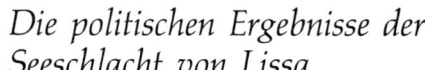

Das Ritterkreuz des Maria-Theresien-Ordens.

Die politischen Ergebnisse der Seeschlacht von Lissa

Die Seeschlacht von Lissa beendete den Krieg mit Italien. Am 12. August schloß Österreich Waffenstillstand mit Italien (mit Preußen am 26. Juli, dabei stimmte Österreich der Auflösung des Deutschen Bundes zu und gab auch seine Zustimmung zu einer Neugestaltung des Deutschen Reiches ohne Österreich).
Trotz seiner Siege im Süden mußte Österreich im Frieden von Wien am 3. Oktober 1866 Venedig und Venetien an das Königreich Italien abtreten. Istrien, Dalmatien und Südtirol blieben bei Österreich. Es war ursprünglich eines der politischen Ziele Italiens gewesen, nach erfolgreichem Kampf gegen die österreichische Flotte eine der größeren eroberten dalmatinischen Inseln oder die Halbinsel Istrien gegen Südtirol einzutauschen. Man kann daher den Verbleib Südtirols bei Österreich bis 1918 durchaus als die unmittelbare Folge des Sieges von Lissa ansehen.
Während des Krieges mit Italien im Sommer 1866 kam es auch am Gardasee (dessen östliche Hälfte den Österreichern seit 1859 noch verblieben war) zu kleineren Gefechten der dort stationierten k. k. Marineeinheiten.
Die österreichische Gardaseeflottille, die aus zwei Raddampfern und sechs Kanonenbooten bestand und unter dem Kommando des Korvettenkapitäns Moritz Manfroni von Montfort agierte, kämpfte gegen die italienische Flottille, die dem Freiheitskämpfer Giuseppe Garibaldi unterstand. Zum Aufgabenbereich Manfronis gehörte es, die österreichischen Gebiete zu halten, eine Landung der Italiener zu verhindern, das Vordringen der Italiener nach Südtirol zu unterbinden, die einzige Uferstraße (am Ostufer) zu kontrollieren und die italienischen Nachschublinien auf dem Wasserwege zu stören. Manfroni gelang die Kaperung zweier italienischer Schiffe. Am 25. Juli beschoß er von seinem Kanonenboot aus italienische Infanterieeinheiten, die in Richtung Riva an das Nordufer des Gardasees marschierten. Die Italiener zogen sich zurück. Manfroni besetzte mit einer Handvoll Matrosen die Stadt und kam den Italienern, die wieder im Anmarsch waren, eine halbe Stunde zuvor. Riva und das Nordufer des Gardasees blieben bis 1918 bei Österreich.
Manfroni erhielt ebenso wie Sterneck (Kommandant der *Erzherzog Ferdinand Max* bei Lissa) und Petz (Kommandant des *Kaiser* bei Lissa) das Ritterkreuz des Maria-Theresien-Ordens.

Österreichische Kriegsschiffe vor der dalmatinischen Küste.

VIII.
„K.u.k." auf allen Meeren

1867, das Folgejahr nach Königgrätz und Lissa, brachte für die Monarchie umfassende Veränderungen. Zwei Problemkreise und deren Lösungsversuche beschäftigten monatelang das Kaiserhaus, die Minister und Berater der Krone und die am politischen Leben interessierte Öffentlichkeit. Das eine Problem war die Schaffung einer konstitutionellen Monarchie, deren Gestaltung seit 1860 in mehreren Verfassungsentwürfen mit abwechselnd föderalistischen (bundesstaatlichen) und zentralistischen (einheitlich, zentral gelenkt) Programmen versucht wurde. Das andere Problem war die Frage nach einer Lösung des Nationalitätenproblems, denn für das Zusammenleben der innerhalb der Monarchie vertretenen elf Nationalitäten mit eigener Muttersprache gab es kein vergleichbares Beispiel. Der Plan zur Schaffung eines übernationalen Völker- oder Staatenbundes mit völliger Gleichberechtigung aller beteiligten Nationalitäten — eine neue Art „Heiliges Römisches Reich" oder vorweggenommen eine Art „UNO" im kleinen, gebildet aus den Ländern der Monarchie — blieb leider Utopie.

Das erste tatsächliche Ergebnis des Jahres war der sogenannte „Ausgleich" zwischen Kaiser Franz Joseph und Ungarn. Die Selbständigkeit Ungarns wurde anerkannt, das Habsburgerreich wurde offiziell zur österreichisch-ungarischen Monarchie. Zur österreichischen Reichshälfte gehörten Dalmatien, Istrien, Krain, das Küstenland, Kärnten, Steiermark, Tirol, Salzburg, Österreich (heutiges Ober- und Niederösterreich), Böhmen, Mähren, Galizien. Die ungarische Reichshälfte umfaßte Ungarn, Siebenbürgen, Kroatien und Slawenien.

Beide Staaten, nach dem Grenzflüßchen Leitha auch Cis- und Transleithanien benannt, waren durch die Person Franz Josephs als Kaiser von Österreich und als König von Ungarn in „Personalunion" verbunden. Eine teilweise sogenannte „Realunion" wurde durch die Schaffung dreier jeweils gemeinsamer Ministerien für Finanzen, Äußeres und Kriegswesen dokumentiert. Diese Ministerien wurden als k. u. k. (kaiserlich und königlich) bezeichnet und gemeinsam verwaltet und finanziert. Marine und Heer beider Reichshälften unterstanden demnach dem k. u. k. Kriegsministerium, alle nominellen und materiellen Einrichtungen dieses Ressorts trugen ebenso wie die zugehörigen Personen die Bezeichnung „k. u. k." (zum Beispiel k. u. k. Vizeadmiral oder k. u. k. Dienstreglement oder k. u. k. Infanterieregiment). Ministerien und Einrichtungen, die nur für die österreichische Reichshälfte zuständig waren, hießen k. k. (kaiserlich-königlich), wie zum Beispiel k. k. Staatsgymnasium. Die

Bezeichnung für ungarische Einrichtungen lautete „k. u." (königlich ungarisch) oder „m. k." (magyar kiralyi), wie zum Beispiel k. u. Honvéd (die ungarische Armee).

Das zweite Ereignis des Jahres 1867 bildete im Dezember die Verkündigung einer eigenen Verfassung für die österreichische Reichshälfte. Ein Staatsgrundgesetz legte die allgemeinen Grund- und Freiheitsrechte der Staatsbürger fest. Der Artikel 19 dieses Staatsgrundgesetzes beinhaltete die Gleichberechtigung aller Volksstämme des Staates und das unverletzliche Recht jedes Volksstammes auf Wahrung seiner Nationalität und Sprache.

Weltpolitisch waren die Jahrzehnte bis zur Jahrhundertwende von Imperialismus und Kolonialismus geprägt. Es begann ein wahrer Wettlauf der europäischen Mächte, allen voran Großbritannien und Frankreich, um Kolonien auf afrikanischem und asiatischem Boden. Die Welt wurde „europäisiert". Vor dem Ersten Weltkrieg beherrschten Europäer 85 Prozent aller bewohnten Gebiete.

Die Motive für die Kolonisation waren der Wunsch nach wirtschaftlicher Expansion, die Suche nach Rohstoffquellen und neuen Absatzmärkten, die Gewinnung neuen Lebensraumes für die rasch anwachsende Bevölkerung und die Meinung, daß es die Aufgabe des „weißen Mannes" sei, die europäische Zivilisation zu den farbigen Völkern und „Wilden" zu bringen.

Österreich-Ungarn gehörte nicht zu den Kolonialmächten. Dem Zeitgeist nach wirtschaftlicher Expansion und Gewinnung neuer Märkte sowie der Erforschung überseeischer Gebiete in wissenschaftlicher und kommerzieller Hinsicht schloß es sich vor allem mit Hilfe der k. u. k. Marine an.

Für die k. u. k. Marine brachte das Jahr 1867 keine Überraschungen. Tegetthoff wurde auf allerhöchsten Befehl auf eine Inspektionsreise nach England und in die USA entsandt, um die Institutionen der führenden Seemächte zu studieren und die gewonnenen Erfahrungen zu gegebener Zeit bei der Reorganisation der österreichischen Marine zu verwenden.

Die privaten Briefe Tegetthoffs an die Baronin L. geben einen aufschlußreichen Überblick über die Situation in den Vereinigten Staaten kurz nach Beendigung des amerikanischen Bürgerkrieges. Tegetthoff schildert seine Eindrücke über die amerikanischen Landschaften und Sehenswürdigkeiten, aber vor allem über die amerikanische Mentalität und Journaille, die in völliger Unkenntnis über das ferne Europa den österreichischen Kaiserstaat als Teil des Zarenreiches einstufte und Lissa als Stadt auf der Halbinsel Krim

vermutete. In einem der Briefe bedauert er, daß man mit ihm, einem armen Steirer, wie mit einem gekauften Pudel paradiere. Er wurde als „His Excellence the count Tschitschoff oder Tichatscheff", „High Admiral, Commander in Chief of the Austrian Navy" oder gar als „Duke of Lissa" bezeichnet.

Das Angebot der Amerikaner, in die US-Navy einzutreten, schlug Tegetthoff ebenso aus wie die Einladung des ägyptischen Khediven, dessen Marine als Oberbefehlshaber zu leiten.

Bei seiner Rückfahrt nach Österreich erreichte Tegetthoff in München ein Telegramm aus Wien, in dem ihm das tragische Ende Kaiser Maximilians von Mexiko und die Order, bei Hof zu erscheinen, mitgeteilt wurden.

Wie im vorletzten Kapitel erwähnt, erhielt Tegetthoff den Befehl, die sterblichen Überreste des Habsburgers mit der *Novara* aus Mexiko nach Österreich zu überführen.

In einem Brief vom 28. September 1867 berichtet er aus New Orleans: „... die Leiche ist einbalsamiert, wurde im geheimen von Querétaro hierhergebracht und wird nun strenge bewacht in einer Kapelle, die dem Publikum verschlossen ist. Ich sah die Leiche – das Gesicht ist schrecklich entstellt, stechende schwarze Glasaugen, die man, wie ein Zeitungsblatt neulich meldete, von einer heiligen Ursula ausborgte."

Nach der Rückkehr nach Österreich im Jänner 1868 wurde Tegetthoff aufgefordert, ein schriftliches Gutachten über

1869 wurde der Suezkanal eröffnet.
Mit dieser Wasserstraße wurde der Seeweg von Triest
oder Pola nach Süd- oder Ostasien beträchtlich verkürzt.

seinen geplanten Aufbau der österreichisch-ungarischen Marine zu geben. Tegetthoffs Vorschlag nach einem selbständigen Marineministerium scheiterte am Widerstand der Ungarn, die sich vehement gegen ein viertes gemeinsames Ministerium wehrten.

Tegetthoff änderte seinen Vorschlag und empfahl die Gründung einer Marinesektion, die dem Kriegsministerium angeschlossen werden sollte. Der Vorschlag wurde genehmigt, der Kaiser ernannte Tegetthoff am 25. Februar 1868 zum Marinekommandanten und Chef des Reichskriegsministeriums — Marinesektion, mit dem Amtssitz in Wien. Tegetthoff begann nun mit einer nahezu fieberhaften Reformtätigkeit. Vielleicht ahnte der erst 40jährige, der sich wiederholt nach Graz in ärztliche Behandlung begeben mußte, die kurze Lebensfrist, die ihm noch gegeben war. Seine Organisation der Marine blieb bis ins 20. Jahrhundert bestehen. Nach seinen Ideen wurde die Marinesektion gestaltet, die Ausbildungsplanung der Seeoffiziere ging ebenso auf sein Konzept zurück wie die Gründung von Mannschaftsschulen und die Bildung von Lehrgängen für Marinebeamte und Marineingenieure (Maschinisten). Sein besonderes Verdienst war aber die bereits von Erzherzog (Kaiser) Maximilian projektierte Idee, jedes Jahr zumindest ein Schiff der k. u. k. Marine auf „Missionsreise" in alle Welt und auf alle Meere zu beordern.

Der Ausdruck „Mission" wurde nicht religiös verstanden, sondern bedeutete eine „Entsendung", um die seemänni-sche Ausbildung zu vertiefen, um wirtschaftliche Kontakte anzuknüpfen und um „Flagge zu zeigen", wie man das Repräsentieren durch die k. u. k. Marine nannte. Die Teilnehmer einer Missionsreise sollten sich neben dem Stab und der Mannschaft vorwiegend aus Absolventen des vierten Jahrganges der Marineakademie rekrutieren. Diese gerade ausgemusterten Seekadetten sollten es lernen, ihre theoretischen Kenntnisse anzuwenden. Während des Aufenthaltes in den verschiedenen Häfen nahmen die Kadetten genauso wie die dienstälteren Offiziere an gesellschaftlichen Veranstaltungen und Einladungen von Botschaften oder gar Souveränen teil und wuchsen so auch in die gesellschaftlichen Gewohnheiten des Offiziersstandes hinein.

Die erste der geplanten Missionsreisen wurde noch im gleichen Jahr verwirklicht. Im Herbst 1868 verließ S. M. S. (Seiner Majestät Schiff) *Donau* unter dem Kommando des Konteradmirals Freiherr von Petz (Kommandant des *Kaiser* bei Lissa) die heimischen Gewässer und segelte Richtung Ostasien. Der Kommandant war zugleich Gesandter und bevollmächtigter Minister Seiner Majestät und in dieser Funktion berechtigt, Handelsverträge mit ostasiatischen Staaten abzuschließen. Ein Stab von diplomatisch ausgebildeten Beamten, eine Anzahl von kommerziell und wissenschaftlich gebildeten Fachleuten standen dem Admiral für diese Mission zur Verfügung. Erster Beamter der Expedition war der damals in weiten Kreisen prominente Karl von Scherzer, der Verfasser und Herausgeber der Berichte über die *Novara*-Expedition. Scherzer und die übrigen Wissenschaftler befanden sich an Bord der Korvette *Erzherzog Friedrich,* die die *Donau* auf ihrer Mission begleitete.

Während des Jahres 1869 kamen die Vertragsverhandlungen zwischen den bevollmächtigten Österreichern und den Repräsentanten der asiatischen Fürstenhöfe in Bangkok, Peking und Tokio zu einem positiven Handelsabkommen für beide Seiten.

Die Korvette *Erzherzog Friedrich* verblieb ein Jahr lang als erstes Stationsschiff der k. u. k. Marine in den ostasiatischen Gewässern. Ein k. u. k. Generalkonsul begann seine Amtstätigkeit in Shanghai und regelte von dort die konsularische Vertretung der Monarchie auf den Philippinen und in Niederländisch-Indien (Indonesien).

In den nächsten Jahren bis zur Jahrhundertwende verblieb nun nahezu ohne Unterbrechung jeweils ein Stationsschiff in Ostasien. Mehrmals wurden Missionsreisen nach Ostasien angeordnet, die Instruktionen für die Kommandanten waren recht ähnlich.

Die Eröffnung des Suezkanals

Die Gelegenheit, Flagge zu zeigen bot sich für die Monarchie, den Kaiser und die Marine im Herbst 1869 anläßlich der Eröffnung des Suezkanals, ein Ereignis, das zu einem international beachteten Festakt wurde.

Kaiser Franz Joseph unternahm die Reise aus mehreren Gründen. Ein Anlaß dazu war die Erwiderung eines Staatsbesuches, denn 1868 war der türkische Sultan Gast am Wiener Hof gewesen. Kaiser Franz Joseph nahm die Gegeneinladung der „Hohen Pforte" an und hielt sich mehrere Tage in Konstantinopel auf. Ein zweiter Beweggrund war der Wunsch des Monarchen, die christlichen Pilgerstätten im Heiligen Land zu besuchen. Den außen- und wirtschaftspolitischen Anlaß bildete jedoch die Eröffnung des Suezkanals. Dieser neue Seeweg brachte dem europäischen Handel gewaltige Vorteile; die politischen Konflikte um den Besitz der Suezkanalaktien zogen sich bis in das 20. Jahrhundert hinein.

Doch zurück zum Verlauf der Reise. Folgende Schiffe der Marine wurden in Dienst gestellt und setzten sich in Richtung Konstantinopel in Bewegung:

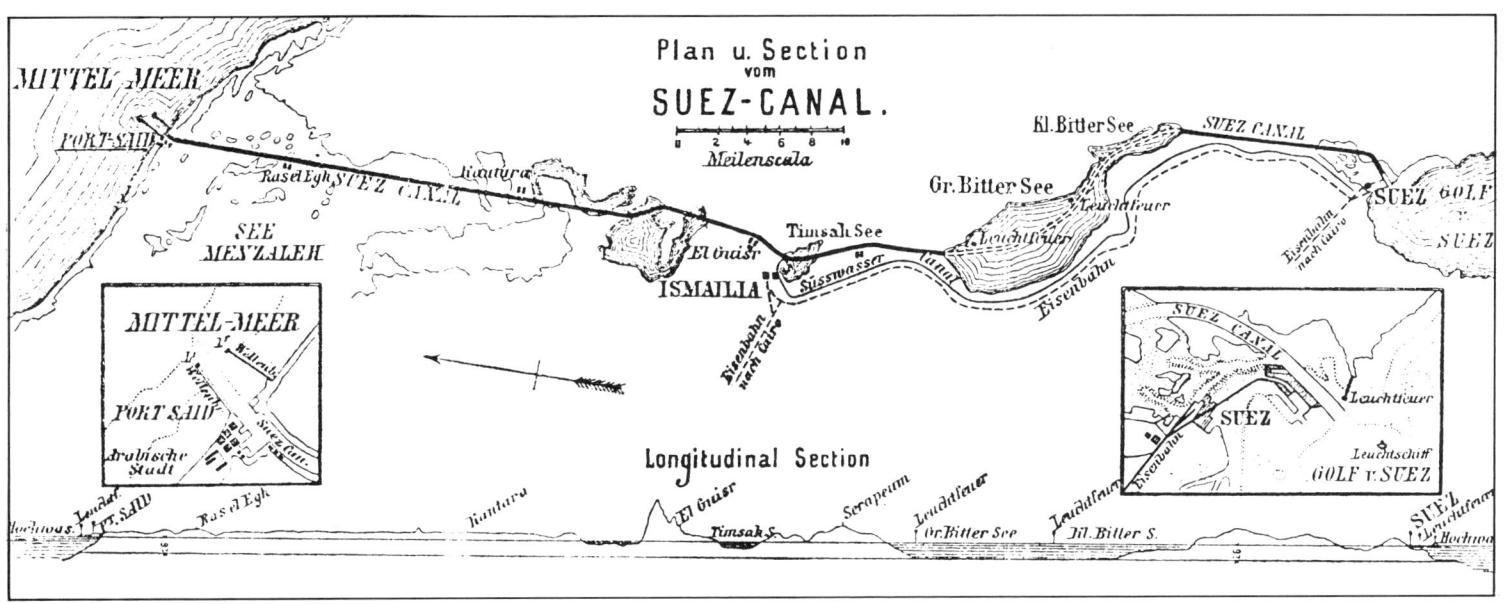

Name	Bemannung	Verwendungszweck
Korvette *Helgoland*	240	Hafendienst
Jacht *Greif* (Raddampfer)	111	Kaiserliche Privatjacht
Raddampfer *Elisabeth*	164	Kaiserliche Gefolgschaft
Raddampfer *Gargano*	72	Kaiserliche Gefolgschaft
Kanonenboot *Hum*	36	Postkurierdienst

Kaiser Franz Joseph trat diese Reise mit großem Gefolge – unter anderen befanden sich der ungarische Ministerpräsident Graf Andrássy und Vizeadmiral Tegetthoff in seiner Begleitung – zunächst auf dem Landwege an. Eisenbahnfahrten wurden durch Kutschenfahrten abgelöst, der letzte Teil der Strecke von Varna am Schwarzen Meer bis Konstantinopel wurde auf der türkischen Jacht *Sultanie* zurückgelegt.
Während sich die österreichischen Gäste im Palast Dolma Bagdsche erholten und die Gastfreundschaft des Sultans genossen, trafen die Panzerfregatten *Erzherzog Ferdinand Max* und *Habsburg* in den Gewässern der Ägäis ein.
Am 2. November erwartete die österreichische Escadre in großer Flaggengala an der Mündung der Dardanellen die Ankunft der fünf vorhin genannten kaiserlichen Schiffe, die den Monarchen und sein Gefolge von Konstantinopel abholen sollten, um ihn zu weiteren Zielen seiner Reise zu bringen. Die Escadre gab den kaiserlichen Schiffen das Geleit bis in den Hafen von Piräus. Nach einem kurzen Aufenthalt in der griechischen Hauptstadt dampfte die Escadre nach Port Said, die kaiserlichen Schiffe strebten der Küste Syriens zu. Die Ausschiffung erfolgte bei gutem Wetter, der Kaiser und sein Gefolge hielten sich einige Tage im Heiligen Land auf.
Die „Kaiserreise" war in der Monarchie ein interessantes Ereignis. Alle österreichischen Zeitungen berichteten täglich ausführlich über die einzelnen Etappen. Die „Neue Freie Presse" – „liberal und unabhängig" – berichtete in einem eher ironisch gehaltenen Fortsetzungsartikel über den Suezkanal, seine wirtschaftliche Wichtigkeit oder Unsinnigkeit und über die geplanten pompösen Feierlichkeiten. Der Berichterstatter erwähnte hämisch das „geld- und nervenverschleudernde Probesalutschießen". Der Tagesablauf des kaiserlichen Pilgers im Heiligen Land wird aber sachlich und ausführlich geschildert.

„Von Jaffa an", erzählt ein Augenzeuge aus dem Gefolge des Kaisers (Major von Groller), „wurde am 8. November über Ramleh (Arimathia) nach Abu-Gosch geritten und die Nacht im Zeltlager zugebracht, am nächsten Tag durch das ‚Thal der Terebinthen' der Ritt nach Colonia fortgesetzt. Dieses kleine Dorf liegt an einem Bächlein, in welchem David die Steine aufgelesen haben soll, die Goliath niederstreckten. Hier waren Zelte aufgeschlagen, und es wurde Halt gemacht, um die Reisekleider gegen Paradeuniformen zu vertauschen, denn in feierlicher Weise wollte der Kaiser in die Stadt einziehen. Um zehn Uhr wurde die Reise fortgesetzt; glänzend war und noch farbenreicher als zuvor der Anblick der Reiterschaar, die nun des Weges zog. Steil führte jetzt die Straße hinan, um den zwischen dem Terebinthen-Thal und dem Thale Kidron liegenden Höhenzug zu ersteigen: gegen elf Uhr kam man auf dem breiten Rücken desselben an. Hier begannen die Anstalten zum feierlichen Empfange des hohen Reisenden, der nun der Stadt nahte. Ehrenpforten, errichtet von den österreichischen Staatsangehörigen, von der christlichen und der israelischen Cultusgemeinde Fahnen mit deutschen und ungarischen Inschriften schmückten den Weg, den eine zahlreiche Menschenmenge einsäumte. Die fränkische Kleidung, der jüdische Kaftan, der arabische Burnus, die Gewänder der Priester, die türkischen Uniformen waren da vertreten, und die Vivat, Eljen und Evviva mischten sich mit dem Zuruf der Araber und mit den Klängen der vom Kanonendonner begleiteten österreichischen Volkshymne. Priester aller christlichen Riten, Derwische und Rabbiner, Militärabteilungen, Deputationen, die christliche, israelitische und mohammedanische Schuljugend wechselten mit den sich zwischen dieselben hineindrängenden Schaaren des Volkes, die immer dichter wurden. Umringt von diesen und dadurch gehindert, den Gang der Rosse zu beschleunigen, in gespannter Erwartung vorwärts blickend, so zogen wir dahin.

Wohl Mancher hob sich im Bügel, um desto früher zu schauen die Zinnen der Stadt, wohl Manchem pochten rascher die Pulse, auf den die Nähe ehrwürdiger Stätten und der Zauber einer großartigen Vergangenheit ihre unwiderstehliche Kraft übten. Endlich, eine Stunde vor Mittag, ward der Punkt erreicht, von dem aus man einen Theil der Stadt gewahrt. Hier stieg der Kaiser vom Pferde und kniete nieder, welchem Beispiele das Gefolge nachkam. Nachdem der Kaiser gebetet, küßte er den Boden und erhob sich dann sichtlich ergriffen. Hiernach wurden mehrere höhere Geistliche Sr. Majestät vorgestellt, sodann aber die Pferde wieder bestiegen – das Gedränge des Volkes erreichte nun den höchsten Grad; unaufhaltsam drängten sich die Leute zwischen die Pferde. Das Geläute der Glocken, die Fanfaren der Militärmusik und der Donner der Kanonen mischten sich mit erneuten Zurufen der Menge, welche während des Gebetes die tiefste Stille beobachtet hatte. Es war

eine unbeschreibliche Scene. Fast eine halbe Stunde währte es, bis der Zug – nur langsam sich bewegend in der umfluthenden Menge – den kurzen Weg bis zum Pilgerthor zurücklegte; hier angekommen, stieg der Kaiser abermals vom Pferde und schritt durch das Tor. Innerhalb desselben ward se. Majestät von der katholischen Geistlichkeit empfangen und vom Monsignore Bracco, dem damaligen Vicar des in Rom abwesenden Patriarchen, in längerer Rede begrüßt. Durch enge Gassen, in welchen Abtheilungen der Garnison Spalier bildeten, ward nun se. Majestät vom Clerus nach der Kirche des heiligen Grabes geleitet. Nachdem der Kaiser daselbst durch längere Zeit verweilt und sodann noch eine Andacht außerhalb der Grabescapelle verrichtet hatte, begab sich der Zug nach dem österreichischen Hospiz."

Das österreichische Hospiz liegt in der Via Dolorosa, es ist dies jene Straße, in der Christus mit dem schweren Kreuz auf den Schultern vom Richthaus des Pilatus bis nach Golgotha gehen mußte. Das österreichische Hospiz wurde auf Veranlassung des Erzherzogs Ferdinand Max erbaut. Von der Dachterrasse, auf der ein mit der österreichischen Fahne geschmückter Flaggenmast stand, hatte man (und hat man noch heute) einen guten Ausblick auf den Ölberg. Im Inneren des Gebäudes befanden sich Speise- und Krankensäle, eine Kapelle und Pilgerzellen. Mehrere österreichische Weltpriester und ein Arzt verwalteten das Hospiz. Kaiser Franz Joseph nahm dort sein Quartier und besuchte in den nächsten Tagen noch einige Pilgerstätten. Die Einschiffung war für den 14. November vorgesehen. Es war ein Tag, an dem durch stürmischen Westwind die See so wild bewegt war, daß die An- oder Abreise von der Reede von Jaffa unmöglich schien. Da der Hafen von Jaffa zur offenen See hin mit vielen spitzen und scharfen Riffen gesäumt war, mußten die großen Schiffe in beträchtlicher Entfernung vom Ufer vor Anker gehen. Mit Hilfe von kleinen Barkassen gelangte man vom Ufer zum Schiff und umgekehrt. Die Barkassen wurden von einheimischen Matrosen gerudert.

Der Zeitplan der Weiterreise geriet durch die schlechte Wetterlage ins Wanken. Die Begleiter des Kaisers rieten dringend von einer Durchfahrt durch die Riffpassage ab. Der Kaiser, Tegetthoff und einige wenige andere Würdenträger entschieden schließlich, sich doch dem gefährlichen Element anzuvertrauen. Eine kleine Barkasse, von sechs

Arabern gerudert und dem einheimischen Steuermann Mustapha gesteuert, wurde klargemacht. Der Kaiser und seine genannte Begleitung bestiegen das schwankende Boot. Als das Boot knapp vor dem Riff war, wurden die volle Wucht der schweren Brandung und die Kraft der heranstürmenden Wellen spürbar. Das Schlimmste war zu befürchten. Ein Ohrenzeuge berichtete, daß Mustapha den Kaiser mit den italienischen Worten „No abbia paura Grande Sultana, Mustapha con ti" (Hab keine Angst, großer Kaiser, Mustapha ist bei dir) zu beruhigen versuchte. Das Boot schien bald von Schaumkronen überflutet zu sinken, bald war es wieder bloßgelegt und schoß um Haaresbreite am Riff vorbei ins offene Meer. Diese Gefahr war nun überstanden, aber wegen des hohen Seeganges war es unmöglich, an der Jacht Greif anzulegen und das Fallreep zu benützen.

Ein Matrose mit dem Namen Scopinich improvisierte in aller Eile mit Spiere und Takel und Teilen einer Hängematte eine Art Kran mit Traggestell und ließ sich an diesem Gebilde in die schlingernde Barkasse hinab. Der Seemann half seinem Kaiser in dieses Rettungsgerät, und der aufgeregte Stab der Greif zog und hievte, man könnte fast sagen „hißte", seinen Kaiser wohlbehalten an Bord.

Die gefährliche Abreise aus dem Heiligen Land wurde in den nächsten Tagen in der Weltpresse ausgiebig kolportiert. In Marinekreisen wurde das Geschehen lange diskutiert und durch anekdotische Einzelheiten, wie persönliches Eingreifen Tegetthoffs oder das Auftauchen von zahlreichen Haifischen, laufend erweitert. Scopinich und Mustapha erhielten jedenfalls eine reiche Belohnung in Form von Geldgeschenken und Orden. Kaiser Franz Joseph soll seit damals das offene Meer gemieden haben, die Jacht Greif blieb, wenn der Kaiser an Bord war, um Flottenmanövern beizuwohnen, stets in küstennahen Gewässern.

Am 15. November klarte der Himmel auf, die österreichischen Schiffe gelangten bei ruhiger See und strahlendem Wetter nach Port Said. Alle bereits vor Anker liegenden Kriegsschiffe – die der Ägypter, Franzosen, Engländer, Russen, Preußen, Schweden, Norweger, Spanier, Holländer und Amerikaner – hatten die große Flaggengala gehißt, in allen Landessprachen erschollen Grußrufe, übertönt von einem unbeschreiblich lebhaften Salutschießen.

Die pompöse feierliche Begrüßung wurde beim Eintreffen der Aigle, der Jacht des französischen Kaisers Napoleon III., wiederholt. Am Nachmittag erfolgte die feierliche Einsegnung der neuen Wasserstraße, die nun Afrika von Asien trennte. Am Abend erhellte ein gewaltiges Feuerwerk die Küste des Mittelmeeres.

Der Korrespondent der „Neuen Freien Presse", Hans Wachenhusen, schildert die Festlichkeiten nach der Ankunft des kaiserlichen Schiffes *Greif*:

„Kaum hatte dieses Anker geworfen, als das Boot des Vicekönigs von der *Marussa*, dem Leibschiff desselben, sich zum *Greif* bewegte. Ismail Pascha bewillkommte den Kaiser, begleitet von seinen Ministern, dem Leibarzte und Lesseps, der den ‚Osmanie', das grün-roth geränderte Großband trug . . . Vorher versammelte uns Herr v. Lesseps zu einem glänzenden Diner im ‚Cercle'. Der Atlas des gestirnten Himmels ist eine unvollkommene Illustration gegen alle die Sterne, welche hier um den Canal glänzten. Wer kein Großkreuz hatte, schämte sich, ein kleines an der Brust zu tragen.
Kanonendonner, daß das Trommelfell erbebt. Zwei Tage hindurch dieselbe Kanonade. Heute Abends große Illumination der Stadt und namentlich des Hafens, in welchem ganze Seeschlachten durch Raketen geschlagen werden.
Heute Nachmittags endlich fand die große religiöse Ouvertüre der Festlichkeiten statt. In den in der Brandung des Meeres erbauten Tempeln wurde das Werk gesegnet. Die hohen Gäste erschienen, durch ein Militärspalier daherschreitend, der Kaiser von Österreich die Kaiserin Eugenie führend, begleitet von dem Kronprinzen von Preußen und gefolgt von einer großen Suite. Rechts und links in den beiden Tempeln waren einerseits die Ulemas mit ihrem Oberhaupt, andererseits die christlichen Diener Gottes im Orient mit dem apostolischen Delegaten in Egypten versammelt. Tausende hatten sich am Ufer versammelt.
Gibt es Eines, was mir den höchsten Respect für die Energie des Herrn v. Lesseps eingeflößt, so ist es der Umstand, daß es ihm gelungen, die Ulemas zur Einweihung einer Schöpfung der Ungläubigen zu überreden. Auf der einen Seite der frommen Ceremonie ward Allah, auf der anderen der Gott der Christen um seinen Schutz für das große Werk angefleht. Doppelt reißt bekanntlich nicht."

Am nächsten Tag begann in Port Said die Fahrt durch den Kanal, der vom Franzosen Ferdinand de Lesseps erbaut worden war, dessen Pläne aber vom Österreicher Negrelli stammten.
Die am Festzug teilnehmenden Schiffe bekamen fortlaufende Nummern und wurden in Gruppen eingeteilt.

Die erste Gruppe umfaßte die Jachten mit Monarchen, Botschaftern und Ministern. Die zweite Abteilung bestand aus beflaggten Kriegsschiffen fast aller Nationen. Zur nächsten Gruppe gehörten Privatdampfer mit geladenen Gästen. Den Abschluß bildeten Handelsdampfer, die zur Feier des Tages freie Durchfahrt hatten.
Das erste Schiff, das den Kanal passieren sollte, war die ägyptische *Latif* – sie lief auf Grund und brachte somit den Konvoi zum Stoppen. Die Schuld an dieser Panne trug der Kapitän, der sich nach unbestätigten Gerüchten einen Festrausch geholt hatte. Doch bald dampfte der Festzug in Richtung Ismaila, wo alle Schiffe vor Anker gingen, um die Feierlichkeiten wie Konzerte, Diners und Empfänge fortzusetzen. Am nächsten Tag erfolgte die Rückfahrt durch den Kanal in der gewohnten Reihenfolge. Dem ägyptischen Schiff folgte die Jacht Napoleons III., dahinter die *Greif* und danach, dem Rang der Herrscher entsprechend, die Jachten der übrigen Monarchen, Machthaber und Botschafter.

Doch folgen wir den Zeilen der „Neuen Freien Presse":

„Nicht das Werk selbst, nicht der Canal ist es, der zur Bewunderung zwingt, denn todt wie seine Ufer sind, gleicht er einer großartigen Rinne, hat er nichts, was dem Auge zu schmeicheln vermöchte. Aber die Arbeit, die rohe, riesenhafte Arbeit, die vor unseren Augen noch geschaffen ward, der Gedanke wie ein Spatenstich nach dem anderen unter unendlichen Mühen die Sache vollendet, diese Vorstellung ist eine überwältigende. Dort an jener Stelle, wo die Baraken sich erheben, wo zu beiden Seiten die Schaufeln noch thätig sind, geschah an dieser Seite des Canals der erste Spatenstich – wie viel Mühsal hat es bis zum letzten gekostet, der noch lange nicht gethan sein wird; den halben Canal würde man füllen können mit dem Schweiße, der um ihn vergossen worden ist.
An zehntausend Arbeiter sind noch heute beschäftigt, sagt man mir; Deutsche, Österreicher, namentlich Dalmatiner, Franzosen, Italiener, Griechen und Araber, eine babylonische Arbeitsgesellschaft, schaffen hier vereint und sie verstehen sich Alle, denn über Allen schwebt das Commando der Ingenieure, deren einer, Herr Ingenieur Gunkar, ein Österreicher, hier die Installations- und Hafenanlagen von Anfang an, im Jahre 1865, leitete. Ihm und den ihm untergebenen Arbeitern also gebührt das Verdienst um die großartigen Schöpfungen der sogenannten Quarantaine, der Hafendämme und

Das Tegetthoffdenkmal in Graz: Ursprünglich stand es in Pola, nach dem Ersten Weltkrieg war es vorübergehend in Italien und wurde 1935 auf dem Tegetthoffplatz in Graz aufgestellt.

Canal, sondern durch den ganzen Park von Maschinen, Draguen, Elevateuren, Arbeits- und Kohlenschiffen und all die Hindernisse hindurchkommen würden, die uns neugierigen Nachtigallen auf unserer Fahrt sich in den Weg legen mußten."

Diese von der k. u. k. Marine organisierte und durchgeführte „Kaiserreise" verursachte natürlich enorme Ausgaben, brachte andererseits für die Monarchie etwas Wichtiges ein. Sie dokumentierte die Weltgeltung Österreich-Ungarns, sie bewies, daß die Monarchie unter den europäischen Seemächten Geltung besaß, und sie legte den Grundstein für die internationalen handelspolitischen Interessen der Habsburgermonarchie.

Der Tod Tegetthoffs

Anfang April des Jahres 1871 erkrankte der erst 43jährige Tegetthoff in Wien an einer Lungenentzündung. Der Gesundheitszustand des Admirals war schon in den Jahren zuvor nicht zufriedenstellend gewesen. Tegetthoff befand sich einige Male zur Behandlung bei dem Internisten Dr. Lobpreis in Graz und hatte auf dessen Anraten auch mehrere Wochen Aufenthalt im Kurort St. Radegund bei Graz genommen. Sein Quartier bezog er stets in einer Villa, die heute den Namen „Villa Tegetthoff" trägt und vielen Grazern gut bekannt ist. Am 7. April 1871 verstarb Tegetthoff. Die Erschütterung über den plötzlichen Tod dieses populären Mannes fand ihren Niederschlag in allen Zeitungen der Monarchie.

Tegetthoff wurde mit großen militärischen Ehren am Matzleinsdorfer Friedhof in Wien beigesetzt. Mehrere Regimenter Fußvolk, einige Reitereskadronen und Festungsartilleriebataillone, 500 Mann Marinemannschaft, Hunderte Marineoffiziere und viele Zivilisten gaben ihm das letzte Geleit. Der Kaiser blieb dem Begräbnis fern. Am 31. Oktober 1872 erfolgte die Überführung des Sarkophages auf den St.-Leonhard-Friedhof in Graz.

Die Entdeckung des Franz-Joseph-Landes

In den Jahren 1872 bis 1874 erfolgte zum ersten Mal eine österreichische Expedition in arktische Regionen. Die Anregung dazu kam von dem in Fachkreisen bekannten Karto-

der um das Trockendock geschaffenen Aufschüttungen, die den der Rhede zunächst gelegenen Stadttheil von Suez zu bilden bestimmt ist. Die vorhandenen Kaimauern sind eine Art Trockenbau, ausgeführt von den in diesem Genre auch in Österreich bekannten Küsten-Croaten, die von dem genannten Ingenieur eigens aus Österreich herbeigezogen wurden und in der Solidität ihrer Arbeiten ein gutes Zeugniß zurückgelassen haben. Und eben jetzt, in dieser letzten Stunde, wo der Canal seine Festtags-Toilette machen soll, waren alle mit fieberhaft an der Arbeit; einem Ameisenhaufen ähnlich wirkten sie an den Abhängen der hohen Böschungen, bis an die Knie im Wasser stehend, schafften die Araber Alles im buntesten, oft phantastischesten Costüme. Erstaunt blickte Alles auf unseren Dampfer herab, die Ingenieure in ihrem blauen Calico-Anzug mit dem großen pilzartigen Sommerhut auf dem Kopfe, die sonst so geschäftigen Hände in den Hosentaschen, die Arbeiter, gestützt auf ihre Spaten; selbst aus den Baraken lief die ganze Wirthschaft zusammen, wahrscheinlich um zu berechnen, was wir selbst am wenigsten berechneten, nämlich die Frage, wie wir nicht durch den eigentlichen

*„Niemals zurück": In den Jahren 1872–1874 wurde eine
österreichische Expedition in arktische Regionen
durchgeführt. Die zufällig entdeckte Inselgruppe wurde
„Franz-Josephs-Land" benannt.*

graphen und Geographen August Petermann, dem Herausgeber der „Mitteilungen aus Justus Perthes' Geographischer Anstalt", einer Art Zentralstelle für alle geographischen Forschungen. Petermanns besonderes Interesse galt der Erforschung der Arktis. Der Geograph ermunterte den bereits durch alpin-geographische Publikationen bekannten Kaiserjägeroberleutnant Julius Payer und den ebenfalls auf ähnlichem Gebiet wissenschaftlich tätigen k. u. k. Linienschiffsleutnant Karl Weyprecht, gemeinsam eine Expedition in die Arktis zu unternehmen. Das Ziel dieser Unternehmung sollte bei optimaler Ausnutzung des Golfstromes die Suche nach der Nordostpassage sein, um von Skandinavien aus in die Beringstraße zu gelangen. Zur Realisierung dieses Planes gab es großzügige organisatorische und finanzielle Unterstützung durch Erzherzog Rainer, dem Kurator der Akademie der Wissenschaften in Wien, durch die Marinesektion des Kriegsministeriums und vor allem durch die hohen Spenden des Grafen Hans von Wilczek, der Mitglied des Herrenhauses und begeisterter Mäzen aller Naturwissenschaftler war.

Ein Expeditionsschiff mit dem Namen *Admiral Tegetthoff* wurde in Bremerhaven erbaut, die Schiffsmaschine wurde bei „Stabilimento Tecnico Triestino" hergestellt und von dem k. u. k. Maschinisten Otto Krisch in den Schiffsrumpf eingebaut. Otto Krisch – der einzige Teilnehmer der erfolgreichen Expedition, der die Heimkehr nach Österreich nicht mehr erleben sollte – hinterließ seinen Gefährten und der Nachwelt ein Tagebuch, das in seiner schlichten, ungezwungenen und dadurch umso lebendigeren Darstellungsweise die Spannung und Ungewißheit in den langen Monaten in der Arktis wiedergibt.

Zur Besatzung der *Tegetthoff* gehörten außer Payer und Weyprecht noch zwei weitere Offiziere, ein Arzt, der erwähnte Maschinist Krisch, ein norwegischer Harpunier, zwei Tiroler, die für die Hunde und Schlitten zuständig waren, sowie fünfzehn Matrosen der k. u. k. Kriegsmarine, der Herkunft nach Istrianer, Dalmatiner und Kroaten.

Die *Tegetthoff* startete am 13. Juni 1872 in Bremerhaven, erreichte drei Wochen später Tromsö, segelte mit Kurs Nordost in Richtung Nowaja Semlja und wurde, nachdem sie die Küsten dieser Doppelinsel verlassen hatte, sehr bald von schwimmenden Eismassen eingeschlossen. Inmitten dieser immer mächtiger werdenden Eismassen triftete die *Tegetthoff,* die durch Eispressungen zu bersten drohte, ein Jahr lang hilflos im Zickzackkurs nach Norden. Trotzdem wurden während dieser Zeit ständig meteorologische und

ozeanographische Beobachtungen durchgeführt und registriert. Am 20. August 1873 sichtete man plötzlich Land. Wie eine Fata Morgana erhob sich am Horizont aus dem Meer ein mächtiges, von Schnee und Eis bedecktes Gebirge, ähnlich den heimischen Alpen.

Der Jubel der Mannschaft war grenzenlos. Endlich war ein festes Ziel zu sehen, auch wenn es nichts mit dem ursprünglichen Plan zu tun hatte. Was spielte es für eine Rolle, ob man es durch eigene Kraft oder durch den zufälligen Richtungsverlauf einer Trift gefunden hatte.

Es dauerte wieder einige Monate, bis die Eisscholle an Land trieb und man den neuentdeckten festen Boden der Inselgruppe betreten konnte, die zu Ehren des fernen Monarchen „Franz-Joseph-Land" benannt wurde.

Aus dem Tagebuch des Otto Krisch entnimmt man die Stimmung und die Sorge der Mannschaft:

„Oktober 1873.

Nachmittag machen einige Leute einen Ausflug an den Nordrand unserer Scholle.

1. Nachdem sich die in Süd gebildete Waacke geschlossen hat, wird ein Theil der Mannschaft dahin abgesendet, um das Segeltuchboot an Bord zu bringen, kehrt aber ohne Boot um 7 Uhr Abends zurück.

2. Um 9 Uhr Früh geht abermals eine Expedition zur Aufsuchung des Segeltuchbootes ab und kommt um 1 Uhr Nachmittag mit demselben zurück.

Dasselbe war bereits in großer Gefahr, indem es durch die dort stattgefundene Eisbewegung bereits zwischen aufgethürmte Eisblöcke gerathen war, ohne jedoch Schaden zu nehmen.

Auch wir verspürten gegen Mittag am Bord einen leichten Stoß und da wir nach der Ursache dieser Erscheinung fahndeten, fanden wir einen leichten Sprung im Eise, welcher sich Backbord zwischen dem Groß- und Fockmaste zum Schiffe verlief.

Nachmittag werden die Pelzkleider und Schneestiefel aus dem Depot geholt und an die Mannschaft vertheilt.

3. Es wird an den Vorbereitungen für den Fall einer plötzlichen Ausschiffung gearbeitet und die betreffenden Rollen neuerdings verlesen. Die Cajütenlampe muß bereits um 6 Uhr angezündet werden.

Auch heute wurden zeitweise leichte Stöße verspürt, welche von den sich zusammenziehenden eisernen Schiffsbolzen herrühren mögen.

4. Zur Feier des Namensfestes S. M. des Kaisers haben

wir großes Diner, wozu der Bootsmann und Harpunier geladen werden.

Von dem für den 18. August erübrigten Champagner wird eine Flasche geöffnet und bringt Commandant Weyprecht einen Toast auf das Wohl des Kaisers aus. Herr Orel war auch heute so freundlich, uns mit einem guten Strudel zu erfreuen.

5. Um 7 Uhr Früh wurde ein großer Eisbär erlegt. Wir sind heute 450 Tage in See. Bei Nacht zeigen sich einzelne Nordlichtbüschel.

6. Die Temperatur ist heute bis auf −12.3°R. gefallen. Um 9 Uhr Vormittags überfiel mich ein Lungenkrampf, der mich nöthigte, mich sogleich in meine Koje zu begeben. Der Krampf währte etwa eine Stunde und ich litt fürchterliche Schmerzen. Dr. Kepes verschaffte mir durch Verabreichung zweier Pulver einige Linderung.

7. Der Sprung in Süd ist dem Schiffe bis auf 180 Schritte nahegekommen und thürmt bei jedesmaligem Zusammengehen große Massen Eis auf.

Heute wurden die Arbeiten an allen 3 Boots-Transport-Schlitten beendet.

8. Das Eis ist um das Schiff herum auf Entfernungen zwischen ½ und 3 Kabeln gesprungen. Die Mannschaft arbeitet an der Erzeugung von Ziehgurten für Schlitten."

Die *Tegetthoff* wurde verlassen, da man nicht mehr damit rechnen konnte, sie von den Eismassen zu lösen.

Ein Teil der Besatzung unternahm mehrere Erkundungsfahrten mit Schlitten, die von Schlittenhunden gezogen wurden, und erreichte dabei mit 82°5′ nördlicher Breite den nördlichsten Punkt der Expedition. Ein Dokument, das in einer Flasche verwahrt und in einer Felsspalte deponiert wurde, berichtete für die Nachwelt über den Verlauf und die Ergebnisse der bisherigen Bemühungen.

Nach der Rückkehr zum unbrauchbar gewordenen Schiff wurden alle lebensnotwendigen Dinge und die schriftlichen Aufzeichnungen verpackt und in drei kleine Beiboote der *Tegetthoff* geladen. Die Boote wurden auf Schlitten gebunden.

Nun folgte der anstrengendste Teil der Reise. Viele Hunderte Kilometer zogen und schoben die Männer ihre Schlitten und Boote über bizarre Eismassen nach Süden, dem offenen Meer zu. Endlich, unter Aufbietung der letzten Kräfte, war dieses Ziel erreicht. Die Fahrt der drei kleinen Boote durch die eisigen Fluten dauerte einige Wochen, dann erreichten die völlig entkräfteten Männer die Insel Nowaja Semlja. Hier wurden sie von der Besatzung eines russischen Fischdampfers zufällig entdeckt, aufgenommen und verpflegt. Das Erstaunen der Russen muß wohl sehr groß gewesen sein, als die zerlumpten und ausgemergelten

Gestalten ein Geleitschreiben des Zaren mit Siegel und Unterschrift vorweisen konnten, in dem alle Russen zu Hilfe und Beistand für die Expeditionsteilnehmer aufgefordert wurden.

Die nächsten Stationen der Rückreise – Tromsö, Hamburg, Wien – glichen einem wahren Triumphzug. Kaiser Franz Joseph und Kronprinz Rudolf ließen sich in Audienzen die persönlichen Eindrücke der Expeditionsteilnehmer berichten.

Die entdeckte Inselgruppe des Franz-Joseph-Landes wurde, da sie für die Doppelmonarchie weder von wirtschaftlichen noch militärischen Nutzen erschien, bald dem Zarenreich überlassen. Heute bezeichnen sowjetische Karten die Gruppe mit dem Namen „Lomonosow-Inseln". An die österreichisch-ungarischen Entdecker erinnern die Namen, die noch auf internationalen Karten eingetragen sind. Man findet ein „Kap Wien" und ein „Kap Tegetthoff", eine „Kronprinz-Rudolf-Insel", eine „Wilczek-Insel", die Bezeichnungen „Wüllerstorf" und „Hofstätter" sowie eine „Teplitz-Bucht", die nach dem Geburtsort Peyers, Teplitz-Schönau, benannt ist.

Linienschiffsleutnant Weyprecht regte 1875 auf dem Naturforschertag in Graz den Plan an, das Jahr 1882/83 zum internationalen Polarjahr zu erklären, um die Forschungsergebnisse der verschiedenen Staaten zu koordinieren. In einem weiten Umkreis um den Nordpol sollten acht Beobachtungsstationen errichtet werden, um alle meteorologischen und hydrographischen Werte ein Jahr lang zu beobachten. Diese österreichische Initiative wurde verwirklicht.

Wissenschaftler bezogen die Station auf der Insel Jan Mayen, die Finanzierung übernahm wieder der in seinem Mäzenatentum unermüdliche Graf Wilczek. Das Expeditionsteam auf Jan Mayen bestand aus fünf Offizieren, einem Arzt und sieben Mannschaftspersonen der k. u. k. Kriegsmarine. S. M. S. *Pola* transportierte Stab, Mannschaft, Forschungsmaterial und Verpflegung für ein Jahr in die arktischen Gewässer. Das Militärgeographische Institut veröffentlichte Karten der Insel, die von k. u. k. Marineoffizieren aufgenommen worden waren. Karl von Weyprecht nimmt in der internationalen Polarforschung einen Ehrenplatz ein, seine wissenschaftlich-idealistischen Forschungen unterschieden sich wohltuend von dem wenige Jahre später einsetzenden ehrgeizigen Wettlauf zur Erreichung der Pole, bei dem es mehreren gleichzeitig tätigen Expeditionen nur darum ging, zuerst am Ziel zu sein.

„AEIOU"
Austria extenditur in orbem universum?
Austria explorat in orbe universo?

In den Jahren 1871 bis 1875 fuhren teils unter Segel, teils unter Dampf S. M. S. *Helgoland* um Afrika, S. M. S. *Dandalo* nach Westindien, S. M. S. *Fasana* nach Ostasien, S. M. S *Helgoland* und S. M. S. *Novara* nach Brasilien und Nordamerika.

1874 wurde S. M. S. *Erzherzog Friedrich,* die uns schon als Stationsschiff in Ostasien begegnet ist, für eine zweijährige Weltumsegelung ausgerüstet. Der Zweck einer solchen aufwendigen Reise war, wie schon erwähnt, äußerst vielfältig. Neben der seemännischen Ausbildung und dem „Flaggezeigen" sowie der Herstellung von Seekarten, der Durchführung von Tiefseelotungen hatte die Mission die Aufgabe, im Raum Borneo nach geeigneten Kolonialstützpunkten zu suchen. Zum Kommandanten der *Erzherzog Friedrich* wurde Linienschiffskapitän Tobias Ritter von Österreicher, der sich bei Lissa den Rang und Ansehen erworben hatte, bestimmt. Die Reise führte von Pola durch den Suezkanal nach Ceylon, weiter durch den Indischen Ozean und den Malaiischen Archipel nach Borneo. An der Küste dieser Insel kam es bei einer Zwischenlandung zu einem Handgemenge zwischen Eingeborenen und k. u. k. Matrosen, die auf der Suche nach Frischwasser waren. Beide Seiten hatten Verletzte und Tote zu beklagen – der Plan nach einem Kolonialstützpunkt auf Borneo wurde verschoben. Die Fahrt ging weiter nach Singapur und Japan. Die Rückreise erfolgte quer durch den Pazifik nach San Francisco, von dort südwärts nach Valparaiso und weiter südwärts durch die gefürchtete Kap-Horn-Route in den Atlantik. Der Hafen Montevideo wurde angelaufen, von einem geplanten Aufenthalt in Rio de Janeiro – nach der Meinung Alexander von Humboldts die schönste Stadt der Welt – mußte man absehen, da dort das Gelbfieber ausgebrochen war. In den letzten Etappen ihrer Reise um die Welt durchfuhr die Korvette den Atlantik, streifte die Azoren und Gibraltar und landete wohlbehalten im Juni 1876 in Pola.

Im Jahre 1879 fand in Sydney eine Weltausstellung statt. Australien erlebte damals einen sehr starken Siedlerzustrom und galt daher als wichtiger ausbaufähiger Markt. Neben anderen Nationen stellten in Sydney einige private Firmen der österreichisch-ungarischen Monarchie ihre Waren aus. Die Anwesenheit zumindest eines k. u. k. Kriegsschiffes zur gleichen Zeit war ein Gebot der Repräsentation, und so wurde mit „Allerhöchster Entschließung Seiner Majestät des Kaisers" die Korvette *Helgoland* für diese Mission ausgerüstet.

Nach einer drei Monate lang dauernden Fahrt ging die Korvette in der Bucht von Sydney vor Anker. Die bereits vertäuten Kriegsschiffe anderer Nationen hißten zur Begrüßung die große Flaggengala.

Da die österreichischen Ausstellungskojen noch nicht ganz fertiggestellt waren, half ein Teil der Mannschaft bei der Aufstellung und Ausgestaltung der Kojen mit. Neben der Möglichkeit, Qualitätsvergleiche verschiedener Waren herzustellen und Handelsbeziehungen anzuknüpfen, konnten sich der Stab der *Helgoland* und die Vertreter der österreichischen Wirtschaft an einer Fülle gesellschaftlicher Veranstaltungen beteiligen.

Die Missionsreise, die größtenteils unter Segel zurückgelegt wurde, ging im April 1880 in Pola glücklich zu Ende.

1884/1885/1886

Diese drei Jahre kann man als den Zenit der k. u. k. Missionstätigkeit ansehen. Nicht weniger als sieben große Reisen wurden in diesem Zeitraum durchgeführt.

S. M. S. *Helgoland* nahm Kurs auf Westafrika;

S. M. S. *Frundsberg* segelte nach Ostafrika und dem Roten Meer;

S. M. S. *Aurora* stattete Brasilien und den La-Plata-Staaten einen Besuch ab;

S. M. S. *Saida* gelangte über Südamerika nach Südafrika und Australien;

S. M. S. *Nautilus* befuhr die Route nach Ostasien;

S. M. S. *Donau* fuhr nach Westindien, in die USA, zurück durch den Atlantik nach Kiel, Karlskrona und Kronstadt;

S. M. S. *Albatros* erhielt die Instruktionen, das östliche Südamerika, das Kapland (Südafrika) und die westafrikanischen Häfen anzulaufen.

Alle genannten Schiffe erhielten auch in den folgenden Jahren ähnliche Aufträge. Aus der Fülle dieser Fahrten sollen nur einige herausgehoben und näher beschrieben werden.

Die Mission S. M. S. Frundsberg

Im Kriegsarchiv in der Wiener Stiftskaserne liegen, in unzähligen Bündeln geordnet und in Schachteln verpackt, die Aufzeichnungen und Berichte über die einzelnen Missionsreisen.

Die *Novara* und ihre Weltumsegelung ist nicht nur in Marinekreisen gut bekannt, es gibt genügend Literatur darüber. Andere Schiffsnamen wie *Frundsberg, Saida* oder *Zrinyi* sind weniger populär. Der k. u. k. Korvettenkapitän Jerolim Freiherr von Benko gab vor etwa 100 Jahren einige Berichte, Tabellen, Hinweise und Kuriositäten dieser genannten Missionsreisen in Buchform heraus.

Der Name Frundsberg erinnert an den gleichnamigen Söldnerführer des 16. Jahrhunderts.

Im August 1885 erteilte die Marinesektion des k. u. k. Kriegsministeriums dem Fregattenkapitän Gustav Semsey de Seinse den Befehl zu einer Missionsreise auf S. M. S. *Frundsberg* nach Ostafrika, den wichtigsten Häfen des Roten Meeres und Vorderindiens. In den Instruktionen war folgende Route vorgesehen: von Pola nach Gravosa, Port Said, Suez, Massauah (Ostafrika), Aden, Kalkutta, Madras, Pondichéry (französische Kolonie in Ostindien), Ceylon, Bombay, zurück nach Aden, Assab, Djeddah, Suez und Pola. Die Korvette sollte sich meist der Segel bedienen und nur bei Flaute und ungünstigen Windverhältnissen die Maschinenkraft in Anspruch nehmen. Diese Instruktion wurde fast immer erteilt, um dem Stab und der Mannschaft viel Gelegenheit zur praktischen Anwendung der Nautik zu geben und um die Kosten der Mission zu senken.

Der Hauptzweck dieser Reise lag, wie in der Instruktion zu lesen ist, in der Wahrnehmung der kommerziellen und konsularischen Angelegenheiten der berührten Gebiete und in der Förderung der handelspolitischen Beziehungen der Monarchie zu jenen Ländern. Es waren außerdem während der Reise alle jene Daten und Erfahrungen zu sammeln, die zur Bereicherung der maritimen Wissenschaft und zur Förderung der Schiffahrt in jenen Gewässern von Nutzen sein konnten. Daten und Gegenstände von ethnographischem und naturwissenschaftlichem Interesse sollten ebenfalls nach Möglichkeit gesammelt werden. Am 12. August verließ die *Frundsberg* mit einem Stab von 16 Offizieren und 209 Mann Besatzung an Bord den Zentralhafen Pola und segelte zunächst unter Dampf nach Gravosa, wo der Kohlevorrat ergänzt wurde. Am 18. August, dem Tag des 55. Geburtstages Kaiser Franz Josephs, verließ die Korvette

die heimatlichen Ufer und dampfte in Richtung Suez. Der Geburtstag Seiner Majestät wurde nach Vorschrift gefeiert, der Kommandant hielt eine Festansprache und lud hierauf die Offiziere zu einem Festmahl ein, für die Mannschaft wurde eine Tombola veranstaltet.

Nach zehn Tagen Fahrt zeigte die hellgrüne Farbe des Meerwassers an, daß sich die Korvette im Bereich der seichten nordafrikanischen Küstengewässer befand. Bald zeichnete sich der Leuchtturm von Damiette, einer der ersten elektrifizierten Leuchttürme der Welt, am Horizont ab, und kurz darauf sichtete man die Silhouette von Port Said.

Das Port Said des Jahres 1885 bot ein ungewohntes Bild. Es war keine organisch gewachsene Stadt, die hektische permanente „Schiffsbewegung" brachte viel Unruhe und drängende Hast. Hier konnte sich nie der leicht schwankende und gleichzeitig majestätische „Mastenwald" wie in anderen Seestädten entfalten. Alle ankommenden Schiffe versuchten, möglichst rasch weiterzufahren. Kaum war ein Schiff vertäut, erschien ein Beamter der Suezkanalgesellschaft und übergab eine Nummer für die Kanalpassage. Tag und Nacht verließen die Schiffe ihre Warteplätze und traten die Kanalfahrt an, die leeren Plätze wurden sofort von wartenden Schiffen eingenommen. Während des möglichst kurzen Aufenthaltes in Port Said wurde der Proviant ergänzt und die Kohleladung vervollständigt. Sogenannte „Kohlen-Araber" schleppten mit viel Lärm und wilden Gesten ganze Berge von Kohlesäcken in die Laderäume der Dampfer.

Zahlreiche Kneipen und Spelunken sorgten dafür, daß auch während der Nachtstunden keine Ruhe eintrat. Eine besondere Attraktion Port Saids waren die „böhmischen Musikmädel", seriöse Mädchenorchester, die in vornehmen Lokalen die Aufgabe hatten, die Besucher, zumeist Offiziere, musikalisch zu unterhalten. Eine absolut vertrauenswürdige ältere Dame wachte streng über ihre deutsch und tschechisch sprechenden Schützlinge, die sich meist für ein Jahr zum Musizieren, aber ausschließlich zum Musizieren verpflichtet hatten. Einer der Seekadetten der *Frundsberg* beschreibt die böhmischen Mädels als „apathisch spielend, kontinuierlich transpirierend und gelangweilt über harmlose Witze lächelnd, die sie sicher schon von unzähligen jungen Männern jeder Nation gehört hatten".

Die wenig schöne Stadt Port Said wurde erst 1859 gegründet. Sie liegt teils auf dem Kontinent, teils auf einer Sandinsel. Die Baufundamente der Gebäude mußten ebenso wie die Hafendämme durch Beton verstärkt werden. Die Stadt,

men wurde zuerst von jener Seemacht heftig kritisiert, die bald darauf den größten Nutzen aus dem gelungenen Werk zu ziehen verstand und die bald zur Mitbesitzerin des Kanals wurde. Der Grund für diese ursprünglich kritische Haltung Großbritanniens lag in der Rentabilität des Kanals für Segelschiffe. Bei in diesen Breiten häufig auftretenden Flauten hätte es vor oder im Kanal eventuell massive Stauungen gegeben. Die Reedereien hätten mit ihren Segelschiffen viel Zeit und Geld verloren. Da sich aber während der zehnjährigen Bauzeit des Suezkanals auf der ganzen Welt die Dampfschiffahrt durchgesetzt hatte, war der Vorteil klar. Der kürzeste Weg war nun auch der schnellste und somit der billigste, Flauten hatten im Seeverkehr keine Bedeutung mehr.

Durch die Suezkanalroute waren Gewinne an Weg und Zeit ganz wesentlich. Folgende Streckenangaben in Seemeilen (1 Seemeile = 1,850 Kilometer) sollen über die beträchtlichen Verkürzungen der Routen nach Bombay, dem Haupthandelshafen Indiens, Auskunft geben:

Von	Um Afrika	Durch den Suezkanal	Differenz (aufgerundet)
Konstantinopel	14.700	4.350	10.410
Malta	14.130	4.990	9.140
Marseille	13.675	5.745	7.930
Triest	14.420	5.660	8.760
Lissabon	12.950	6.050	6.900
London	14.400	7.500	6.900
Amsterdam	14.400	7.500	6.900
St. Petersburg	15.850	8.950	6.900
New York	15.000	9.100	5.900

Aus diesen Zahlenangaben ist zu ersehen, daß Triest durch den Suezkanal dem Hafen Bombay sehr nahe gerückt war. Da Malta und Konstantinopel kaum als Umschlagplätze für den Indienhandel angesehen werden konnten, war die wirtschaftliche Bedeutung Triests für die gesamte Monarchie und sogar für ihre Nachbarstaaten im Norden und Osten enorm gestiegen.

Die Anzahl der Schiffe, die während des ersten Betriebsjahres (1870) den Kanal passierten, betrug 489, diese Zahl erhöhte sich bis 1885 auf die stattliche Anzahl von 3625 für dieses Jahr. Während dieses Zeitraumes von 15 Jahren haben etwa 27.000 Schiffe den Kanal passiert, davon entfielen auf die einzelnen Nationen beziehungsweise Flaggen:

die durch eine 80 Kilometer lange Wasserleitung aus Ismaila mit Frischwasser versorgt wurde, zählte damals 20.000 Einwohner. Sie ist bis heute höchstens auf die doppelte Anzahl angewachsen.

Eine der Instruktionen für die *Frundsberg* lautete, die Rentabilität des Suezkanals für Österreich-Ungarn zu untersuchen und statistische Daten zusammenzutragen.

DER SUEZKANAL

Kolumbus hat den Seeweg nach Indien gesucht, Vasco da Gama hat ihn gefunden, Ferdinand de Lesseps hat ihn durch den Bau des Kanals neu geschaffen. Der Suezkanal galt damals – fast 20 Jahre seit seinem Bestehen – noch immer als technisches Wunderwerk. 75 Millionen Kubikmeter Erde mußten in Bewegung gebracht werden, um den 160 Kilometer langen, 8 Meter tiefen und nur 22 Meter breiten Kanal zu graben und ihn mittels Dämmen gegen Flugsand zu schützen. Eine halbe Million Kubikmeter Erde und Schlamm mußte jährlich ausgebaggert werden, um den Kanal in befahrbarem Zustand zu erhalten. Lesseps' Unterneh-

Englische Flagge	20.568 Schiffe	oder	76,16%
Französische Flagge	1.782 Schiffe	oder	6,60%
Holländische Flagge	937 Schiffe	oder	3,47%
Österreichisch-ungarische Flagge	845 Schiffe	oder	3,13%
Italienische Flagge	779 Schiffe	oder	2,89%
Deutsche Flagge	668 Schiffe	oder	2,47%
Spanische Flagge	384 Schiffe	oder	1,42%
Alle anderen Flaggen	1.044 Schiffe	oder	3,86%

Der Anteil der österreichisch-ungarischen Schiffahrt am Gesamtverkehr war natürlich von besonderem Interesse für die Erhebungen der *Frundsberg*. Einige statistische Daten konnten vom k. u. k. Konsulat in Ismaila übernommen werden:

	1883	1884	1885
Anzahl der österreichisch-ungarischen Kriegsschiffe	—	4	2
Handelsschiffe	67	61	66
Anzahl der Passagiere	10.544	11.757	12.094
davon: Reisende	1.537	836	2.042
Soldaten	7.395	8.266	8.730
Pilger	1.612	2.655	1.322
An die Kanalgesellschaft bezahlte Summe in Francs	1,195.000	1,218.000	1,260.000

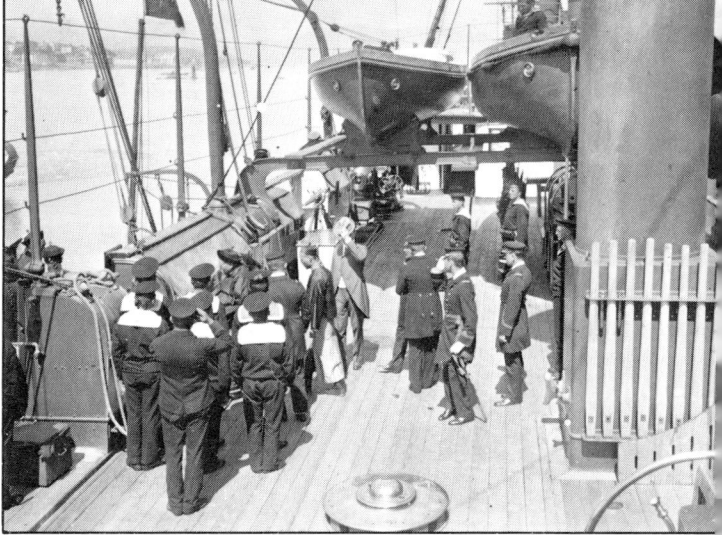

Der größte Teil der österreichisch-ungarischen Schiffe, die den Suezkanal passierten, gehörte der Lloyd-Gesellschaft an.

Die in der Statistik erwähnten k. u. k. Kriegsschiffe waren:

1884: die *Albatros* auf der Reise nach Ostindien;
die *Donau* auf der Heimfahrt ihrer Reise um Afrika und
die *Frundsberg* auf der Ausreise in den Indischen Ozean.

1885: die *Albatros* auf der Rückfahrt nach Ostasien und
die *Frundsberg* auf der Rückfahrt aus ostafrikanischen Gewässern.

Die Fahrt der *Frundsberg* durch den Suezkanal nahm etwa 46 Stunden in Anspruch. Das entsprach ungefähr der

Das Leben an Bord während einer Mission.

Durchschnittszeit, denn man mußte häufig in einem der Bitterseen warten, bis auf Sandbänke aufgelaufene und dadurch leicht havarierte Schiffe wieder flott gemacht wurden. In den letzten Jahren wurde der Suezkanal in seiner Tiefe und Breite mehrmals erweitert. Die letzte große Erweiterung erfolgte 1980. Heute beträgt die Tiefe 16 Meter (ursprünglich 7,9), die Breite 300 bis 350 Meter (ursprünglich 54 Meter an der Oberfläche, 22 Meter an der Sohle). Die tatsächliche Fahrzeit beträgt heute 12 Stunden. Die Durchfahrt erfolgt auf zwei parallelen Fahrtrinnen im Konvoi, die Höchstgeschwindigkeit für beladene Tanker beträgt 13 km/h, für Tanker im Ballast und andere Schiffe 14 km/h.

DER HAFEN SUEZ

Die Siedlung war durch den Kanalbau aus der Lethargie eines kleinen Wüstenstädtchens zu einem lebhaften Handelszentrum herangewachsen. Die wichtigsten Handelsgüter, die hier zur Verladung kamen, waren Kaffee, der Farbstoff Hennah, arabischer Gummi, Gewürze, Weihrauch, Wachs, Häute und Straußenfedern.
Die Offiziere der *Frundsberg* unterzogen sich der üblichen Etikette, besuchten Kommandanten und Stab der vor Anker liegenden Kriegsschiffe anderer Flaggen und begaben sich in Begleitung des k. u. k. Vizekonsuls zum Palast des ägyptischen Generalgouverneurs, um ihre Aufwartung zu machen. Für die gerade erst ausgemusterten Seekadetten war dies das erste Zusammentreffen mit einer privilegierten Gesellschaftsschicht, zu der sie sich meist nicht durch ihre Herkunft, sondern durch ihren Beruf als Offiziere zählen konnten.

MASSAUA (MASSAUAH, MUSSAWA)

Diese Stadt am Roten Meer galt als Eingangstor nach Nordostafrika, von hier konnte man am leichtesten zum Kaiserreich Abessinien gelangen. Abessinien wurde damals die „afrikanische Schweiz" genannt, teils wegen seines gebirgigen Charakters, teils wegen seiner relativ stabilen wirtschaftlichen und politischen Verhältnisse.
Italien begann in den achtziger Jahren des 19. Jahrhunderts in Ostafrika Fuß zu fassen, um gleich den meisten übrigen europäischen Mächten Kolonialgebiet zu erwerben. Massaua, abwechselnd unter türkischer und ägyptischer Herrschaft, wurde 1885 widerstandslos von Italien besetzt. Bei der Ankunft der *Frundsberg* wehte bereits ein halbes Jahr

Der Kommandant der italienischen Division bot dem Stab der *Frundsberg* sofort jede benötigte Hilfe und Unterstützung an. Dem freundlichen, verbalen Anerbieten folgte eine handfeste Überraschung in Form eines riesigen Eisblockes, dessen Wert nur zu ermessen war, wenn man die tropischen Temperaturen von 40°C im Schatten in Betracht zog.

Die italienischen Okkupationstruppen erschöpften sich im eintönigen Garnisons-, Wach- und Patrouillendienst. Ein Weitergreifen der Okkupation schien damals in die Ferne gerückt. „Ci siamo e ci resteremo" („Hier sind wir und hier bleiben wir") – das geflügelte Wort König Viktor Emanuels nach seinem Einzug in Rom 1870 – galt als Paraphrase nun auch für die koloniale Situation in Ostafrika.

In den wirtschaftlichen und statistischen Berichten der *Frundsberg* wird erwähnt, daß von Triest erhebliche Mengen an Bauholz, Mehl, „Dreher'schem Bier", ungarischem Wein und böhmischen Glasperlen nach Massaua gebracht wurden. Zu den Waren, die in umgekehrter Richtung nach Norden exportiert wurden, gehörten Häute, Perlmutter und Korallen.

Nach dreitägigem Aufenthalt lief die Korvette unter den Klängen der Volkshymne, die von den italienischen Schiffen herübertönte, in Richtung Aden ab.

neben der ägyptischen Flagge jene des Königreiches Italien über dem Hafen.

Eine italienische Schiffsdivision, bestehend aus einer Panzerfregatte, mehreren Kanonen- und Torpedobooten, einem Destillierschiff (das aus Meerwasser Trinkwasser herstellte), einem Spitalsschiff und einem Zisternenschiff, mit insgesamt einigen tausend Mann stellte neben regulären Armee-Einheiten die Okkupationstruppe.

Die Beziehungen zwischen Österreich-Ungarn und Italien waren damals, fast 20 Jahre nach Lissa, ungetrübt. Seit 1882 bestand zwischen dem Deutschen Reich, Österreich-Ungarn und Italien der „Dreibund".

ADEN

Aden, an der Südwestküste der arabischen Halbinsel gelegen, war bereits seit 1839 in englischer Hand. Der Hafen wuchs, wie alle Anlegestationen auf der Suezkanalroute, in kurzer Zeit zu ansehnlicher Größe heran.

Der Bericht der *Frundsberg* veranschaulichte von dieser Stadt das friedliche Nebeneinander von britischer Besatzungsmacht, arabischer Bevölkerung und indischen, jüdischen und afrikanischen Minderheiten. Als weltberühmte „Merkwürdigkeit" wurden die etwa 50 Riesenzisternen erwähnt, deren Anlage aus dem frühen Mittelalter stammt und deren Fassungspotential von 30 Millionen Gallonen Wasser niemals ausgenützt werden kann, da es im südlichen Teil der Halbinsel Arabien nur sporadisch regnet.

Von Aden aus konnte die *Frundsberg* fast täglich auf die Schiffsmaschine verzichten. Sie segelte an der Insel Sokotra vorbei in Richtung Osten und gelangte am 5. November nach Kalkutta, der zweitgrößten Stadt des indischen Subkontinents.

KALKUTTA

Der Bericht der *Frundsberg* widmet dieser Station viele Seiten. Die Einfahrt nach Kalkutta durch den Hooghly-Fluß (einem der vielen Seitenarme des Ganges) war nur mit Hilfe von Lotsen möglich. In der Nacht deuteten zahlreiche Leuchtschiffe die Hauptrinne der durch ein Gewirr von Kanälen, Inseln und Armen durchbrochenen Einfahrt an. Täglich fuhr ein Lotsenschiff die Mündungsgebiete ab, suchte nach gestrandeten Schiffen und kontrollierte die fünf Zufluchtshäuser, in denen allfällige Schiffbrüchige Nahrung, Kleidung, einen Katamaran, eine Karte und Verhaltensmaßregeln in mehreren Sprachen vorfanden.

Meist wurden die europäischen Schiffe bei der Hooghly-Mündung von Lotsen übernommen und im Mündungsbereich bei der Insel Sogor vor Anker gelegt, um den günstigsten Zeitpunkt für den Antritt der Fahrt flußaufwärts abzuwarten.

Dies geschah auch mit der *Frundsberg*. Die von Menschen unbewohnte und mit dichtem Dschungel bewachsene Insel war wegen ihrer in großer Menge vorkommenden gefährlichen Tiere berüchtigt. Es waren dies Skorpione, Giftschlangen und Tiger. Trotz dieser Gefahren wurde hier jedes Jahr ein religiöses Fest für 100.000 hinduistische Pilger veranstaltet, bei dem die Teilnehmer ohne Schutz im Freien übernachteten.

Die Fahrt auf dem Fluß von der „Tigerinsel" nach Kalkutta am nächsten Tag wird im Bericht der *Frundsberg* mit begeisterten Worten geschildert. Am Ufer wechselten Haine, bestehend aus Palmen und Bambus, mit Gärten voll Magnolien und Akazien. Dazwischen lagen zahlreiche kleine malerische Ortschaften mit kleinen Hindutempeln und Pagoden, gelegentlich auch Moscheen in der Mitte von gepflegten Parkanlagen. Von den Tempeln führten Stufen, die von Blumenteppichen und Jasminsträuchern eingefaßt waren, bis zum Fluß.

Viele kleine Anlegestellen für Boote ermöglichten einen regen Verkehr. Indien zeigte sich hier von seiner märchenhaften Seite, die zauberhaftesten Gebilde an Architektur und Vegetation, die Überfülle an Farben, Formen, Wohlgerüchen, Licht und Sonne betäubten die Sinne der erstaunten Österreicher. Dem Lotsen, dem Navigationsoffizier, dem Steuermann und der diensthabenden Mannschaft verblieb allerdings wenig Zeit für romantische Bewunderung, denn der Fluß erforderte höchste Aufmerksamkeit.

Nach einigen Stunden erreichte die *Frundsberg* Kalkutta.

Zum ersten Mal wehte die k. u. k. Flagge des Donaureiches auf den Fluten des heiligen Ganges.

Kalkutta, Welthandelsstadt und Sitz des britischen Vizekönigs, hatte den Ruf, eine der prächtigsten und mächtigsten Städte der Welt zu sein. Im Bericht des Kommandanten blieben natürlich auch die Nachteile und dunklen Seiten Kalkuttas nicht unerwähnt. Linienschiffskapitän Semsey berichtete über die immer wieder auftretenden Cholera- und Malariaepidemien, der auch viele europäische Seeleute trotz strenger Beachtung aller Hygienevorschriften zum Opfer fielen. Die von den Briten erbaute Wasserversorgung, der Bahnhof und vor allem die Hafenanlagen mit zahlreichen Anlegeplätzen und Trockendocks galten als modern, zweckmäßig und technisch perfekt.

Bei einem Spaziergang durch die Stadt wechselten die Eindrücke sehr rasch. Neben den Dockanlagen sah man zum Fluß führende Treppen, an deren Ende gläubige Hindus in aller Ruhe ihre rituellen Waschungen vornahmen. Neben dem aus dem 18. Jahrhundert stammenden britischen Fort William befanden sich moderne Parkanlagen mit verschiedenen Sportstätten, zoologischen und botanischen Gärten. Neben dem Park begann das Chowringhee-Viertel, ein Stadtteil, der Kalkutta den Beinamen „Stadt der Paläste" eingebracht hatte. Die großflächigen Eingeborenenviertel waren noch wenige Jahre zuvor enge, unüberschaubare Labyrinthe gewesen; sie wichen in den achtziger Jahren unschönen, straff angelegten Straßenzügen.

Durch die Aufmerksamkeit des k. u. k. Konsuls in Kalkutta hatte der Stab der Korvette jeden Tag Gelegenheit, eine Einladung anzunehmen. Die ersten Kreise aus Wirtschaft und Politik wetteiferten miteinander, den beliebten „Austrians" den Aufenthalt so angenehm und interessant wie möglich zu machen. Alle Mitglieder des Stabes und die Kadetten wurden vom „Bengal United Service Club" für die Dauer des Aufenthaltes zu Ehrenmitgliedern ernannt.

Den Glanzpunkt des für die *Frundsberg* so erlebnisreichen Aufenthaltes bildete ein mit allem orientalischen Prunk inszeniertes Fest, das der Radjah Sir Surindo Mohun Tagore für die Österreicher in seinem Palast veranstaltete. Der indische Fürst war graduierter Doktor der Musik. Diesen Titel hatte er sich ebenso wie Joseph Haydn an einer englischen Universität geholt. Sir Mohun Tagore pflegte besonders die hindustanische, in Europa so gut wie unbekannte Musik, in der er auch als Komponist tätig war. Der Schwerpunkt des Festes lag daher auf musikalischen Darbietungen. Zuerst ertönte nun — durch indische Instrumente reizvoll

Die Mannschaft von S.M.S. „Kaiserin Elisabeth"
bei ihrer Mission nach Ostasien.

	S. M.
Pola - Port Said	1250
P.S. - Suez	87
S. - Aden	1310
A. - Colombo	2094
C. - Singapore	1570
S. - Hong-Kong	1383
H. - Schang-hai	827
S. - Chingwantau	780
C. - Dolny	240
D. - Cheforo	240
C. - Tsing-tau	320
T. - Schang-hai	375
S. - Nan-King	420
N. - Ching-Kiang	60
C. - Futschau	670
F. - Amoy	240
A. - Hong-Kong	340
H. - Swatoy	185
S. - Schang-hai	695
S. - Tsing-tau	375
T. - Wosum	361
W. - Nagasaky	451
N. - Itsukusima	55
J. - Kobe	280
K. - Jokohama	420
J. - Oginohama	320
O. - Hakotate	260
H. - Miako	180
M. - Jokaitschi	450
J. - Kobe	240
K. - Moy-Simoni seky	260
M. - Tschmutyo	390
T. - Tsingwantau	640
T. - Cheforo	480
C. - Wosum	680
W. - Schang-hai	600
Sch. - Hang-hau	614
H. - Schang-hai	837
S. - Hongkong	837
H. - Nagasaky	1165
N. - Jokohama	515
	23496

Ganze Reise: 47.469 See Meilen.

	S.M.
J. - Hongkong	1580
H. - Bangkok	1400
B. - Saigon	440
S. - Hongkong	920
H. - Batavia	1776
B. - Surabaia	240
S. - Magasar	240
M. - Manila	1440
M. - Smaton.	320
S. - Amoy	306
A. - Schanghai	610
S. - Wosum	14
W. - Chingnantau	780
C. - Schanghai	780
Sch. - Nagasaky	438
N. - Kogaschina	180
K. - Mitschujama	180
M. - Hsukusima	33
H. - Hosaka	43
H. Takomatschu	35
T. - Kobe	85
K. - Toyer.	240
T. - Jokohama	280
J. - Oginohama	320
O. - Hakotate	200
Rückreise.	~~~~
H. - Tsuruga	430
T. - Migazu	130
M. - Sakai	180
S. - Fusan	220
F. - Quellgart	240
Q. - Port Athur	420
P.A. - Chefoo	180
C. - Schanghai	521
S. - Hongkong	827
H. - Singapore	1383
S. - Colombo	1570
C. - Aden	2065
A. - Suez	1310
S. - Port Said	87
P.S. - Pola.	1530
	23973

Direkte Rückfahrt: 11.093 S.M.

verfeinert – die österreichische Volkshymne in Haydns Originalmelodie. Sodann erfolgten Variationen in Form der indischen „Ragini", darunter versteht man indische Musikstücke, die in Klang und Gefühlswert die Grundlage der hindustanischen Musik ausmachen. Sir Mohun Tagore hatte sich die Mühe gemacht, die Worte der Volkshymne sinngemäß zu übersetzen und Haydns Kaiserhymne einem Ragini anzupassen. Der hindustanische Text besagte folgendes: „Der die Stütze des Alls, die Stätte alles Edlen, der Friedensspender, das ewige Wissen, Schöpfer, Zerstörer und Beschützer des Lebenden ist – Er beschütze das Reich, die Kinder, die Familie und die Frau Franz Josephs, des Fürsten der Männerfürsten, des Kaisers von Österreich, immerdar." Weitere musikalische Darbietungen folgten, um schließlich vom Vorführungstanz einer Bajadere abgelöst zu werden. Die festliche Ausstattung der Räume, die kostbaren Gewänder der indischen Gastgeber und vor allem der überreiche Edelsteinschmuck machten auf die Österreicher einen fast verwirrenden Eindruck.

In einem Brief eines Seekadetten findet sich folgende Äußerung: „Man plündere bei uns in Wien den Hofball und den Industriellenball und man wird nicht im Entferntesten den Juwelenreichtum unserer Gastgeber zusammenbekommen." Zwei Tage nach dem Fest wurde Sir Mohun Tagore zu einem Gegenbesuch auf die *Frundsberg* geladen. Als überaus großzügiges Gastgeschenk überreichte er dem Kommandanten eine Reihe von Edelmetallgegenständen, Elfenbeinschnitzereien, schwarz-gelbes Flachgewebe aus feinsten Fäden und eine Vielzahl indischer Musikinstrumente. Der Großteil der später Kaiser Franz Joseph überreichten Geschenke wurde dem k. k. Naturhistorischen Hofmuseum, Abteilung Völkerkunde, überlassen.

Aus dem statistisch-handelspolitischen Bericht des Kommandanten sind einige interessante Details zu entnehmen. Der Handel Kalkuttas war vorwiegend auf Textilwaren ausgerichtet, die englische Bezeichnung „Indigoman", „Cottonman" und „Juteman" war für die in diesen Branchen Beschäftigten üblich. Kommandant Semsey schlug vor, ein ständiges Musterwarenlager für Produkte der österreichisch-ungarischen Monarchie zu etablieren. Viele heimische Produkte wie zum Beispiel Papierwaren könnten mit Waren des britischen Marktes konkurrieren. Ein sehr wichtiger Vorschlag war, die Tarife der Lloyd-Gesellschaft für ihre Indien-Routen zu reduzieren, da die britischen Reedereien mit ihren niedrigeren Preisen den Lloyd wahrscheinlich in Ostindien verdrängen würden.

MADRAS

Die nächste Station der Missionsreise war Madras, die älteste britische Niederlassung in Ostindien, die aus der Britischen Ostindienkompanie hervorgegangen war. Seit dem Besuch der *Novara* (1857) hatte sich hier nicht viel geändert, noch immer mußten Passagiere von größeren Schiffen auf zerbrechliche Katamarane umsteigen, um durch die hohe Brandung den Strand zu erreichen. Beim Aufenthalt in Madras wurde die Bevölkerungszahl Indiens erwähnt. Sie betrug nach dem Zensus von 1881 250 Millionen (heute 900 Millionen), die Anzahl der in Indien lebenden Angehörigen der österreichisch-ungarischen Monarchie machte etwa 4000 aus.

PONDICHÉRY

Pondichéry, eine kleine französische Enklave innerhalb des gewaltigen britischen Kolonialreiches, war die nächste Station. Im Bericht finden sich kritische Bemerkungen über das indische Zeremoniell der Kolonialbehörden und Gouverneure. „Europäische Fürstenhäuser, die auf eine tausendjährige Tradition zurückschauen, umgeben sich mit weit weniger Pomp als die britischen Verwaltungsbeamten", meinte Semsey. „Vermutlich wollten sie bei der Prachtentfaltung

und götzenähnlichen Verehrung den einheimischen Geschmack noch übertreffen", spottete der Kommandant.
In französischen Kolonien war der Abstand zwischen Kolonialmacht und Eingeborenen nicht so groß. Hier genossen die Inder alle Rechte französischer Bürger, während die englischen Untertanen indischer Herkunft durch eine Reihe von kunstvollen Barrieren diskriminiert wurden.

CEYLON

Der Bericht der *Frundsberg* gibt hier ausführliche historische Einzelheiten sowie Klimawerte wieder.
Österreich-Ungarn war damals nach England einer der wichtigsten Handelspartner Ceylons. Unter den aus unserer Heimat importierten Waren befanden sich sogar die international geschätzten Thonet-Möbel, die eine Konkurrenz mit den auf der Insel erzeugten wesentlich billigeren Bambusmöbeln nicht zu scheuen brauchten.

BOMBAY

Die Stadt war ursprünglich eine portugiesische Handelsstation. Nach dem Erwerb durch die Ostindische Kompanie, die den Siedlern Religionsfreiheit, Freihandel und Ausbau der heimischen Industrie versprach, wuchs die Stadt rasch an. Bald wurde Bombay zum Ziel vieler Abenteurer und Flüchtlinge aus aller Welt.
Der Bericht erwähnt das bunte Gemisch von Rassen, Sprachen, Trachten und Religionen. Kommandant Semsey ergeht sich in seinen Zeilen über Bombay in Beschreibung der verschiedensten Religionen und widmet dabei der Gruppe der Parsis besondere Beachtung. Einer der Offiziere besuchte die seltsame Begräbnisstätte der Parsis – die „Türme des Schweigens". Die Verstorbenen dieser Sekte werden auf eine Art Rost innerhalb der Türme oder besser gesagt Rundmauern gelegt. Darauf stürzen sich augenblicklich Geier und Raben auf den jeweiligen Leichnam und nagen ihn bis zu den Knochen ab. Nach einigen Tagen werden die abgenagten und bereits trockenen Gebeine in einen tiefen Schacht befördert. Dieser Ritus symbolisiert den Kreislauf des Lebens, das völlige Aufgehen in der Natur.
Wie bei jedem Aufenthalt in einem Hafen wurde der k. u. k. Konsularvertreter aufgesucht, es wurden Einladungen angenommen und Ausflüge getätigt. Die Zeit für all diese gesellschaftlichen und zugleich für die Marine wichtigen Aktivitäten erschien immer zu kurz. Der zum Pflichtprogramm

jedes Indienbesuchers gehörende Ausflug zu den Felsentempeln der Insel Elephanta wurde jedoch nicht versäumt, die Dampfbarkasse der *Frundsberg* führte Stab und Kadetten dorthin. Die Felsentempel sind mit grotesken Götzenbildern geschmückt, die die verschiedenste Beurteilung, von „phantastisch" über „eigenartig" bis zu „widerlich" erhielten. Der Kommandant zitierte Goethe mit den Versen:

> „Nicht jeder kann alles ertragen der weicht
> diesem, der jenem aus – Warum soll ich nicht
> sagen die indischen Götter sind mir ein Graus."

Die große Bedeutung der Stadt, in der Christen, Moslems, Hindus, Parsis und Juden friedlich nebeneinander lebten, lag in ihrer Handelstätigkeit. Auf die Frage nach interessanten „amusements" soll ein biederer Handelsmann unseren Österreichern geantwortet haben: „We don't amuse ourselves, we trade."
Kommandant Semsey bemerkte, daß der Export an Papier aus der Monarchie nach Bombay beachtlich sei und daß alle Zeitungen auf österreichischem Papier gedruckt werden. Die Grazer Wagenbaufirma „Weizer" hat sich durch ihre Lieferungen von gediegenen Equipagen einen besonderen Namen gemacht. Semsey meinte, daß österreichische Eisenbahnschienen, Waggons und Pferde einen lohnenden Absatz in Bombay finden müßten. Eine besonders originelle Idee Semseys war es, die Lloyd-Gesellschaft zu veranlassen, in das alljährliche islamische Pilgergeschäft einzusteigen. Die Lloyddampfer könnten in Djeddah (Arabien) nach Indien zurückkehrende Pilger an Bord nehmen und als Rückfracht indischen Weizen nach Triest liefern. Ein anderer Artikel, den Österreich im Austausch gegen Reis nach Indien bringen könnte, wäre Salz. Es wäre jener Überschuß an Salz, den die Salinenverwaltung in Istrien alljährlich zurück ins Meer schüttete.

ASSAB

Die nächste Station war Assab, die älteste italienische Niederlassung am Roten Meer, die seit 1882 zur souveränen Kolonie Italiens geworden war. Assab war genauso wie Massaua ein guter Ausgangspunkt nach Abessinien.

DJEDDAH

Diese Stadt war jahrhundertelang der Haupthafen und Knotenpunkt der Schiffahrt am Roten Meer. Djeddah ist der

Hafen der Pilgerstadt Mekka, die als Zentrum der islamischen Welt gilt. Allein 1885 besuchten etwa 100.000 gläubige Moslems aus allen Teilen der islamischen Welt nach dem Gebot ihrer Religion die heiligen Stätten. Etwa die Hälfte aller Pilger benützte den Seeweg, Djeddah wurde zum Sammelplatz. Hier entwickelte sich eine Art religiöses Fremdenverkehrszentrum, von hier aus wurden Pilgerkarawanen organisiert und ausgerüstet.

Ein Teil des Stabes der *Frundsberg* unternahm mit dem ortsansässigen k. u. k. Vizekonsul einen Ausflug auf der Pilgerstraße in Richtung Mekka. Die Stadt Mekka wurde nicht erreicht, die heiligen Stätten durften ja von keinem Ungläubigen betreten werden.

Dem Bericht des Kommandanten kann man wie bei allen Stationen wieder kommerzielle und statistische Daten entnehmen. Offiziell wird den Österreichern berichtet, daß Kaffee hier der einträglichste Handelsartikel sei, inoffiziell munkelte man vom noch viel einträglicheren Sklavenhandel.

HEIMREISE

Die letzte Strecke der Missionsreise verlief wie üblich: von Suez über Port Said nach Gravosa, und am 15. April lief die *Frundsberg* in Pola ein. Jeder einzelne Matrose wurde exakt abgewogen, und eine eigene Gesundheitsstatistik gab in skurriler Genauigkeit das Gesamtgewicht der Mannschaft und die durchschnittliche monatliche Zu- oder Abnahme pro Kopf an.

Der Bericht des Kommandanten umfaßte mehrere hundert Seiten. Neben den mehrfach erwähnten statistischen Daten wurden für jeden Tag alle Schiffsbewegungen (Fahrt unter Segel, Fahrt unter Dampf, Entfernungen, Windstärke, Strömungen usw.) angegeben und auf einer Karte eingezeichnet.

Die Mission der S. M. S. Zrinyi nach Ostasien

Eine der interessantesten Missionsreisen der k. u. k. Kriegsmarine war die Fahrt der *Zrinyi* nach Ostasien in den Jahren 1890/1891. Bei dieser Mission wurde von der Korvette der Jangtsekiang befahren, seine Ufer genauestens skizziert und kartiert sowie die Festungsanlagen der Siedlungen zu beiden Seiten des Stromes beschrieben. Diese Skizzen stellen eine einmalige, zugleich militärische, geographische und

künstlerische Leistung dar. Der k. u. k. Linienschiffsleutnant E. von Friedenfels hat sie im Vorbeifahren skizziert und wohl nicht geahnt, daß sie nur wenige Jahre später bei den Kämpfen in China von großem Wert sein würden.

Die Expedition hatte außer den üblichen repräsentativen, seemännischen und handelspolitischen Aufgaben auch die wirtschaftliche und militärische Stärke des Kaiserreiches China zu erkunden. Ein Sonderauftrag war die Erprobung eines Nachtpeilapparates, eines verbesserten Navigationsseelotes und die Durchführung eines Experimentes, mit Hilfe von Schweröl starke Sturz- und Brechseen zu glätten. Wie bei jeder Mission wurde der Kommandant beauftragt, der Tätigkeit des Lloyd, seiner Stellung und Wirksamkeit im besuchten Gebiet besondere Aufmerksamkeit zu widmen. Als „Spezialauftrag" sollten die Art, die Herkunft, die Preis- und Absatzverhältnisse von Handfeuerwaffen überprüft werden, um der heimischen Wirtschaft die Möglichkeit zu geben, in Konkurrenz zu treten.

Zum Kommandanten der *Zrinyi* wurde der k. u. k. Fregattenkapitän Wladimir Khittel ernannt. Die Dauer der Mission war für zehn Monate anberaumt, die Route sollte von Pola durch den Suezkanal über Aden nach Singapur und weiter direkt nach Shanghai führen. Von Shanghai sollte der Jangtsekiang über Nanking bis Hankow befahren werden. Diese Strecke umfaßt 600 Seemeilen, eine Entfernung, die auf der Donau etwa der Strecke von Regensburg bis Belgrad entspricht.

Der Zeitplan und die vorgesehene Route konnten eingehalten werden, der offizielle Bericht der *Zrinyi* kam in einem umfangreichen Buch heraus. In diesem vom Fregattenkapitän Jerolim Freiherr von Benko herausgegebenen Buch wird ein interessantes Teilgebiet, das aus dem Rahmen der k. u. k. Mission herausragt, eingehend erörtert. Es ist dies die christliche Missionstätigkeit im Fernen Osten. Der Anlaß für diese Erörterung war der Besuch eines Bischofs auf der *Zrinyi*, die gerade in Wuhu, einem Hafen am Ufer des Jangtsekiangs, vor Anker lag. Bischof Monsignore Granier, ein gebürtiger Franzose, war damals schon 30 Jahre lang in China tätig und gehörte dem Jesuitenorden an. Die christliche Mission in China war durchaus nicht nur als Vertreter christlicher Moral und christlichen Glaubens anzusehen. Zahlreiche Schulen, Lehrwerkstätten, Hospitäler, Asyle und Findelhäuser gaben beredtes Zeugnis von ihrer sozialen Tätigkeit. Neben den unbestreitbaren hohen Verdiensten der Mission ergaben ihre Bemühungen gelegentlich Anlaß zu Mißstimmungen. So wurde von Seite chinesischer Beam-

Skizze der 1ᵗᵉⁿ Flußsperre des Yangtse-kiang bei Kiang-Yin, 60 Seemeilen stromab von Chinkiang-fu.

In der Vorbeifahrt skizzirt vom k. u. k. Linienschiffs-Lieutenant E. v. Friedenfels.

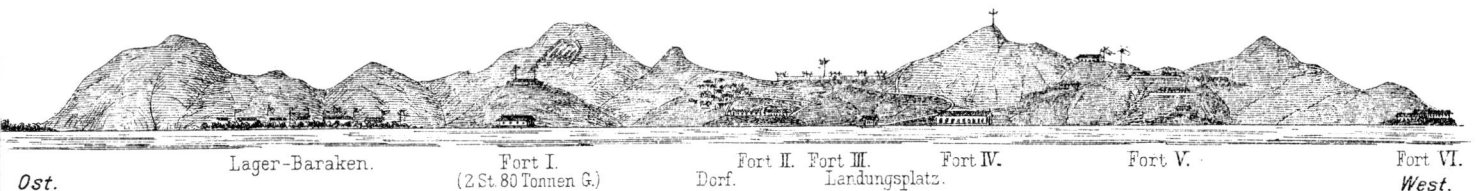

Ost.   Lager-Baraken.   Fort I.   Fort II. Fort III.   Fort IV.   Fort V.   Fort VI.
(2 St. 80 Tonnen G.) Dorf.   Landungsplatz.   West.

Rechtes Ufer.   Stromrichtung: ⟵

Kiang-Yin

Yangtse - kiang

6 G. 6 G. 3 G.
Forts,
durch Bäume verdeckt.

Skizze der Flußsperre bei den „Two-Pillars" im Yangtsekiang, 10 Seemeilen stromab von Wuhu.

In der Vorbeifahrt skizzirt vom
k. u. k. Linienschiffs-Lieutenant E. v. Friedenfels.

Dorf   Fort   East-Pillar   Tempel

Rechtes Ufer.

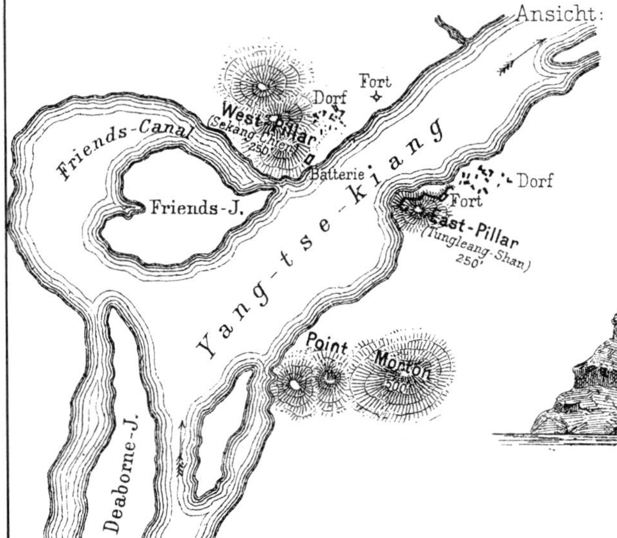

Ansicht:

Friends-Canal

West-Pillar
(Sekang-Shan)
250'

Dorf Fort

Batterie

Friends-J.

Yang-tse-kiang

Fort   Dorf

East-Pillar
(Tungleang-Shan)
250'

Point

Marron
500'

Deaborne-J.

West-Pillar   Linkes Ufer.

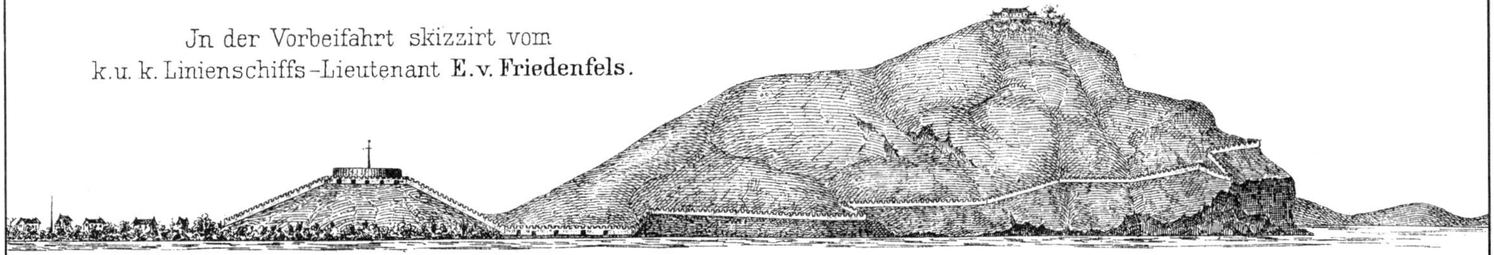

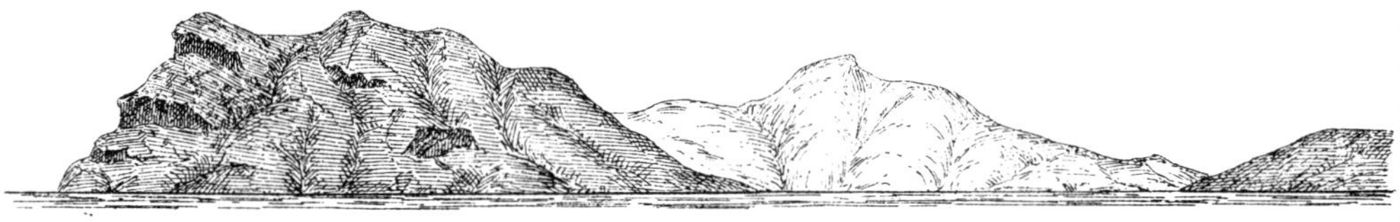

ter mehrfach berichtet, daß sich die Missionare zu sehr in
die innenpolitischen Angelegenheiten ihres Gastlandes ein-
mischten und die chinesischen Behörden unter Berufung auf
Gesandtschaftsrechte einzuschüchtern versuchten. In einigen Teilen des chinesischen Reiches keimte eine allgemeine
fremdenfeindliche Bewegung, gelegentlich kam es zu Über-
fällen auf Missionsstationen. Die Eskalation dieser Bewegung, die in den „Boxeraufstand" mündete, kam erst im
Jahre 1900 zum Ausbruch. Die *Zrinyi* und ihre Besatzung
erlebten 1885 vor ihrer Rückreise, wie aus folgendem Bericht zu ersehen ist, ein vollständiges Zeremoniell chinesischer Tradition und Höflichkeit:

„Hier trat der Tao-Tai mit großem Gefolge den Besu-
chenden entgegen. Der Tao-Tai, ein noch junger Mann
von einnehmendem Wesen und eleganten Manieren,
begrüßte die Herren mit dem landesüblichen Tschin
Tschin, in lebhaftester Weise seiner freudigen Befriedi-
gung über den ihn ehrenden Besuch Ausdruck gebend;
er geleitete dann die Ankömmlinge in seinen prunkvollen Empfangssaal, wo dem Schiffscommandanten, nach
chinesischer Sitte, der Ehrenplatz an der linken Seite des
Gouverneurs und Hausherrn angeboten wurde. Es
folgte nun unter Vermittlung eines englisch-chinesi-
schen Dolmetschers der Austausch der üblichen Höf-
lichkeiten, Freundschafts- und Sympathieversicherun-
gen. Hierauf wurden der Commandant und seine Begleiter eingeladen, sich in einen Nebensaal zu begeben, wo
ein Dejeuner servirt wurde. Hier konnte nun der europäischen Sitte Rechnung getragen werden, da der
eigentliche officielle Theil des Empfanges vorüber war,
und es wurde der Commandant an der rechten Seite des
Hausherrn placirt. Auch das Dejeuner wurde in europäischer Weise servirt; es bestand aus chinesischen Früch-
ten und Süssigkeiten wozu Thee, Sherry und Champagner credenzt wurde.

In seinen Gesprächen gab der Tao-Tai zu wiederholten
Malen seiner Freude Ausdruck, den Befehlshaber des
k. und k. Kriegsschiffes persönlich kennen gelernt zu
haben und interessirte sich sehr für die bevorstehende
Reise der *Zrinyi* in den Yang-tse-kiang und nach Korea;
er erbot sich, den Vicekönig von Nangking und jenen
von Pechili von dieser beabsichtigten Reise entsprechend zu verständigen und bat den Commandanten der
Zrinyi, den Vicekönig von Nangking gewiss zu besuchen.

Fregattenkapitän Khittel seinerseits benützte diese Gelegenheit, um dem Tao-Tai zu versichern, dass er sehr
gerne beim Einlaufen in den Wusung die chinesische
Flagge mit dem Territorialsalute begrüßt hätte, dass
aber die frühe Morgenstunde, zu welcher das Schiff die
Wusungbarre passierte, ihm dies unthunlich gemacht
habe; er werde aber diesen Salut — auf welchen die
Chinesen, sowie auf alles Ceremoniell, hohen Wert
legen — nachtragen, sobald er beim Verlassen von
Shanghai wieder die Forts an der Barre passiren würde,

voraussgesetzt, dass er auf die gebürende Erwiderung des Saluts mit Bestimmtheit rechnen könne. Der Tao-Tai war über diese Zusage sichtlich erfreut und versprach, sogleich dem die Forts befehligenden Militärmandarin die nöthigen Weisungen zukommen lassen zu wollen.

Unter erneuerten Kundgebungen gegenseitiger Sympathie und unter Beobachtung desselben Ceremoniells wie bei der Ankunft verließen der Commandant und seine Begleiter den Palast des Gouverneurs . . ."

Die Erdumsegelung S. M. S. Saida in den Jahren 1890 bis 1892

Eine der bedeutendsten und, was das Ausmaß der zurückgelegten Seemeilen und die Anzahl der angelaufenen Hafenstädte betrifft, umfassendsten Missionen, war die für mehr als achtzehn Monate anberaumte Weltumsegelung der *Saida*.

Die *Saida*, erst 1878 vom Stapel gelaufen und eigens als Missionsschiff adaptiert, galt als das schönste Schiff der

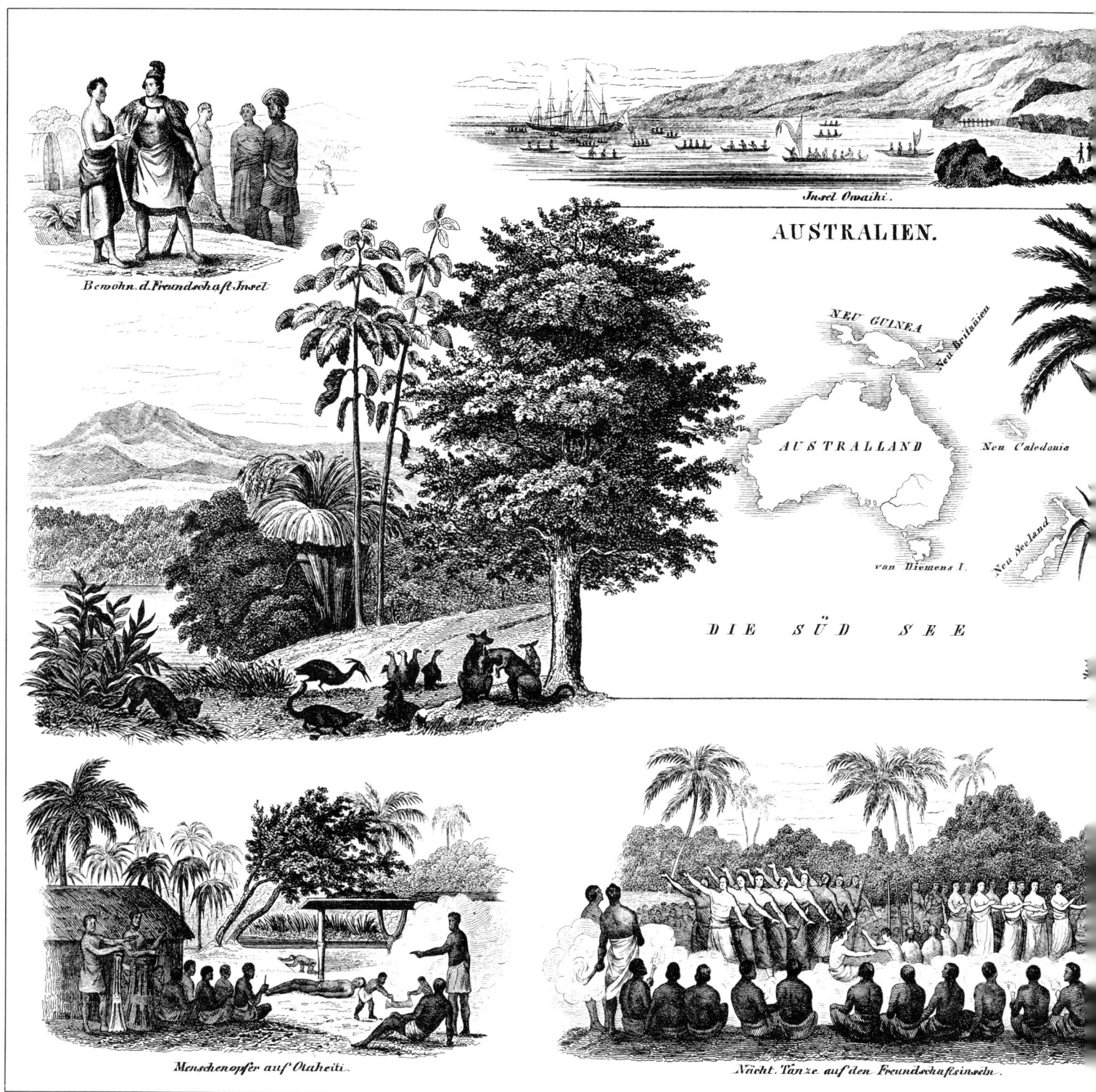

Bewohn. d. Freundschaft. Insel.

Insel Owaihi.

AUSTRALIEN.

NEU GUINEA

Neu Britanien

AUSTRALLAND

Neu Caledonia

van Diemens I.

Neu Seeland

DIE SÜD SEE

Menschenopfer auf Otaheiti.

Nächt. Tänze auf den Freundschaftsinseln.

Neuseeländer.

Otaheitierinnen.

Canot v. d. Sandwichs-Insulanern.

k. u. k. Marine. Sie hatte die Form einer Segelfregatte mit Volltakelage und dazu alle praktischen Einrichtungen moderner Kriegsschiffe.

Die Bemannung bestand aus 316 Angehörigen des Matrosenkorps und 40 Stabspersonen. In der Namensliste der Offiziere fällt der Name des Linienschiffsleutnants Anton Haus auf. Dieser Offizier wurde im Ersten Weltkrieg als Großadmiral Oberbefehlshaber der k. u. k. Flotte. Der in der Kadettenliste geführte Paul Pachner wurde später wegen seiner Bravour zur legendären Figur innerhalb der Marine und zu einem der höchstdekorierten Admiräle des Ersten Weltkrieges. Sein Grab, das die schlichte Inschrift „Fremder Seemann" trägt, befindet sich auf dem evangelischen Friedhof in Graz.

Der Kommandant der *Saida* war der k. u. k. Fregattenkapitän Joseph Edler von Ebenbruck.

Die Reiseinstruktion umfaßte wie üblich verschiedene voneinander unabhängige Gebiete, die noch einmal, da sie für alle Missionsreisen galten, zusammengefaßt werden sollten. Sie betreffen:

1. Das Repräsentieren der k. u. k. Flagge.
2. Die Navigation unter Segel.
3. Die Ausbildung von Stab und Mannschaft.
4. Die Wahrung und Anknüpfung handelspolitischer Belange.
5. Die Meeresforschung im weitesten Sinn (Lotung, Küstenaufnahmen, meteorologische und hydrographische Messungen).
6. Wissenschaftliche Aufgaben auf den Gebieten der Ethnographie, Zoologie, Botanik usw.
7. Sorge um die Mannschaft in bezug auf sanitäre Verhältnisse in allen Klimazonen (regelmäßige Untersuchungen, Maßnahmen gegen Skorbut, abwechslungsreiche Ernährung usw.).
8. Sonderinstruktionen zur Erprobung neuer nautischer Geräte, wie zum Beispiel des von Sr. Hoheit Albert von Monaco vorgeschlagenen Fischereigerätes zur Versorgung Schiffbrüchiger.

Der Weg der *Saida* führt von Pola nach Port Said, von dort durch den Suezkanal und das Rote Meer nach Aden. Von Aden entlang der ostafrikanischen Küste nach Mauritius und von dieser Insel durch den Indischen Ozean nach Australien. Nach Besuch der australischen Häfen Melbourne und Sydney wurden Hobart (auf der Insel Tasmanien) und hierauf Wellington (auf Neuseeland) angelaufen.

Nun erfolgte die lange Route über den Pazifischen Ozean nach Valparaiso (Chile), von dort segelte die *Saida* entlang der Küste Patagoniens durch die Magellanstraße in den Atlantik. Der südamerikanische Kontinent wurde nochmals in Buenos Aires berührt. Die Heimreise erfolgte über die Insel St. Helena, St. Vincent (Kapverdische Inseln), San Miguel (Azoren), Funchal (Madeira) und Gibraltar im Mittelmeer. Bei der kurzen Beschreibung dieser Weltumsegelung sollen nun auch die Kuriosa erwähnt werden, die den Alltag der Mannschaft auf See unterbrachen.

Auf der Fahrt von Aden nach Mauritius wurden wiederholt Haie gesichtet. Der wachhabende Offizier machte zumeist von diesem zwar nicht ungewöhnlichen, aber für die Mannschaft immer wieder aufregenden Ereignis Meldung an den Kommandanten und erbat die Erlaubnis, die Haifischangel ausbringen zu lassen. Dieses 40 Zentimeter lange, mit Widerhaken versehene Eisenstück wurde an ein Seil gebunden und an einem Bootskran befestigt. Der Proviantmeister spendierte ein ansehnliches Stück Speck, das als Köder ausgelegt wurde. Inzwischen versammelte sich die Mannschaft an Bord, um das Spektakel mitzuerleben. Der Hai näherte sich mehrmals mißtrauisch dem Köder, konnte seiner Freßgier aber nicht widerstehen, packte zu und landete mit mächtigem, aber vergeblichem Widerstand auf dem Deck. Wie üblich wurde der nun wehrlos verendende Hai mit wilden Seemannssprüchen verhöhnt. Die Matrosen pflegten aus dem Skelett und den Zähnen eines Haies alle möglichen Figuren – wie Amulette, Kettenglieder und Einlegematerial für Schnitzereien – herzustellen.

Im Indischen Ozean wurde die Äquatorlinie erreicht. Dieses Ereignis wurde nach altem Seemannsbrauch gebührend gefeiert. Der Kommandant lud die Offiziere zum Diner, die Mannschaft bereitete die üblichen Saturnalien vor. Bei der Äquatormaskerade durfte die Figur des Meeresgottes Neptun nie fehlen, hatte er doch die „Taufe" der Neulinge, die noch nie über den Äquator „gestolpert" waren, vorzunehmen. Neptun hielt eine lose Rede, seine Helfer, die Tritonen, bereiteten mehrere Fässer für die unsanfte Taufe vor – da enthob ein tropischer Regenguß den „Gott" seines Amtes. Krone, Dreizack und die übrige Maskerade landeten unter Deck, Neptun und seine Täuflinge befestigten rasch die flatternden Segel.

Wenige Tage darauf ertönte der Ruf „Mann über Bord". Das Opfer, ein Matrose, hatte bei Arbeiten in der Takelung den Halt verloren und war ins Meer gestürzt. Der diensthabende Offizier ließ sofort beidrehen, ein zu Wasser gelasse-

S.M.S. „Saida" vor Anker.

nes Boot brachte den unverletzten und verlegenen Mann glücklich zur *Saida* zurück. Der Matrose erhielt von allen Seiten Mitgefühl und Glückwünsche – allerdings erwies er sich dessen, wie im Bericht des Kommandanten nachzulesen ist, nicht würdig, er brach seinen Flaggeneid und desertierte während des Aufenthaltes in Buenos Aires.

Der Bericht über die nächste Station – Australien – umfaßte mehr als hundert Seiten. Die urzeitlichen Lebensgewohnheiten und Eigenheiten der australischen Ureinwohner wurden damals als bemerkenswerte Sensation gewertet.

Beim Aufenthalt auf der Insel Tasmanien war der einzige Todesfall dieser Missionsfahrt zu beklagen. Ein Maschinengast wurde vom Gewicht einer Kurbel der Schiffsmaschine tödlich verletzt. Die Abreise wurde verschoben, die Trauer-

kunde ließ alle lauten Worte verstummen. Die auf Halbmast gestrichene Flagge kündete der Außenwelt an, daß der Tod Einkehr an Bord gehalten hatte. Bald dröhnte das Schiff von den Hammerschlägen, mit denen die Tischler den Sarg zimmerten. Am nächsten Tag erfolgte das Begräbnis auf dem katholischen Friedhof von Port Esperance. Der mit der rot-weiß-roten Fahne bedeckte Sarg wurde der Erde übergeben. Ein Grabmal mit der Aufschrift „k. u. k. Maschinengast Peter Ferrini" steht heute noch auf dem kleinen Friedhof in Tasmanien.

Neuseeland, die nächste Station, brachte die Pioniertat der Novara in Erinnerung. Man gedachte der beiden Maoris, die seinerzeit mit der Novara nach Wien mitgekommen waren, um dort das Buchdruckerhandwerk zu erlernen.

Ursprünglich hatten ja die Neuseeländer (denen Kannibalismus nachgesagt wurde) angenommen, daß ihre zwei Stammesmitglieder als „Frischfleisch" auf der Novara mitfahren sollten.

Von Neuseeland segelte die Saida 34 Tage lang über den Pazifischen Ozean und erreichte Feuerland im südlichen Chile. Im chilenischen Hafen Punta Arenas versuchte der Kommandant, etwas über den Verbleib der verschollenen Santa Margaritha und ihren Kapitän Johann Orth (Erzherzog Johann Salvator), einem Habsburger, der als „Aussteiger" den Verpflichtungen seines Standes entfliehen wollte, in Erfahrung zu bringen.

Nach einem Besuch auf den Falkland-Inseln und nach dem Anlaufen von Buenos Aires segelte die Saida nach der britischen Insel St. Helena, die erst durch den Tod des hierher verbannten Kaisers Napoleon bekannt geworden ist.

Der Kommandant berichtete — voll Achtung über den ehemaligen Feind Österreichs und Schwiegersohn Kaiser Franz' I. — über des großen Korsen erbärmliche letzte Behausung, ein kleines Holzgebäude, über das der naßkalte Passat ständig hinwegstreicht.

Während der Fahrt von St. Helena nach den Kapverdischen Inseln wurde die Fauna des Atlantiks ausführlich beobachtet und beschrieben. Fliegende Fische, unübersehbare Makrelenschwärme und Kolonien von Rippenquallen, etliche Delphine begleiteten oder kreuzten den Lauf der Korvette. In den Gewässern vor Madeira wurden wiederholt Wale gesichtet (der Walfang im nördlichen Atlantik war damals noch sehr ergiebig).

Während der letzten Tage ihrer Mission durchfuhr die Saida das Mittelmeer. Südlich von Griechenland erwartete die k. u. k. Schulescadre die Korvette und begrüßte sie mit brausenden Hurrarufen. Die seit langem entbehrten Klänge des Radetzkymarsches klangen vom Deck des k. u. k. Flaggschiffes Radetzky. Nach alter Tradition entfaltete die Saida den Heimatwimpel, der auf je 1000 zurückgelegte Meilen einen Meter messen durfte und nun auf stolze 36 Meter angewachsen war.

In den Jahren 1891 bis 1893 lief S. M. S. Fasana zu einer Weltumsegelung aus, bei der auch Hawaii besucht wurde. Auf der Heimreise von Colombo nach Aden querte die Fasana den Indischen Ozean und begegnete dabei der in Gegenrichtung fahrenden Kaiserin Elisabeth mit dem Thronfolger Franz Ferdinand an Bord. Diese Begegnung ist in einem Bild des Marinemalers A. Kircher festgehalten.

IX.
Von Pola nach Peking –
Pulverfaß Balkan

China wurde seit dem 17. Jahrhundert von einer für die Mehrheit der chinesischen Bevölkerung fremd gebliebenen Mandschu-Dynastie regiert. Das riesige Reich hatte sich weitgehend abgekapselt von der übrigen Welt entwickelt. Die Bevölkerung nahm im 19. Jahrhundert rasch zu, die landwirtschaftlichen Anbaumethoden waren veraltet, Mangel an Nahrungsmitteln war das größte Problem. Regierung und Beamtenschaft waren gegen jede Modernisierung und gegen jede Beeinflussung durch Europäer. Die führende Schicht im „Reich der Mitte" (der Welt) wähnte sich am Höhe- und Endpunkt der Kultur. Dabei war China wirtschaftlich, technisch und militärisch längst im Rückstand. Das Land erweckte das Interesse der exportorientierten seefahrenden Nationen, seine Bodenschätze, seine kunstgewerblichen Artikel und vor allem der große unerschlossene „Markt" ließen es nun im Zeitalter des beginnenden Welthandels als idealen Handelspartner erscheinen.

Die Ostindische Kompanie führte seit Beginn des 19. Jahrhunderts über einige südchinesische Häfen große Mengen an Opium in das Reich der Mitte. Da die Einfuhr illegal erfolgte, entschloß sich die chinesische Regierung zu Gegenmaßnahmen und veranlaßte die Vernichtung von 20.000 Kisten Opium. Das Rauschgift wurde ins Meer geschüttet, man vergaß aber dabei nicht, die zuständige Gottheit wegen der „Wasserverschmutzung" um Vergebung zu bitten.

Diesen Vorfall nahm England zum Anlaß für den sogenannten Opiumkrieg, der China eine militärische und moralische Niederlage, England aber die Öffnung einiger chinesischer Häfen brachte. 1842 wurde in Nanking ein Friedensvertrag unterzeichnet, der für China demoralisierend war. England erhielt eine Kriegsentschädigung, Hongkong wurde britisch, alle Hafenstädte wurden für Europäer geöffnet, europäische Missionare und Kaufleute erhielten besondere Privilegien, die Opiumeinfuhr wurde legalisiert.

In den großen Städten wurden Europäerviertel mit Banken, Handelshäusern, Missionsstationen und Privatbauten errichtet. Diese Einheiten wurden meist ummauert und von der eigentlichen Chinesenstadt durch Kanäle getrennt.

Österreichs Anteil an Filialgründungen renommierter Handelshäuser blieb bescheiden. „Mandl & Co." gründete ein Großhandelshaus in Shanghai, dem bald die Eröffnung von „Kremsier und Rosenzweig" folgte. Deutschland besaß mehr als hundert Geschäftshäuser in China.

Während in China der Taiping-Aufstand (ein Bürgerkrieg gegen die Mandschu-Dynastie) losbrach, wurde von 1856

bis 1860 ein weiterer Opiumkrieg von England geführt. Die britischen Eroberer, unterstützt von Frankreich und Rußland, gelangten ohne besondere Hindernisse nach Peking, zerstörten mutwillig den unschätzbar wertvollen Sommerpalast des Kaisers und erzwangen im Friedensvertrag von Tientsin weitere handelspolitische Zugeständnisse von China.

In der Hauptstadt Peking entstand ein europäisches Gesandtschaftsviertel, in dem auch Österreich-Ungarn durch Diplomaten vertreten war.

Kurz vor der Jahrhundertwende begannen Deutschland, Japan, Rußland, Frankreich und England, das chinesische

weltweites Handels- und Verkehrsnetz hineinzuziehen, ihnen Fabriken und Eisenbahnen zu bauen sowie Waffen, Kriegsschiffe und Instruktoren zu liefern. Gegen die Invasion der „weißen Teufel" entstand eine allgemein fremdenfeindliche Bewegung, die schließlich im Geheimbund der Boxer (Gesellschaft der geschlossenen Faust) eskalierte. Die Boxerbewegung richtete sich gegen alle Ausländer, besonders aber gegen Missionare und Kollaborateure. Die Agitatoren schürten geschickt die allgemeine Unzufriedenheit der Chinesen mit ihrem eigenen korrupten Staatssystem. Der Aufstand entflammte an der Gewißheit, die Schuldigen für die allgemeine Misere gefunden zu haben.

Im Frühjahr des Jahres 1900 wurden von den Boxern einige Missionen überfallen und zerstört. Der dem Lazaristenorden angehörende Pater Josef Wilfinger aus dem burgenländischen Oberwart wurde in seiner Missionsstation in Sikiao von Boxern überfallen und schwer verletzt.

Der Missionar griff bald darauf in die Amtshandlung, die wegen des Überfalls auf seine Mission eingeleitet wurde, ein. Er beeinflußte den zuständigen Mandarin bei Schuldzuweisungen und Freisprüchen und veranlaßte die chinesischen Beamten, zur Klärung des Falles das österreichische und französische Konsulat hinzuzuziehen. Der Prozeß endete mit der Verurteilung und Hinrichtung der Schuldigen. Die chinesische Regierung mußte eine Geldbuße an die Konsulate bezahlen und sich zum Bau einer Gedenkkapelle verpflichten. Zur optischen Unterstützung ihrer Forderung planten Österreich-Ungarn und Frankreich eine Flottendemonstration mit mehreren französischen Schiffen und dem österreichischen Stationsschiff in Ostasien, der *Zenta*.

Die offizielle chinesische Regierung bestand damals aus einem Personenkreis um die Kaiserin-Witwe Tzu-Hai. Diese Regierung sympathisierte bald mit der Boxerbewegung und hoffte dadurch die Stoßkraft dieser Bewegung von sich selbst abzulenken und den allgemeinen Unmut gegen die „tigergleiche Gier" der Fremden richten zu können.

Die europäischen Gesandtschaften in Peking baten ihre Heimatländer telegrafisch um Unterstützung. Bald versammelten sich an der Taku-Reede im Golf von Petschili die ersten Einheiten französischer, britischer, italienischer, deutscher und amerikanischer Kriegsschiffe, die bald von russischen und japanischen unterstützt wurden. Die drahtlose Telegrafie spielte damals zum ersten Mal bei der Befehlsübermittlung eine wichtige Rolle.

Die österreichische Kriegsmarine war an den Ereignissen des Boxeraufstandes unmittelbar beteiligt.

Reich in Interessenssphären aufzuteilen. Das deutsche Kaiserreich erwarb die Bucht von Kiautschau und pachtete den Hafen Tsingtau für 99 Jahre. Das Zarenreich schloß mit China ein Abkommen über die Weiterführung der Transsibirischen Eisenbahn durch die chinesische Mandschurei bis zum Hafen von Port Arthur. Japan erlangte von China die Abtretung der Insel Formosa (Taiwan). Frankreich nahm die Stadt Kwangtschouwan, England den Hafen Weihaiwei in Besitz. Die Auflösung Chinas schien unmittelbar bevorzustehen.

Die „Kolonialherren" beeilten sich, den Chinesen ihre Vorstellung von Zivilisation beizubringen, sie in ein großes

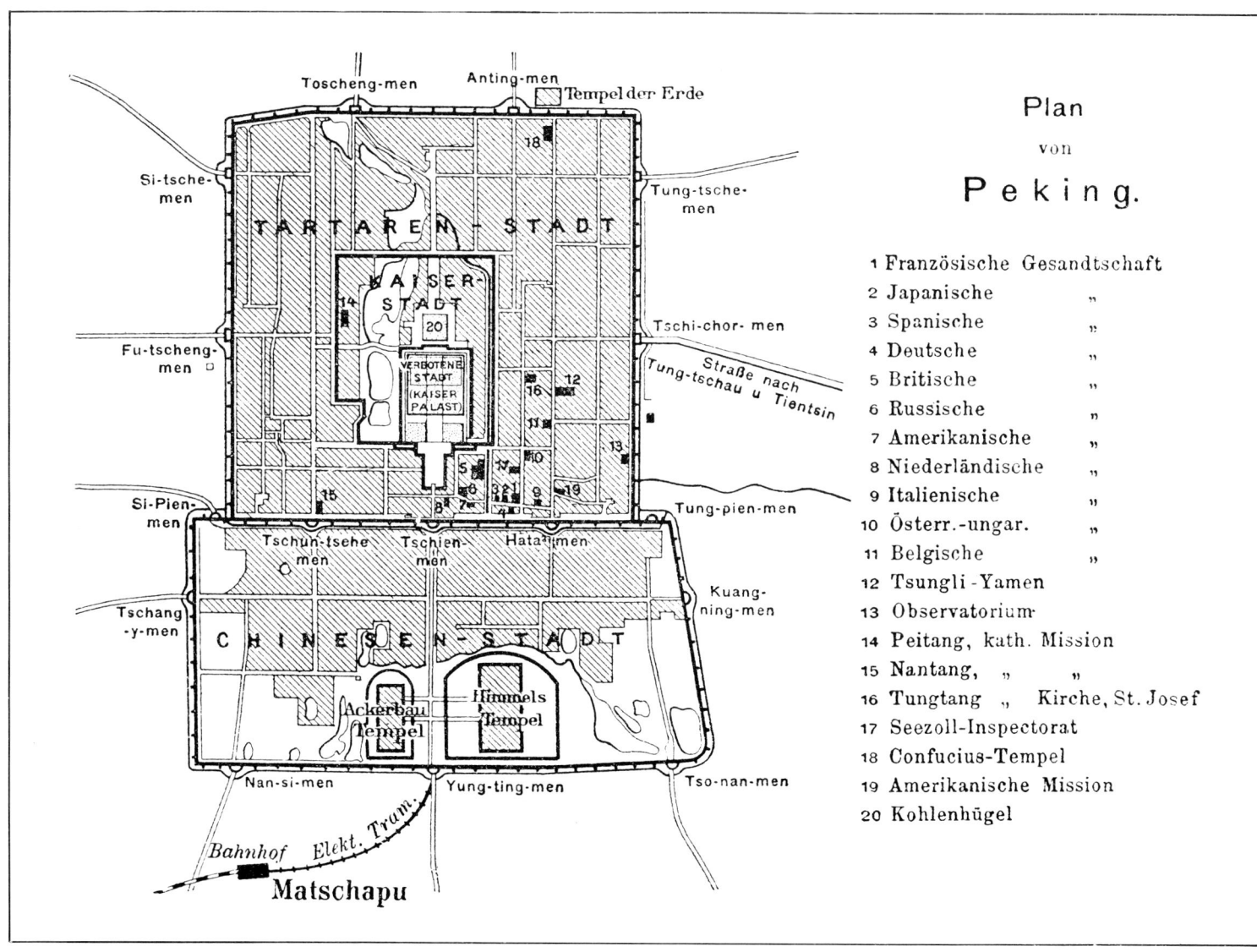

Plan von Peking.

1 Französische Gesandtschaft
2 Japanische „
3 Spanische „
4 Deutsche „
5 Britische „
6 Russische „
7 Amerikanische „
8 Niederländische „
9 Italienische „
10 Österr.-ungar. „
11 Belgische „
12 Tsungli-Yamen
13 Observatorium
14 Peitang, kath. Mission
15 Nantang, „ „
16 Tungtang „ Kirche, St. Josef
17 Seezoll-Inspectorat
18 Confucius-Tempel
19 Amerikanische Mission
20 Kohlenhügel

Die vorhin genannten Mächte hatten in Ostasien ganze Escadren oder wenigstens Schiffsdivisionen stationiert. Österreich-Ungarn war nur durch S. M. S. *Zenta* repräsentiert. Ihr Kommandant, der k. u. k. Fregattenkapitän Eduard Edler von Montalmar, erhielt den Auftrag, mit der österreichischen Gesandtschaft in Peking in ständigem Kontakt zu bleiben, da Leben und Eigentum der Europäer in Peking durch die stark anwachsenden Boxerunruhen in Gefahr seien.

Am 30. Mai 1900 erhielt der Kommandant ein Telegramm aus Peking, in dem er um sofortige Landung eines Detachements in Taku und in der Folge um Unterstützung in Peking ersucht wurde. Taku war ein stark befestigtes Fort an der Peiho-Mündung. Dieser Fluß verbindet den Raum Peking mit dem Chinesischen Meer. Eine Bahnlinie führte vom Mündungsgebiet bis zur Hauptstadt.

Am nächsten Tag langte der erwartete telegrafische Befehl des Marinekommandos aus Österreich auf der *Zenta* ein. Der Inhalt war ähnlich der Depesche des Vortages aus Peking. Die Lage schien ernst, nach vielen Jahren friedlicher Tätigkeit stand für die k. u. k. Marine der seltene Fall eines „Kolonialeinsatzes" bevor.

Täglich langten neue Kriegsschiffe auf der Taku-Reede ein. Den Oberbefehl über die internationale Flotte erhielt der rangälteste Admiral, der Brite Sir Edward Seymour. Mitte Juni setzte sich ein 2000 Mann starkes Kontingent, bestehend aus Marinetruppen aller anwesenden Nationen, in Richtung Peking in Bewegung.

Wenige Tage darauf marschierte diese internationale Mannschaft, darunter auch ein deutsches und österreichisch-ungarisches Detachement unter den Klängen deutscher Märsche, in der chinesischen Kaiserstadt ein. Das klingende Spiel wich bald erbitterten Kämpfen. Die Marinetruppen verschanzten sich in den jeweiligen Gesandtschaften, blieben aber ständig miteinander in Kontakt. Die zwei Offiziere und 30 Mann der *Zenta* bezogen die österreichische Gesandtschaft und hißten am Portal die k. u. k. Kriegsflagge.

Die Anzahl der Einheiten betrug in den einzelnen Gesandtschaften:

	Offiziere	Mann
Englische Gesandtschaft	3	79
Russische Gesandtschaft	2	79
Amerikanische Gesandtschaft	2	53
Deutsche Gesandtschaft	1	50
Französische Gesandtschaft	3	45
Österreichisch-ungarische Gesandtschaft	2	30
Italienische Gesandtschaft	3	28
Japanische Gesandtschaft	4	25
	21	389

Dazu kamen noch etwa 200 Zivilbeamte.

Dieses kleine Kontingent kämpfte nun wochenlang gegen eine etwa zwanzigfache Überzahl an chinesischen Soldaten. Die Zahl der am Kampf beteiligten Boxer ließ sich nicht abschätzen. Fast alle Gesandtschaften wurden schwer beschädigt, die der Österreicher ging in Flammen auf. Die k. u. k. Gesandtschaftswache reihte sich unter die Verteidiger der französischen Legation ein. Bei den Kämpfen fielen vier Österreicher, sie wurden vorerst im Garten der französischen Botschaft beigesetzt und nach Beendigung des Krieges auf den internationalen Friedhof in Peking übergeführt. Der deutsche Botschafter Klemens von Ketteler wurde von chinesischen Regierungstruppen auf offener Straße erschossen. Das Schicksal der in Peking eingeschlossenen Marinetruppen schien besiegelt.

Inzwischen versuchte Vizeadmiral Seymour vergeblich, mit weiteren 2000 Mann entlang der Bahnlinie nach Peking vorzustoßen.

Bei den Taku-Forts kam es unterdessen zu einem erbitterten Artilleriegefecht zwischen Chinesen und den internationalen Kriegsschiffen. Die chinesischen Forts wurden völlig zerstört, der Wasserweg nach Tientsin geöffnet. Da die Flotte täglich Verstärkung erhielt, waren die Truppen des 2. Entsatzversuches auf mehr als 50.000 Mann angewachsen. Nach wechselvollen Kämpfen wurde Peking erreicht, und die Eingeschlossenen wurden befreit. Drei Tage lang dauerte die offizielle Plünderung durch die Eroberer. Österreicher und Deutsche standen bei der Plünderung im Hintergrund – sie waren allerdings bei der ersten großen Angriffswelle auf Peking nicht vertreten.

Österreich-Ungarn entsandte bereits im Juli die *Kaiserin und Königin Maria Theresia*, die *Kaiserin Elisabeth* und die *Aspern* unter dem Kommando des Konteradmirals Rudolf Graf Montecuccoli zur Verstärkung nach China.

Die Marine- und Heeresgarnison und die Zivilbevölkerung von Pola bereiteten der abfahrenden Escadre einen enthusiastischen Abschied. Die Kriegsbegeisterung ist aus dem Zeitgeist der Jahrhundertwende zu verstehen, es war das erste Mal, daß die k. u. k. Marine in überseeische kriegerische Mission abging. Beim Eintreffen der österreichischen Schiffe im Golf von Petschili waren die Kämpfe bereits vorüber.

Die Alliierten konferierten monatelang über die Friedensbedingungen. Die Sieger stellten harte Bedingungen an die chinesische Regierung. So wurden neben den genauen Bestimmungen über Art und Ausmaß der Bestrafung aller Schuldigen viele Forderungen wirtschaftlicher Art gestellt. China sollte 450 Millionen Tael als Sühne zahlen, die chinesischen Flüsse sollten auf Kosten Chinas für die europäische Handelsschiffahrt verbessert werden. Alle Forts waren zu schleifen, die Verbindungen zwischen den Städten des Binnenlandes und der Küste sollten offen gehalten werden, die von den Siegern geforderten Handelsverträge waren ohne Diskussion anzunehmen. Deutschland forderte die Aufstellung von Sühnemonumenten und ein genaues Zeremoniell für den Empfang seiner Gesandten bei chinesischen Behörden und am chinesischen Kaiserhof.

Die Kaiserin-Witwe distanzierte sich nun von der Boxerbewegung, der Ausgang des Aufstandes erschien zunächst als voller Erfolg der Alliierten. Das nationale Erwachen der Völker, das Ende des Kolonialismus und der Wettstreit um

die Weltmacht unter den Alliierten waren aber nicht mehr aufzuhalten.

1911 wurde in China die kaiserliche Dynastie gestürzt, die chinesische Revolution schrieb die Parolen von „Nationalismus und gleichem Wohlstand für alle" auf ihre Fahnen.

Die österreichische Kriegsmarine trat um die Jahrhundertwende noch zweimal – allerdings ohne dabei in Kampfhandlungen einzugreifen – in Aktion.

Während des türkisch-griechischen Krieges 1897/98 um die Insel Kreta halfen österreichische Kriegsschiffe bei der Evakuierung von Zivilbewohnern der Insel.

1898 beobachtete S. M. S. *Maria Theresia* in westindischen Gewässern die Auseinandersetzungen zwischen Spanien und den USA. Da die spanische Flagge (rot-gelb-rot) der österreichischen sehr ähnlich ist, wäre es beinahe zu einem Angriff der Amerikaner gegen das österreichische Kriegsschiff gekommen.

Admiral Erzherzog Franz Ferdinand

1889 war Kronprinz Rudolf, der einzige Sohn Kaiser Franz Josephs, auf tragische Weise in Mayerling nahe Baden bei Wien aus dem Leben geschieden. Die Thronfolge ging auf den Bruder des Kaisers, Erzherzog Karl Ludwig, beziehungsweise auf dessen Sohn, Erzherzog Franz Ferdinand, über. Dieser 1863 in Graz geborene Habsburger begann seine militärische Ausbildung beim Infanterieregiment Nummer 32, dessen Inhaber Franz V. d'Este, Herzog von Modena, war. Nach dem Tod des Herzogs erbte Franz Ferdinand dessen Vermögen und erfüllte den testamentarischen Wunsch, sich Habsburg d'Este beziehungsweise Österreich d'Este zu nennen. Später wechselte der Thronfolger zum Dragonerregiment Kaiser Ferdinand Nummer 4 nach Enns und sodann zum Husarenregiment Graf Nadasdy nach Ödenburg.

Admiral
zur Zeit Maria Theresias
um 1760.

Marine-Genie-
und Artillerieoffiziere
um 1820.

Offizier und Soldat
des Flottillencorps
um 1848.

Konteradmiral
und Fregattenkapitän
um 1868.

Matrose, Unteroffizier
und Oberbootsmann
um 1873.

Marinekapellmeister
zwischen Musikgasten
um 1905.

Steuermatrose, Fregattenkapitän
und Linienschiffsleutnant
um 1907.

Marinediener
in Mantel und Flottenrock
um 1910.

Marineingenieur, Obermaschinenbetriebsleiter
und Marinekommissär
um 1914.

Abfahrt von Miramare:
Die Fregatte „Novara"
bringt den designierten
Kaiser Maximilian
(Erzherzog Ferdinand Max)
nach Mexiko.

1864
Seegefecht bei Helgoland.

1908
„Flaggengal

1866
Seeschlacht bei Lissa.

Die kaiserliche Jacht „Fantasie" mit der Kaiserstandarte und das Linienschiff „Kaiser" in großer Flaggengala.

Torpedofahrzeug «ULAN» wird von der französischen Flotte am 16. August 1914 verfolgt und aus allen Kalibern beschossen. Es gelingt dem tapfer kämpfenden Schiff dennoch, den schützenden eigenen Hafen zu erreichen.

Beschießung von Ancona durch die k. u. k. Flotte am Morgen des 24. Mai 1915

1892/93 unternahm Franz Ferdinand auf S. M. S. *Kaiserin Elisabeth* eine Weltreise, die von Triest durch den Suezkanal nach Indien führte. Der Thronfolger bereiste sodann den Subkontinent mit der Bahn, besichtigte die wichtigsten Städte und nahm als Gast der Königin Viktoria von England (Kaiserin von Indien) an mehreren Tiger- und Elefantenjagden teil. Von Indien führte die Reise weiter nach Australien und Ostasien. Von Japan überquerte der Thronfolger den Pazifischen Ozean auf einem englischen Liniendampfer, die *Kaiserin Elisabeth* blieb als Stationsschiff in Ostasien. Nach der Durchquerung des nordamerikanischen Kontinents auf dem Schienenwege bis New York gelangte der Habsburger mit einem französischen Linienschiff nach Europa zurück.

Der Thronfolger brachte von dieser Reise viele ethnographische und naturhistorische Exponate mit. Die Sammelergebnisse standen, was ihre Anzahl betraf, den Schätzen der *Novara*-Expedition nur wenig nach. Sie wurden einige

Zeit im Oberen Belvedere, dem Wohnsitz des Thronfolgers, aufbewahrt, um dann auf die einzelnen Hofmuseen verteilt zu werden.

Der Thronfolger hielt seine persönlichen Reiseeindrücke in Notizen fest. Zwei Jahre nach seiner Rückkehr erschien das Werk „Tagebuch meiner Reise um die Erde". Im Vorwort deklariert sich der Erzherzog als Jäger und Sammler (die Dokumentation dieser Leidenschaft befindet sich zum Teil heute in Schloß Artstetten in der Wachau), aber auch als Interessent neuer politischer Ordnungen, deren Ziel möglichst große Autonomie einzelner Länder innerhalb eines Gesamtstaates sein sollte.

Erzherzog Franz Ferdinand erkrankte 1895 an Lungentuberkulose. Die behandelnden Ärzte empfahlen als Unterstützung der Therapie möglichst häufigen Aufenthalt im mediterranen Klima. Diese ärztliche Weisung kam der Neigung des Erzherzogs entgegen. Franz Ferdinand, der sich als ma-

1878   1845   1872   1848   1889   1865   1854   1860   1856

ritimer Autodidakt bezeichnete, beschäftigte sich mit allen finanziellen, technischen und administrativen Belangen der Kriegsmarine. So oft wie möglich wohnte er Flottenmanövern bei, oder er besuchte die schiffsbautechnischen Anlagen in Triest, Pola und Fiume. Die Flottenpläne und Budgetforderungen der jeweiligen Marinekommandanten Hermann Freiherr von Spaun und Rudolf Graf Montecuccoli fanden seine volle Unterstützung.

„Si vis pacem, para bellum" stand symbolhaft für das allgemeine, weltweite Wettrüsten der Jahrhundertwende auf dem neuerbauten Kriegsministerium am Wiener Stubenring. Die k. u. k. Kriegsmarine hatte nun jahrzehntelang vorbildlich ihre Friedensaufgabe erfüllt. Österreich-Ungarn war die einzige Großmacht ohne Kolonien. Trotzdem schien es unumgänglich, die Kriegsflotte dem internationalen Standard anzupassen.

Im Schiffsbau, in der Artillerie, im Minenkrieg, in der Ausstattung der Schiffe mit elektrischen Einrichtungen erfolgten damals umwälzende Neuerungen. Seit 1907 verfügte die Kriegsmarine über Unterseeboote. Luftschiffe und Flugzeuge wurden auf ihre Einsatzfähigkeit im Kriegsfall erprobt.

In England wurde mit dem *Dreadnought* ein neuer Schlachtschifftyp gebaut. Deutschland, Italien und Frankreich übernahmen sofort ähnliche Großkampfschiffe in ihr Flottenbauprogramm. Österreich-Ungarn versuchte sein Programm den Bündnispartnern im Dreibund, Deutschland und Italien, anzugleichen.

Der Bau der beiden ersten von insgesamt vier geplanten Schlachtschiffen der sogenannten „Dreadnoughtklasse" (die in Österreich auch „Tegetthoffklasse" hieß), der *Viribus Unitis* und der *Tegetthoff*, erfolgte auf Weisung des Thronfolgers ohne parlamentarisch bewilligte Mittel. Der Stapellauf der *Viribus Unitis* (der Name war der Wortlaut des Wahlspruches Kaiser Franz Josephs) in der Werft „Stabilimento Tecnico Triestino" im Juni 1911 war der Höhepunkt des österreichischen Flottenbaues. Die *Viribus Unitis* war das erste Drillingsturmschiff der Welt. Der Erzherzog leitete persönlich im Sommer des Jahres 1911 die Flottenmanöver in der Adria.

Die k. u. k. Flotte erfuhr damals in weiten Kreisen der österreichischen Bevölkerung eine Popularität, die sich sogar in Modetrends äußerte. Matrosenkleider und Matrosenanzüge für Mädchen und Buben aus „gutem Haus" waren für festliche Anlässe obligatorisch (die Uniform der Wiener Sängerknaben hält bis heute an dieser Tradition fest). Viele Sympathisanten der Kriegsmarine, zum Beispiel auch die studierende Jugend des Binnenlandes, traten in großer Anzahl in den seit 1904 bestehenden Österreichischen Flottenverein ein. 1908 übernahm der Thronfolger das Protektorat über den Verein, der nun schon 36.000 Mitglieder zählte und nach Kriegsende in zahlreichen Marineverbänden weiterlebte. Nach Ende des Zweiten Weltkrieges, besonders aber nach der Unterzeichnung des Staatsvertrages, entfaltete die kleine Binnenrepublik Österreich ein reges maritimes Vereinsleben. So wurde, um nur ein Beispiel zu nennen, in Graz am 2. Februar 1961 die Marinekameradschaft „Tegetthoff" begründet, die am Nationalfeiertag 1977 anläßlich des 150. Geburtstages des Steirers Tegetthoff ihre Vereinsfahne weihen ließ. Außer den höchsten Regierungsstellen und einem Teil der breiten Öffentlichkeit zeigte auch die private metallverarbeitende Industrie aus verständlichen Gründen großes Interesse an der Flotte. Die bereits erwähnte Werft „Stabilimento Tecnico Triestino" in Monfalcone übernahm bis Kriegsbeginn fast das gesamte Schiffsbauprogramm des ärarischen Arsenals von Pola.

Pulverfaß Balkan

Das Nationalitätenproblem und seine besondere Ausprägung am Balkan wurden zur Existenzfrage der österreichisch-ungarischen Monarchie. Während des Revolutionsjahres 1848 fand in Prag ein Slawenkongreß statt. Wenige Wochen nach Königgrätz trafen sich die Vertreter slawischer Nationalitäten zu einem Kongreß in Wien.

1848 sollte innerhalb der Monarchie ein slawisches Königreich entstehen, 1866 forderten die slawischen Vertreter einen föderalistischen Staat, bestehend aus fünf Ländergruppen. Beide Programme sahen sich nicht als „Los von Wien"-Bewegung, sondern eher als Gegengewicht einer starken „Panslawischen Bewegung" unter russischer Führung, einer „pangermanischen Richtung" unter preußischen Fahnen und eines erstarkenden magyarischen Herrschaftsanspruches innerhalb der Monarchie.

Das Jahr 1867 brachte, wie bereits erwähnt, den Ausgleich. Innerhalb der ungarischen Reichshälfte schwand die Gleichberechtigung der Nationalitäten, eine starke Magyarisierungspolitik unterdrückte beispielsweise das nationale Schulsystem der Slowaken, Kroaten, Serben, Slowenen, Donauschwaben und Siebenbürger Sachsen.

In der österreichischen Reichshälfte, zu der auch fast alle Küstengebiete der Adria gehörten (nur im Raum Fiume

Der Kriegshafen von Pola.

zählten vier Kilometer Küstengebiet zur ungarischen Reichshälfte), garantierte ein Staatsgrundgesetz die nationale Gleichberechtigung aller in der Monarchie lebenden Völker. Die Fragen nach Schule und Amtssprache standen im Mittelpunkt aller Debatten.

Der Thronfolger plante die Abschaffung des Dualismus und die Umgestaltung der Monarchie in einen Nationalitäten-Bundesstaat. Die folgende Statistik aus dem Jahre 1910 läßt die Vielfalt der Nationalitäten erkennen und die Probleme, die sich daraus ergeben, erahnen.

Österreichisch-ungarische Monarchie:
      52 Millionen Einwohner
      675.000 km²

Kaiserreich Österreich (Cisleithanien)
      29 Millionen Einwohner
      300.000 km²
      Hauptstadt Wien: 2 Millionen Einwohner

Königreich Ungarn (Transleithanien)
      21 Millionen Einwohner
      325.000 km²
      Hauptstadt Budapest: 700.000 Einwohner

Nationen bzw. Nationalitäten:
      12 Millionen deutschsprechende Österreicher
      10 Millionen Magyaren
      7 Millionen Tschechen
      2 Millionen Slawen
      5,5 Millionen Kroaten und Serben
      5 Millionen Polen
      4 Millionen Ruthenen und Ukrainer
      3 Millionen Rumänen
      1,5 Millionen Slowenen
      1 Million Italiener und Ladiner

Die jiddisch sprechenden Juden, die in manchen Gebieten mehr als 10 Prozent der Bevölkerung ausmachten, wurden zwar als Religionsgemeinschaft, nicht aber als Volksgruppe anerkannt.

Die österreichische Kriegsmarine war in mehrfacher Weise von diesen Problemen betroffen. War doch jedes Schiff ein Stück Österreich, bemannt mit allen Nationalitäten und einer eigenartigen Bordsprache – fast könnte man sagen „k. u. k. Esperanto", das jedem Außenstehenden völlig unverständlich bleiben mußte.

Die k. u. k. Marine wurde einige Male mit aufflammenden nationalen Widerstandsversuchen befaßt.

ALEX KIRCHER

125

Der Stapellauf der „Viribus Unitis" 1911. Dieses Schlachtschiff der „Dreadnought-Klasse" stellte einen neuen Kriegsschifftypus dar.

Im Dezember 1868 wurde ein neues Wehrgesetz erlassen, das eine mehrjährige Dienstzeit für alle Wehrpflichtigen vorsah. Die Bevölkerung in der Krivošije, einer Landschaft östlich der Bucht von Cattaro, wehrte sich heftig gegen die geplante Einberufung. Sie berief sich dabei auf uralte Privilegien, nach denen die Heerfolge nur freiwillig erfolgen könnte. Es kam zu Kampfhandlungen zwischen den Aufständischen und regulären Armee-Einheiten. Die Aufständischen, die sich in das für Fremde völlig unzugängliche Karstgebiet zurückziehen konnten, waren im Vorteil. Die k. u. k. Kriegsmarine stellte im Herbst 1869 eine eigene Schiffsabteilung in Cattaro auf. Dadurch waren Nachschub von Truppen, Verpflegung und Munition gesichert. Der Aufstand überschattete die festlichen Ereignisse während der Eröffnung des Suezkanals. Eine aufgeregte „Neue Freie Presse" bemühte sich, den Standpunkt der Südslawen zu verstehen. Es kam zu einem Vergleich, die Rekrutierung wurde aufgeschoben.

1882 kam es zu einem neuerlichen Aufstandsversuch in der Krivošije. Diesmal stand der Wunsch nach einer Vereinigung mit Montenegro im Vordergrund. Durch das Eingreifen der Marine wurde ärgeres Blutvergießen verhindert.
1908 war die Bucht von Cattaro während der „Annexionskrise" wieder gefährdetes Gebiet. Einheiten der k. u. k. Marine sicherten den Hafen und die Bucht, Montenegriner verschanzten sich auf den 1759 Meter hohen Lovćen-Paß, der am Ende von sechs zusammenhängenden Meeresbuchten steil aufragt.
Der Balkan wurde zum permanenten Krisenherd, da sich Nationen gleicher Sprache und Geschichte innerhalb und außerhalb der Grenzen der Monarchie befanden.
Ein Großteil der Balkanhalbinsel (mit Ausnahme Griechenlands) befand sich in den siebziger Jahren des 19. Jahrhunderts noch unter türkischer Herrschaft. Serbien und Rumänien verwalteten sich selbst, unterstanden aber der Oberherrschaft der Pforte. Wiederholt aufflackernde Aufstände entfachten einen russisch-türkischen Krieg, in dem Großbritannien mit Drohgebärden intervenierte.
Der deutsche Kanzler Bismarck lud die Mächte 1878 zum Berliner Kongreß. Auf Kosten der Türkei kam es zu einer neuen Aufteilung des Balkans. Das Zarenreich wuchs bis zum Donaudelta vor, England erhielt Zypern, Österreich-Ungarn okkupierte (besetzte) Bosnien-Herzegowina, Bulgarien wurde unabhängig, Serbien, Montenegro und Rumänien wurden stufenweise selbständige Staaten.

Serbien war der einzige Balkanstaat ohne Zugang zum Meer. Das von Österreich-Ungarn besetzte Bosnien-Herzegowina, das knapp bis vor die Küste Dalmatiens reichte, mußte das ersehnte selbstverständliche Ziel Serbiens bleiben. Ein wirtschaftlicher Grund — eine von Österreich-Ungarn verhängte Viehimportsperre für serbische Schweine — führte zum „Schweinekrieg".
Eine ernste Krise entstand 1908 nach der erfolgten Annexion (Eingliederung) Bosnien-Herzegowinas durch die Monarchie.

In den folgenden Balkankriegen versuchten die Balkanstaaten, die europäische Türkei unter sich aufzuteilen. Österreich-Ungarn trat für die Schaffung eines selbständigen Staates Albanien ein, um einen Zugang Serbiens zur Adria zu verhindern. In Serbien gründete unter dem Decknamen „Apis" Oberst Dimitrijević einen Geheimbund, die „Schwarze Hand". Dieser Bund strebte eine Befreiung der Serben von österreichischer und türkischer Herrschaft an. Sein Fernziel war die Schaffung eines großserbischen Reiches. Die Vision eines „jugoslawischen" Staates (jug =

Süden, Vereinigung der Südslawen) entstand. Sie war nur durch Zerschlagung der Doppelmonarchie realisierbar. Das Potential des kleinen Königreichs Serbien reichte dazu nicht aus. Alles hing davon ab, wie rasch sich Rußland von den Schlägen, die ihm Japan 1905 zugefügt hatte, erholen würde.

In dieser Situation beschloß Erzherzog Franz Ferdinand, den Junimanövern 1914 in Bosnien, das ja auch von Serben bewohnt war, beizuwohnen. Die Organisation der Reise nach Sarajewo begann.

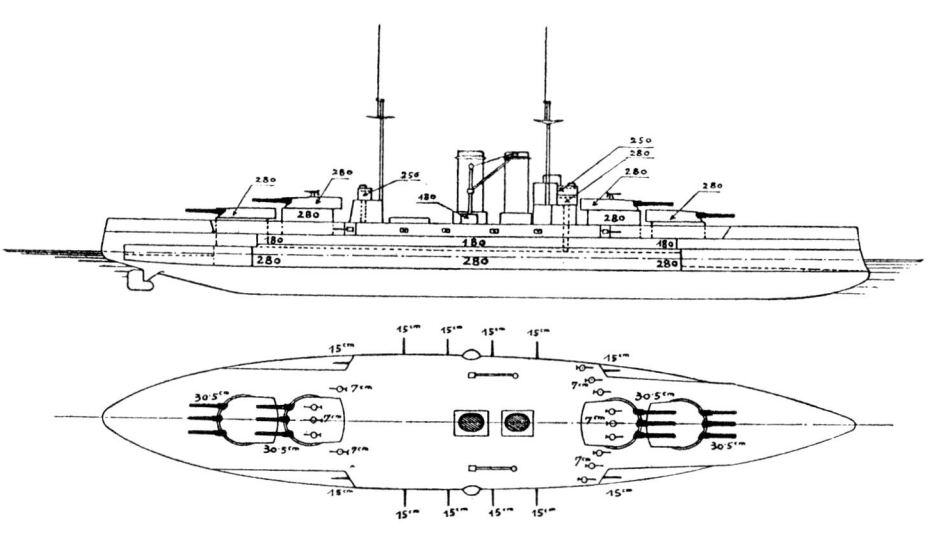

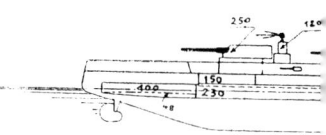

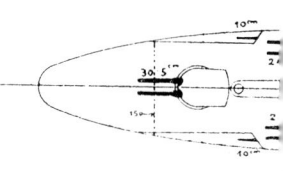

20000 *t D*
20·5 Ml FG

Viribus Unitis

Tegetthoff — Prinz Eugen — Szent István

Armierung:
12 30·5, 12 15, 18 7, 2 4·7; lr

14500 *t D*
20·5 Ml FG

Erzh

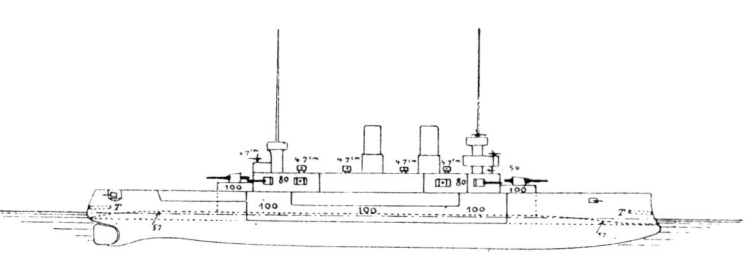

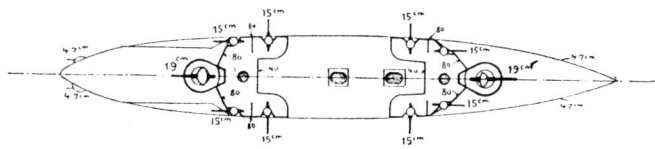

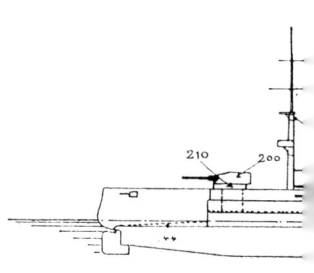

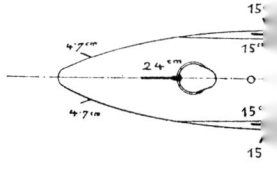

5200 *t D*
19 Ml FG

Kaiserin und Königin Maria Theresia

Armierung:
2 19, 8 15, 16 4·7; lr

8300 *t D*
19·5 Ml FG

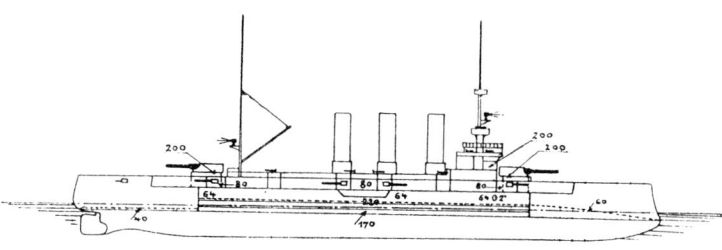

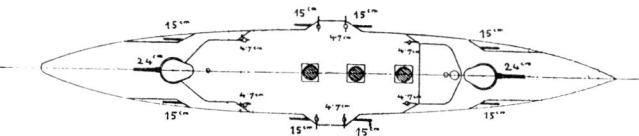

6300 *t D*
20·5 Ml FG

Kaiser Karl VI.

Armierung:
2 24, 8 15, 16 4·7; lr

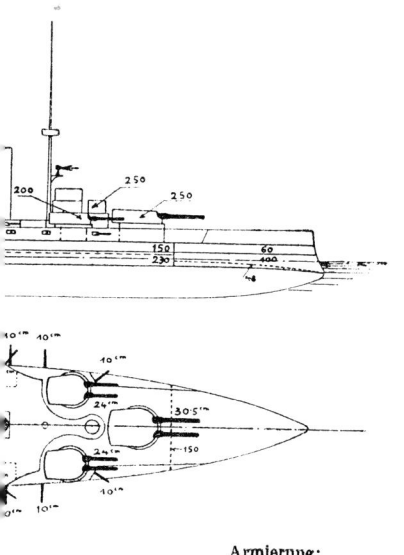

200   250   250
150   60
230   400

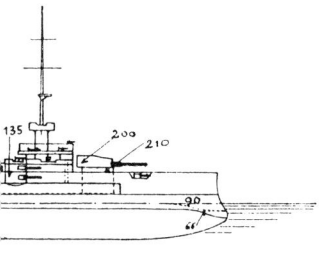

40cm 40cm
40cm
24cm   30·5cm
24cm   150
40cm
40cm 40cm

rdinand   **Armierung:**
nyi   4 30·5, 8 24, 20 10, 6 7, 2 4·7; lr

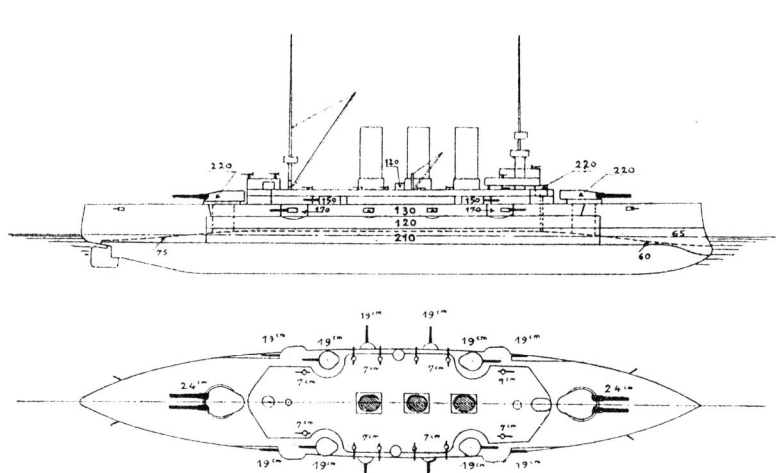

220   120   220   220
150
170   130   170
120
210
75   65
60

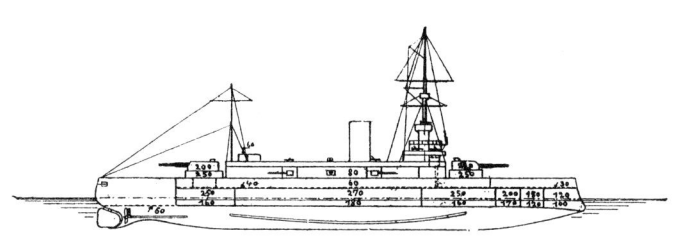

19cm 19cm 19cm 19cm
19cm
7cm 7cm 7cm
24cm   24cm
7cm 7cm 7cm
19cm 19cm   19cm 19cm
19cm 19cm

10600 *t D*
20·5 Ml FG   **Erzherzog Karl**   **Armierung:**
                                                            4 24, 12 19, 12 7, 8 4·7; lr

Erzherzog Ferdinand Max — Erzherzog Friedrich

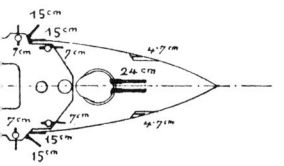

135
200   210
90

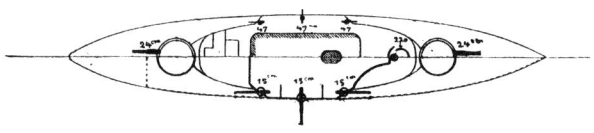

15cm
15cm 15cm
7cm   4·7m
7cm   24cm
7cm 7cm
15cm   4·7m
15cm

               Armierung:
               3 24, 12 15, 10 7, 8 4·7; lr
rpád

200
150
160
80
250
270
60

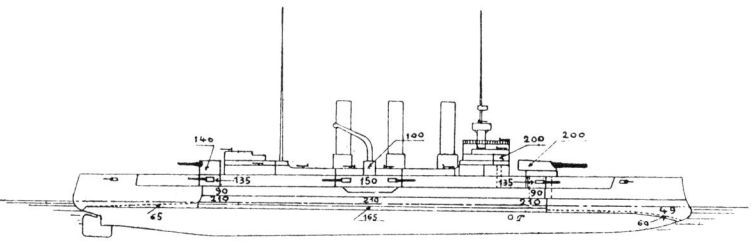

140   100   200   200
135   150   135
30   90
210   210   230
65   165   0 5   60

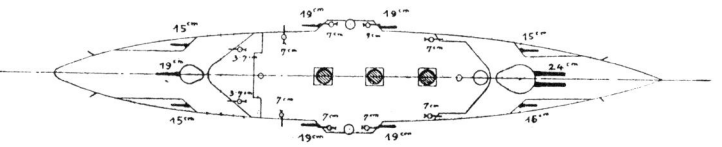

15cm   19cm 19cm   15cm
19cm   7cm   24cm
3·7m   7cm 7cm   16cm
15cm   19cm 19cm

5600 *t D*
17—17·5 Ml FG   **Monarch**   **Armierung:**
                                                    4 24, 6 15, 12 4·7; lr
                        Wien — Budapest

7300 *t D*
22 Ml FG   **Sankt Georg**   **Armierung:**
                                                    2 24, 5 19, 4 15, 9 7, 10 4·7; lr

X.
„Viribus Unitis"

Sarajewo

Sonntag, den 28. Juni 1914, feierten die Serben, die innerhalb und außerhalb der Grenzen der Monarchie lebten, den „Vidov-Dan". Es war dies ein nationaler Erinnerungstag an ein schmerzliches Ereignis – die Schlacht auf dem „Kosovo-Polje" („Amselfeld") 1389. In dieser Schlacht verloren die Serben für fast 500 Jahre ihre Freiheit an die Türken. Diese blieben ihre Herren bis zu den Tagen des Berliner Kongresses (1878). Erst nach dem letzten Balkankrieg 1913 waren die Bevormundung und der Einfluß der Hohen Pforte endgültig verschwunden. Auf diesen erwähnten Feiertag fiel der Besuch des Thronfolgers in Sarajewo, der Hauptstadt Bosniens. Man ist sich noch heute nicht darüber einig, ob die Reise Franz Ferdinands an diesem Gedenktag als Provokation gedacht war.

Der Thronfolger, der die Manöver in Bosnien beobachten wollte, fuhr im Juni 1914 von Triest aus auf der *Viribus Unitis* über Pola nach Metkovic und von dort mit der Bahn nach Sarajewo. Seine Gattin, Herzogin Sophie von Hohenberg, war mit der Bahn über Budapest nach Sarajewo gekommen. Am Bahnhof stand eine Autokolonne für die geplante Stadtrundfahrt bereit.

Auf der Hinfahrt zum Rathaus geschah das erste Attentat. Ein junger Bursche, Nedelko Cabrinović, hatte eine Bombe gegen den Konvoi geworfen, das Auto des Thronfolgers verfehlt, aber mit dem explodierenden Geschoß vielen Zuschauern und einigen Leuten aus dem Gefolge des Thronfolgers erhebliche Wunden zugefügt.

Das offizielle Programm wurde nicht geändert. Nach der Begrüßung im Rathaus entschloß sich der Thronfolger, die durch das Attentat verletzten Österreicher aus seinem Gefolge im Spital zu besuchen. Wieder fuhr der Konvoi durch die Straßen. An der Ecke Appel-Kai/Franz-Joseph-Straße stand der 18jährige Gymnasiast Gavrilo Princip. Aus zwei Metern Entfernung feuerte er auf den Thronfolger und dessen Gattin zwei Schüsse ab, die die Welt veränderten. Die erste Kugel traf die Herzogin und tötete sie sofort. Das zweite Geschoß drang durch den hohen Uniformkragen in den Hals des Erzherzogs. Einige Minuten später starb Österreichs Thronfolger.

Noch nie hatte ein Attentat eine so gewaltige Kriegslawine ausgelöst, noch nie hatte ein Krieg das Gesicht der Welt so sehr verändert.

Am nächsten Tag wurden die sterblichen Überreste des Paares auf dem gleichen Weg, den der Thronfolger für die

Hinfahrt genommen hatte, in Gegenrichtung in die Heimat zurückgeführt. Nach der Bahnfahrt wurden die Särge auf die *Viribus Unitis* gebracht. Die rot-weiß-rote Flagge wurde zum Zeichen der Trauer auf Halbmast gesetzt. Schlachtschiffe, Torpedoboote und Kreuzer folgten in langer Kiellinie ihrem Admiral, der die Flotte so sehr protegiert hatte. Von Triest fuhr ein Trauerzug über Wien nach Artstetten, einem Schloß über dem Donautal in der Wachau. Das Paar wurde in der Gruft von Artstetten beigesetzt. Der Thronfolger hatte das Schloß 1890 gekauft und ursprünglich als Witwensitz für seine Gattin vorgesehen. (Schloß Artstetten ist noch heute im Besitz der Nachkommen des Thronfolgerpaares.) Seit 1982 befindet sich in mehr als zwanzig Räumen des Schlosses eine dem Andenken Franz Ferdinands gewidmete Ausstellung. Am Kriegerdenkmal des Ortes führen die Namen des Thronfolgerpaares die Liste der Weltkriegsgefallenen an.

Die nächsten Wochen nach dem Mord vergingen mit diplomatischen Verhandlungen zwischen Wien und Serbien, denn die beiden Attentäter hatten für eine serbische Organisation gearbeitet. Da die Burschen minderjährig waren, erhielten sie eine Gefängnisstrafe von je 20 Jahren. Beide starben in Haft.

Am 23. Juli übergab Österreich-Ungarn an Serbien ein Ultimatum, das unter anderem auch die Miteinbeziehung österreichischer Beamter an der Aufklärung des Attentats enthielt. Serbien mobilisierte noch vor der Überreichung einer zufriedenstellenden Antwortnote.

Rußland ließ Serbien wissen, daß es keinesfalls aggressive Handlungen Österreichs gegen Serbien zulassen werde.

Die k. u. k. Kriegsmarine erhielt am 26. Juli den Befehl zur Mobilmachung.

Am 28. Juli – einen Monat nach dem Attentat – erklärte Österreich-Ungarn an Serbien den Krieg. Die Kriegsmaschinerie war nun nicht mehr aufzuhalten. Die komplizierten Bündnissysteme wurden wirksam. In rascher Folge übergaben die Länder einander die Kriegserklärungen. Eine wahre, uns heute völlig unverständliche Kriegsbegeisterung erfaßte die Welt.

Kriegserklärungen (Auswahl):

28. Juli: Österreich-Ungarn an Serbien
1. August: Deutsches Reich an Rußland
3. August: Deutsches Reich an Frankreich
4. August: England an Deutsches Reich
5. August: Montenegro an Österreich-Ungarn
6. August: Serbien an Deutsches Reich
11. August: Frankreich an Österreich-Ungarn
11. August: England an Österreich-Ungarn
13. August: Japan an Deutsches Reich
27. August: Japan an Österreich-Ungarn

Am 2. August schloß die Türkei, der ehemalige „Erbfeind" des Reiches, ein Bündnis mit Österreich-Ungarn und dem Deutschen Reich. 1915 schloß sich Bulgarien den „Mittelmächten" an.

Italien und Rumänien erklärten ihre Neutralität, änderten jedoch später ihre Haltung und wurden Gegner. Ein weiteres Paket an Kriegserklärungen erreichte die Mittelmächte als Folge der direkten Intervention der USA 1917. Am Ende standen die vier Verbündeten 25 „alliierten und assoziierten Mächten" gegenüber, die jedoch sehr unterschiedlich engagiert waren und des Vorteils der „inneren Linie" ermangelten. Global gesehen war die Sache der Monarchie in dem Augenblick verloren, als der Krieg nicht rasch beendet werden konnte und das überlegene Potential der Entente zum Tragen kam.

Die österreichisch-ungarische Kriegserklärung brachte der Marine mehrere Aufgaben:

1. Freihaltung der Adria von feindlichen Einheiten;
2. Schutz der eigenen mehr als 2000 km langen Küste und der mehr als 4000 km langen Inselküsten vor feindlichen Angriffen;
3. Schutz der Handelsschiffahrt an der dalmatinischen Küste;
4. Unterstützung der k. u. k. Armee im Küstengebiet und an der Südfront durch Nachschub aller Art.

Zwischen Österreich-Ungarn und Rußland gab es viele Interessenkonflikte auf dem Balkan. Die Flotten der beiden Staaten kamen aber im Ersten Weltkrieg nicht in Berührung. Mit Frankreich und England hatte die Monarchie ursprünglich keine diplomatischen Auseinandersetzungen. Durch die Bündnispartnerschaft mit dem Deutschen Reich ergab sich aber die Kriegssituation. Frankreich wurde für die österreichische Kriegsmarine neben Italien (ab 1915) der Hauptgegner. Die kleine k. u. k. Flotte konnte dem starken französischen Gegner nicht nur Widerstand leisten, sondern beachtliche Schäden zufügen. Diese Erfolge änderten jedoch nichts am Ausgang des Krieges.

Serbien hatte wie erwähnt keine eigenen Seestreitkräfte. Die Küsten Montenegros und Albaniens waren jedoch auch für Serbien als Nachschub- und Verbindungslinie zu ihren Verbündeten von großer Wichtigkeit.

Es war zu Kriegsbeginn für die Monarchie vorauszusehen, daß der vorläufig noch offiziell im Dreibund verankerte Partner Italien der gefährlichste Gegner Österreich-Ungarns zur See sein würde. Italien begründete seine bald nach Kriegsbeginn verkündete Neutralität mit dem Hinweis auf den Verteidigungscharakter des Dreibundes. Der Angriffskrieg Österreich-Ungarns gegen Serbien gebot in der Darstellung Italiens keine Verpflichtung zum Beistand.

Durch die Haltung Italiens waren die Aktivitäten der k. u. k. Marine auf die Adria beschränkt. So konnte zum Beispiel der vom Dreibund geplante Flottenstützpunkt Messina (Sizilien) nicht verwendet werden. Der Zentralhafen Pola lag von den Hauptverkehrslinien des Mittelmeeres und von den französischen und britischen Kolonien in Nordafrika zu weit entfernt, um ein größeres Eingreifen zu ermöglichen. Zwischen den Mitgliedern des Dreibundes kam es im November 1913 zu einem Abkommen, in dem bestimmt wurde, die im Mittelmeer befindlichen Seestreitkräfte unter den einheitlichen Oberbefehl des k. u. k. Admirals Anton Haus zu stellen. Ein Stärkevergleich der Flotten des Dreibundes und der Entente im Mittelmeer hätte ein ausgewogenes Bild gezeigt. Die österreichisch-ungarische Regierung sah keinen Grund, die Flotte weiter auszubauen. Das Bauprogramm wurde gestoppt.

Das Deutsche Reich verfügte seit den Balkankriegen über eine ständige kleine Flottenabteilung im östlichen Mittelmeer.

Am 5. August 1914 beschoß der deutsche Schlachtkreuzer *Goeben* und der kleine Kreuzer *Breslau* Hafen- und Bahnhofsanlagen in Bone und Philippville in Algerien. Französische und britische Einheiten versuchten vergeblich, die beiden Kampfschiffe vor dem neutralen Hafen Messina einzuholen. Der deutsche Admiralstab bat nun den österreichisch-ungarischen Flottenkommandanten um Unterstützung. Admiral Haus lief mit sechs Schlachtschiffen und einer Torpedoflottille von Pola aus, um die deutschen Schiffe bei einer allfälligen Einfahrt in die Adria zu schützen. Österreich-Ungarn befand sich noch nicht mit England und Frankreich im Kriegszustand, der Einsatz stellte daher ein großes Wagnis dar. Die *Goeben* und die *Breslau* wagten den Durchbruch durch die Straße von Messina, entkamen ihren Verfolgern und erreichten die Dardanellen. Die beiden deutschen Schiffe wurden dem Sultan geschenkt und der türkischen Flotte einverleibt. Die österreichische Flotte kehrte ohne Feindberührung nach Pola zurück.

Der Raum der militärischen Aktionen umfaßte die Adria, das Ionische Meer, das östliche Mittelmeer, die Donau, das Schwarze Meer, die ukrainischen Flüsse und zu Kriegsbeginn die chinesischen Gewässer vor der Halbinsel Schantung.

Die Leistungen der österreichischen Marine verdienen, wenn man ihre Stärke und Möglichkeiten bedenkt, eine besondere Beachtung.
Im Sommer 1914 verfügten die Kriegsflotten im Mittelmeer über folgende Einheiten:

	Schlacht-schiffe	Panzer-kreuzer	Leichte Kreuzer	Zerstörer, Torpedoboote
Österreich-Ungarn	15	2	4	48
Deutsches Reich	–	1	1	–
Italien	12	9	8	59
Frankreich	20	7	1	84
England	–	7	4	16
	47	26	18	202

Die Gesamttonnage der Flotte der Mittelmächte belief sich auf 250.000. Die Gesamttonnage der Flotten Italiens, Frankreichs und Englands betrug 950.000.
Ein annähernder Stärkevergleich ergibt somit die Relation 1 : 4. Die österreichisch-ungarische Flotte (ohne Torpedofahrzeuge und U-Boote) bestand zu Kriegsbeginn aus folgenden Einheiten (die Zahlen in Klammern bedeuten das Jahr des Stapellaufes):

1. SCHLACHTSCHIFFE*

Name	Tonnen	PS	Anzahl der Geschütze
Viribus Unitis (1911)	20.300	25.000	49
Tegetthoff (1912)	20.300	25.000	49
Prinz Eugen (1912)	20.300	25.000	49
Szent István (1914)	20.300	25.000	49
(nach Kriegsbeginn fertiggestellt)			
Erzherzog Franz Ferdinand (1908)	14.500	20.000	44
Erzherzog Ferdinand Max (1905)	14.500	20.000	44
Erzherzog Friedrich	14.500	20.000	44
Erzherzog Karl (1900)	14.500	20.000	44
Radetzky (1908)	14.500	20.000	44
Zrinyi (1910)	14.500	20.000	44
Habsburg (1900)	8.300	15.000	37
Arpad (1901)	8.300	15.000	37
Babenberg (1902)	8.300	15.000	37
Monarch (1895)	5.600	8.000	25
Wien (1895)	5.600	8.000	25
Budapest (1896)	5.600	8.000	25

2. GROSSE KREUZER

Name	Tonnen	PS	Anzahl der Geschütze
Sankt Georg (1903)	7.300	15.000	34
Kaiser Karl VI. (1898)	6.300	12.300	29
Kaiserin und Königin Maria Theresia (1893)	5.200	9.000	29

3. KLEINE KREUZER

Name	Tonnen	PS	Anzahl der Geschütze
Kaiser Franz Joseph I. (1889)	4.000	8.000	27
Kaiserin Elisabeth (1890)	4.000	8.000	25
Admiral Spaun (1909)	8.500	20.000	8
Saida (1912)	3.500	25.000	10
Helgoland (1912)	3.500	25.000	10
Novara (1913)	3.500	25.000	10
Zenta (1897)	2.300	7.200	19
Aspern (1899)	2.400	7.200	19
Szigetvár (1900)	2.300	7.200	19
Panther (1885)	1.500	6.000	14
Leopard (1885)	1.500	6.000	14

* In der Nomenklatur des Zweiten Weltkrieges hätten nur die vier Einheiten der Viribus-Unitis-Klasse als „Schlachtschiffe" gegolten.

Der „französische Krieg": Kriegsjahr 1914/15 in der Adria

Montenegro, das kleine südslawische Königreich, war zu Kriegsbeginn für Österreich-Ungarn der einzige Gegner, dessen Küste die Adria berührte. Über seinen Hafen Antivari (Bar) erfolgte der Nachschub der Entente für Serbien. Die Blockade dieses Hafens und der Küste Montenegros war die erste Aufgabe der k. u. k. Marine. Im August 1914 erschien eine österreichisch-ungarische Escadre, bestehend aus den Kreuzern Szigetvár und Zenta nebst einigen Torpedobooten, vor der montenegrinischen Küste und kündigte durch eine Depesche die beabsichtigte Beschießung der Funkstation an. Die ersten Schüsse in der Adria kamen von der Szigetvár. Hafeneinrichtungen und Funkstationen Antivaris wurden zerstört, die Zivilstadt blieb verschont.
Zwei Tage später wurde die gesamte Küste Montenegros blockiert. Der 16. August 1914 brachte der k. u. k. Marine

DEUTSCHLAND

SCHWEIZ

ITALIEN

ÖSTERREICH UNGARN

SERBIEN

MONTENEGRO

ALBANIEN

GRIECHEN-
LAND

1914

SÜDWEST - GRENZE

DER ÖSTERREICH-

UNGARISCHEN

MONARCHIE

ADRIA

• München
• Linz
• Wien
• Salzburg
• Budapest
• Innsbruck
• Bozen
• Graz
• Klagenfurt
• Udine
• Laibach
• Mailand
• Verona
• Treviso
• Triest
• Venedig
• Fiume
• Parenzo
• Genua
• Pola
• La Spezia
• Ravenna
• Lussin
• Belgrad
• Rimini
• Fano
• Senigallia
• Ancona
• Sebenico
• Sarajevo
• Spalato
• Lissa
• Pescara
• Ragusa
• Cattaro
• Kumbor
• Vasto
• Virpazar
• Vieste
• Antivari
• Manfredonia
• Barletta
• Rom
• Molfetta
• Bari
• Durazzo
• Neapel
• Brindisi
• Valona
• Otranto

0   50   100   150   200   250 km

*Der Kreuzer „Zenta" und der Zerstörer „Ulan" auf
Blockadeposten vor Antivari. Eine französische Eskadre nahm
die beiden Fahrzeuge unter Feuer, 16. 8. 1914.*

den ersten schmerzhaften Verlust und, so seltsam es klingt, zugleich einen moralischen Gewinn und großen Respekt der französischen Flotte.

Der Kreuzer *Zenta* und der Zerstörer *Ulan* versahen den Blockadedienst vor Antivari. Plötzlich erschienen am Horizont etwa fünfzehn feindliche Schiffe. Das Gros der französischen Mittelmeerflotte, unterstützt von einigen kleinen britischen Einheiten, begann aus sicherer Entfernung die beiden österreichischen Schiffe zu beschießen. Der *Ulan* konnte wie durch ein Wunder unversehrt entkommen und die schützende Bucht von Cattaro erreichen. Die *Zenta* wehrte sich mit allen Kräften, schoß aus allen Rohren und nahm den ungleichen, wenig fairen Kampf an. Ihre Ge-

schütze hatten, wie dem Kommandanten und der Besatzung natürlich bewußt war, eine viel zu geringe Reichweite. Die Lage war aussichtslos, es ging nur noch um die Ehre. Das Schiff erhielt einen Treffer nach dem anderen. Eine Granate setzte die Maschinen außer Betrieb, die Dampfrohrleitungen platzten, die *Zenta* war völlig manövrierunfähig. Der Maschinenbetriebsleiter Rotter war vermutlich der erste gefallene Offizier der k. u. k. Marine. Der Kommandant der *Zenta*, Fregattenkapitän Paul Pachner, ließ die Flaggengala hissen. Vom Vordermast wehte die seidene Ehrenflagge, ein Geschenk der Stadt Zenta für das tapfere Verhalten des gleichnamigen Kreuzers während des Boxeraufstandes. Als die *Zenta* zu sinken begann, gab der Kommandant den

135

letzten Befehl: „Schiff verlassen", und versuchte mit dem Rest seiner Mannschaft, die Küste schwimmend zu erreichen. 130 der ursprünglich etwa 320 Mann Besatzung erreichten das Ufer. Die feindliche Flotte verließ, ohne sich um die Überlebenden zu kümmern, den Kampfplatz.

Paul Pachner und seine Besatzung gerieten in Kriegsgefangenschaft. 1916 drangen österreichisch-ungarische Armee-Einheiten nach Montenegro vor und befreiten ihre Kameraden. Pachner berichtete danach in seinem, dem Flottenkommando vorgelegten Gefechtsbericht:

> „Wenn es mir auch nicht gegönnt war, dem Feinde Verluste beizubringen, so hoffe ich doch, in diesem ungleichen Kampf gegen eine erdrückende Übermacht einen moralischen Erfolg erzielt zu haben. Ich hielt es für meine Pflicht, dem vereinigten Feinde durch zähe Verteidigung bis zum Untergang einen Begriff von dem in der k. u. k. Flotte herrschenden Geist beizubringen — da wir das erste Schiff waren, das im gegnerischen Feuer stand."

Der Erfolg des Gefechtes zwischen der *Zenta* und der feindlichen Übermacht war für Frankreich recht gering. Die Sprengung der Blockade vor Montenegro war nicht geglückt. Das k. u. k. Flottenkommando unternahm auch weiterhin keine Offensive. Es galt, die Flotte für den Angriff der Italiener in Bereitschaft zu halten.

Während des ersten Kriegsjahres kam es im Raum der Bocche di Cattaro (Bucht von Kotor) zu einigen Artilleriegefechten. Die „Bocche" bildet einen lang ausgedehnten, fjordähnlichen Einschnitt, an dessen Ende sich der steile, fast 1800 Meter hohe Lovćen-Paß bereits auf montenegrinischem Staatsgebiet befindet. In Cattaro, dem südlichsten Hafen der Monarchie, lagen zu Kriegsbeginn mehrere kleinere österreichische Einheiten und vier der insgesamt sechs U-Boote.

Auf dem Lovćen waren montenegrinische Stellungen eingebaut, die in bequemer Sicht- und Schußdistanz die österreichischen Uferstellungen und schwimmenden Einheiten beobachten konnten. Vom Standpunkt Frankreichs aus war der Besitz der Bocche die unbedingte Voraussetzung für die Beherrschung der Adria.

Frankreich unterstützte Montenegro mit Lebensmitteln und Munition. Im Oktober 1914 wurden die Lovćen-Stellungen durch französische Batterien verstärkt. In einem Artillerieduell wurden von S. M. S. *Radetzky* und anderen kleinen Einheiten die montenegrinisch-französischen Stellungen

137

völlig zerschossen und unbrauchbar gemacht. Im Jänner 1916 erstürmten Armee- und Marineeinheiten den Paß.

Die „Bocche" war nun gesichert, die österreichischen Anlagen wurden weiter ausgebaut, mehrere Einheiten wurden in diesen strategisch so wichtigen Hafen verlegt.

Cattaro entwickelte sich zu einer wichtigen U-Boot-Basis der österreichisch-ungarischen Kriegsmarine. Während die großen Schlachtschiffe notgedrungen in Pola untätig vor Anker liegen mußten, entfalteten die zum Teil technisch völlig veralteten U-Boote eine rege Störtätigkeit in der südlichen Adria. Es gelang ihnen, den mächtigen Gegner durch die Straße von Otranto zurückzudrängen.

Die französische Flotte mußte durch die österreichischen U-Boote einige empfindliche Verluste hinnehmen. Linienschiffsleutnant Egon Lerch, Kommandant des *U-12*, torpe-

dierte das französische Schlachtschiff *Jean-Bart*, Linienschiffskapitän Georg Ritter von Trapp, Kommandant des berühmten *U-5*, versenkte den französischen Panzerkreuzer *Léon Gambetta*. Ein französisches U-Boot, die *Curie*, verfing sich beim Versuch, in den Hafen von Pola einzudringen, in einem Fangnetz aus Stahl. Artilleriefeuer der Strandbatterien machten die *Curie* völlig kampfunfähig. Das französische U-Boot sank auf Grund, die Mannschaft wurde gerettet. Die *Curie*, die nur in wenigen Metern Tiefe vor der Hafeneinfahrt Polas am Meeresboden lag, konnte leicht gehoben werden. Sie wurde umgebaut und als *U-14* in die k. u. k. Flotte eingereiht.

Trapp erhielt das Kommando über das *U-14* und führte mit ihm bis zum Kriegsende einen Kampf gegen Frachter „neutraler" Staaten, die Italien und Montenegro mit Kriegsmate-

rial auf dem Seeweg zu versorgen versuchten. 1918 erhielt Trapp das Kommando über die U-Boot-Station in Cattaro.

S. M. S. Kaiserin Elisabeth sinkt vor der Küste Chinas

Die *Kaiserin Elisabeth* war das letzte Schiff, das weit von der Heimat seine Flagge zeigte. Zu Beginn des Weltkrieges war der Kreuzer als Stationsschiff in China, nahe Tsingtau, dem Haupthafen der deutschen Kolonie Kiautschau. Der Kommandant, Fregattenkapitän Makovic, erfuhr durch eine Depesche von der Ermordung des Thronfolgers und einem drohenden Kriegsausbruch. Eine auf dem Kreuzer mitgeführte und nur im Kriegsfall zu öffnende geheime Order

bestimmte: „Im Interesse des Dreibundes handeln." Die *Kaiserin Elisabeth* unterstellte sich daher der Befehlsgewalt des deutschen Gouverneurs. Mitte August stellte Japan an das Deutsche Reich die ultimative Forderung, das Gebiet von Kiautschau auf der Halbinsel Shantung zu räumen. Die deutsche Regierung ignorierte das Ultimatum und gab dem Gouverneur, Kapitän zur See Mayer-Waldeck, den Befehl zur Verteidigung der deutschen Kolonie. Japan erklärte darauf an das Deutsche Reich und an Österreich-Ungarn den Krieg. Die im Hafen von Tsingtau liegenden deutschen Einheiten (darunter auch die berühmte *Emden*) liefen aus. Die *Kaiserin Elisabeth* blieb mit einem deutschen Kanonenboot und einem Torpedoboot allein in Tsingtau zurück. Diese Marineeinheiten verteidigten nun gemeinsam mit deutschen Armee-Einheiten die Niederlassung.

Anfang September erschien eine japanische Flotte mit acht Schlachtschiffen und mehreren Kreuzern vor Tsingtau. Gleichzeitig erfolgte von der Landseite her ein japanischer Angriff. Die Neutralität Chinas wurde dabei ignoriert. Die etwa 4000 Mann starke Garnison konnte sich etwa zwei Monate lang behaupten. Als die letzte Munition verschossen war und die Lebensmittel ausgingen, hißte der deutsche Gouverneur die weiße Fahne zum Zeichen der Übergabe. Tsingtau mußte sich ergeben. Die meisten Geschütze der *Kaiserin Elisabeth* waren schon seit Beginn der Kampfhandlungen an Land gebracht worden, um als Strandbatterien zu dienen.

Um das österreichische Schiff nicht übergeben zu müssen, beschloß der Kommandant, es selbst zu versenken.

In der Nacht zum 2. November wurde das Schiff beflaggt, man öffnete die Bodenventile, brachte eine Sprengladung an und wartete auf den Befehl „Schiff verlassen". S. M. S. *Kaiserin Elisabeth* wurde durch eine gewaltige Detonation in zwei Teile gerissen und versank mit wehenden Flaggen. Die deutschen und österreichischen Verteidiger gerieten in japanische Kriegsgefangenschaft, in der sie bis 1920 verblieben.

Der italienische Krieg 1915/16

Deutschland und Österreich-Ungarn bemühten sich über Monate hin vergeblich, Italien wenigstens in seiner Neutralität zu fixieren. Die Versprechungen von Seite der Entente waren vom Standpunkt des Königreichs aus viel verlockender. Am 26. April 1915 verpflichtete sich Italien im „Londoner Abkommen", den Krieg gegen die bisherigen Bündnispartner zu beginnen. Der alte nationale Wunsch, die Teile der Donaumonarchie mit italienischen Minderheiten dem eigenen Königreich einzuverleiben und die Adria als „mare nostro" zu bezeichnen, schien endlich in Erfüllung zu gehen. Die Entente versprach Italien für den Fall des Sieges die Erwerbung Südtirols, des österreichischen Küstenlandes, der Stadt Triest, den Besitz Dalmatiens und seiner Inseln, darunter natürlich auch Lissa.

Die Versprechungen der Entente wurden nach Kriegsende nicht eingehalten. Die Flotte Italiens war, wie schon erwähnt, der Flotte der Donaumonarchie überlegen.

Die geopolitische Voraussetzung war für die k. u. k. Marine günstiger. Während die Ostküste Italiens eine vorwiegend flache, sandige und buchtenarme Uferlinie bildet, besteht die österreichisch-ungarische Uferzone der Adria aus Dutzenden tief eingeschnittenen Buchten, die als natürliche Hafenbecken dienen, und aus einem Gewirr von Hunderten kleinen Inseln und Durchfahrten, die für den Kenner der Küste eine ideale Operationsbasis bilden.

Am 23. Mai erklärte Italien an Österreich-Ungarn den Krieg. Die Nachricht traf am gleichen Tag um 16 Uhr in Pola ein. Um 19 Uhr lief die gesamte k. u. k. Flotte aus den drei Kriegshäfen Pola, Sebenico und Cattaro aus, um eine rasche Antwort auf die Kriegserklärung zu geben. In breiter Front wurde die gesamte Ostküste Italiens – von Venedig bis Barletta – zur gleichen Zeit angegriffen. Etwa die Hälfte der Flotte, Einheiten von Schlachtschiffen, Kreuzern, Torpedofahrzeugen und Flugzeugen, konzentrierte den Angriff auf den Kriegshafen Ancona. Andere Einheiten beschossen Rimini, Termoli, Vieste, Manfredonia, Barletta und etliche Brücken und Eisenbahnanlagen nahe der Küste. So wurden auch wichtige Nachschublinien für die Front, die sich in Norditalien gegen Österreich entwickelte, unterbrochen Venedig, das wegen seiner geschützten Lage innerhalb der

Beschießung Venedigs

Marine-Kommandant
Großadmiral
Anton Haus.

C. Pietzner
Wien 1914

Lagune mit Schiffen nicht unbemerkt zu erreichen ist, wurde durch einen Luftangriff überrascht. Mehrere Bomben trafen das Arsenal und verursachten zahlreiche Brände.

Die italienische Flotte war auf den Überraschungsangriff nicht gefaßt und vorbereitet. Es kam zu keinen nennenswerten Gegenmaßnahmen. Wenige Stunden nach dem Angriff lief die k. u. k. Flotte ohne Verluste in ihre Heimathäfen ein.

Der Einsatzplan für diesen Angriff war von Admiral Haus schon zu Beginn des Krieges – als sich die Haltung Italiens abzeichnete – genauestens ausgearbeitet worden.

Kaiser Franz Joseph richtete an Admiral Haus ein Telegramm mit folgendem Inhalt:

„Ich beglückwünsche Sie, Mein lieber Admiral, und Meine unter Ihrer viel bewährten Führung stehende Flotte zu der weithin vernehmbaren Antwort, die Sie der Kriegserklärung Italiens durch Ihren kühnen Vorstoß gegen die feindliche Küste sofort folgen ließen. Meine Segenswünsche begleiten Sie zu allen Ihren fernen Taten."

1916 wurde Admiral Haus zum „Großadmiral" befördert, den Titel hatte man von der deutschen Kriegsmarine übernommen. Es war der höchste Rang, der je in der k. u. k. Marine erreicht wurde. Italien gelang es unterdessen nicht, die Scharte auszuwetzen. Der Versuch, die Insel Pelagosa längere Zeit besetzt zu halten, schlug fehl. Anfang Juni 1915 wurde das italienische Luftschiff *Città di Ferrara* bei der Insel Lussin von einem k. u. k. Marineflieger abgeschossen. Im August des gleichen Jahres erhielt das Luftschiff *Città di Jesi* einen Treffer der Abwehrbatterien von Pola und versank bei der Inselgruppe Brioni unweit der Stelle, wo Tegetthoff 70 Jahre zuvor mit seiner Flotte nach Lissa ausgefahren war. Als das italienische Flaggschiff *Giuseppe Garibaldi* durch *U-4* (Kommandant Linienschiffsleutnant Singule) versenkt wurde, sah Italien ebenso wie Frankreich von größeren Aktionen seiner schweren Einheiten in der Adria ab. Kleine Fahrzeuge, U-Boote und Marineflieger waren nun auf beiden Seiten weit stärker am Kriegsgeschehen beteiligt.

Die Donauflottille

Während des amerikanischen Bürgerkrieges hatten sich bei Gefechten auf dem Mississippi zwei gepanzerte kleine Dampfschiffe mit den Namen *Merrimac* und *Monitor* bewährt. „Monitor" wurde bald zur Typenbezeichnung für ein gepanzertes Flußschiff mit geringem Tiefgang, niedrigem Bord und relativ hohen Turmgeschützen. In Österreich-Ungarn wurden die ersten „Monitoren" mit den Namen *Leitha* und *Maros* 1871 vom Stapel gelassen. Ihren ersten Einsatz auf der Donau erlebten die Panzerschiffe während der Okkupation Bosniens 1878.

Im gleichen Jahr wurde — als ein Ergebnis des Berliner Kongresses — die Donau auf der Strecke vom „Eisernen Tor" bis zur Mündung ins Schwarze Meer für Handelsschiffe internationalisiert.

In den nächsten Jahrzehnten hatte die k. u. k. Donauflottille keine Bedeutung.

Zu Beginn des Weltkrieges war der Bestand auf sechs Monitoren, mehrere Patrouillenboote, Minenfahrzeuge und armierte Dampfer angewachsen. Während des Krieges wurde die Anzahl der Einheiten laufend erweitert.

Die Stützpunkte der Donauflottille waren:

1. Zemun (Semlin) nördlich von Belgrad an der Donau: hier war der Großteil der Flotte sowie das Spitalsschiff „*Kulpa*".
2. Brod an der Save.
3. Pancsova an der Donau.

Die Donauflottille kam während des Krieges auf dem gesamten Strom südlich von Budapest bis zur Mündung, auf der Save, im Schwarzen Meer und an den Unterläufen der russischen beziehungsweise ukrainischen Flüsse zum Einsatz.

Die Aufgabe der Donauflottille war recht vielfältig. Sie sicherte die Flußübergänge von Armee-Einheiten, bekämpfte feindliche Artilleriestellungen und Flußeinheiten und behauptete sich gegen alle „Flußkampfmittel" wie Treibminen, Minensperren und Balkenbarrikaden. Nachschub, Transport und Sicherung der heimischen Handelsschiffahrt wurden bald zur wesentlichsten Tätigkeit.

Die Donau sollte im weitesten Sinn als Lebensader und Verbindungslinie Berlin–Wien–Istanbul dienen und dabei dem Bündnispartner Türkei Munition und den Mittelmächten Lebensmittel liefern.

Im Sommer 1914 unterstützte die Donauflottille den Übergang der österreichisch-ungarischen Südarmee über die

Save, den Grenzfluß zwischen der Monarchie und Serbien. Den Monitoren *Temes* und *Körös* gelang ein Durchbruch der Minensperre an der Savemündung in die Donau, nahe der alten Festung Kalemegdan bei Belgrad. Die beiden Monitore befuhren die Save flußaufwärts und unterstützten gemeinsam mit den Monitoren *Maros* und *Leitha* bei Sbac/Save die vorhin erwähnte k. u. k. Armee. Linienschiffskapitän Richard Wulff, Kommandant der Donauflottille, erhielt für den spektakulären Durchbruch den Maria-Theresien-Orden.

Die Südarmee konnte für kurze Zeit Belgrad besetzen, mußte aber bald einer serbischen Gegenoffensive weichen. Im Herbst 1915 begann die große Balkanoffensive der Mittelmächte. Die Getreideernte in den ersten beiden Kriegsjahren war äußerst dürftig ausgefallen, bis zur nächsten Ernte drohte eine Hungersnot. Täglich langten auf dem Schienenweg 2000 Tonnen Getreide aus Rumänien in Österreich ein. Dieser Transport schien durch die Haltung Rumäniens, das ebenso wie Italien Gebietsversprechungen für einen Frontenwechsel von der Entente erhielt, immer unsicherer. Die Kornkammer am nördlichen Balkan war jedoch für die Mittelmächte unerläßlich. So wurden wirtschaftliche, ernährungspolitische und strategische Beweggründe entscheidend für den Herbstfeldzug 1915 gegen Serbien.

Diesmal konnten die Mittelmächte das serbische Ufer behaupten. Belgrad war gefallen. In den nächsten Wochen wurde die Donau von Minen geräumt, der Weg in die Türkei war frei. Bulgarien nahm die günstige Situation wahr und schloß sich den Mittelmächten an.

Die für die Mittelmächte positive Entwicklung im Inneren der Balkanhalbinsel zeigte ihre Auswirkungen auf die Geschehnisse in der Adria. Die Entente bemühte sich wiederum verstärkt, Serbien über die Häfen Albaniens zu unterstützen und in den Besitz von Cattaro zu gelangen.

Die österreichisch-ungarische Armee stürmte im Jänner 1916 mit Unterstützung von Marineeinheiten den Lovćen-Paß. Das kleine Königreich Montenegro wurde besetzt, die k. u. k. Armee marschierte in Nordalbanien ein.

Die allgemeine Situation in der Adria, auf der Donau und am Balkan war in den ersten Monaten dieses Jahres für die Monarchie erfreulich. Nachschub aller Art und Truppentransporte für die Balkanarmee konnten nun von zwei Seiten über die Donau und über die Adria geführt werden.

Linkes Bild: Donaumonitore bei der Beschießung Belgrads 1915.
Rechtes Bild: Das italienische Luftschiff „Citta di Jesi" wurde in
der Nähe von Pola durch die österreichische Abwehrbatterie
getroffen und abgeschleppt.

Im August 1916 verzichtete Rumänien auf seine bisherige Neutralität und trat als Gegner der Monarchie auf Seite der Entente in den Krieg ein.

In wenigen Monaten wurde Rumänien besiegt, Bukarest eingenommen und die rumänische Donauflotte außer Gefecht gesetzt. Nach dem Ausscheiden Rußlands aus dem Krieg schloß auch Rumänien 1918 mit den Mittelmächten einen Sonderfrieden.

Im Herbst 1916 brachte der November einen großen, unersetzlichen Verlust. Am 21. des Monats verstarb Kaiser Franz Joseph im Alter von 86 Jahren in Schönbrunn. Der Monarch, der 68 Jahre lang regiert hatte, galt als Symbolfigur des Vielvölkerstaates. Sein Tod verstärkte die Separationstendenzen der einzelnen Nationalitäten. Die zu Beginn des Weltkrieges aufgetretene enthusiastische Kriegsbegeisterung wich nun langsam einer allgemeinen Kriegsmüdigkeit und Resignation. Mangel an Grundnahrungsmitteln machte sich im Hinterland empfindlich bemerkbar, Lebensmittelmarken und Schleichhandel verstärkten die Unzufriedenheit. Ungarn, seit Jahrhunderten der „Kornspeicher" und „Garten" der Doppelmonarchie, zog sich aus den Lebensmittellieferungen nach „Cisleithanien" immer mehr zurück. Die Frage nach der Dauer und dem Sinn des Krieges wurde immer häufiger diskutiert.

Die Kriegsbürde übernahm nun der Nachfolger und Großneffe Kaiser Franz Josephs, der erst 29jährige Kaiser Karl I. In seiner ersten Kundgebung versprach der Monarch, „die Schrecknisse und Opfer des Krieges in ehester Frist zu bannen".

Doch zurück zu den Kriegsereignissen auf der Donau. Die rumänischen Donauhäfen wurden von Österreich-Ungarn besetzt, der Strom von Minen befreit und für die eigene Schiffahrt freigemacht.

In der Hafenstadt Turnu Severin wurde eine große Werftanlage für den symbolischen Zins von 1000 Lei pro Jahr an die k. u. k. Donauflottille überlassen.

Die Werft wurde nicht nur das Zentrum für Reparaturen aller Art an den Einheiten der Donauflottille, sondern sie entwickelte sich zu einem Mittelpunkt des Fracht- und Personenverkehrs. Es bestand der Plan, die auf Gewinn ausgerichtete Werft nach Kriegsende in eine Privatgesellschaft zu übertragen, die von k. u. k. Marineoffizieren geleitet werden sollte. In den Jahren 1916 bis 1918 wurde die Werft von zwei Marineoffizieren, je einem Schiffbau- und einem Maschinenbauingenieur und drei Marinekommissären (Marinebeamte im Offiziersrang) verwaltet. Während dieses Zeit-

raumes wurden 294 Dampfer und 488 Schlepper für die zentrale Transportleitung instand gesetzt.

Im Herbst des Jahres 1917 kam es in Rußland zur „Oktoberrevolution".

Im Frühjahr 1918 schloß die bolschewistische Regierung mit den Mittelmächten den Separatfrieden von Brest-Litowsk. Eine der vielen Bestimmungen des Friedensvertrages war die beiderseitige Anerkennung der Ukraine als selbständiger Staat.

Die Ukraine verpflichtete sich nun im sogenannten „Brotfrieden", den Mittelmächten eine Million Tonnen Getreide zu liefern. Die Gegenleistung der Mittelmächte war die Anerkennung einer für die Ukraine günstigen Grenzziehung im Westen.

Der Donauflottille fiel nun in den letzten Kriegsmonaten eine ungewöhnliche Aufgabe zu: Mehrere Monitore wurden unter der Leitung des k. u. k. Fregattenkapitäns Wulff in die nördlichen Uferzonen des Schwarzen Meeres beordert, um die Getreidetransporte zu sichern.

Die Monitore *Bosna, Bodrog, Körös, Szamos* und die Patrouillenboote *Barsch* und *Wels* erreichten Odessa und befuhren flußaufwärts die Dnjepr und den Bug.

Während des Krieges wirbt der Österreichische Flottenverein um Unterstützung für die Flotte.

Beim Zusammenbruch der Donaumonarchie im Herbst 1918 sammelte Wulff auftragsgemäß alle Einheiten der Donauflottille und übergab sie in Budapest der neuen ungarischen Regierung.

„Otranto" – Erfolge und Verluste

„Hungerblockade" durch die Entente, „uneingeschränkter U-Boot-Krieg" durch die Mittelmächte, Kriegseintritt der USA waren die wichtigsten Schlagzeilen für die Seekriegführung im Jahre 1917.

Im Jänner 1917 wurde zwischen den deutschen und österreichisch-ungarischen Außenministern und dem jeweiligen Flottenkommandanten der beiden Mächte der uneingeschränkte U-Boot-Krieg beschlossen. „Uneingeschränkt" bedeutete für die U-Boote der Mittelmächte Angriff und Versenkung fremder Handelsschiffe ohne Warnung, sofern sie sich innerhalb von genau festgesetzten Zonen befanden. Große Teile der Adria und die Otrantostraße galten zum Beispiel als solche Zonen.

Diese neue Phase des U-Boot-Krieges war die Antwort auf eine unerträglich gewordene Situation in der Nordsee und im Mittelmeer. Hunderte Dampfer der Entente führten, teilweise bewaffnet und oft getarnt als neutrale Handelsschiffe, Kriegsmaterial zu den verschiedenen Einsatzgebieten. Vom Standpunkt der Mittelmächte waren Angriffe auf den Nachschub berechtigt. Nach Ansicht der Entente stellten Aktionen gegen ungewarnte Handelsschiffe eine Mißachtung der „Prisenordnung" dar und verletzten somit das geltende Völkerrecht. Als ein deutsches U-Boot gar den britischen Passagierdampfer *Lusitania* versenkte (1100 Tote, darunter auch US-Bürger), kam es bereits 1915 beinahe zum Kriegseintritt der USA. Der deutschen Diplomatie gelang eine fast zweijährige Verzögerung dieses Ereignisses. 1917 war es dann soweit.

Großadmiral Anton Haus erkrankte auf der Rückfahrt der vorhin erwähnten folgenschweren Besprechung an einer Lungenentzündung. Am 8. Februar verstarb der Admiral an Bord seines Flaggschiffes *Viribus Unitis*. Die Beisetzung erfolgte auf dem Marinefriedhof in Pola. Der Kaiser, Feldmarschall Conrad von Hötzendorf, alle Admiräle und viele Generäle gaben ihm das letzte Geleit. Im Jahre 1925 erreichte der österreichische Marineverband von den Behörden des inzwischen italienisch gewordenen Pola die Exhumierung und Überführung der sterblichen Überreste nach Wien auf den Hütteldorfer Friedhof.

Der Nachfolger des beliebten Großadmirals wurde der gebürtige Kroate Admiral Maximilian Njegovan. Während seiner etwa ein Jahr lang dauernden Amtsperiode wurden der U-Boot-Hafen Cattaro ausgebaut und die U-Boot-Flotte verstärkt. Im letzten Kriegsjahr kam es in der „Bocche" an Bord einiger Einheiten zu einer Meuterei, die allerdings – wie noch ausgeführt wird – keine große Resonanz aufwies. Der Admiral suchte um die Versetzung in den Ruhestand an, obwohl er durch die Meuterei persönlich nicht betroffen war. Der Nachfolger des Kommandanten wurde etwas unerwartet der von Kaiser Karl stark protegierte Konteradmiral ungarischer Herkunft Nikolaus von Horthy.

Italien versuchte wiederholt, die Otrantostraße durch eine Minensperre und durch bis zu 100 Meter tief reichende Metallnetze zu verkorken. Netze und Minen wurden von getarnten zivilen Dampfern gelegt.

Im Sommer 1917 beschloß nun das Oberkommando der k. u. k. Flotte, die Otrantostraße gewaltsam zu öffnen. Es kam zu dem größten Gefecht zwischen der österreichisch-ungarischen Flotte und der Entente-Flotte, die aus italienischen, französischen und englischen Einheiten bestand.

Die drei Kreuzer *Novara*, *Saida* und *Helgoland* sowie eine Zerstörergruppe sollten unter dem Kommando des damaligen Linienschiffskapitäns Horthy die feindlichen Fahrzeuge der Otranto-Bewachung angreifen und außer Gefecht setzen.

Propagandapostkarte: Ein freiwilliger Matrose entschärft eine Treibmine.

„Bündnispartner": Zu Beginn des Krieges gilt neben dem Deutschen Reich und der Türkei auch noch Italien als Verbündeter Österreich-Ungarns.

Verlauf, Stärkevergleich der Einheiten und Auswirkung des Gefechtes von Otranto werden häufig mit der Schlacht von Lissa verglichen. Die gegnerische Flotte war etwa um das Dreifache stärker. Die k. u. k. Flotte hatte keine nennenswerten Verluste. Auf der Seite der Entente war der Verlust von zwei Zerstörern, vierzehn Dampfern und einem Seeflugzeug zu beklagen.

Allerdings änderte dieser Erfolg nichts am Fortbestand der Otranto-Sperre. Sie wurde neu und besser organisiert.

Die Situation der Mittelmächte verschlechterte sich zusehends, die von der Entente verhängte Hungerblockade, die allgemeine Kampfmüdigkeit, die Kritik am Krieg, der längst jeden Sinn verloren hatte, wog weit mehr als die großen, im Rahmen des Weltkrieges aber kleinen Siege der Marine. Bravour, Pflichtbewußtsein und Heldentum hatten nur mehr ihren Selbstzweck. Von den zentrifugalen Tendenzen der Monarchie blieb nun auch die Marine nicht mehr verschont. Nach Überwältigung der Offiziere und des deutschungarischen Besatzungsteils querte im Oktober 1917 das Torpedoboot *TB XI* die Adria und lief Ancona an. Natürlich blieben auch schwere Verluste nicht aus. Im Dezember 1917 wurde das Schlachtschiff *Wien,* das im Triester Hafen vor

Anker lag, bei Nacht und Nebel torpediert. Der Angriff war völlig lautlos und unbemerkt erfolgt. Die *Wien* versank innerhalb weniger Minuten. Die Mehrheit der Besatzung konnte gerettet werden, etwa 40 Mann ertranken in den winterkalten Fluten in greifbarer Nähe der Hafenmole. Die Torpedierung wurde durch den italienischen Capitano di Corvetta Luigi Rizzi durchgeführt. Der italienische Offizier erhielt dafür von seinem König die „Medaglia d'oro al Valore".

Luigi Rizzi galt bei den Italienern als ungemein populärer und mutiger Seeoffizier. Sein Name und der Name des italienischen Marinefliegers Gabriele D'Annunzio waren ebenso bekannt wie die Namen Trapp, Banfield und Pachner in der österreichisch-ungarischen Monarchie.

Im Juni 1918 plante das Flottenkommando unter Admiral Horthy wiederum eine großangelegte Offensive durch die Otrantostraße. Diesmal sollten auch die großen Schlachtschiffe, die während des Krieges Pola kaum verlassen hatten, gemeinsam mit fast allen verfügbaren kleinen Einheiten teilnehmen. Die Aktion wurde in zwei Staffeln durchgeführt. Die erste Staffel war, unbemerkt von den Italienern, bis nahe dem Hafen Gravosa gekommen. Die zweite Staffel wurde auf dem Wege nach Otranto von einem italienischen Motortorpedoboot unter dem Kommando von Luigi Rizzi angegriffen. Rizzi lancierte zwei Torpedos gegen das Großkampfschiff *Szent István* und brachte es zum Sinken. Admiral Horthy beendete daraufhin sofort die Offensive, da das Überraschungsmoment weggefallen war und der Einsatz zu riskant erschien.

Der Untergang der *Szent István* war nicht nur für die Marine ein unmittelbarer schwerer Verlust, sondern er entwickelte sich auch in der Folge zu einer makabren Sensation. Auf der S. M. S. *Tegetthoff*, die nahe der *Szent István* gesteuert wurde, befand sich ein Presse-Kamerateam, das jede Phase des Untergangs und den Todeskampf einiger Seeleute filmte. 90 Mann fanden bei dieser Katastrophe der Tod. Die Filmaufnahmen zeigten auch den vergeblichen Versuch einiger Matrosen, sich am Kiel festzuhalten. Während das Schiff langsam kenterte, rutschten die Männer an der schrägen Kielseite wieder ab und verletzten sich an der scharfen Muscheln des Anwuchses.

Nach dem Zusammenbruch der Donaumonarchie wurde der Filmstreifen ein begehrtes Handelsobjekt. Mehrere Regisseure benutzten ihn als Fassade oder Dekoration „natur-

*Linkes Bild: Die vorübergehend erfolgreiche Öffnung der
Otrantostraße konnte am Ausgang des Krieges
nichts mehr ändern.
Rechtes Bild: Österreichisch-ungarisches Hydroplan.*

getreuer" Schiffsunglücke. Die Szent István diente der Filmindustrie mehrfach als Kriegsschiff, Handelsdampfer und sogar als Titanic.

Schon zu Beginn des letzten Kriegsjahres war es in einigen Industriezentren der Donaumonarchie zu Streik- und Protestaktionen gekommen. Hungersnot, Unzufriedenheit mit dem auseinanderbrechenden Vielvölkerstaat sowie die roten, den allgemeinen Wohlstand verheißenden bolschewistischen Fahnen gaben dafür den Ausschlag. Die Streikbewegung ergriff auch vorübergehend die Arbeiter im Arsenal von Pola. Sie erreichten eine Aufbesserung ihrer Löhne.

Im Februar flackerte in Cattaro ein vermutlich von italienischen und serbischen Agenten geschürtes Feuer der Meuterei auf. Die Mannschaften einiger Kreuzer und Torpedoboote überwältigten ihre Offiziere und hißten rote Flaggen. Durch eine Abordnung der Meuterer wurden ihre Forderungen nach Beendigung des Krieges, Entlassung in die Heimat und bis dahin verpflegungsmäßige Gleichstellung mit den Offizieren verkündet.

Die Meuterei, an der sich etwa 3000 Matrosen beteiligten, verlief ohne blutige Zwischenfälle. Der Großteil der in Cattaro stationierten Mannschaften, vor allem die deutsch, ungarisch und kroatisch sprechenden, standen der Meuterei ablehnend gegenüber. Sie unterstützten ihre Offiziere, die ihrerseits mit einer einzigen Ausnahme loyal geblieben waren.

Als der Kommandant der I. Torpedoflottille, Linienschiffskapitän Heußler, die Versenkung aller meuternden Einheiten androhte, verzichteten die Matrosen auf ihre Forderungen und strichen die roten Fahnen, um an ihrer Stelle wieder die rot-weiß-roten hochzuziehen. Etwa 800 Mann wurden vor ein Kriegsgericht gestellt. Mit Ausnahme der Rädelsführer wurden fast alle von Kaiser Karl begnadigt. Die drei Anstifter der Meuterei wurden zum Tode verurteilt und in Cattaro erschossen. Das Schriftstück mit dem Todesurteil ist heute noch in Kotor, im Meeresmuseum, ausgestellt.

Neben dem Friedhof von Skajjari, am äußersten Ende der „Bocche", findet man die Gräber der heute als sozialistische Vaterlandshelden geltenden Matrosen. Die Grabsteine tragen die Namen Anton Grabner, Frane Rase und Jerko Zizgorić.

Die Marine hatte durch diese Ereignisse keinen weiteren Schaden, die Gegner hatten von der Meuterei zu spät erfahren und keinen Nutzen daraus ziehen können.

Marineflieger

Von dem Marinekommandanten Admiral Rudolf Montecuccoli kam schon 1910 die Anregung, in den Verband der Flotte Luftstreitkräfte aufzunehmen. Die Piloten sollten sich aus speziell ausgebildeten Seeoffizieren rekrutieren. Die Grundausbildung auf den Aeroplanen erfolgte in Wiener Neustadt. Zur weiteren Ausbildung an den sogenannten Hydroplanen, die auf dem Meer starten und landen konnten, wurde eine Marineflugstation auf der Insel Catarina nahe Pola ausgebaut.

Zu Kriegsbeginn verfügte die österreichisch-ungarische Marine über vier Hydroplane. Drei dieser Einheiten wurden folgenden Schlachtschiffen zugeordnet und verwaltungsmäßig unterstellt:

„E 20" Pilot Linienschiffsleutnant Wosocek auf S. M. S. *Erzherzog Franz Ferdinand*
„E 18" Pilot Fregattenleutnant Maglic auf S. M. S. *Radetzky*
„E 21" Pilot Fregattenleutnant Banfield auf S. M. S. *Zrinyi*
Der vierte Hydroplan „E 17" wurde in Kumbor, einem Hafen innerhalb der Bocche di Cattaro, stationiert.

Die ursprünglich in Pola stationierte Marineflugbasis wurde, da man einen Angriff von den Höhen der montenegrinischen Lovćen-Stellungen befürchten mußte, nach Cattaro verlegt.

In den ersten Kriegsmonaten erfolgten mehrere österreichisch-ungarische Fliegerangriffe auf montenegrinische Batterien im Gebirge und auf französische Verbände in der südlichen Adria. Mit dem Kriegseintritt Italiens wurden die nördliche Adria und das dazugehörige Hinterland zum wichtigsten Einsatzgebiet.

Die Anzahl der Hydroplane hatte sich seit Kriegsbeginn verzehnfacht. In Triest wurde 1915 unter dem Kommando des Linienschiffsleutnants Gottfried Banfield eine eigene Seeflugstation nahe dem Lloyd-Arsenal errichtet.

Von Triest aus erfolgten die Einsätze zur nahen Isonzofront. Die Hydroplane flogen entlang der Küstenlinie bis zu ihrem Einsatzort und bombardierten Brücken, Eisenbahnlinien, Batteriestellungen und Kanäle. Die Verbindung mit der österreichisch-ungarischen Armee unter Boroević im Isonzogebiet wurde ständig aufrechterhalten.

Venedig war mehrfach das Ziel von österreichisch-ungarischen Fliegerangriffen. Die Einheiten hatten strenge Order, die unschätzbaren Kulturgüter zu schonen und ihre Angriffe auf das Arsenal und den Bahnhof Santa Lucia sowie die in diesem Bereich liegenden Kriegsschiffe zu konzentrieren.

Die Ausklammerung des Kultur- und Architekturzentrums Venedigs hatte allerdings die Installierung beträchtlicher italienischer Rüstungsbetriebe innerhalb des Schongebietes zur Folge.

In Venedig wurden viele Kunstschätze so gut wie möglich gesichert, so war beispielsweise der Markusdom drei Jahre lang außer- und innerhalb der Fassade mit Sandsäcken abgedichtet. Die berühmten vier Bronzepferde von San Marco und das kaum weniger bekannte Reiterstandbild des Condottiere Colleone wurden vorsorglich in besonders geschützten Räumen aufbewahrt.

Kaiser Karl entschloß sich gegen die militärischen Interessen Österreich-Ungarns, keine Luftangriffe auf Venedig durchzuführen. Venedig blieb verschont – die Italiener konnten daher ihre Batterien unbesorgt weiter östlich an den Isonzo verlegen. Italienische Fliegereinheiten griffen wiederholt Triest und den Zentralhafen Pola an, es kam dabei jedoch zu keinen größeren Zerstörungen. Gottfried Banfield erhielt im Herbst 1917 das Ritterkreuz des Maria-Theresien-Ordens, die höchste Auszeichnung der Monarchie, die zugleich mit Verleihung des erblichen Freiherrenstandes verbunden war.

Die Flagge wird eingeholt – Das Ende der Viribus Unitis

In den Tagen der allgemeinen Frontauflösung und des Zusammenbruches Ende Oktober 1918 bildeten sich auf vielen großen Schiffen nationale Mannschaftskomitees.

Am 30. Oktober verfügte Kaiser Karl die Übergabe der Flotte an den neugebildeten südslawischen Nationalrat. Die k. u. k. Marine wurde nicht „verschenkt", wie es später oft kritisiert wurde. Kaiser Karl hoffte, daß der neue südslawische Nationalstaat in einem föderativen Habsburgerreich aufgehen werde.

Diese Hoffnung erfüllte sich ebensowenig wie alle Erwartungen einer habsburgischen Regierung in Ungarn.

Die Donauflottille wurde der ungarischen Regierung übergeben. In Pola wurde der Flaggenwechsel von Admiral Horthy auf der *Viribus Unitis* vollzogen. Formlos wurde bei Sonnenuntergang die rot-weiß-rote Flagge eingeholt und die rot-weiß-blaue Nationalflagge Jugoslawiens gehißt. Horthy verließ mit der Kommandoflagge unter dem Arm die *Viribus Unitis*.

Gleichzeitig wurde auf allen k. u. k. Schiffen die Flagge, die niemals vor dem Feind gestrichen wurde, eingeholt.

Das Kommando über das nun in *Jugoslavija* umbenannte ehemalige Flaggschiff erhielt der bisherige k. u. k. Linienschiffskapitän kroatischer Herkunft Janko Vuković.

Der neue Kommandant starb nach zwölf Stunden. Am Morgen des 1. November 1918 detonierte eine an der Bordwand angebrachte Mine. Sie war von zwei italienischen Kampfschwimmern angebracht worden, die von der Übergabe der *Viribus Unitis* nichts gewußt hatten.

Die *Viribus Unitis* (oder *Jugoslavija*) versank im Hafen von Pola, mit ihr ertranken 400 Matrosen und ihr neuer Kommandant.

WIRKUNGSRAUM
UND LEBENSART
DER K.U.K. MARINE

1867–1918

I.
Die Adriaküste –
Handel – Städte und Verwaltung

Die Küste

Die Küste Österreich-Ungarns reichte im Norden von der Laguna di Marano, in deren Bereich der Badeort Grado liegt, bis nach Spizza, einem kleinen Hafen südlich der Bocche di Cattaro. Die Adria berührte die Küste von fünf Kronländern der Monarchie. Es waren dies:

1. Das „Küstenland", bestehend aus
   a) der gefürsteten Grafschaft Görz und Gradiska,
   b) der Markgrafschaft Istrien,
   c) der Freien Stadt Triest und ihrem Umland.
   Hauptstadt des Küstenlands, das italienisch „Litorale" und slowenisch „Primorje" genannt wurde, war Triest.
2. Das Königreich Dalmatien mit der Hauptstadt Zara (heute Zadar).
3. Das Königreich Kroatien und Slawonien mit der Hauptstadt Agram (Zagreb).
4. Die königlich ungarische Freistadt Fiume (heute Rijeka) mit Umland.
5. Ab 1878: Die Reichslande Bosnien und Herzegowina mit der Hauptstadt Sarajewo.

Das „Küstenland" und das Königreich Dalmatien gehörten der österreichischen Reichshälfte (Cisleithanien) an. Kroatien war ein Land der ungarischen Reichshälfte (Transleithanien). Fiume – als Pendant zu Triest – war mit vier Kilometern Küstenanteil eine königlich ungarische Freistadt.
Dalmatien war räumlich von den übrigen Kronländern Cisleithaniens getrennt. Bosnien und Herzegowina berührten das Adriaufer an zwei Stellen mit insgesamt drei Kilometern Küste, sie galten als gemeinsame Reichslande beider Teile der Monarchie.
Mit Ausnahme des ungarischen Fiume lagen somit alle größeren und bedeutenderen Hafenstädte im Verwaltungsbereich Österreichs oder auf k. u. k. Beamtendeutsch im Bereich „der im Reichsrat vertretenen Königreiche und Länder".
Der Kaiser war in Triest und Zara durch k. k. Statthalter vertreten. In Kroatien führte ein Banus in Vertretung König Franz Josephs von Ungarn die Regierung. Fiume wurde von einem königlich ungarischen Gouverneur verwaltet.
In dem langgezogenen Küstengebiet (etwa 2400 Kilometer) lebten verschiedene Sprachgruppen und Nationalitäten. Auf den Inseln und in den Städten überwog das italienische

Element. Kroaten und Slowenen stellten die zweit- und drittstärkste Gruppe, gefolgt von Ungarn und kleinen Minderheiten wie Tschechen, Griechen und Armeniern.
Die Naturlandschaft zeigt ein Gebiet von außerordentlicher Schönheit. Meist fällt das die Küstenlinie parallel begleitende, aus weißem und hellgrauem Kalkgestein aufgebaute, hoch aufragende Gebirge steil zum Meer ab. Für ausgedehnte Sandbuchten bleibt kein Platz. Mehr als 800 zum Großteil zerklüftete und verkarstete Inseln sind der Küste vorgelagert. Sie sind meist langgezogen und verlaufen parallel zu den Küstengebirgen, zu deren Ausläufern sie einst zählten. Sie sind die Rücken versunkener Gebirgsmassive. Zwischen Inseln und Festland ziehen sich „ertrunkene Täler", Kanäle genannt, mit zahlreichen geschützten Buchten und guten Ankerplätzen. Zur Zeit der Segelschiffahrt waren sie wichtige Routen für Schiffahrt, Fischfang und Piraterie.
Inseln und Küste sind durch Karstbildung zum großen Teil zu bizarr geformten Steinwüsten geworden. Karst entsteht dort, wo es im Wasser leicht lösliches Kalkgestein gibt. Das Wasser sickert durch den porösen Stein und sammelt sich in unterirdischen Höhlen und Kanälen. In manchen kleinen trichterförmigen Vertiefungen (Dolinen) hat sich die rotfarbige Humuserde (terra rossa) erhalten. Auf diesen kleinen Feldern wird intensiver Anbau betrieben. Die Karstlandschaft ist von unzähligen kleinen Steinmauern („Sasetti") durchzogen, die in generationenlanger Arbeit aufgebaut wurden. Sie dienen als Windschutz für die kleinen Felder und als Besitzgrenzen für die mit Macchie (Dornbuschgewächse) bewachsenen Ziegen- und Schafweiden. Die Macchie ist von Lavendel, Rosmarin, Wacholder und Ginster durchzogen.
Neben dem vieles umfassenden „Wirtschaftsraum Meer" sind heute – wie seit Jahrhunderten – Oliven, Zitrusfrüchte und Wein die wichtigsten Lebensgrundlagen der Bevölkerung.
Die Karstlandschaft ist aber nicht ohne menschliches Zutun entstanden. Während der Ära des Markuslöwen und der Hohen Pforte war der Bedarf an Bau- und Schiffsbauholz nur allzu groß. Die kahlgeschlagenen Hänge konnten rascher verkarsten. Zur Zeit der Doppelmonarchie versuchte man Pinien- und Zypressenhaine mühsam aufzuforsten und in allen größeren Städten Parks mit Platanen, Akazien, Palmen und Oleanderbüschen anzulegen.
Verbunden mit der Eigenart der Landschaft ist die Besonderheit des Klimas und auch die der adriatischen Stürme.

Die Sommer dauern lange an, sie sind heiß und trocken, die Winter milde und regenreich. Winde und Stürme sorgen für Ausnahmesituationen des sonst so verläßlichen Ablaufs des Wetters. Bora, Tramontana und Jugo (Schirokko) sind die Namen der häufigsten Winde. Die Namen umreißen die Eigenart und die Eigenschaften.

Die Bora, benannt nach einem griechischen Gott der Stürme „Boreas", ist ein heftiger, kalter Sturm, der von den baumlosen illyrischen Karstbergen herunterrast. Die Bora haust besonders wütend im „Quarnero" (Kvarner-Golf), der großen Bucht südöstlich der Halbinsel Istrien. Die Inseln Pago (Pag) und Cherso (Cres) sind arg von ihr betroffen, ebenso die Städte Fiume und Pola. Für die Seefahrt ist die Bora gefürchtet durch ihre explosionsartigen, in Pausen wieder-

kehrenden Stöße, „Refoli" genannt, die kleinere Schiffe zum Kentern bringen und größere manövrierunfähig machen. Die Bora dauert – so behaupten die Einheimischen – entweder drei, neun oder fünfzehn Tage an.

Die Tramontana kommt ebenfalls aus dem Gebirge, ist aber weit weniger heftig, bringt Frische und die ersehnten Niederschläge.

Der Jugo („jug" = slawisch „südlich") oder Schirokko bringt Tiefdruck, träge machende Hitze und in der Folge schlechtes Wetter. Im Winter geht der Jugo häufig in Sturm über, behindert die Küstenschiffahrt und treibt die Fahrzeuge der Fischer nach Norden.

Die wichtigsten Hafenstädte waren außer dem Zentralhafen Pola die Städte Triest, Fiume, Zara, Sebenico (Šibenik), Spa-

lato (Split), Cattaro und Ragusa (Dubrovnik). Grado und Abbazia (Opatija) galten an der k. k. Riviera als die beliebtesten Seebäder. Lussinpiccolo und Lussingrande, Pirano (Piran) und die Orte auf den gleichnamigen Inseln Cherso (Cres) und Curzula (Korčula) waren Zentren jahrhundertelanger Seefahrertradition.

Rom, Byzanz, Venedig, die Hohe Pforte und die Habsburgermonarchie haben die ursprünglich seßhafte südslawische Bevölkerung und die Siedlungen des Küstengebietes geprägt. Alle Epochen haben ihre Spuren hinterlassen.

Während die venezianische Epoche mehr die einzelnen Stadtbilder prägte, wurden unter der Ära Österreich-Ungarns die Hafenanlagen ausgebaut.

Triest und Fiume werden nun näher beschrieben, dem Zentralhafen der Kriegsmarine, Pola, ist ein eigenes Kapitel gewidmet.

Triest

Triest, hervorgegangen aus dem römischen Tergeste, erlebte seine erste Blüte zur Zeitenwende unter Kaiser Augustus. Es gehörte damals zur X. italischen Region „Venetia et Histria", der späteren Provinz „Venezia-Giulia". Dieser Name ist heute noch in dem Namen Julisch-Venetien erhalten. In den Jahrhunderten nach der Römerzeit lösten Goten, Langobarden, Slawen und Byzantiner einander ab, bis Triest im 9. Jahrhundert unter fränkische Herrschaft geriet, umschließlich dem Patriarchat von Aquileia unterstellt zu werden.

Venedig, mit seinem reichen Besitz auf der „terra ferma", war und blieb die mächtige Rivalin der „Stadt ohne Hinterland", denn bis zur Schaffung der ersten wirklich brauchbaren Verkehrswege aus den Alpenländern war die Stadt isoliert. Das Karstgebirge umschließt halbkreisförmig wie

eine Arena die Siedlung. Schon frühzeitig war Triest dadurch gezwungen, wirtschaftlichen Anschluß an mächtigere Beschützer zu suchen.

Die Stadtgemeinde unterstellte sich 1382 freiwillig Habsburgs Schutzherrschaft, der sie 536 Jahre lang, bis zum Ende des Ersten Weltkrieges, als „urbs fidelissima" angehörte. Etliche Habsburger besuchten im Lauf der Jahrhunderte die Stadt, einige von ihnen haben durch ihre Bauanweisungen und Privilegien ein Stadtbild hinterlassen, das noch heute Triest prägt. Der Habsburger, der der Marine am engsten verbunden war, Erzherzog Ferdinand Max, wählte seinen Wohnsitz nahe der Stadt im Schloß Miramare.

Kaiser Friedrich III. ordnete um 1460 den Bau des Kastells von Sankt Just auf den Trümmern einer alten Römerfestung an und bestimmte, daß der gesamte Güterverkehr der österreichischen Länder mit Italien seinen Weg durch Triest nehmen müsse.

Zur Zeit seines Sohnes, des reise- und reformfreudigen Kaisers Maximilian I., entwickelte Triest eine ausgedehnte Küstenschiffahrt, die gleichzeitig die Aufgabe hatte, allfällige Flottenbewegungen der Türken im Mittelmeer zu melden.

Kaiser Leopold I. besuchte Triest, versprach die Schaffung eines Freihafens, doch bald ließ ihn die quälende Sorge vor einem Türkeneinfall sein Versprechen vergessen. An seinen Besuch in Triest erinnert noch heute die Statue des Kaisers auf dem Börsenplatz.

Das 18. Jahrhundert brachte der Stadt die ersehnten großen Veränderungen. Ein Patent Kaiser Karls VI. verkündete 1717 die freie Schiffahrt (ohne Zölle) auf dem adriatischen Meer. 1719 wurden Triest und Fiume feierlich zu Freihäfen – „Porti franchi" – erklärt. Das entsprechende Patent erklärte, daß fremde Kaufleute künftig mit größerem Nutzen aus erster Hand Waren erlangen könnten, die sie in den

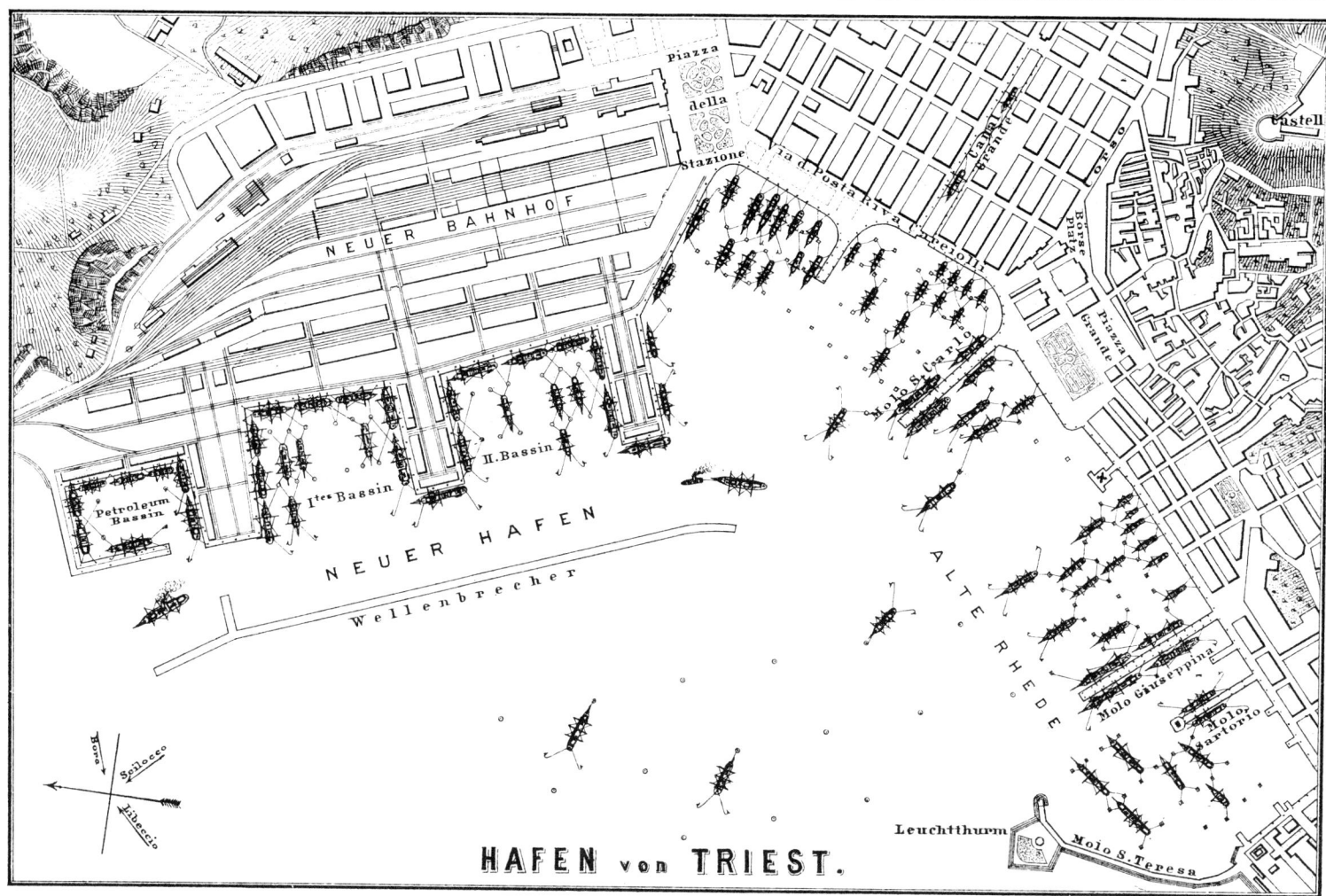

HAFEN von TRIEST.

Erblanden aus zweiter, dritter, vierter und fünfter Hand kaufen mußten. Der Kaiser transferierte die Orientalische Handelskompanie von Antwerpen nach Triest. Auf der Piazza Grande (heute Piazza Unità) wurde alljährlich im August eine Art internationaler Messe abgehalten, wo alle Waren zollfrei nur dem Spiel von Angebot und Nachfrage unterworfen waren.

An den Besuch dieses Kaisers erinnert ein Standbild auf dem gleichen Platz.

Die Absicht des Kaisers war es, den Handel mit einheimischen Erzeugnissen zu heben und ausländisches Kapital und Unternehmen ins Land zu ziehen; Gewerbegründungen sollten spezielle Vorrechte genießen.

Es war eine Handelspolitik im großen Stil des Merkantilismus, dem Wohle des Reiches wurde Vorrang gegeben vor den Interessen der Stadt Triest.

Die Triestiner hingegen huldigten dem Lokalpatriotismus, sie wollten keine fremden Unternehmer. Bald stagnierte der Unternehmergeist, das Interesse an der Handelsschiffahrt sank ebenso wie das an der von Karl VI. gegründeten Kriegsmarine. Fast symbolhaft versank eines Tages das im Hafen vertäute, ehemals prächtige Schiff *San Carlo*. Über seinen faulenden Trümmern erhob sich der Molo gleichen Namens.

Maria Theresia brachte Hafen und Stadt die Wiederbelebung. Der Bereich der beiden Städte und die Uferzone bis Aquileia wurden schon 1749 zur Provinz „Küstenland". Eine regelmäßig frequentierte Postkutschenstrecke verband über den Semmeringpaß Wien mit Triest.

1775 regelte das „Editto Politico di Marina" die Rechte die Schiffahrt betreffend innerhalb der ganzen Habsburgermonarchie. Im gleichen Jahr erhielt Triest — nicht nur der Hafen — das Freistadtprivileg. Nun wurde auch die Stadtgemeinde privilegiert. Handel und Industrie wurden für frei erklärt, der Zugang von griechischen und jüdischen Kaufleuten wurde gefördert, der Ankauf von Grund und Boden erleichtert. Damals entstand das Triestiner Bürgertum kosmopolitischer Prägung, das später stark in Gegensatz zum national-italienischen Triest, dem Hort des „Risorgimento", geriet.

Der Hafen, der noch aus der Römerzeit stammte, wurde großzügig ausgebaut und erweitert. Maria Theresia ließ ein „Hafencapitanat" und eine „Hafenkommission" zur Regelung und Überwachung der Schiffahrt errichten.

Der neue Stadtteil „Borgo Teresiano" auf dem Boden der ehemaligen Salinen wurde zum neuen Geschäftsviertel. Triest hatte damals die stattliche Zahl von 17.000 Einwohnern erreicht.

Unter Kaiser Joseph II. wuchs die Stadt weiter an. Der „Borgo Giuseppino" entstand nahe dem schon von Karl VI. errichteten Lazarett, einer Quarantänestation für Seeleute, die aus der Levante oder aus Indien kamen und unter dem Verdacht standen, ansteckende Krankheiten mitgebracht zu haben.

Die Franzosenkriege und das napoleonische Intermezzo brachten den Freihafenstatus Triests vorübergehend zum Erliegen.

Der Wiener Kongreß stellte die alte Ordnung wieder her. Triest wurde die Hauptstadt des Küstenlandes. 1818 wurde die Stadt Mitglied des Deutschen Bundes, 1849, nach dem Revolutionsjahr, erhielt sie ihre Reichsunmittelbarkeit. 1867 wurde das Küstenland zum österreichischen Kronland.

In den folgenden Jahren erstarkte in Triest die nationale „Irredenta", eine Bewegung, die das Ziel hatte, die Stadt dem neuen Königreich Italien anzuschließen.

Zur Erinnerung an die 500 Jahre zuvor erfolgte Angliederung Triests an die habsburgische Krone wurde dort im August 1882 eine Ausstellung eröffnet.

Kaiser Franz Joseph I. begab sich im September dieses Jahres nach Pola, um an Flottenmanövern teilzunehmen. Bei der Rückreise war ein Besuch Triests und seiner Ausstellung vorgesehen.

Auf Geheiß des führenden Triestiner Irredentisten Oberdank wurden auf das vorgesehene Kaiserquartier die Worte „PEREAT FRANCESCO GIUSEPPE!" und „EVVIVA OBERDANK!" gepinselt.

Die vorsichtigen Organisatoren der Kaiserreise verzichteten daraufhin auf die geplante Stadtrundfahrt. So blieb der Stadt Triest vielleicht der Ruf erspart, stets in Zusammenhang mit einem Attentat gebracht zu werden, wie dies bei der Nennung des Namens Sarajewo bis heute der Fall ist.

Im Jahr darauf wurde Oberdank zum Tode verurteilt und hingerichtet. Trotz dieser nationalen Widerstände entstand – während die Hafenanlagen ständig modernisiert und vergrößert wurden – das österreichische Tor zur Welt.

Ein Besucher der Stadt, dessen Interessen vorwiegend auf dem Gebiet der Seefahrt liegen, hätte Triest im Jahre 1914 folgendermaßen gesehen:

Das Zentrum der Stadt bildet der zur Zeit Maria Theresias angelegte rechteckige „Canale Grande", ein Hafen für kleine Segelschiffe. Früher ankerten hier die Handelsschiffe der Ostindienfahrer. Der „Canale Grande" teilt den Hafen in zwei Abschnitte, den „Porto Nuovo" mit mehreren breiten Molen und den „Porto Vecchio" mit den alten schmäle-

ren Molen, deren Namen M. San Carlo, M. Teresa, M. Giuseppina die Entstehungszeit erklärt. Direkt neben dem „Porto Nuovo" liegen die weiträumigen Gleisanlagen des Südbahnhofes der „Statione Meridionale". Hier laufen Personen- und Lastenzüge aus dem Zentrum der Monarchie ein. Verladen und Umladen von Schiene auf Schiff gehen mit Hilfe von Krananlagen und genügend Arbeitskräften rasch von der Hand.

Am Kai des „Porto Vecchio" liegt der Palast des Österreichischen Lloyd, gegenüber steht der Palast der Statthalterei. Auf der nahen „Piazza Giuseppina" steht ein Bronzedenkmal des Admirals der österreichischen Kriegsmarine, des Erzherzogs Ferdinand Max, des späteren Kaisers von Mexiko.

Von der „Piazza Grande" führt eine steile Straße durch die Altstadt zur Basilika von S. Giusto und zum Kastell, an dem Venezianer und Österreicher gebaut haben. In der Altstadt liegt das „Tergesteo", die bekannteste Börse der Monarchie.

Im südlichen Stadtteil, am Rande der Bucht von Muggia, dehnt sich ein weiterer Hafen – der „Porto Nuovo di Francesco Giuseppe I." – aus. Hier liegen die Werftanlagen des „Lloyd Triestino", die 2000 Arbeiter beschäftigen, und das Areal des „Stabilimento Tecnico Triestino San Marco", der

159

eine große Anzahl von Schiffen der k. u. k. Kriegsmarine herstellt.

Erwähnenswert im südlichen Stadtteil ist die Nautische Akademie, die für die Ausbildung von Offizieren der zivilen Handelsschiffahrt zuständig ist.

Am anschaulichsten zeigt sich die Bedeutung dieser österreichischen Seestadt, wenn man an den Molen die Namen der Dampferlinien und ihre angebotenen Routen und Ziele studiert.

So führt zum Beispiel der Lloyd Eillinien nach Venedig, Pola, Abbazia und Ragusa. Der Lloyd fährt auch nachts nach Venedig, die Reederei Tripcovich bei Tage. Postdampfer fahren täglich zu allen großen Städten Dalmatiens. Alle kleinen dalmatinischen Gesellschaften wie zum Beispiel Marinovich und Racic haben ihren Abfahrtsplatz in Triest.

Am „Molo della Sanità" ist die Abfahrtsstelle des Lloyd nach Konstantinopel und Suez. Am „Porto Nuovo" bietet die Austro-Americana mit ihrem mächtigen *Kaiser Franz Joseph I.* günstige Tarife für Auswanderer in die USA, nach Kanada und Südamerika an.

An anderen Molen liegen unzählige Handelsschiffe verschiedenster Art, Nation und Größe vor Anker. Soweit das Triest der Doppelmonarchie.

Heute, mehr als 70 Jahre später, wird Triest oft als „tote Stadt" bezeichnet. Mit der Bucht von Muggia ist der Bereich Italien zu Ende, die jugoslawische Grenze trennt seit 1945 das südliche Hinterland Triests von der eigentlichen Stadt. In Triest ist in den letzten Jahren eine starke austrophile Strömung entstanden, die sich nicht nur auf nostalgische Feste am 18. August zu Kaisers Geburtstag beschränkt, sondern ihre wirtschaftlichen Anliegen quer durch alle Parteien diskutiert. Man wünscht in und für Triest den alten Freihandelsstatus. Vor dem Ersten Weltkrieg war Triest hinter Neapel und Marseille die drittgrößte Hafenstadt des Mittelmeeres. Heute rangiert es an achter Stelle unter den italienischen Häfen, die Kapazität innerhalb des Mittelmeerraumes ist unbedeutend geworden.

Die schicksalhafte Verbindung Triests und Österreichs blieb auch nach dem Zweiten Weltkrieg bestehen. Von 1945 bis 1954 stand der „Triester Freistaat" als Treuhandgebiet der UNO unter anglo-amerikanischer Verwaltung.

Das lange Ringen um den österreichischen Staatsvertrag war auch mit dem unentschiedenen Status des „Freistaates Triest" verknüpft. Jugoslawien meldete seine Ansprüche auf Triest ebenso an wie Italien. Eine gemeinsame triestinisch-österreichische Grenze oder die Schaffung eines österreichi-

Der Molo „San Carlo" in Triest.

schen Korridors zwischen Tarvis und dem Predilpaß wurde von den Alliierten und den drei betroffenen Staaten Italien, Jugoslawien und Österreich lange diskutiert.

Die 1954 im Londoner Memorandum ausgesprochene Lösung war für alle Beteiligten unbefriedigend. Triest und sein Umland wurden in zwei Zonen geteilt. Die Zone A, das eigentliche Stadtgebiet und die Hafenanlagen, kam wie in der Zwischenkriegszeit zu Italien, die Zone B, die von Muggia bis zum Porto Quieto den nordwestlichen Teil Istriens umfaßte, fiel an Jugoslawien. Die Wünsche Österreichs nach einer österreichischen Zone im Hafen von Triest und nach Vorzugstarifen für den Warentransport wurden zwar 1955 in einem bilateralen Abkommen ratifiziert, verliefen aber in der Folge aus mangelndem Interesse Österreichs im Sand.

Vergeblich überbrachte die Steiermärkische Landesregierung der Bundesregierung in Wien ein Memorandum, in dem auf die Bedeutung Triests für den Handel der Steiermark und ganz Österreichs hingewiesen wurde. Vergeblich schilderte der Grazer Industrielle Dr. Peter Reininghaus in einem Artikel in der „Furche" unter dem Titel „Österreich muß sein Schweigen brechen" die wirtschaftliche Wichtigkeit des Triestiner Hafens für Österreich, die mit keiner althergebrachten Sentimentalität in Zusammenhang gebracht werden dürfe. Ebenso ungehört verhallte ein Vortrag des damaligen Staatssekretärs des Außenministeriums,

Dr. Bruno Kreisky, der bei der Lösung des wirtschaftlichen Problems von Triest eine einzigartige Möglichkeit europäischer regionaler Zusammenarbeit sah, die eine neue Ära einer wirtschaftlichen Integration Europas einleiten könnte. Die Stimmen von privater und offizieller Triestiner Seite zu diesem Thema werden auch in der Gegenwart immer fordernder.

Einige italienische Schriftsteller, wie zum Beispiel Gianni Stuparich in der Zeitschrift „Italia Domani" und Gianni Marchio in seinem Buch „Trieste Addio?", ließen sich zu flammenden Appellen hinreißen, in denen Österreich aufgefordert wurde, einen aktiven Beitrag zum Aufschwung Triests zu leisten.

Im Sommer 1986 wurde die Autobahn Villach–Triest fertiggestellt und in einem Nebengebäude des Schlosses Miramare eine Ausstellung mit dem Thema „Kaiser Maximilian von Triest bis Mexiko" eröffnet. Im Frühherbst wurde in Triest im Revoltella-Palais die „Lloyd-Triestino"-Ausstellung eröffnet.

Im Frühjahr 1987 wurden – anläßlich des 130jährigen Bestehens der Südbahn von Wien nach Triest – in Graz mehrere Ausstellungen mit dem Thema „Vom Donauraum zur Adria" veranstaltet. Diese vier Ereignisse innerhalb eines Jahres lassen das Thema „Österreich am Meer" an der nördlichen Adria zu einer nostalgischen und zugleich zukunftsorientierten Diskussion werden.

Fiume

Magyarország – so heißt das Land,
  zu dem jetzt Fiume gehöret,
Hoffentlich ist es ein dauerndes Band,
  das man so leicht nicht zerstöret.
Sehnliche Wünsche endlich erfüllt,
  nach einer Reihe von Jahren
Ach und die Sehnsucht endlich gestillt,
  Ung'risches Meer zu befahren.
„Tengerre Magyar!" – Ungarn am Meer!
  So tönten vor Jahren die Rufe
und lustig ging es damals her
  vorwärts von Stufe zu Stufe.
Erst Krieg und offene Opposition
  und Schlachten und Schlappen und Siege
und endlich noch fremde Intervention
  und innere Bürgerkriege.
Da nahet er endlich, der Ausgleichstag
  die sehnlich erwartete Stunde,
und wie sie nun strahlend auf Ungarn lag
  vernarbte auch jegliche Wunde.
So blicket der doppelte Adler jetzt
  gleich freundlich nach Osten und Westen
sein Herz hat sich endlich zur Ruhe gesetzt
  und fühlt sich auch jetzt wohl am besten.

Dieses Gedicht aus dem Jahre 1882 wurde von dem k. u. k. Korvettenkapitän Heinrich von Littrow verfaßt, der neben seiner beruflichen Tätigkeit als Marineoffizier auch als Sachbuchautor und Lyriker tätig war.

Die Stadt Fiume, deren jüngste ungarische Geschichte in so originellen Versen verpackt wurde, war ebenso wie Triest ein Freihafen. Die Privilegien der beiden Städte wurden zur gleichen Zeit verliehen. Die Stadt entwickelte sich aus dem römischen Tarsatica, wurde im Mittelalter zu St. Veit am Flaum (oder Pflaumb), hieß italienisch Fiume (= Fluß) und kroatisch Rijeka (= Fluß). Fiume war der einzige Seehafen der ungarischen Krone.

In den Jahren vor dem Ersten Weltkrieg war Fiume von ca. 50.000 Menschen – Italienern, Kroaten, Deutschösterreichern und Ungarn – bewohnt. Die Stadt bot folgendes Bild: Die Altstadt, die Kirche und das Kastell haben wie überall an der Küste venezianischen Charakter. Das Hinterland ist slawisch. Ungarisch sind die Bezeichnungen der Straßen, Plätze und Geschäfte.

Wenn man Triest und Fiume vergleicht, so ist Triest um ein Vielfaches größer, aber Fiume verfügt über ein ausgedehntes Hinterland. Die Agrarflächen Kroatiens, der Batschka, des Banats und der Ungarischen Tiefebene und die Waldflächen Slawoniens bilden ein unerschöpfliches Reservoir für den Export.

Der Hafen Fiumes liegt im nördlichen Bereich des Quarnero und ist durch vorgelagerte Inseln weit besser geschützt als Triest, vor dessen Hafen mehrere Wellenbrecher angelegt werden mußten. Der Hafen Fiumes ist durch den großen Molo „Maria Teresa" geschützt. An den Freihafen im Norden schließen sich mehrere Molen, der Porto Baross (Holzhafen) und der Petroleumhafen an. Der Bahnhof liegt wie in Triest neben dem Freihafen.

Nahe der Bahnstation liegt das berühmte Gebäude der k. u. k. Marineakademie, mehr als die Hälfte aller Seeoffiziere geht aus ihr hervor. Die Marineakademie ist etwa mit der Oberstufe eines Gymnasiums vergleichbar, ihre Absolventen treten als Seekadetten in ihren Beruf ein.

Oberhalb des Eingangstores ist auf einer Tafel die Inschrift zu lesen: „Höher als das Leben steht die Pflicht."

Die ärarischen Anlagen werden durch ungarische Subventionen großzügig unterstützt. Ungarn wollte durch eigenen Schiffbau von Österreich unabhängig sein. In der nahe der Stadt Fiume gelegenen Werft von Porto Re war schon 1836 der erste Dampfer der k. k. Marine, die *Maria Anna,* vom Stapel gelaufen. Auf der Danubius-Werft in Fiume wurden eigene Torpedoschiffe und das letzte Schlachtschiff der Monarchie, die *Szent István,* gebaut.

Mehrere ungarische Reedereien besorgen den Küstenverkehr, die *Adria* übernimmt die Auswanderer in die USA, die *Atlantica, Levante* und *Oriente* zeigen durch ihre Namen ihre Routen an.

Von den industriellen Etablissements sind die große, 1782 gegründete Torpedofabrik Whitehead und die königlich ungarische Tabakfabrik mit 2000 Arbeitsplätzen erwähnenswert. Die Firma Whitehead baute später auch Unterseeboote.

Nach dem Ersten Weltkrieg nahm der italienische Nationalheld, Dichter und Marineflieger Gabriele D'Annunzio mit einem Freikorps die Stadt in Besitz. Der Fluß Rjecina blieb über 25 Jahre lang die Grenze zwischen der nun teils italienischen, teils jugoslawischen Stadt. 1945 wurden beide Stadtteile wieder vereinigt.

Heute ist Rijeka der größte Handelshafen Jugoslawiens. Die Stadt hat ca. 300.000 Einwohner. Bei einem Spaziergang

durch das heutige Rijeka trifft man auf keinen Namen und kaum ein Objekt aus der Monarchie. Die Stadt scheint diese Epoche vergessen zu haben, ganz anders als Triest, wo die Vergangenheit liebevoll gehegt und gepflegt und präsentiert wird.

Die österreichische Seeverwaltung

Das gesamte österreichisch-ungarische Küstengebiet und alle Inseln unterstanden außer der Hoheit des jeweiligen Kronlandes auch der österreichischen Seeverwaltung, die wiederum durch das Handelsministerium weisungsgebunden war. Die Zentral-Seebehörde eröffnete ihre Tätigkeit in

nierende und bis ins letzte Detail ausgefeilte Organisation. Diese Organisation wirkte bis zum Ende des Ersten Weltkrieges. Die Seebehörde kümmerte sich um 1880 um folgende Detailbereiche:

a) *Schiffbau:* Beaufsichtigung – Verbesserung der Werftanlagen – Vermittlung neuer Techniken und Maschinen;
b) *Personelles:* Erteilung der Befugnisse – Disziplinarisches – Dekrete, Belohnungen;
c) *Seefischerei:* Arealsabgrenzung mit Italien – Beratung über neue Fanggeräte – Verkaufsförderung;
d) *Seesanität:* Bau und Verwaltung von Lazaretten – Beobachtung und Behandlung seucheverdächtiger Personen – Untersuchung von Menschen und Lebensmitteln, die mit Schiffen aus der Levante oder Ostasien gekommen waren;
e) *Schiffsregister:* Evidenzhaltung der Schiffseigentümer;
f) *Soziales:* Unterstützungsfonds für erwerbsunfähige Seeleute und für Hinterbliebene von Seeleuten;
g) *„Straßenordnung zur See":* Vorfahrt – Vermeidung von Kollisionen – Geschwindigkeit in Küstennähe und im Hafen;
h) *Signalkodes:* Ausarbeitung und Richtlinien – Laternen, Dampfpfeifen, Glocken, Hörner;
i) *Hilfeleistung* für in Seenot geratene Schiffe aller Nationen: Aufnahme, Verpflegung usw.;
j) *Passagiere:* Überprüfung der höchstzulässigen Anzahl auf Liniendampfern und Auswandererschiffen;
k) *Regelmäßige Überprüfung* aller Schiffe auf Seetüchtigkeit;
l) *Tauchungsskala:* Auf Vorder- und Hintersteven aller Schiffe muß in dcm-Einheiten die Tonnage bzw. Tragfähigkeit angegeben werden, um Überladung zu vermeiden;
m) *Wetterbericht:* Tägliche Meldung von der Zentrale in Triest;
n) *Staatliche Unterstützung* und Förderung privater Dampferlinien bei Beförderung über das Mittelmeer hinaus;
o) *Bau* von Ufermauern, Kaianlagen;
p) *Bau von Leuchttürmen* (zwischen 1850 und 1910 wurden über 150 Leuchttürme errichtet und bis zur Jahrhundertwende elektrifiziert);
q) *Signale:* Installierung von festen und schwimmenden Warnsignalen;

Jahre 1850 in Triest, ihre untergeordneten „Hafencapitanate und Agentien" waren über die ganze Küste verteilt. Die Aufgaben der Seebehörde umfaßten die Leitung und Überwachung des Hafendienstes, die allgemeinen Rechte und Pflichten der Seeschiffahrt, die Regelung des Sanitätsdienstes und den Ausbau der Uferzonen für die allgemeinen Belange der Seefahrt. Das klingt einfach, aber unter diesen vier Hauptaufgaben verbergen sich Hunderte von abgestuften Einzelheiten, die bei größtmöglichem Freiraum für persönliche Initiative einen perfekten staatlichen Organismus bilden.

Der oft zu Unrecht viel geschmähte k. u. k. Beamtenstaat zeigte sich hier von einer äußerst positiven, vielfältigen Seite. Kaum eine Seenation hatte eine derartig gut funktio-

r) *Flutmesser:* Installierung von Flutmessern in den größeren Häfen – graphische Darstellung der täglichen Meeresschwankungen;

s) *Installierung* von eisernen Anbindepfählen und Ankerbojen;

t) *Verleih von Apparaten* für unterseeische Beleuchtung;

u) *Verleih von Ankerketten* und Ausrüstungsgeräten;

v) *Lotsensignale:* Gedruckte Informationen – Angleichung an das internationale Lotsensystem;

w) *Errichtung von Notstationen* für Schiffbrüchige auf einigen dalmatinischen Inseln;

x) *Ausbildung zu Offizieren der Handelsmarine:* Die Aufnahme in nautische Schulen erfolgte nach dem dreizehnten Lebensjahr und war von einer Aufnahmsprüfung abhängig. Pflichtgegenstände waren Religion und religiöse Schiffsgebräuche, die italienische und englische Sprache, Geschichte und Geographie, Elementar-Mathematik, Nautik, Physik, Wärme- und Dampfmaschinentechnik, Ozeanographie und Meteorologie, Elemente des Schiffsbaues und der Takelung, Schiffs-

manöver, Handels-, Wechsel- und Seerecht, Buchhaltung und Schiffshygiene, Unterrichtssprache war Italienisch.

Die nautische Schule genoß ebenso wie die Marineakademie höchstes Ansehen. Beide Schultypen galten als eine Art berufsbildendes Elitegymnasium.

Nautische Schulen gab es um 1880 in Triest, Lussinpiccolo, Ragusa und Cattaro.

y) *Installierung von Semaphoren:* Semaphoren sind Signalapparate, die aus einem Mast und drei beweglichen Armen bestehen. Taue dienen zur Hantierung. Semaphoren stehen mit Telegraphenlinien auf dem Festland in elektrischer Verbindung. Vorbeifahrenden Schiffen kann mit Hilfe optischer Signale telegraphisch Mitteilung gemacht werden. Um 1880 hatte Österreich drei Semaphoren, einen auf der Südspitze Istriens, einen auf Lissa und einen in der Einfahrt der Bocche di Cattaro.

z) *Nebelsignalapparate:* Sie dienten dazu, bei Nebel durch kräftige akustische Signale den Schall weit aufs Meer zu tragen und die Seefahrer vor der Nähe der Küste oder Hindernissen jeder Art zu warnen. Die Warntöne wurden durch dampfbetriebene, in Schwingungen versetzte Metallzungen hervorgerufen. Der Nebelsignalapparat von Kap Salvore auf Istrien war fünfzehn Seemeilen weit zu hören.

Die k. u. k. Kriegsmarine war selbstverständlich im Hafen- und Küstenbereich mit der Seeverwaltung in ständiger Verbindung. Alle erwähnten Einrichtungen, die der Orientierung und Sicherheit dienten, wurden genauso von der zivilen Seefahrt genützt wie von der militärischen.

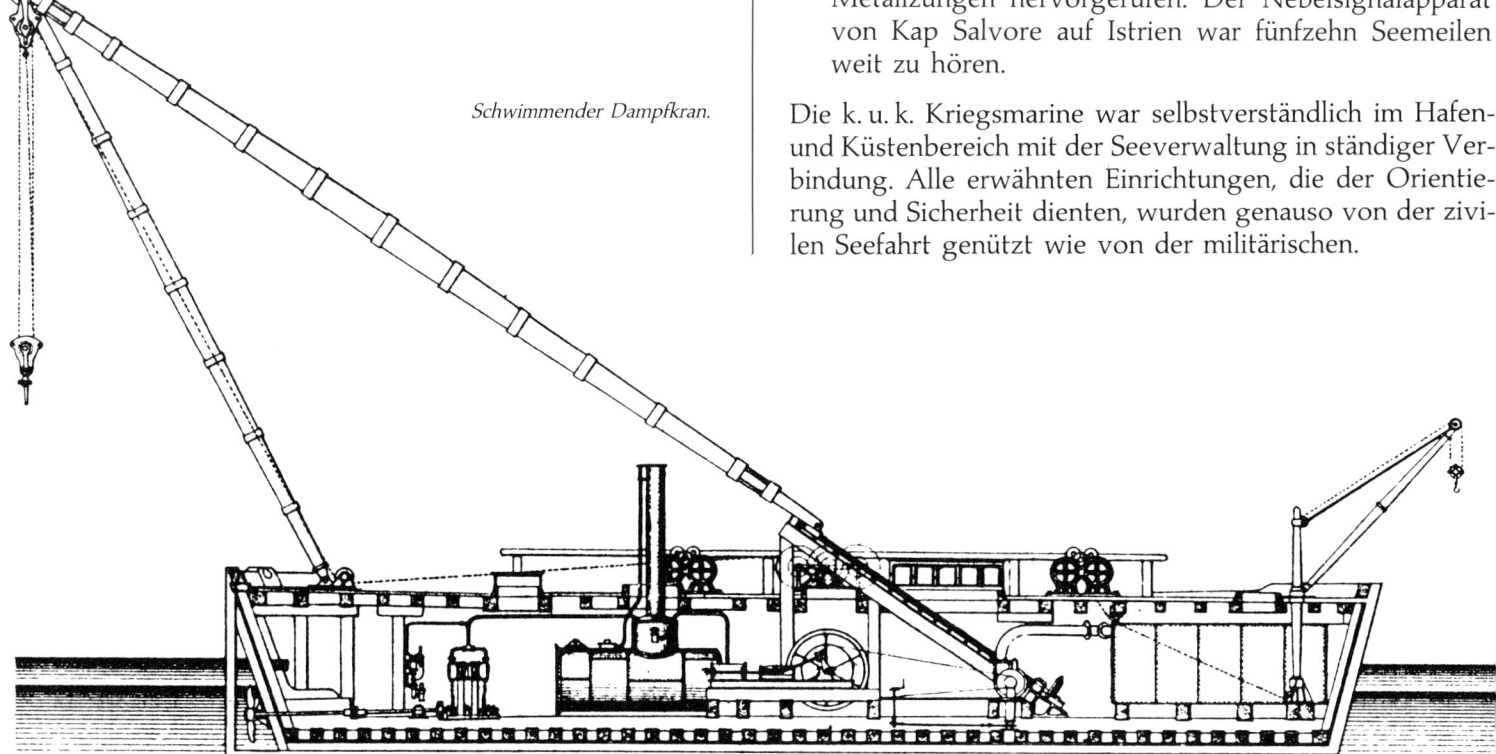

Schwimmender Dampfkran.

II.
Offiziere und Mannschaft: Ein Kaleidoskop von Rollen – Sprachen – Nationalitäten

Der Beruf des Seemannes

Freiheit, Abwechslung, Unabhängigkeit, Abenteuer, Individualismus und permanenter Aufenthalt in der freien Natur waren und sind die Gedanken, die man mit dem Beruf eines Seemannes, egal welchem Stande und Dienstgrad er angehörte, in Zusammenhang brachte und bringt.

In der Monarchie wird wohl mancher binnenländische Maturant voll Fernweh und Abenteuerlust einen Seekadetten gleichen Alters beneidet haben, dem ganz obligat die Möglichkeit geboten wurde, sechs oder zwölf oder gar achtzehn Monate auf Instruktionsreise um die Welt zu segeln.

Voll Neid werden auch viele k. u. k. Infanteristen, Feldjäger und Pioniere den Dienst der Matrosen beurteilt haben, ein Dienst, der immer neue Eindrücke bot und viel Unterhaltung in fremden Hafenstädten zu versprechen schien.

Die Welt kennenlernen, Neues sehen, erleben und erfahren, ein Schiff zu steuern, den Elementen trotzen, sich selbst zu erproben und zu bestätigen – sind seit den Fahrten des Odysseus Wünsche und Klischees, die einer Bubenromantik entspringen, aber wie fast alle Klischees den Kern der Sache treffen. Vom Standpunkt des Seemannes aus sind der gewählte Beruf und der Dienst in der Marine viel komplexer zu beurteilen.

So wurden dem Seemann grundsätzlich alle elementaren Bedürfnisse des Körpers und der Psyche in ungewohnter Form geboten. Behausung, Speise, Trank, Arbeit, Schlaf, Bewegung, Erholung und Ruhe und jede Art von Kommunikation sind auf engstem Raum komprimiert. Die Arbeit ist exakt, minutiös und gleichmäßig eingeteilt, beinahe monoton. Sie kann aber auch manchmal durch widrige Umstände wie unvorhergesehene Stürme oder Havarien am Schiff dermaßen gehäuft werden, daß Schlaf und Ruhe gewaltsam aufgehoben, gestört und unterbrochen werden. Diesen Arbeiten und den relativ rasch abwechselnden Arbeits-, Wach- und Ruhephasen ist nicht jeder Mann körperlich gewachsen.

Persönliche Bindungen in der Heimat werden oft für allzu lange Zeit unterbrochen. Die Kameraden sind die Ersatzfamilie, Ersatzheimat wird das Schiff – ein unerschöpflicher Gegenstand der Beobachtung und Begeisterung, die Quelle des persönlichen Stolzes jedes Seemannes. Liebevoll wird das Schiff mit dem weiblichen „die" (die *Novara*, die *Zenta*) bezeichnet, seine Qualitäten, besonders die Schnelligkeit und Wendigkeit werden in der Freizeit stundenlang laut-stark diskutiert und gelobt. Falls „sein" Schiff den begeisterten Erwartungen nicht entspricht, wird das natürlich nicht dem Objekt selbst, sondern dessen Kommandierenden zugeschrieben.

Eine weitere Eigenart des Lebens an Bord ist die räumliche Beengtheit und damit notgedrungen die Pflicht, auf engstem Raum die Nähe der Kameraden zu ertragen und nie allein sein zu können. Sehr schnell kennt man den Charakter und die Talente eines jeden, sehr bald weiß man um Launen, Schwächen, Eigenheiten, sehr mühsam lernt man das alles zu ertragen.

Auf einem Schiff bleibt oft jahrelang – natürlich durch Urlaub unterbrochen und vor verschiedene Aufgaben gestellt – die gleiche Mannschaft an Bord.

Die geschilderte Enge und Eingeengtheit gilt für die Marinen aller Zeiten.

Die k. u. k. Matrosen hatten außer ihren Hängematten, in denen sie nur nachts und auch dann nur, wenn sie dienstfrei waren, liegen durften, keinen persönlichen Aufenthaltsraum. In seiner dienstfreien Zeit mußte sich jeder, der allein sein wollte, ein freies Plätzchen unter Deck suchen, um sich auszuruhen.

Offiziere hatten ihre eigenen, winzig kleinen Kabinen. Der Kommandant bewohnte einen gediegen ausgestatteten komfortablen Raum. Die Seekadetten hausten wie die Matrosen. Sie bewohnten eine gemeinsame Kadettenmesse und schliefen in Hängematten.

Alles bisher Gesagte klingt nun eher nach Beengtheit und Entbehrung, die es ohne Zweifel gegeben hat. Doch jeder Marineur schwärmt von der absoluten Verläßlichkeit an Bord. Nur durch das Zusammenspiel aller Beteiligten und die Verantwortung jedes einzelnen funktioniert das fast lebendige Gebilde Schiff wie ein perfektes Räderwerk.

Aus den Eigenheiten des Bordlebens und aus der tiefen Kameradschaft entwickelten sich die Marineure zu einer Art Kaste, isoliert von anderen Offizieren und Soldaten.

In Österreichs Binnenländern sah man die Marine, trotz der Propaganda des Flottenvereines, als etwas Exotisches an.

Tatsächlich wuchs jeder achtzehnjährige Kadett in einen Beruf hinein, bei dem alle damals erstrebenswerten materiellen und ideellen Attribute wie Ansehen, Uniform, Waffe, Reisen, ein Diener, Zugehörigkeit zur privilegierten Schicht, Erweiterung des kulturellen und kosmopolitischen Horizontes ohne Kostenaufwand geboten wurden. Häufig wurden die Seekadetten bei den Missionsreisen gemeinsam mit den Offizieren zu Empfängen bei Gouverneuren oder Monarchen an Asiens und Afrikas Fürstenhöfen geladen. Alle Offiziere und Kadetten galten – natürlich je nach Rang – gleich viel, unabhängig vom Stand der Familie, aus der sie kamen. Die Besoldung mit 2000 Kronen pro Jahr für einen jungen Offizier war recht gering, das Sozialprestige hingegen war innerhalb der Monarchie für keinen anderen Berufsstand höher. Der Kastengeist erhielt durch die Möglichkeit, die damals noch nichts Abschreckendes und Sinnloses hatte – sein Leben für Kaiser und Vaterland einzusetzen –, einen besonderen Nimbus.

Die Ausbildung der Offiziere

Den begehrten Beruf eines Seeoffiziers konnte man auf zwei Arten erreichen. Die eine Möglichkeit war die Absolvierung der Marineakademie in Fiume. Die Fächer waren ähnlich denen der nautischen Schule in Triest, dazu kamen aber noch die klassischen Fächer und eine gediegene Fremdsprachenausbildung. Niveau und Anforderungen waren sehr hoch, Wiederholung eines Jahrganges war nicht gestattet. Nach vier erfolgreich abgelegten Jahrgängen traten die Absolventen der Marineakademie als Seekadetten in den Dienst. Nach zwei Jahren weiterer praktischer Ausbildung und Dienst an Bord konnte die Seeoffiziersprüfung abgelegt werden.
Die zweite Möglichkeit, vor allem für Maturanten des Binnenlandes, war nach einer Aufnahmsprüfung die Absolvierung eines Seeaspirantenkurses, der zwei Jahre Borddienst als Seefähnrich und die Seeoffiziersprüfung folgten.
Franz Karl Ginzkey, selbst ehemaliger Zögling der Marineakademie, schilderte die Freuden, Leiden und Streiche eines angehenden Seeoffiziers in seinen „Skizzen" „Die Reise nach Komakuku":

„. . . Ich selbst erhielt die Feuertaufe des brüderlichen Du bereits am ersten Tag, da ich als fünfzehnjähriger Zögling in den ersten Jahrgang der Marineakademie zu Fiume eintrat. Ich war aus der Realschule dorthin gekommen und hatte daher noch ziemlich ,zivilistische' Gesinnungen. Ich hatte einen Akademiker des höchsten Jahrganges, der bereits einen Schnurrbart trug und vor dem ich großen Respekt empfand, mit Sie angesprochen, worauf er deutsam mit der rechten Hand ausholte und mich anschrie: ,Du! Wenn du mir noch einmal Sie sagst, du Trottel, so hau ich dir eine herunter, daß du blau wirst!'

Deutsche (früher norddeutsche) Marine: ¹ Contre-Admiral (Gala-taillons. ⁹ Unterlieutenant. ¹⁰ Schiffsarxt. ¹¹ Deckoffixier. ¹² Cadet. ¹³ M... (petite tenue de bord). ᵉ Enseigne (tenue de garde). ᶠ Infanterie de ma... Marine: ᵃ Kapitän zur See (Grosse Uniform). ᵇ Corvetten-Kapitän ...rine: ᵃ Admiral. ᵇ Lieutenant zur See. ᶜ Schipper. ᵈ Cadet. ᵉ Marí...

 tän-Lieutenant (in Gala). ³Lieutenant zur See (in Jacke). ⁴Schiffsjunge. ⁵Offixier im Rock. ⁶Matrose im Peajacket, ⁷im Arbeitsanxug. ⁸Major des Seeba-
...nxug, ¹⁴in Gefechtsausrüstung. ¹⁵Seesoldat. ¹⁶Franxösische Marine: ᵃAdmiral. ᵇCapitaine (grande tenue). ᶜLieutenant (Etat-Major). ᵈEnseigne
...nfanterie de marine. ʰInfanterie de marine (petite tenue). ⁱAspirant. ᵏSecond maitre (tenue de bord). ˡMatelot (tenue de combat). ᵐMousse. ¹⁷Englische
...nt. ᵈOffixier im Palctot. ᵉCadet. ᶠMatrosen im Peajacket. ᵍMatrosen im Dienstanxuge. ʰMatrose im Arbeitsanxuge. ⁱMarinesoldat. ¹⁸Holländische Ma-
...Matrose. ᵍSchiffsjunge. ¹⁹Oesterreichische Marine: ᵃViceadmiral. ᵇOffixier. ᶜGemeiner der Marine-Infanterie. ᵈFlotillencorps. ᵉMatrosencorps.

Matrose   Oberbootsmann

in Parade.

Matrosen in feldmäßiger Ausrüstung.

Von diesem Augenblick an betrachtete ich mich als in das Geheimnis des militärischen Du für immer eingeweiht, und ich duzte von da an alles, was sich als anduzbar erwies...

... Die kleine Geschichte erscheint mir erzählenswert, denn sie legt in der Form eines Bubenerlebnisses Zeugnis ab vom Geist einer Kameradschaft und ritterlichen Gesinnung, die nicht in Vergessenheit geraten sollte. Es geht darum, ein kleines Gedächtnisblatt auf den Sarg einer Körperschaft zu legen, die bei hohem Standesgefühl und starkem Pflichtbewußtsein über eine liebenswürdig vornehme Form verfügte, unaufdringlich vorhanden zu sein, und die, wohl ganz ohne eigene Schuld, lediglich erdrückt vom Übermaß ihrer Gegner, aus dem Weltbild verschwand.

Es trug sich eines Tages etwas Unerhörtes, noch nie Dagewesenes in den ehrwürdigen Räumen der Marineakademie zu Fiume zu, ein Zögling hatte einen anderen bei den Vorgesetzten angezeigt! Es war seit Jahrzehnten Tradition gewesen unter den Marineakademikern, alle etwaigen Streitigkeiten, auch solche unter den Zöglingen verschiedener Jahrgänge, lediglich untereinander auszutragen und niemals die Hilfe der vorgesetzten Offiziere dazu in Anspruch zu nehmen. Eine Anzeige, ein Verklagen höheren Ortes gab es überhaupt nicht. Was der eine gegen den anderen auf dem Kerbholz hatte, das wurde ritterlich mit den Fäusten aus der

Welt geschafft, wenn es sich nicht vorher durch Vermittlung der Kameraden hatte schlichten lassen. Man hielt es für unfair, für durchaus unwürdig, die Offiziere und Professoren mit dergleichen inneren Angelegenheiten zu belästigen, man wusch seine kritische Wäsche im eigenen Haus.

Und nun geschah es, daß ein Akademiker des dritten Jahrganges, und zwar ich selbst, von einem des vierten, den wir hier Stepik nennen wollen, wegen Ungehorsams beim Exerzieren dem diensttuenden Schiffsleutnant angezeigt wurde. Die Erregung darüber war unter meinen Kameraden ganz ungeheuer. Unser Jahrgang versammelte sich sofort im Studiensaal, Brandreden loderten auf im Stil Dantons und Robespierres, und schließlich wurde einstimmig beschlossen, ein fürchterliches Strafgericht abzuhalten, nicht nur mit dem Verräter selbst, sondern mit dem ganzen höheren Jahrgang, dem er angehörte und auf den wir ohnehin nicht gut zu sprechen waren.

Nun muß man aber wohl bedenken, was das heißt. In einer militärischen, vom Geist der Disziplin jahrzehntelang durchschürften Anstalt beschließt ein niederer Jahrgang, den höheren um der Gerechtigkeit willen zu verhauen, unbekümmert um die Meinung der Vorgesetzten und um die Folgen. Und es ging dabei um einen Kampf von insgesamt sechzig Jungen, also füglich um eine ganze Schlacht ..."

Linienschiffs-Arzt.
Kleine Dienst-Uniform.

Flaggenofficier.
Dienst-Uniform.

Linienschiffs-Fähnrich.
Gala.

Fregatten-Capitän.
Große Dienst-Uniform.

Auf dem Schulschiff:

„. . . Das schönste an der Korvette *Friedrich* waren für mich die Segel, dieses weiße Bündnis mit dem Wind, die Quelle ihrer Kraft. Wir Akademiker bedienten den Kreuzmast, die Matrosen den Groß- und Fockmast. Noch heute höre ich die helle, singende Stimme des diensttuenden Offiziers: ‚Alle Segel los! Mars-, Bram-, Oberbramgasten entert auf!‘ Das war der Ruf an die Unteroffiziere. Und dann die Beschwörung der Mannschaft: ‚Entert auf!‘ Hei, wie flogen wir da die Wanten empor, flink und kühn wie Eichhörnchen! Wir verteilten uns längs der Rahen, jeder auf seinem Platz, und nestelten die zusammengerollten Segel auf. Und dann galt es, das dicke, schwere Segeltuch am Saume festzuhalten, des entscheidenden Rufes gewärtig: ‚Laßt fallen!‘ Und dann rauschten wie mit einem Schlag die schönen, lichten Segel herab, an allen drei Masten zugleich, die Groß-, die Mars-, die Bram-, die Oberbramsegel. Einen Augenblick flatterten sie wie suchend, sie suchten den Wind, und der Wind suchte sie. Dann aber, dann warf er sich stark und siegreich in sie hinein, erfüllte sie mit der edlen Wölbung, mit dem unnachahmlichen Schwung, er war sichtbar gewordene Kraft. Diese Kraft stand nun oben im Licht, an der schönen Rundung der Segel, Sonne spielte darein, unendli-

ches Blau war überall, der Himmel Türkis, das Meer Turmalin, am Vordersteven smaragdener Schaum des fröhlich durchpflügten Elements, Delphine schnellten empor, kreischende Möwen, wie Stücke des weißen Segels selbst, umflitzten und umstäubten uns, Weltwanderlust strich mit dem Wind, die Adria sang ihr alt-ewiges Lied, das Märchen des Meeres erfüllte sich. In solchen Stunden lag ich, sooft es ging, allein auf Deck, zwischen Taurollen verborgen, indes die Kameraden sich unten im Schatten des Batteriedecks vergnügten. Ich trank die Sprache des Unendlichen und wohl auch manches von der Ahnung des Unaussprechlichen.

Ich glaube, daß meine Lehrer sowohl als meine Kameraden mich damals bereits als einen Sonderling betrachteten. Man sah mich in den freien Stunden immer allein, man wußte, daß ich Verse drechselte, das militärische Urteil war wohl damals bereits über mich gefällt . . ."

Nach der erfolgreich abgeschlossenen Seeoffiziersprüfung begann die eigentliche Laufbahn als Marineoffizier.

Durch den in feierlicher Umrahmung geleisteten Flaggeneid war man ein Leben lang Kaiser und Vaterland verpflichtet.

Flaggeneid

Unsere Kriegs-Marine soll Uns Franz Joseph dem Ersten, von Gottes Gnaden Kaiser von Oesterreich, Apostolischem König von Ungarn, König von Böhmen, von Dalmatien, Kroatien, Slavonien, Galizien, Lodomerien und Illyrien, Erzherzog von Oesterreich, Grossherzog von Krakau, Herzog von Lothringen, Salzburg, Steyer, Kärnthen, Krain, Bukowina, Ober- und Nieder-Schlesien, Grossfürsten von Siebenbürgen, Markgraf von Mähren, gefürstetem Grafen von Habsburg und Tirol etc. etc., folgenden Eid schwören:

Wir schwören zu Gott dem Allmächtigen einen feierlichen Eid, Seiner Apostolischen Majestät unserem Allerdurchlauchtigsten Fürsten und Herrn
Franz Joseph dem Ersten,
von Gottes Gnaden Kaiser von Oesterreich, König von Böhmen, usw. und Apostolischem König von Ungarn, treu und gehorsam zu sein, auch Allerhöchst Ihren Flaggen-Offizieren und Generalen, überhaupt allen unseren Vorgesetzten und Höheren zu gehorchen, dieselben zu ehren und zu beschützen, ihren Geboten und Befehlen in allen Diensten Folge zu leisten, gegen jeden Feind, wer es immer sei, und wo immer es Seiner kaiserlichen und

königlichen Majestät Wille erfordern mag, zu Wasser und zu Land, bei Tag und Nacht, in Schlachten, in Stürmen, Gefechten und Unternehmungen jeder Art, mit einem Worte, an jedem Orte, zu jeder Zeit und in allen Gelegenheiten tapfer und mannhaft zu streiten, unsere Schiffe, Flaggen und Truppen in keinem Falle zu verlassen, uns mit dem Feinde nie in das mindeste Einverständniss einzulassen, uns immer so, wie es den Kriegsgesetzen gemäss ist, und braven Kriegs- und Seemännern zusteht, zu verhalten, und auf diese Weise mit Ehre zu leben und zu sterben. So wahr uns Gott helfe. Amen!

Ähnlich wie die Armee war die k. u. k. Marine in verschiedene Rangklassen und Dienstgrade unterteilt.

	Armee	Marine
1. Rangklasse	Kaiser und König	
2. Rangklasse	Feldmarschall	Großadmiral
3. Rangklasse	Generäle und Feldzeugmeister	Admiral
4. Rangklasse	Feldmarschalleutnant	Vizeadmiral
5. Rangklasse	Generalmajor	Konteradmiral
6. Rangklasse	Oberst	Linienschiffskapitän
7. Rangklasse	Oberstleutnant	Fregattenkapitän
8. Rangklasse	Major	Korvettenkapitän
9. Rangklasse	Hauptmann	Linienschiffsleutnan
10. Rangklasse	Oberleutnant	Fregattenleutnant
11. Rangklasse	Leutnant	Seefähnrich Seekadett

Mehr als die Hälfte aller Marineoffiziere war deutschösterreichischer Herkunft, der Rest rekrutierte sich mehrheitlich aus den Städten des Küstenlandes und Dalmatiens, sodann aus allen Kronländern der Monarchie. Laut Marinealmanach aus dem Jahre 1917 betrug die Anzahl der aktiven Seeoffiziere inklusive Kadetten und Aspiranten (ohne Reservistenstand und ohne Marinebeamte) etwa 1200.

Die Rollenverteilung an Bord

Die Anzahl der Menschen an Bord eines Panzerschiffes oder einer Korvette in den Jahren 1870 bis 1900 schwankte, je nach Größe des Schiffes, zwischen 200 und 700 Seeleuten.

Zu jedem Schiff gehörten Seeoffiziere, Seekadetten, Maschineningenieure, Marinebeamte (Kommissare), ein oder zwei

Marineärzte und eventuell ein Marinepriester. Sie alle waren im Offiziersrang und umfaßten etwa zehn Prozent der Bemannung. Die übrigen 90 Prozent entfielen auf Unteroffiziere, die eigentliche Mannschaft und eventuell auf ein Seesoldaten-Detachement, das außer Wachdienst keinen Borddienst leisten mußte.

Der Kommandant eines Kriegsschiffes konnte wiederum je nach Größe seines Schiffes Linienschiffs-, Fregatten- oder Korvettenkapitän sein. Admiräle befehligten meist ein Geschwader oder eine Flotte.

Der Kommandant hatte die oberste und alleinige Befehlsgewalt und Verantwortung. Seine Befehle mußten schnellstens ausgeführt werden. Ihm zur Seite stand der „erste Offizier", in der k. u. k. Marine „Gesammtdetailoffizier" genannt. Er war nur dem Kommandanten verantwortlich und hatte in dessen Vertretung die Befehlsgewalt. Ihm oblag die Aufsicht über Schiff und Mannschaft, Ordnung und Reinlichkeit. Der „zweite Offizier" war der sogenannte „Navigationsoffizier". Er war dem Kommandanten für den Kurs verantwortlich. Er überwachte die nautischen Instrumente und bestimmte täglich auf hoher See den Standort des Schiffes. Alle Beobachtungen wurden täglich im Logbuch aufgezeichnet.

Der „Batterieoffizier" oder „dritte Offizier" hatte die Leitung über Geschütze und alle Belange, die Verteidigung betreffend. Die jüngeren Offiziere im Leutnantsrang wurden meist als Wachoffiziere eingeteilt. Während der Dauer ihrer meist vierstündigen Wache waren sie für einen bestimmten Bereich des Schiffes für die allgemeine Sicherheit verantwortlich. Sie meldeten jede Veränderung und jedes besondere Ereignis dem ranghöheren Offizier.

Seekadetten wurden ebenfalls zu Wachen eingeteilt, sie überbrachten Befehle an die Mannschaft und beaufsichtigten deren Ausführung.

Den Beamten, Ärzten und Priestern der Marine ist ein eigenes Kapitel gewidmet.

Die Mannschaft

Die Wehrpflicht in der Doppelmonarchie war seit 1868 geregelt. Sie betrug je nach Waffengattung zwei bis vier Jahre, mit anschließender acht- bis zehnjähriger Reservistenzeit.

Die Mannschaften der Kriegsmarine kamen etwa zur Hälfte aus dem Küstengebiet der Monarchie.

Die prozentuelle Aufteilung nach Nationalitäten war 1914 ungefähr folgende:

34 Prozent	Südslawen
	(31 Prozent Kroaten, 3 Prozent Slowenen)
20,5 Prozent	Magyaren
16,2 Prozent	Deutschösterreicher
14,5 Prozent	Italiener
12 Prozent	Nordslawen
	(Tschechen, Slowaken, Ruthenen, Polen)
2,8 Prozent	andere und ungeklärt

Der zukünftige Admiral. Fritz Schönpflug pinx.

Das Marinewörterbuch

Kommandosprache war offiziell Deutsch. An Bord wurde aber eine Mischung aus Deutsch – Italienisch – Kroatisch, die „Lingua di Bordo", gesprochen.
Offiziere und Unteroffiziere benutzten häufig ein Bordwörterbuch mit einer Sammlung der gängigsten Dienstgespräche in serbokroatischer Sprache.

Anbei einige Kostproben:

Stehen Sie auf, Sie wissen ja, daß man auf der Ankerkette nicht sitzen darf!	Ustajte, ta znate, da se ne smije sijediti na verigah sidra!
Hornist, warum haben Sie jetzt geblasen?	Trubljaru, zašto ste sada za'rubio?
Achtung beim Essen, daß ihr das Deck nicht beschmutzt.	Pazite kod objeda, da ne zamazete krova.
Ihre Hängematte ist schlecht geschnürt, sieht wie eine Wurst aus.	Vaša je branda lošo svezana, izgleda kao kobasica.
Jeder ist selbst schuld, wenn ihm der Wind die Wäsche wegbläst.	Svaki je sam sebi kriv ako mu vjetar rublje odnese.
Spielen Sie nicht mit dem Wasser wie die Katzen, waschen Sie sich ordentlich.	Neigrajite se vodom kao mačke, oberite se dobro.
Ergreift ihn bei den Armen (Beinen, Haaren)!	Uhvatite za ruke (noge, vlasi).
Es ist eine Schande, sich so gemein und roh aufzuführen; k. u. k. Matrosen sollten wissen, daß sie sich anständig benehmen müssen.	Sramota je da se panašate tako divljački i prostački; a carski i kraljski mornari morali bi znati, da se treba pristojno ponašati.

Die Ausbildung an Bord brachte viele Fachkenntnisse, aber auch sehr häufig eine erste elementare Bildung. Obwohl die allgemeine Schulpflicht seit 1869 in allen Ländern der Mon-

archie eingeführt war, blieben viele Männer bis zu Beginn ihrer Wehrpflicht Analphabeten.

Fast jeder Matrose, dem die Grundkenntnisse jeder Allgemeinbildung fehlten, lernte in seiner Freizeit an Bord lesen und schreiben, zählen und die Zeiteinteilung der Uhr zu verstehen. Mancher erfuhr zum ersten Mal die Grundregeln einer persönlichen Hygiene.

Manche Matrosen, die vor ihrer Dienstzeit eine Lehre abgeschlossen hatten, wurden in einer ihrem Beruf ähnlichen Tätigkeit beschäftigt.

Die Unteroffiziere waren Berufssoldaten, sie zählten zur Mannschaft, hatten aber die Befehlsgewalt über die wehrpflichtigen Matrosen. Zu den Unteroffizieren zählten der Bootsmann, der Steuermann, der Feuerwerker, der Zimmermann und der Maschinist. Sie waren aus dem Matrosenstande hervorgegangen und hatten sich durch Praxis und durch Kurse weitergebildet.

Der Bootsmann hatte die Aufsicht über Anker und Tauwerk, ihm unterstanden als Gehilfen Bootsmann-Maaten. Er befehligte (als Mittler zwischen Offizieren und Mannschaft)

alle Handwerker an Bord und alle Matrosen. Dem Steuermann unterstand die Navigation der Schiffe mit allen ihren Belangen.

Der Feuerwerker und seine Mannschaft hatten die Oberaufsicht über Geschütze, Pulver- und Granatenkammern.

Dem Zimmermann war alles untergeordnet, was mit Rundholz zu tun hatte (Masten, Stagen, Rahen). Seine Maaten und die Kalfaterer, mit denen er die Pumpen beaufsichtigte, sowie Tischler und Böttcher arbeiteten unter seiner Leitung.

Der Maschinist war zuständig für die Schiffsmaschine, seine Gehilfen waren die Maschinen-Maate und die Heizer.

Daneben gab es noch den Segelmacher und seine Maate, den Koch und seine Gehilfen, eine Marinemusik oder zumindest einen Hornisten.

Der Rest der Mannschaft, die eigentlichen Matrosen, wurde zu allen Arbeiten eingeteilt. Sie lernten zu loten und zu steuern, Segel zu nähen, mit Tau und Takelwerk umzugehen und die Geschütze zu bedienen. Matrosen auf ihrer ersten Fahrt wurden Leichtmatrosen genannt, sie wurden gerne zum Rudern eingesetzt.

III.
Dienstvorschriften – Flaggengala – Speisepläne

Der Dienstbetrieb auf S. M. Schiffen war durch eine genaue Tagesordnung und Wochenordnung an Bord geregelt. Ein Sammelsurium kurioser, aber auch sehr praktischer und sinnvoller Vorschriften unterschied zwischen dem Dienst vor Anker im Hafen und dem Dienst auf hoher See. Auf einem Kriegsschiff, wo einige hundert Menschen auf engem Raum zusammengedrängt lebten, konnte natürlich nur Ordnung herrschen, wenn jedem Mann für alle Manöver, Übungen und täglichen Arbeiten ein bestimmter Platz oder, wie man es an Bord nannte, eine bestimmte Rolle zugewiesen wurde.

Die wichtigsten Rollen, die jeder Mannschaft nach einigen Tagen verschiedenster Übungen zugeteilt wurden, sahen wie folgt aus:

1. die Gefechtsrolle
2. die Wachrolle
3. die Manöverrolle
4. die Feuerlöschrolle
5. die Bootsrolle
6. die Backsrolle
7. die Reinschiffrolle

Von jeder Rolleneinteilung wurden schriftliche Listen angefertigt, in die Namen, Rang und laufende Nummer der „Generalliste" von Unteroffizieren, Matrosen und Soldaten eingetragen wurden. Jeder Offizier und Unteroffizier bekam eine Abschrift des Verzeichnisses der unmittelbar unter ihm stehenden Mannschaft. Die Verzeichnisse waren außerdem an mehreren gut sichtbaren Stellen am Schiff angeschlagen. Die wichtigste Rolle, die Gefechtsrolle, enthielt die genaue Angabe des Postens, den jeder Mann an Bord einzunehmen hatte, um zur Verteidigung des Schiffes beizutragen. Diese Rolle war die Basis für alle anderen. Häufig wurde auf Befehl des Kommandanten „Generalmarsch zum Klarschiff" geschlagen oder geblasen. Beim ersten Ton der Trommel oder Hörner – ob bei Tag oder Nacht – liefen Offiziere und Mannschaft an ihre Posten. Vom Beginn des Trommelns bis zur Gefechtsbereitschaft des Schiffes durften höchstens zehn Minuten vergehen.

Aus den besten und schnellsten Matrosen wählte man diejenigen aus, deren Posten beim Manövrieren in den „Marsen" war. Die Bezeichnung „Marsgast" hat sich daher abgeleitet. Die Marsgasten mußten die Takelung, die Stengen und Rahen instand halten und bei stürmischem Wetter allfällige Havarien ausbessern.

Nach den Marsgasten wurden die in der Behandlung der Geschütze geschickten Matrosen ausgewählt und zu Vor-

meistern der einzelnen Geschütze ernannt. Jeder Mann erhielt eine Nummer, die er in allen Rollen beibehielt und die auch auf seiner Hängematte eingetragen wurde.

Die Wachrolle regelte den Wachdienst der Besatzung Diese wurde zunächst in zwei gleich große Abteilunger getrennt. Die „Steuerbordwache" mit ungeraden Nummern, die „Backbordwache" mit geraden. Jede dieser beiden Abteilungen mußte eine gleiche Anzahl Unteroffiziere, Matrosen, Maschinenmaate, Heizer und Seesoldaten enthalten, so daß jede Abteilung (Wache) alle Manöver selbständig ausführen konnte. Diese beiden „Wachen" zerfielen wiederum in je vier Unterabteilungen mit der Bezeichnung „Quartier" (erstes bis viertes Quartier).

Die Manöverrolle wies der Besatzung bei allen Manövern die Detailaufgaben zu.

Die Backsrolle enthielt die Namen einer „Back", einer Gruppe von etwa zehn Mann, die gemeinsam an einem Tisch ihre Kost einnahmen.

Die Feuerrolle wurde von einem Großteil der Mannschaft übernommen. Die Feuerlöschübungen simulierten nicht nur den lokalen Feuerausbruch, der durch Leichtsinn oder Maschinenschaden entstanden war, sondern auch Feuerausbruch durch Geschütztreffer bei einem Gefecht.

Die Bootsrolle bestimmte die Bootsgasten (jedes Kriegsschiff führte mehrere Beiboote und Rettungsboote mit), die Bootsgeschütz-Bedienung und die Mannschaften der Landungs-Detachements.

Die Aufstellung der Reinschiffrolle erfolgte nach dem Prinzip des nächstgelegenen Teiles des Decks. So reinigten zum Beispiel Köche und Kochmaate außer ihren Arbeitsräumen die anschließenden Teile der Decks.

Die Zeiteinteilung an Bord wurde nicht durch Stunden, sondern durch „Wachen" markiert. Jede Wache bestand aus „acht Glas" oder halben Stunden. Zur Bestimmung der Zeit diente eine Sanduhr, deren Laufzeit eine halbe Stunde ausfüllte. Sobald sie ausgelaufen war, rief der wachhabende Matrose: „Ein Glas!" Ein Schlag an der Glocke zeigte das erste Glas an, und so geschah es achtmal, bis die vierstündige Wache beendet war.

Der Tag auf hoher See wurde in sieben Wachen eingeteilt, die beiden Nachmittagswachen dauerten je zwei Stunden, die Vormittags- und Nachtwachen jeweils vier Stunden. Diese unregelmäßige Einteilung war ein soziales Zugeständnis an die Mannschaft, damit nicht immer die gleichen Wachen dieselben Stunden auf dem Deck zubringen mußten. Die Wache im Hafen war in vier Abschnitte geteilt, die

Tagwache dauerte zwölf Stunden, die Nachtwachen je drei. Die beschwerlichste Wache auf See war die „Hundewache" zwischen Mitternacht und vier Uhr morgens.

Während der Dauer der Wache hatten der zuständige Offizier und die Wachmannschaft auf dem Deck und ihren Posten zu verbleiben, gleichgültig wie der Zustand der Witterung war.

Die Tagesordnung an Bord vor Anker (im Hafen)

Im Sommer wurde die „Tagwache" um fünf Uhr, im Winter um sechs Uhr von einem Hornisten geblasen. Die Tagwache war für die Mannschaft das Signal zum Aufstehen und zur Vorbereitung für die Tagesbeschäftigung.

Nach der Tagwache wurde vom Hornisten zum Gebet geblasen. Hierauf wurde die „Proviantkommission" zur Austeilung der Essensrationen befehligt.

15 Minuten nach dem Ruf zum „allgemeinen Auspurren" trat die Mannschaft mit den gerollten Hängematten an. Die Vormeister begaben sich auf ein Hornsignal zu ihren Geschützen und hielten sich zum Öffnen der Stückpforten bereit. Auf ein weiteres Hornsignal wurden die Stückpforten geöffnet.

Die Raumgasten verteilten das Trinkwasser an Köche, Krankenwärter und Offiziersdiener, die es zu Kombüse, Spital, Kabine und Messe brachten.

Um 5.30 Uhr wurde mit der Bootsmannspfeife zum Frühstück gepfiffen. Nach dessen Beendigung wurde ein Pro-

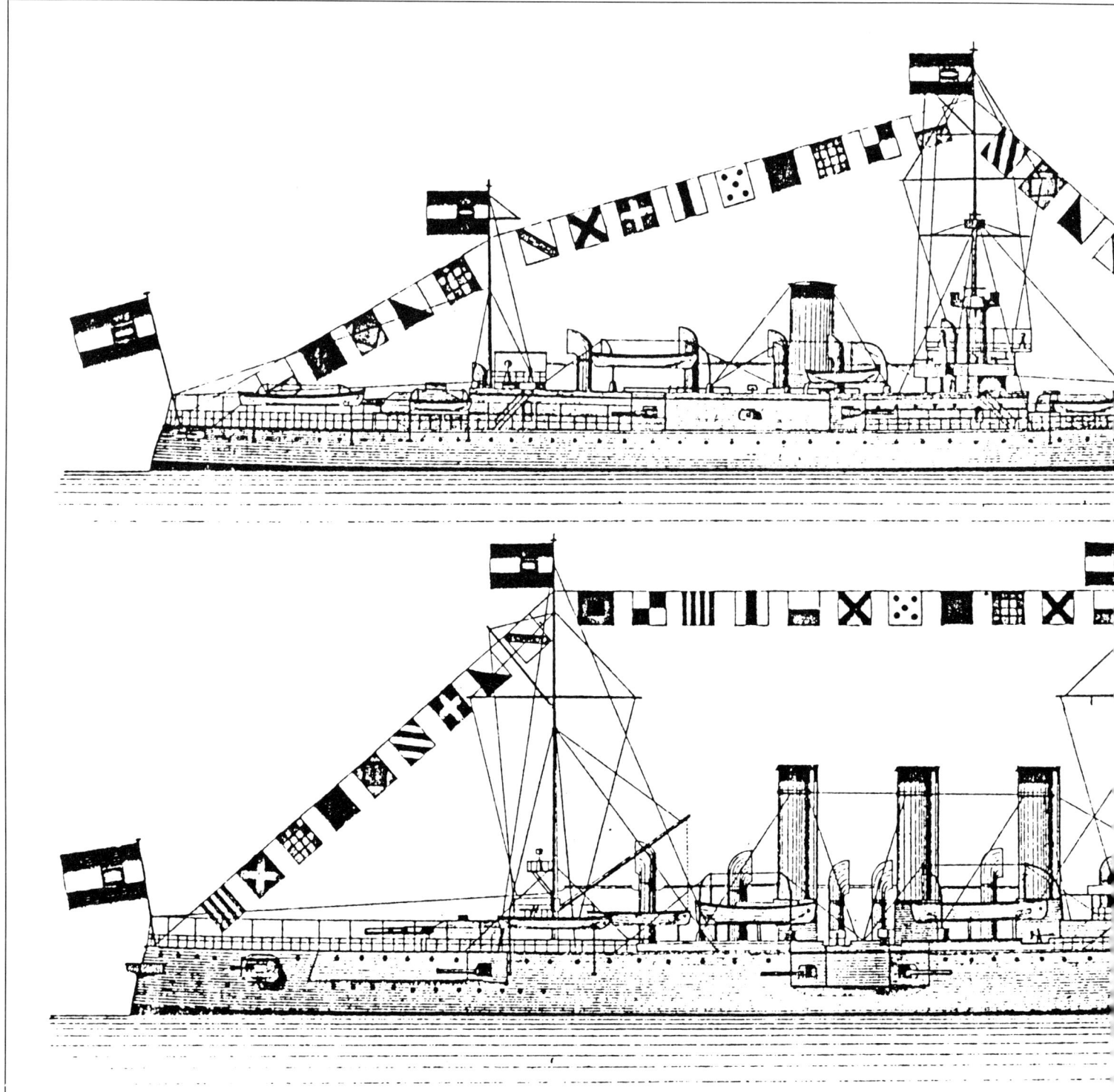

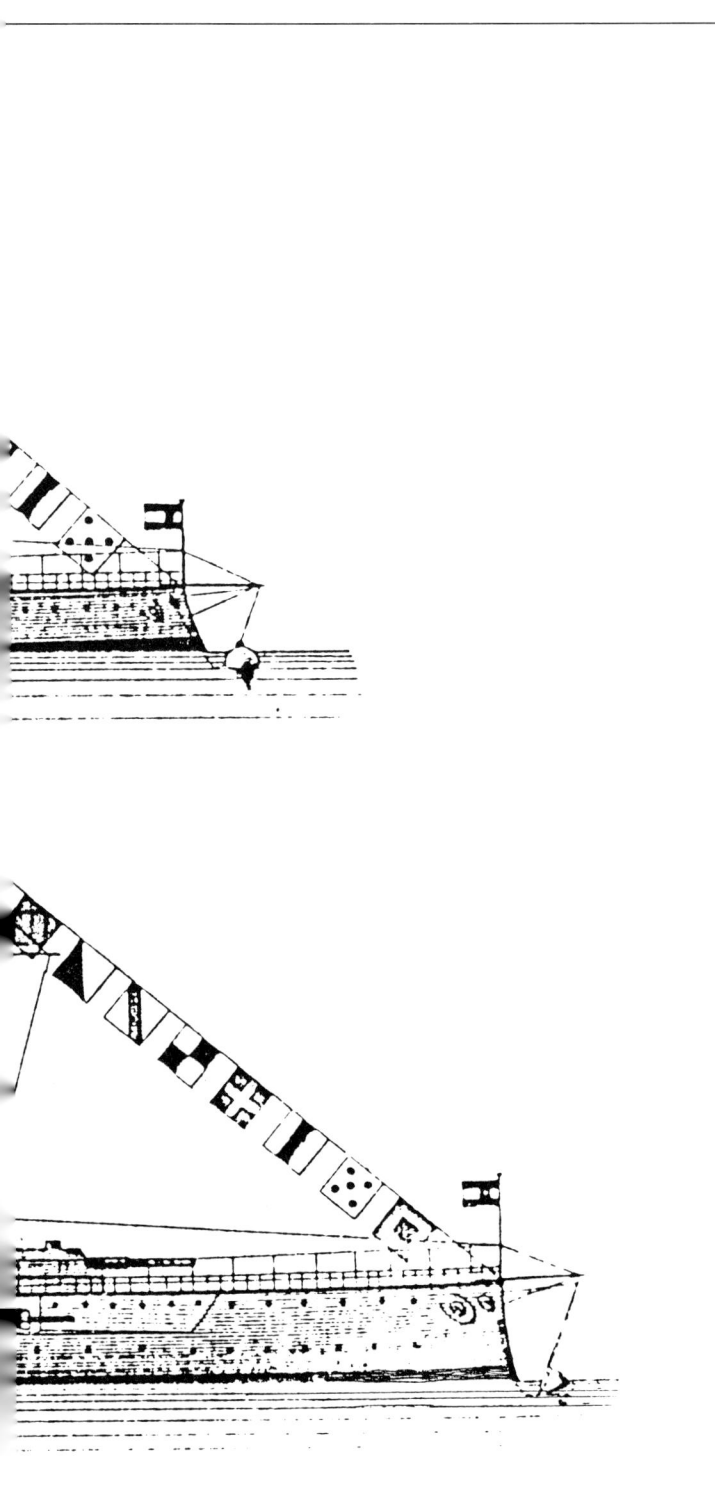

viantboot ans Land gerudert, um den täglichen Bedarf an frischen Lebensmitteln abzuholen.

Um 6 Uhr wurde von den dazu eingeteilten Gruppen das Scheuern der Decks, die Reinigung der Boote und des Außenschiffes vorgenommen. Eine Stunde und dreißig Minuten waren dafür vorgesehen.

Zur gleichen Zeit mußte auch die Maschinenreinigung beginnen. Bevor das Waschwasser von den Decks gefegt wurde, wiesen die Unteroffiziere die vollzählige Mannschaft (auch die an Deck gebrachten Arrestanten) zur persönlichen körperlichen Reinigung an.

7.30 Uhr war der Zeitpunkt für eine ärztliche Vorvisite und eine allfällige Krankmeldung. Um 8.30 Uhr fand die ärztliche Visite im Krankenraum statt.

Um 7.30 Uhr wurden auch die Tagesrollen (besondere Aufgaben) verteilt und die dazugehörige Arbeitskleidung ausgegeben. Um 8 Uhr wurde die k. u. k. Flagge gehißt. Mannschaft und Offiziere wandten sich salutierend zur Kriegsflagge am achteren Mast, während von der Bordmusik die Volkshymne intoniert wurde. Auf kleineren Schiffen ohne „Musikbanda" blies ein Hornist den Generalmarsch.

Nun begann das Morgenmanöver oder aber das Auslüften der Segel. Zur gleichen Zeit erfolgte für eine andere Gruppe das Signal zur Metallreinigung, die Geschütze wurden ausgeholt und auf Hochglanz gebracht.

Die Schiffsreinigung hatte um 9.45 Uhr beendet zu sein. Der Gesamt-Detail-Offizier erhielt das Rapport-Buch. Es folgte die Schiffs- und Personalvisitierung.

Von 10 bis 11.30 Uhr fanden je nach Witterung und Jahreszeit praktische Übungen und theoretische Schulungen statt. Um 11.30 Uhr wurden die Backtische gesetzt (Eßtische gebracht).

Um 12 Uhr wurde mit dem Schlag der Glocke zum Gebet geblasen, nach dessen Beendigung alle Unteroffiziere im Deckdienst zum Mannschafts-Mittagessen „einfielen".

Für die Mahlzeit wurde eine Stunde bemessen, eine weitere diente der Erholung. Die Backsgasten versorgten und reinigten Tische, Deck und Geschirr.

Von 14 bis 16 Uhr wurde exerziert oder wurden „Schulungen" gehalten.

Im Winter wurden um 16 Uhr, im Sommer eine Stunde später die Abendmanöver angesetzt. Hierauf erfolgte das Anlegen der „Nachtkleider". Das Abendessen erfolgte um 18.15 Uhr.

Wenn die Mannschaft baden wollte, so hatte dies vor dem Abendessen zu geschehen.

Bei Sonnenuntergang fand die Flaggenparade statt, die k. u. k. Flagge wurde eingeholt. Nach dem Generalmarsch wurde zum Gebet geblasen. Die Stückpforten wurden geschlossen.

Um 20 Uhr erfolgte die Übergabe der Hängematten. Um 21 Uhr wurde die Retraite (der Zapfenstreich) geblasen.

Dem Kommando „Pfeifen und Lunten aus" folgte die Ordnung „Ruhe im Schiff". Danach durfte weder laut gesprochen, gesungen oder irgendeine Art von Lärm gemacht werden.

Während der Nacht erfolgten mehrere „Ronden" (Kontrollgänge) von Unteroffizieren und dem ersten Offizier.

Eine Stunde nach dem Zapfenstreich wurde das Licht in der Messe, den Kammern der Unteroffiziere und in der Messe der Seekadetten gelöscht. Bald herrschte tiefe Stille im Schiff, die Wachtposten riefen als Zeichen ihrer Aufmerksamkeit jede halbe Stunde: „Alles wohl!"

Die Wochenordnung vor Anker

Außer dem täglichen Ablauf gab es für jeden Wochentag noch zusätzliche Arbeit an Bord:

Montag:
Persönliche Wäsche waschen, streichen (aufhängen) und versorgen;

Dienstag:
Hängematte waschen, streichen und versorgen;

Mittwoch:
Backtische, Bänke, Lukendeckel scheuern;
Nachmittag: Haare schneiden und rasieren;

Donnerstag:
Bewegliche Holzteile am Schiff scheuern, Leibwäsche wechseln;

Freitag:
Persönliche Wäsche waschen und ausbessern, Alarmübungen, Schornsteine, Küche und Öfen reinigen;

Samstag:
Allgemeine Schiffsreinigung und Instandsetzungsarbeiten, Lüftung aller persönlichen Effekten;
Nachmittag: Beurlaubung eines Teiles der Mannschaft;

Sonntag:
Wechsel der Leibwäsche; 10 Uhr Gottesdienst an Bord, allenfalls Parade, anschließend freie Zeit für die Mannschaft.

Eine Sonderbestimmung regelte das Baden und Schwimmen:

„Der Badeplatz ist bezüglich seiner Gefahrlosigkeit für Nichtschwimmer sorgfältig zu sondieren, deutlich abzugrenzen und das Überschreiten desselben nicht zu gestatten.

Abteilungen in der Stärke von mehr als 20 Mann sind durch einen Offizier, solche von geringerer Stärke von einem Unteroffizier zum Baden zu führen.

Der Schwimmunterricht ist während der Sommermonate vorzunehmen und mit allem Eifer zu betreiben. Die eigentliche Berufsausbildung soll aber hiedurch nicht beeinträchtigt werden. Es wird den Truppenkommandanten zur Pflicht gemacht, eine möglichst große Anzahl tüchtiger Schwimmer auszubilden.

Bei Benützung der Bade- und Schwimmplätze ist für Wahrung des Anstandes Sorge zu tragen und sowohl von Seite der zur Aufsicht Berufenen, als von den Badenden selbst darauf Bedacht zu nehmen, daß diese erst nach angemessener Abkühlung des Körpers sich in das Wasser begeben."

Wenn man aus den unzähligen Bestimmungen beispielsweise die Badeordnung herausgreift, so ist das für das 19. Jahrhundert äußerst humane Reglement zu spüren, in dem auf das persönliche Wohl jedes einzelnen weitgehend Rücksicht genommen wurde.

Akustische Signale

Die zahlreichen Befehle und ihre Übermittlung wurden durch akustische Signale wie Schiffsglocke, Signalhorn, Bootsmannspfeife und Schiffsmusik verstärkt.

Die Glocke wurde zum Markieren der Stunden und zur Alarmierung im Falle eines ausgebrochenen Brandes verwendet. Die Anzahl der Schläge signalisierte den Brandherd auf dem Schiff.

Das Signalhorn wurde sehr häufig verwendet, so zum Beispiel zum Blasen der Kirchenrufe, zum Aufruf zum Gebet und zur Markierung der Hauptteile des Gottesdienstes.

Ferner wurden sämtliche Alarme und Signale bei „Exerzitien" (Übungen) geblasen. Geblasen wurde auch zur Retraite und zum Zapfenstreich, zum „Flaggenschuß", zum Öffnen und Schließen der Stückpforten, zum „Abendverlesen" (Antreten) und zum „Alle Mann an Bord".

Die Bootsmannspfeife wurde verwendet: zur Einleitung der Bewegungen mit den Flaggen während des Gottesdienstes,

Speisetabelle I

für die im Genusse der **vollen** Schiffskost stehende Mannschaft.

Tag	Früh	Mittags Suppe mit	Rindfleisch mit	Abends	Frisches Brot	Salz	Pfeffer	Schweinefett	Zwiebel	Dörrgemüse	Wein (l)	Grünzeug (h)	Kaffee	Zucker	Zucker	Frisches Fleisch	Reis	Mehlspeise	Fisolen	Schnittbohnen	Weißkraut	Wirsingkohl	Sauerkrautkonserve	Erdäpfel	Weizenmehl	Olivenöl (cl)	Essig (cl)	Frisches Fleisch *)	Reis	Mehlspeise	Erbsen	Erdäpfel
																Gramm													Gramm			
Montag	Kaffee	Reis	Fisolensalat	Gulyas mit Erdäpfeln	600	25	0·5	20	10	5	0·4	1	14/16	3/6	30	250	60		150						20	2		150				400
Dienstag	Kaffee	Mehlspeise	eingebrannten Schnittbohnen und Erdäpfeln	Reisfleisch (Risotto)	600	25	0·5	20	10	5	0·4	1	14/16	3/6	30	250	50			80				200		10		150	100			
Mittwoch	Kaffee	Reis	eingebrannten Fisolen	Fleisch mit Mehlspeise (Ragout mit Makkaroni)	600	25	0·5	20	10	5	0·4	1	14/16	3/6	30	250	50		100							10		150		100		
Donnerstag	Kaffee	Mehlspeise	Weißkraut und Erdäpfeln	Gulyas mit Erdäpfeln	600	25	0·5	20	10	5	0·4	1	14/15	3/6	80	250	50				80			200		10		150				400
Freitag	Kaffee	Reis	Sauerkraut und Fisolen	Fleisch mit Erbsenpüree	600	25	0·5	20	10	5	0·4	1	14/16	3/6	30	250	50		100				150					150			150	
Samstag	Kaffee	Mehlspeise	Wirsingkohl und Erdäpfeln	Reisfleisch (Risotto)	600	25	0·5	20	10	5	0·5	1	14/16	3/6	80	250	50					80		200		10		150	100			
Sonntag	Kaffee	Reis	eingebrannten und gesäuerten Erdäpfeln mit Fisolen	Fleisch mit Mehlspeise (Ragout mit Makkaroni)	600	25	0·5	20	10	5	0·4	1	14/16	3/6	80	250	50		50					200		10	2	150		100		

*) eventuell im Zentralhafen zweimal wöchentlich Innerei (Gulyasfleisch) im gleichen Ausmaße.

zu den „Fallreeps-Ehrenbezeigungen", „zum Aus- und Abspurren", zum Wachwechsel, zum Exerzieren mit Segeln und Rundhölzern, zum Bemannen der Boote, zu Kraftarbeiten, zu den Mannschaftsmahlzeiten, zum Rufen einzelner Mannschaftspersonen und zu Rufen überhaupt, welche an die Mannschaft ergehen, und die Ausführung einzelner Dienste, Arbeiten oder Bewegungen anzeigen sollen.

Die „Banda" (Schiffsmusik) war nur auf größeren Einheiten und auf S. M. Schiffen, die für Missionsreisen ausgerüstet wurden, vertreten. Die Schiffsmusik trat beim Hissen und Einholen der k. u. k. Flagge vor Anker in Aktion. Sie untermalte das Abendgebet, sie spielte die Volkshymne bei allerhöchsten Besuchen von Mitgliedern des Erzhauses und bei ärarischen Festlichkeiten oder sie intonierte eine andere Nationalhymne bei Ehrenbezeigungen für gekrönte Häupter und deren Vertreter.

Flaggengala und Ehrenbezeigungen

Wenn Seine Majestät, der Kaiser, den Zentralhafen Pola oder die Flotte visitierte, trat den Bestimmungen nach eine Reihe von Sondervorschriften in Kraft. So war zum Beispiel die Kaiserstandarte zu hissen, die Mannschaft hatte die Rahen zu entern (auf die Querhölzer der Masten zu klettern), und die große Flaggengala war anzulegen.

Bei der großen Flaggengala wurde außer der Heck- und Bugflagge auf jedem Masttop die k. u. k. Flagge geheißt (oder gehißt). Dazwischen wurde auf einer dafür bestimmten Leine eine Reihe von bunten Signalflaggen aufgezogen. Falls Seine Majestät ein Schiff zu besichtigen wünschte, trat wieder eine Fülle von Vorschriften und Bestimmungen in Kraft, auf die der Kaiser selbst viel weniger Wert legte als die dafür verantwortlichen Ordonnanzen und Adjutanten.

179

So mußte das Boot, das den Kaiser zum Schiff brachte, von
einem höheren Stabsoffizier kommandiert werden, die Führung des Steuers wurde einem anderen Offizier übertragen.
Ein gleichfalls von einem Stabsoffizier kommandiertes Boot
hatte als Vorläufer voranzufahren. Die für die Suite beige-
stellten Boote mußten in angemessener Entfernung in einer
Reihenfolge nachfahren, die dem Rang der sich darin befindlichen Personen entsprach.

Für den Leser, der sich an den Formulierungen, die genauso
kompliziert wie die Bestimmungen selbst sind, delektieren
möchte, folgt nun ein Auszug aus den Dienstvorschriften
des Jahres 1879:

„Bei Inspizirung (Besichtigung) eines Schiffes durch Ihre
Majestäten haben die in den §§ 87 und 88, und rück-
sichtlich des Hissens und Einholens der Standarte die im
Punkte 6 festgesetzten Bestimmungen in Geltung zu
treten; des Weiteren sind beim Abgehen die Raaen zu
bemannen, sodann vorerst die Hurrahrufe auszubringen
und hierauf der Geschütz-Salut zu lösen.

Wenn aus solchem Anlasse Ihre Majestäten die unteren
Schiffsräumlichkeiten besichtigen, hat zu diesem Behufe
auf Flaggenschiffen der Stabschef (ranghöchste Offizier
des Flaggen-Stabes), auf anderen Schiffen ein hiezu bestimmter Seeoffizier als Wegweiser voranzugehen.

Auf einem Schiffe, auf welchem Ihre Majestäten das
Hoflager halten, ist sowohl beim ersten Anbordkom-
men Allerhöchstderselben, als auch bei der definitiven
Ausschiffung so vorzugehen, wie dies aus Anlass von
Allerhöchsten Inspizirungen (Besichtigungen) angeord-
net ist.

Bei der Abreise Ihrer Majestäten gilt, wenn sie zu Schiffe
erfolgt, das für den Allerhöchsten Einzug Vorgeschriebene, der Hurrah-Gruss hat jedoch dann dem Geschütz-
Salute vorauszugehen. Die Raaen sind zu bemannen,
sobald sich das Schiff mit der Standarte in Bewegung
setzt, die Hurrahrufe auszubringen, während es ausläuft.
Begeben sich Ihre Majestäten an Bord des für Allerhöchst dieselben bestimmten Schiffes mittelst Bootes
vom Lande aus, so sind noch vor dem Abstossen dieses
Bootes die Raaen zu bemannen, im Augenblicke des
Abstossens der Geschütz-Salut zu leisten, und in dem
Masse, als sich das Boot den Schiffen nähert, die Hurrahrufe auszubringen. Die Raaen haben hierauf bemannt zu
verbleiben und es ist beim Auslaufen des die Standarte
führenden Schiffes lediglich ein erneuerter Geschütz-
Salut zu lösen."

Die Verpflegung an Bord

„Backen und Banken", dieser den Männern so sympathische
Ruf, bedeutete, daß die wochen- oder monateweise dazu
kommandierte Mannschaft alles zum Essen vorbereitete.
Tische (Backen) und Bänke waren mobil und wurden bei
schönem Wetter während der Essenszeit auf Deck gestellt.
Die Verpflegung auf S. M. Schiffen galt im Vergleich zur
Menage bei der Armee als gut und ausreichend. Sie wurde
zusätzlich zum Sold verabreicht. Für Offiziere und Mannschaft wurde getrennt gekocht, die Mahlzeiten wurden
gruppenweise eingenommen. Die Offiziere (der Stab), die
Unteroffiziere, die Kadetten und die Mannschaft bildeten
eigene Gruppen. Die Seekadetten wurden gelegentlich vom
Kommandanten in die Offiziersmesse eingeladen.

Der diensthabende Wachoffizier hatte die Verpflichtung,
sich vor dem Essen von der Qualität der gebotenen Koch-
künste durch eine Kostprobe zu überzeugen.

Der Speiseplan war genau ausgeklügelt, für alle Nahrungs-
mittel, sogar für Essig, Salz und Pfeffer, war die Verbrauchs-

weis: „Auf ein Stück Kreide getröpfelt, hinterläßt ein mit Teerfarbstoff verfälschter Wein einen deutlich roten ziemlich scharf umgrenzten Fleck, wogegen ein Tropfen echten Rotweines zerfließt und nur sehr schwache violette Konturen zeigt." Ob vor der Verkostung des Weines an Bord wirklich die Kreideprobe gemacht wurde, ist nicht bekannt.

Die Verpflegung an Bord von Jungenschulschiffen unterschied sich von der „im vollen Genusse der Schiffskost stehenden Mannschaft" in drei Dingen. Die Burschen bekamen mehr Brot und Zucker, aber dafür – außer am Sonntag – keinen Wein.

Den Arrestanten durfte die tägliche Ration Wein nicht ausgefolgt werden – sie verfiel zugunsten des Ärars.

Die Speisetabelle zeigt eine gewisse Monotonie. Gepökeltes oder konserviertes, manchmal auch frisches Rindfleisch wurde täglich verabreicht.

Alle anderen Beilagen wechselten in einem Tagesrhythmus ab. Auf See wurden die Mahlzeiten gelegentlich durch in der Freizeit gefangene Fische ergänzt.

In der Offiziersmesse wurden schweres (standfestes) Porzellan und schweres Tafelsilber verwendet. Beides war ebenso wie die Tischwäsche mit dem Marineemblem geschmückt. Bei besonderen Ereignissen (zum Beispiel Äquatortaufe) und an Festtagen (kirchliche Feiertage und Kaisers Geburtstag) gab es an Bord auf See Festmenüs, die einem guten Restaurant am Lande alle Ehre gemacht hätten.

So schildert der bereits erwähnte Maschinist Otto Krisch in seinem Tagebuch von der österreichisch-ungarischen Nordpolexpedition ein Festessen an Bord der *Tegetthoff* im nördlichen Eismeer:

> „War großes Diner am Bord zur Feier des Geburtsfestes unseres geliebten Kaisers, an welchem sämmtliche Herren des *Eisbären* Theil nahmen. Herr Graf Wilczek stellte den Champagner bei, Commandant Weyprecht erhob sich und sprach mit bewegter Stimme einen Toast auf das Wohl des Kaisers, gewiß den ersten, der Höchstdemselben je im Eise gebracht wurde!
> Das Menu bestand aus:
> Schildkrötensuppe,
> Krammetsvögel mit Mixed-Picles,
> Rennthierbraten mit Erdäpfel-Pierré,
> Hühner-Ragout mit Schnittbohnen-Salat,
> Mehlschmarn mit Pflaumen-Compot und
> Himbeer-Marmelade.
> Zum Schlusse Käse, Butter, schwarzer Kaffee und ausgezeichnete, für besondere Feste aufbewahrte Cigarren."

menge pro Mann berechnet. Außer den angegebenen Rationen wurden, um dem Skorbut vorzubeugen, frisches Obst und Zitronen an die Mannschaft verabreicht.

In einer im Wiener Kriegsarchiv aufbewahrten Dienstvorschrift, die sich ausschließlich mit der Verpflegung an Bord beschäftigt, findet man neben Speiseplänen viele interessante hygienische Hinweise und allgemeine Winke für den Schiffskoch und seine Mannschaft.

So findet sich im Kapitel über Öle und Fette der lapidare Satz „Amerikanisches Fett ist minderwertig". Kein weiterer Kommentar erklärt diese Degradierung. An anderer Stelle wird beschrieben, welche hohen Anforderungen an das Lebendvieh, das an Bord gebracht wurde, zu richten sind. „Sie müssen lebhaft und munter dreinblicken." Dieser Befehl wurde sicher bald mißachtet, denn das Lebendvieh wurde in einem dunklen Raum, in einem der Proviantdecks unter der Wasserlinie, untergebracht.

Selbst für Wein, der zu drei Deziliter pro Mann und Tag verteilt wurde, gab es genaue Bestimmungen sowie Warnungen vor Verfälschungen. So liest man folgenden Hin-

IV.
Verwaltung – Seelentrost und Seekrankheit – k.u.k. Marinebeamte – Geistliche und Ärzte

Marinebeamte – „Kommissäre"

Zu den Beamten der k.u.k. Marine zählten:
1. Marineingenieure, die den Abteilungen Schiffbau, Maschinenbau, Artillerie, Elektrotechnik, Land- und Wasserbau sowie Chemie zugeteilt waren.
2. Maschinenbetriebsleiter (technische Offiziere an Bord).
3. Marinekommissariatsbeamte (Verwaltungsbeamte).
4. Beamte (teilweise aus dem aktiven Offiziersstand) für das Lehramt an der Marineakademie in Fiume und an anderen Marineschulen.

Außer diesen vier Hauptgruppen gab es noch Konstruktionszeichner, Kanzleibeamte, Meteorologen, Marinebibliothekare, um nur einige zu nennen. Für alle Gruppen galt eine ähnliche Rangordnung wie bei den rein militärisch ausgebildeten Offizieren. So begann ein Marinekommissär nach der Matura und einjähriger Berufsausbildung seine Laufbahn als Eleve und ging unter Umständen als Marinegeneralkommissär (im Rang eines Sektionschefs oder eines Generals) in Pension. Die Marinekommissäre hatten an Bord für alles Administrative zu sorgen. Sie verwalteten die „Schiffskassa" und überwachten die perfekte Organisation und Finanzgebarung eines „Haushaltes" für 100 bis 600 Personen eines Schiffes. Sie führten für das Ärar die monatliche Liste aller Ausgaben und hielten die Gehaltslisten in Evidenz.

Wenn Familienmitglieder des „Allerhöchsten Kaiserhauses" an Bord eines Schiffes der Kriegsmarine zu Besuch waren, hatte der zuständige Kommissär für die perfekte Organisation und den reibungslosen Ablauf dieses Ausnahmezustandes zu sorgen.

Das abgebildete Telegramm der Erzherzogin Maria Josepha (der Mutter des späteren Kaisers Karl I.) war Dank und Anerkennung für ein von dem jungen Marinekommissariatsadjunkt Franz von Ritter organisiertes Bordfest, an dem die Erzherzogin teilgenommen hatte.

Heirat mit „Allerhöchster Erlaubnis"

Wenn ein Offizier die Absicht hatte, in den Heiligen Stand der Ehe zu treten, mußte er nach Dienstvorschrift um Heiratsbewilligung ansuchen. Um in finanzieller Sicherheit ein standesgemäßes Leben führen zu können, mußte er das Vorhandensein eines eigenen Vermögens oder das Vermögen der Braut nachweisen. Ein Geldbetrag von 25.000 Kronen galt z.B. für einen Marinebeamten der IX. Rangklasse

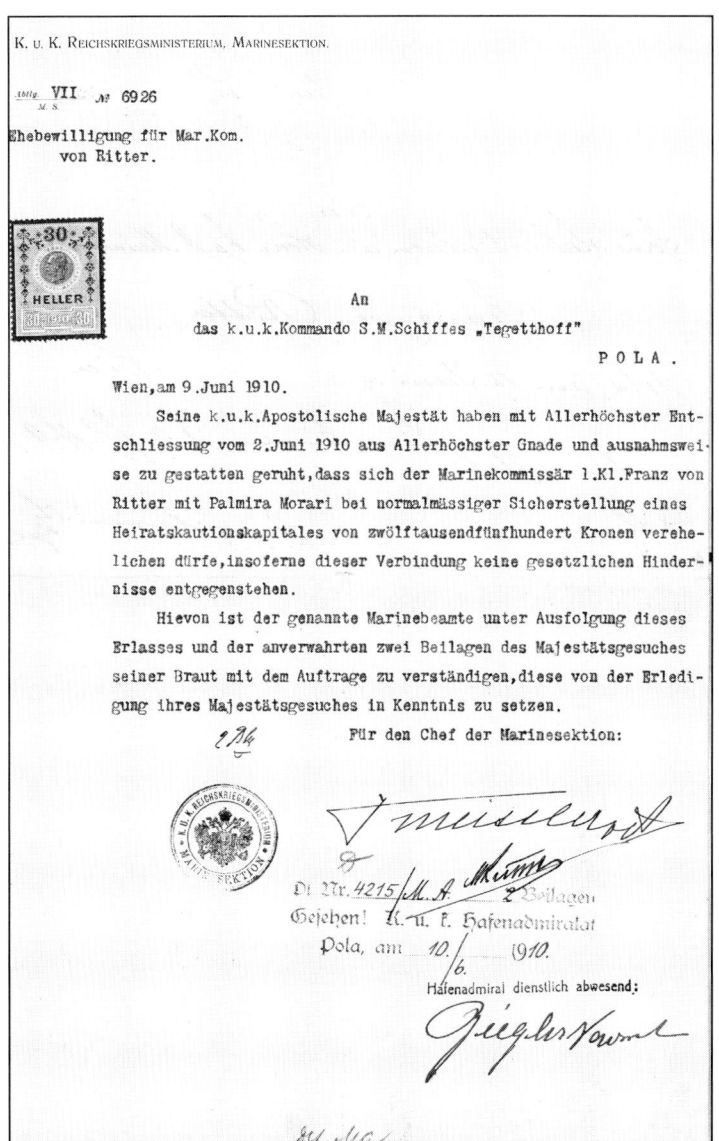

als ausreichendes Heiratskautionskapital. Falls dieser Betrag nicht vorhanden war, konnte der betreffende Marineoffizier im Dienstweg über den Kommandanten seines Schiffes – zum Hafenadmiralat – zum k.u.k. Reichskriegsministerium, Marinesektion – bis zum Kaiserhof um Verminderung des Kautionskapitals ansuchen. Die abgebildeten Dokumente zeigen die wichtigsten Stationen dieses Weges. Die Ehebewilligung, die den Dienstweg wieder zurücklief, enthält die „Allerhöchste Entschließung Seiner k.u.k. Apostolischen Majestät, die aus Allerhöchster Gnade und ausnahmsweise

Der Marinekommissär Franz von Ritter durfte aus „Allerhöchster Gnade" das Heiratskautionskapital um die Hälfte verringern.

Telegramm von Erzherzogin Maria Josepha an den Marinekommissariatsadjunkt Franz von Ritter.

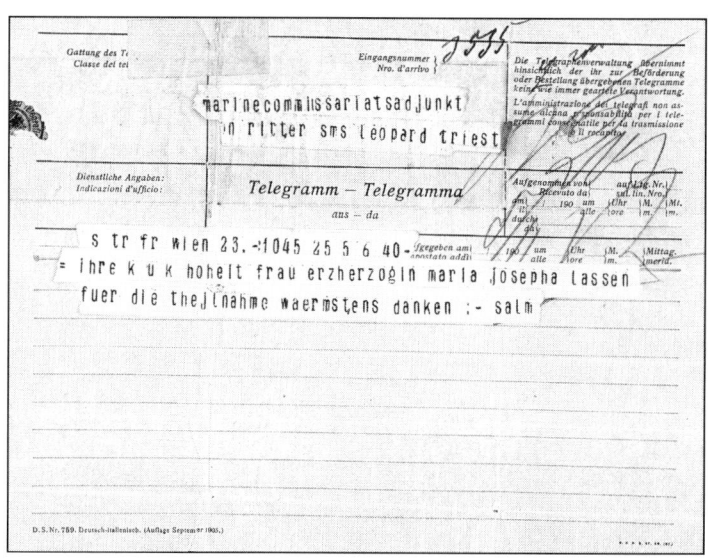

die Verehelichung zu gestatten geruhte". Ausnahmen dieser Art wurden nur bewilligt, wenn, wie auch in diesem Fall, der Vater der Braut k. u. k. Offizier war. Ein interessantes Detail ist die Tatsache, daß in allen privaten Dokumenten des Brautvaters die italienische Adelsbezeichnung „nobile de M." aufscheint, in allen Dienstvorschriften aber wegfällt. Das österreichische „von" des zukünftigen Schwiegersohnes findet sich hingegen dienstlich und privat. Das Brautpaar schloß 1910 die Ehe. Das abgelichtete Makulare (Dienstbuch) zeigt die Stationen der Laufbahn und die Namen von S. M. Schiffen, auf denen der k. u. k. Marinebeamte von 1894 bis 1918 seinen Dienst versah.

„Madame Butterfly"

Der Brautvater – 1910 bereits im Ruhestand – war 1897/98 als Maschinenbetriebsleiter auf S. M. S. *Panther* in Japan gewesen. Es gab damals in Japan eine Art „Ehevertrag auf Zeit" zwischen den Töchtern japanischer Familien des Mittelstandes und etlichen, auch verheirateten, Offizieren der verschiedensten ausländischen Marinen. Die Geschichte der „Madame Butterfly", die Puccini zu seiner bekannten Oper inspirierte, war keine melodramatische Erfindung, sondern eine der „Ussancen", über die man offiziell nicht sprach. Inoffiziell erfolgte nach der Rückkehr nach Österreich oft jahrelang die Geldüberweisung für allfällige halb legitime, halb illegitime Nachkommen ...

Die Offiziersgattinnen fanden sich wohl oder übel damit ab. Eine familiäre Anekdote berichtet, daß die drei Kinder der erwähnten Familie ihren zurückgekehrten Vater mit der stürmischen Frage: „Papa, Papa, wo ist der kleine Japaner, unser Bruder zum Spielen", in arge Verlegenheit gebracht haben.

Marinegeistliche

Die Priester gehörten, wie erwähnt, ebenso wie die Marinebeamten und Marineärzte zum Offizierskorps. Man unterschied:

Marinesuperioren	
Marineoberkuratoren	Kath. Glaubens
Marinekuratoren	
Marinekapläne	

Dr. Johann Tul, ein Marinekurat, verfaßte ein „Marine-Gebet-, Belehrungs- und Erbauungsbuch", das 1917 im Verlag Styria erschien. Ungewöhnlich an diesem Buch sind die Überschriften der einzelnen Kapitel. Sie bestehen aus seemännischen Begriffen und Befehlen wie „Habt acht", „Signale", „Klar zum Gefecht", „Ruht", „Halt, wer da", „Anker des Seemannes" usw.
Außer vielen seelsorgerischen Hinweisen, die speziell die Situation von Matrosen betreffen, findet sich in dem Büchlein der Wortlaut des Flaggeneides, eine Abhandlung über Kriegsartikel im Lichte des Glaubens und Gebete für alle

13. Gebet nach erlittenem Schiffbruche.

Heiliger Apostel Paulus, der du dreimal Schiffbruch gelitten und am Meeresgrunde dich befunden hast, erbitte mir von deinem heißgeliebten Erlöser — Rettung und Heil.

14. Gebet im Unglück.

O Gott, der du dieses Unglück hast über uns kommen lassen, verlasse uns nicht in unserer Not, sondern wende, wie du es vermagst, alles zum Guten, damit wir einzig dir die Ehre erweisen können.

15. Gebet vor der Seeschlacht.

O Gott, du Lenker der Schlachten, der du das auserwählte Volk durch das Rote Meer wunderbar geführt und vor ungerechten Verfolgern errettet hast, verleihe auch uns gegen unsere Feinde deinen mächtigen Schutz und reichlichen Segen.

16. Gebet nach dem Seesieg.

O Gott, Herr der Heerscharen, wir erkennen unsern Erfolg als dein Gnadengeschenk demütig an und sagen dir dafür innigen Dank.

17. Gebet nach der Ausschiffung.

O mein Gott, ich danke dir für alle Wohltaten, die du mir während meiner Einschiffung hast zuteil werden lassen, und bitte dich um weitere Hilfe, damit ich dir stets treu verbleibe.

Eventualitäten der christlichen Seefahrt. So wurden bestimmte Gebete „beim Sturm", „vor der Seeschlacht", „nach der Seeschlacht" und nach erlittenem Schiffbruch empfohlen. Der Kurator verwies auf Gebete für Marineflieger, für Männer auf Unterseebooten, für den Artilleriedienst und für Sanitäter.

Eine Anekdote, die sowohl in einem Sammelbändchen im Wiener Kriegsarchiv als auch etwas abgeändert in dem Buch „Denn Österreich war ein ordentliches Land" zu lesen ist, erzählt folgendes:

„Es war im Jahre 1846, als Venedig noch bei Österreich war. Eine österreichische Fregatte mußte einen hohen geistlichen Würdenträger und seine Suite von Venedig nach Ancona fahren. Seine Eminenz, ganz in seinem Element als Seelenhirte, erkundigte sich beim Kommandanten nach dem Wahrheitsgehalt des Gerüchtes, nach dem Matrosen immer ganz gotteslästerlich fluchen sollten. Der Kommandant erklärte das Fluchen als ganz und gar unschuldige und harmlose Tätigkeit, ohne jede böse Absicht. Er meinte, erst wenn ein Matrose zu fluchen aufhört und zu beten beginne – dann sei der Teufel los, dann werde es ernst. Eminenz – etwas überrascht – bat in Hinblick auf die zahlreiche an Bord befindliche Geistlichkeit das Fluchen bei dieser Fahrt zu unterlassen.

Der Kommandant versprach, dafür zu sorgen. Er hielt seiner Mannschaft eine gepfefferte Rede, gespickt mit allen Flüchen und wilden Drohungen und verbot gleichzeitig das gottverdammte Fluchen.

In der Nacht kam ein Sturm auf. Die Fregatte ächzte in allen Fugen, die hohe Geistlichkeit unter Deck wurde seekrank und war voller Angst. Eminenz schickte einen Kaplan auf Deck, um die Situation zu erkunden. Dieser kam bald zurück und schilderte außer der stürmischen Wetterlage die gotteslästerlichen und nicht wiederzugebenden Flüche der Mannschaft.

Eminenz schien sehr beruhigt, daß nur Flüche und keine Gebete zu hören waren. Er empfahl seiner Suite, zu beten und sich weiterhin keine Sorgen zu machen. Am nächsten Morgen hatte sich der Sturm gelegt, die Silhouette von Ancona erschien am Horizont. Hochbefriedigt verließen die Gäste die Fregatte. Beten und Fluchen – beides unentbehrlich für die Seefahrt – hatten zum glücklichen Ende der Reise geführt."

Marineärzte

Man unterschied dem Range nach:
    Marinegeneralstabsärzte
    Marineoberstabsärzte
    Marinestabsärzte
    Linienschiffsärzte
    Fregattenärzte

Der Marine-Almanach aus dem Jahr 1918 führte in diesen Rängen 93 Namen an. Die Ärzte waren entweder im Marinespital in Pola stationiert oder sie gehörten dem jeweiligen Stab eines Schiffes an. Je nach Umfang der Bemannungsliste befanden sich auf einem Schiff ein, zwei oder drei Ärzte.

Die Grundregel jeder ärztlichen Kunst auf den Schiffen des 19. Jahrhunderts war es, die Prophylaxe als beste Therapie anzusehen. Das bedeutete, daß alles vermieden wurde, was damals wichtig schien, um den Ausbruch einer Krankheit oder gar einer Epidemie an Bord zu fördern.

Ein Teil der Dienstvorschriften regelte die Pflichten der Marineärzte an Bord und die sanitätspolizeilichen Maßnahmen, die ebenfalls teilweise zu ihren Kompetenzen zählten. Alle Personen der Mannschaft, vom Quartiermeister abwärts, wurden bei ihrer Einschiffung vom Schiffsarzt gründlich untersucht. Die übrigen Unteroffiziere und die Offiziere hatten freie Arztwahl unter den Marineärzten.

Bei der Gesundheitskontrolle an Bord wurde die Mannschaft gruppenweise eingeteilt, jeder Mann einzeln aufgerufen und in einem durch eine Leinwand abgetrennten Raum im Batteriedeck auf Herz und Nieren geprüft. Das Ergebnis wurde in eine Kartei eingetragen, in die der Gesamt-Detail-Offizier und der Kommandant auf Wunsch Einsicht erhielten.

Wenn ein Offizier oder ein Kadett erkrankte, mußte der Kommandant des Schiffes sofort benachrichtigt werden. Bei einer Erkrankung, die sich voraussichtlich über mehr als drei Tage erstrecken würde, mußte vom Arzt ein Zeugnis über Art und Dauer der Behinderung dargelegt werden.

Bei Aufenthalten in gesundheitsschädlichen Klimaten wurde die Bemannung täglich belehrt, wie sie sich in diätetischer und hygienischer Beziehung zu verhalten hatte. Schwerkranke und Verwundete an Bord wurden, wo dies möglich war, in Spitäler an Land gebracht.

Im Ausland mußte mit dem zuständigen k. u. k. Konsulat über Unterbringung, Verpflegung und Kostenrückerstattung des Erkrankten Rücksprache genommen werden. Es war auch dafür Sorge zu tragen, daß die Genesenen wieder

Dr. Julius Wagner v. Jauregg
✳ 1857   † 1940

an Bord eines Schiffes in die Heimat zurückkehren konnten. Das im täglichen Dienst vorgeschriebene Schrubben des Schiffes hatte selbstverständlich nicht den Charakter einer Beschäftigungstherapie, sondern es diente in erster Linie der Hygiene. Räume unter Deck wurden so gut wie möglich belüftet und in regelmäßigen Abständen desinfiziert. Ärzte, Wachoffiziere und Unteroffiziere legten großen Wert auf beständiges Zirkulieren frischer Luft unter Deck, um die Bildung von „Miasmen" zu verhindern. Unter „Miasmen" verstand man Verunreinigungen, die aus Ausdünstungen von Sümpfen und feuchten Planken entstanden und die man für Krankheitserreger und in der Folge für Epidemien verantwortlich machte.

Nasse Kleidung durfte vor dem völligen Austrocknen nicht verstaut werden. Die Wachoffiziere hatten unter anderem darauf zu achten, daß die Mannschaftsangehörigen nach dem Dienst nicht mit durchnäßten Kleidern ihre Hängematten aufsuchten.

Eine Hygienebestimmung lautete, daß die Mannschaft gemäß der Tages- und Wochenordnung zum Waschen und Baden angehalten werde.

Im Bedarfsfall mußten für die Wachmannschaften Regenzelte und in tropischen Klimaten Sonnendächer angebracht werden.

Der Schiffsarzt kontrollierte regelmäßig die Kombüse auf Sauberkeit und untersuchte täglich auf See den Zustand des mitgeführten Trinkwassers oder des Frischwassers vom jeweiligen Aufenthalt.

Wenn begründete Bedenken über die Trinkwasserqualität vorlagen, wurde Seewasser mit dem bordeigenen Destillator trinkbar gemacht.

Ganz detailliert (bei stürmischem Wetter, Hitze, Kälte, bei unbekannten Inseln usw.) wies die Dienstvorschrift auf die erste Pflicht jedes Vorgesetzten hin, auf Leben und Gesundheit der Mannschaft zu achten und sie durch keinerlei Aktionen unnötig in Gefahr zu bringen.

Für den Fall „Mann über Bord" gab es eine rasche Abfolge weiterer Befehle „Ruder in Lee!", „Boje über Bord!", „Boot zu Wasser!".

Der wachhabende Offizier hatte alles raschest zu organisieren, um ein Menschenleben zu retten, durfte dabei aber auf keinen Fall die Sicherheit des Schiffes außer acht lassen und weitere Menschenleben bei allzu gewagten Rettungsaktionen gefährden.

Die Schiffsärzte behandelten vorwiegend Verletzungen, Magen- und Darmerkrankungen, Fieber und Schmerzzustände und gelegentlich die ersten Symptome der Syphilis – eine Erinnerung an zweifelhafte Vergnügungen in fremden Hafenstädten.

Das häufigste Übel an Bord war jedoch die lästige, variationsreiche, aber keineswegs gefährliche Seekrankheit.

Seekrankheit

Seit der Römerzeit beschäftigten sich Ärzte, Wissenschaftler und solche, die sich dafür hielten, mit interessanten und wirkungslosen Gegenmitteln.

Plinius empfahl in seiner NATURALIS HISTORIA gegen die Seekrankheit, die er übrigens als Gegenmittel bei allerlei anderen Krankheiten empfahl, einen Aufguß von Wermutkraut: „NAUSEAM MARIS ARCET IN NAVIGATIONIBUS POTUM ABSINTHIUM." Die medizinische Fakultät von Salerno hielt im 14./15. Jahrhundert gewässerten Wein für ein unfehlbares Mittel:

„NAUSEAM NON POTERIT QUEMQUAM VEXARE MARINAM UNDAM CUM VINO MIXTAM SI SUMPSERIT ANTE."

Ein französischer Schiffsarzt des frühen 19. Jahrhunderts schlug folgende geheimnisvolle Mischung vor:

Destilliertes Baldrianwasser	2 Unzen
Orangenblütenwasser	1 Unze
Lüttichwasser	1 Unze
Zimmet-Tinktur	1 Quentchen
Flüssiges Laudan	20 Tropfen

Über die Wirkung ist leider nichts bekannt.

Einige Schiffsärzte der k. u. k. Marine empfahlen Medikamente, die den Kreislauf beschleunigten, und ordneten viel Bewegung an, andere verabreichten Opiate, was zumindest baldiges Einschlafen garantierte. Das „Hausmittel" der Matrosen bei leichteren Fällen waren Pfefferkörner, die man unzerkaut mit warmem Wasser in den gequälten Magen spülte.

Ein barbarisches Mittel – jahrhundertelang inoffiziell erprobt und empfohlen – waren „gelinde Prügel". Angeblich soll diese kameradschaftliche Hilfeleistung oft bemerkenswert rasche Heilung gebracht haben. Medizinisch gesehen bringen leichte Prügel (verursacht Schrecken und leichten Schock) einen „Adrenalinausstoß", der wiederum vorübergehend körperliches Mißbehagen ablenkt. Daß die „Prügeltherapie" kein gesponnenes Seemannsgarn ist, beweist die Schilderung Franz Karl Ginzkeys von seinem ersten Sturmerlebnis auf dem Schulschiff, der Korvette *Friedrich*:

„Der erste Sturm! Wir Jungen waren vorerst begeistert. Für mich aber hatte der schöne Sturm das Schlimme, daß ich ganz jämmerlich seekrank wurde. Neptun verlangte Opfer von mir, die sich jeder Schilderung entziehen. Die See blieb auch später noch lange bewegt, mein Zustand wurde immer bedauernswerter, keines der mir angeratenen Mittel verfing. Ich legte mich flach auf Deck und ließ mich durchnässen und vom Seewind gerben; ich aß ununterbrochen Büchsenhummer, das einzige, was ich merkwürdigerweise vertragen konnte; ich bat zuletzt zwei Kameraden, mich mit einem Tauende ein wenig zu prügeln, was, wie die Kameraden mir hohnlächelnd versicherten, das probateste aller Mittel sei. Es erwies sich

alles als vergeblich. Schließlich befand ich mich in einem derartig verantwortungslosen Zustand völliger Demoralisierung und grenzenlosen Lebensekels, daß ich mich, ohne irgend jemandem eine Meldung davon zu erstatten, in das Schiffsspital verkroch. Das kleine, vierbettige Spital war damals unbenützt, und so konnte es geschehen, daß ich zwei Tage und zwei Nächte dort lag, ohne gefunden zu werden. Ich galt als verschollen, als über Bord gegangen, vermutlich von einem Haifisch gefressen, wie die gemütsvollen Kameraden meinten . . .
Schiffsleutnant Haus, der spätere Großadmiral Haus, strich sich lächelnd den Tegetthoffbart, den er damals trug. ‚Na, so was‘, begann er (er führte bei uns den Spitznamen Nasowas), ‚na, so was ist noch nicht dagewesen. Und Sie wollen dereinst ein brauchbarer Seemann werden? Wissen Sie nicht, daß Nelson seine Schlachten gewann, obgleich er ununterbrochen seekrank war?‘
Ich glaubte es ihm, aber ich verspürte keinerlei Ehrgeiz in mir, es dem englischen Seehelden nachzutun. Ich hatte nur den einen Wunsch: Erde, starke getreue Erde unter den Füßen! . . .‘“
Das Wissen über Nelsons Schwäche war Allgemeingut. Man wußte auch in der k. u. k. Marine, daß der in österreichischen Diensten befindliche dänische Admiral Dahlerup, der nach 1848/49 die österreichische Marine reorganisiert hatte, die Bewegungen eines Dampfers nicht vertrug. Er war schließlich und endlich auf *Segelschiffen* zum Admiral geworden.
Es war bekannt, daß Karl von Scherzer, der wissenschaftliche Leiter der *Novara*-Expedition, die Welt zweimal im Zustand der permanenten Seekrankheit umsegelt hatte.
Fast jeder Anfänger zur See mußte erst lernen, mit dem Übel Seekrankheit umzugehen.
Einer der berühmtesten Vertreter der österreichischen Chirurgie, Prof. Dr. Anton von Eiselsberg, war in seiner Jugend Marinearzt gewesen, er trug voll Stolz zeitlebens den Titel eines Admiralstabsarztes a. D. und präsentierte sich, wo immer es möglich war, in Uniform.
Der Marinearzt Dr. Julius von Wagner-Jauregg wirkte nach Kriegsende an den medizinischen Fakultäten in Graz und Wien, er galt als international anerkannte Spitzenkraft auf dem Gebiet der Nerven- und Geisteskrankheiten. Für seine Methode, die Malariabehandlung (Heilfieber) gegen die Paralyse einzusetzen, erhielt er 1927 den Nobelpreis für Medizin.

Gehaltsschema der Offiziere und Militärbeamten.

Rangs-klasse	K. und K. Heer (Landwehr)		Kriegsmarine	Jahres-Gehalt in Kr.
	Offiziere	Beamte		
I.	Feldmarschall		—	24 000
II.	Reichskriegsminister, Landesverteidigungsminister		—	20 000
III.	Feldzeugmeister, General der Infanterie, General der Kavallerie		Admiral	18 000 / 16 800
IV.	Feldmarschall-lieutenant	Sektionschef, Generaloberstabs-arzt, Chef des Offizierskorps der Auditoren, Chef der Militärintendantur	Vizeadmiral	16 000 / 14 016
V.	Generalmajor, Generalauditor, Generalstabsarzt	Apostolischer Feldvikar, Generalintendant, Artillerie-Generalingenieur, Ministerialrat, Feldkonsistorialdirektor	Kontreadmiral, Admiralstabsarzt, Marine-General-kommissar, Oberster Marine-ingenieur	13 000 / 11 400
VI.	Oberst, Oberstauditor, Oberstabsarzt	Feldsuperior I. Klasse, Militäroberintendant I. „, Artillerie-Oberingenieur I. „, Oberrechnungsrat I. „, Kassendirektor I. „, Ober-Verpflegs-Verwalter I. Klasse, Artillerie-Ober-Zeugs-Verwalter I. Klasse, Registraturdirektor, Medikamentendirektor, Militär-Ober-Rechnungsrat I. Klasse	Linienschiffskapitän, Marinesuperior, Marine-Oberstabsarzt I. Klasse, Marine-Oberkommissar I. Klasse, Marine-Ober-Ingenieur I. Klasse, Direktor des hydrographischen Amtes	8800 / 7200
VII.	Oberstlieutenant, Oberstlieutenant-auditor, Oberstabsarzt II. Kl.	1. Feld-Konsistorialsekretär, Feldsuperior II. Klasse, Militär-Intendant II. Klasse, Artillerie-Ober-Ingenieur II. „, Ober-Rechnungs-Rat II. „, Kassendirektor II. „, Ober-Verpflegungs-Verwalter II. Klasse, Artillerie-Ober-Zeugs-Verwalter II. Klasse, Registraturs-Unter-Direktor, Militär-Ober-Baurechnungs-Rat II. Klasse, Technischer Vorstand I. Klasse, Medikamenten-Ober-Verwalter	Fregattenkapitän, Marine-Oberstabsarzt II. Klasse, Marinesuperior II. Klasse, Marine-Oberingenieur II. Klasse, Marine-Ober-Chemiker I. Klasse, Abteilungsvorstand des marinehydrographischen Amtes, Obermaschinenbetriebs-leiter I. Klasse	6200 / 5400
VIII.	Major, Major-Auditor, Stabsarzt	2. Feld-Konsistorialsekretär, Feldsuperior III. Klasse, Akademischer Pfarrer, griechisch-katholischer Felderzpriester, evangelischer Feldsenior, Stabs-Arzt, Militär-Intendant, Artillerie-Ober-Ingenieur III. Kl., Rechnungsrat, Zahlmeister, Verpflegs-Verwalter, Artillerie-Zeugs-Verwalter, Registrator, Medikamenten-Verwalter, Militär-Bau-Rechnungsrat, technischer Vorstand II. Klasse, Stabstierarzt	Korvettenkapitän, Marinepfarrer, Marine-Oberkurat, Marine-Stabsarzt, Marine-Oberkommissär 3. Klasse, Marine-Oberingenieur III. Klasse, Marine-Ober-Chemiker II. Klasse, Abteilungsvorstand im marinehydrographischen Amte, Obermaschinenbetriebs-leiter II. Klasse	4800 / 4400
IX.	Hauptmann, Rittmeister, Hauptmann-Auditor, Regimentsarzt, Hauptmann-Rechnungsführer, Hauptmann-Proviantoffizier	Feld-(Marine) geistlicher Professor, Feld-Rabbiner, Militär-Imam, Militär-Unter-Intendant, Artillerie-Ingenieur, Rechnungs-Oberoffizial, Adjunkt und Hufbeschlaglehrer der Tierarznei-schule, Kassen-, Verpflegs-, Artillerie-Zeugs-, Registraturs-, Medikamenten-, Militär-Bau-Rechnungs-Oberoffizial, technischer Oberoffizial, Oberwerkführer, Obertierarzt, Forstverwalter, Landwehrevidenzoberoffiziale	Linienschiffslieutenant, Marine-Kurat, Marine-Kaplan, Linienschiffsarzt, Marine-Kommissär, Marineingenieur I. Kl., Marine-Chemiker I. Klasse, Maschinenbetriebsleiter I. Klasse, Oberwerkführer I. Klasse, Konstruktionszeichner I. Klasse	3600 / 3400 / 3200 / 3000
X.	Oberlieutenant, Oberlieutenant-Auditor, Oberlieutenant-Rechnungsführer, Oberlieutenant-Proviantoffizier	Artillerie-Ingenieur-Assistent, Assistent der Tierarzneischule, Rechnungs-, Kassen-, Verpflegs-, Artillerie-Zeugs-, Registraturs-, Medikamenten-, Militär-Baurechnungs-technischer Offizial, Werkführer, Tierarzt, Militär-Lehrer I. Klasse, Landwehrevidenzoffiziale	Fregattenlieutenant, Fregattenarzt, Marine-Kommissär, Marine-Ingenieur II. Kl., Marine-Chemiker II. Kl., Maschinenbetriebsleiter II. Klasse, Oberwerkführer II. Kl., Konstruktionszeichner II. Klasse	2800 / 2600 / 2400 / 2200
XI.	Lieutenant, Assistenzarzt, Lieutenant-Rechnungsführer, Lieutenant-Proviantoffizier	Rechnungs-, Kassen-, Verpflegs-, Artillerie-Zeugs-, Registraturs-, Medikamenten-, Militär-Baurechnungs-Adjutant, technischer Assistent, Werkführer-Assistent, Unter-Tierarzt, Militär-Lehrer II. Klasse, Landwehrevidenzassistenten	Seeaspirant	2000 / 1800 / 1680
XII.		Medikamentenpraktikant, Tierarztpraktikant (beziehen keinen Gehalt, sondern ein Adjutum, die in nicht aktiven Stande im Mobilmachungsfalle einberufenen Praktikanten erhalten eine Gage von 1200 Kr.)	Seeaspirant, Marine-Ingenieur-Eleve	

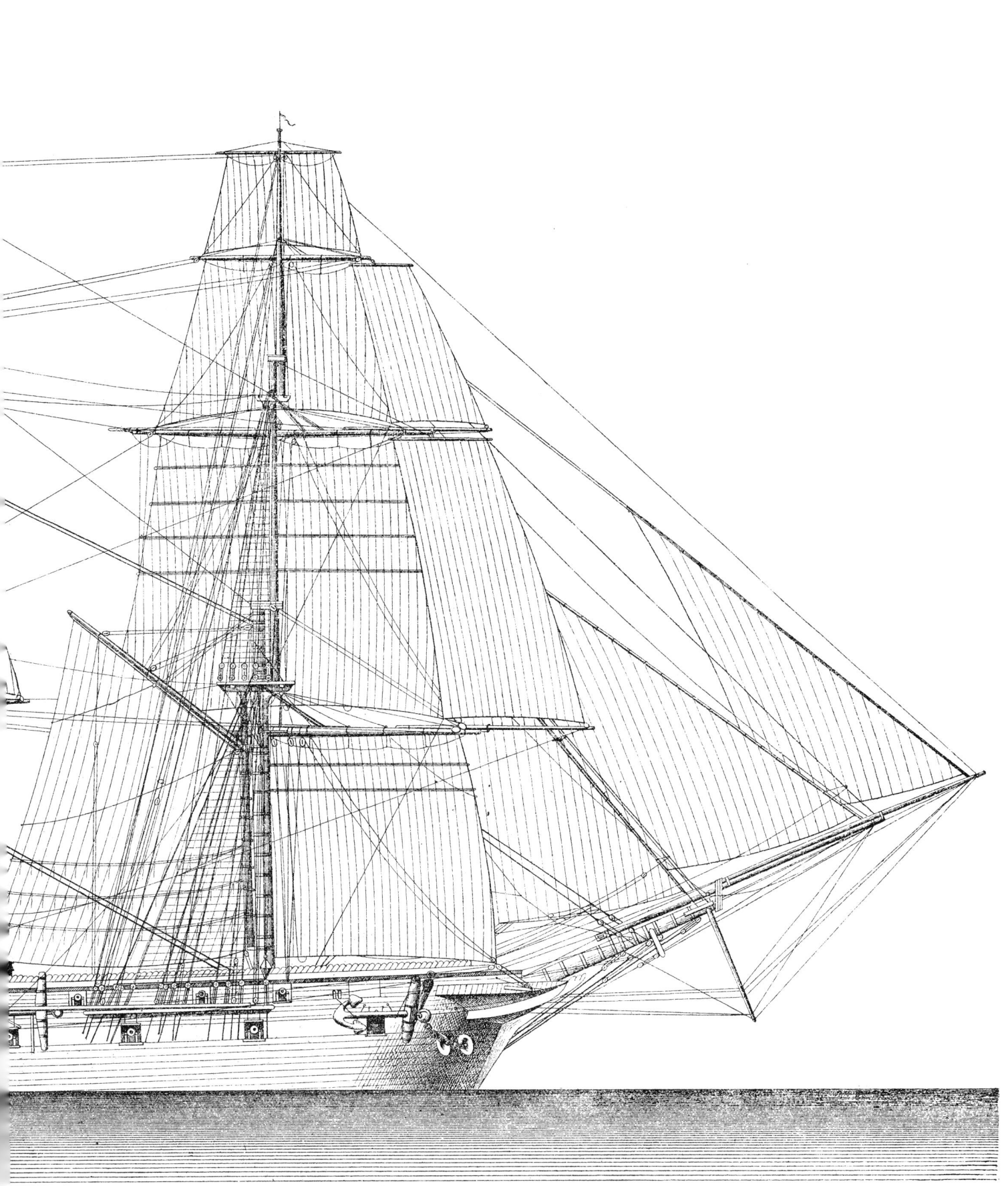

V.
Vom Segelschiff
zum Panzerkreuzer

Von der Mitte des 19. Jahrhunderts bis zur Jahrhundertwende wandelte sich das gesamte Flottenmaterial von der Segel- zur Dampferflotte und von der Holz- zur Eisenflotte. Die seit Jahrhunderten üblich gewesene Armierung mit Breitseitbatterien entwickelte sich über schwenkbare Geschütze am Bug und am Heck bis zu elektrisch drehbaren Geschütztürmen. Erfindungen auf dem Gebiet des Minen- und Torpedowesens erforderten den Bau von speziellen Torpedobooten, U-Booten und gepanzerten Flußkriegsschiffen. Zu Beginn unseres Jahrhunderts entwickelten sich die Großkampfschiffe, deren technische Weiterentwicklung zu den Einheiten des Zweiten Weltkrieges und der Gegenwart führten. Über kaum ein Thema der österreichischen Kriegsmarine gibt es so viel Spezialliteratur wie über die Entwicklung des Schiffbaues und der Schiffsartillerie sowie über die einzelnen Schiffstypen. Die Zeitschrift „Marine, Gestern, Heute" veröffentlicht laufend diesbezügliche Fachartikel und weiterführende Literatur.

Dieses Kapitel gibt daher nur einen groben Überblick über den Schiffbau der genannten Periode und bringt am Ende eine Führung auf einem österreichischen Kriegsschiff, wie sie interessierten Besuchern im Jahre 1910 im Hafen von Pola ermöglicht wurde.

Als die Kriegsschiffe noch ausschließlich Segler waren, teilte man sie nach der Anzahl ihrer Batterien (Geschütze) und nach Größe und Gewicht ein. Man unterschied „Fregatten" mit drei oder zwei Decks (Decken) von „Eindeckern" mit der Bezeichnung „Korvette".

Alle größeren Kriegsschiffe wurden auch „Linienschiffe" genannt, weil sie nach alter überlieferter Seetaktik in der Seeschlacht in einer „Linie" geführt wurden. In den Jahrzehnten von 1850 bis 1880 ergaben sich noch andere Einteilungsmöglichkeiten nach verschiedenen Kriterien:

1. Nach dem Baumaterial:
   Holzschiffe
   Kompositschiffe (Eisenschiffe mit Holzplanken)
   Eisenschiffe
2. Nach dem Defensiv-Vermögen:
   „Ungepanzerte"
   „Gepanzerte"
3. Nach der Antriebskraft:
   Segelschiffe
   Dampfschiffe
   Raddampfer
   Schraubendampfer

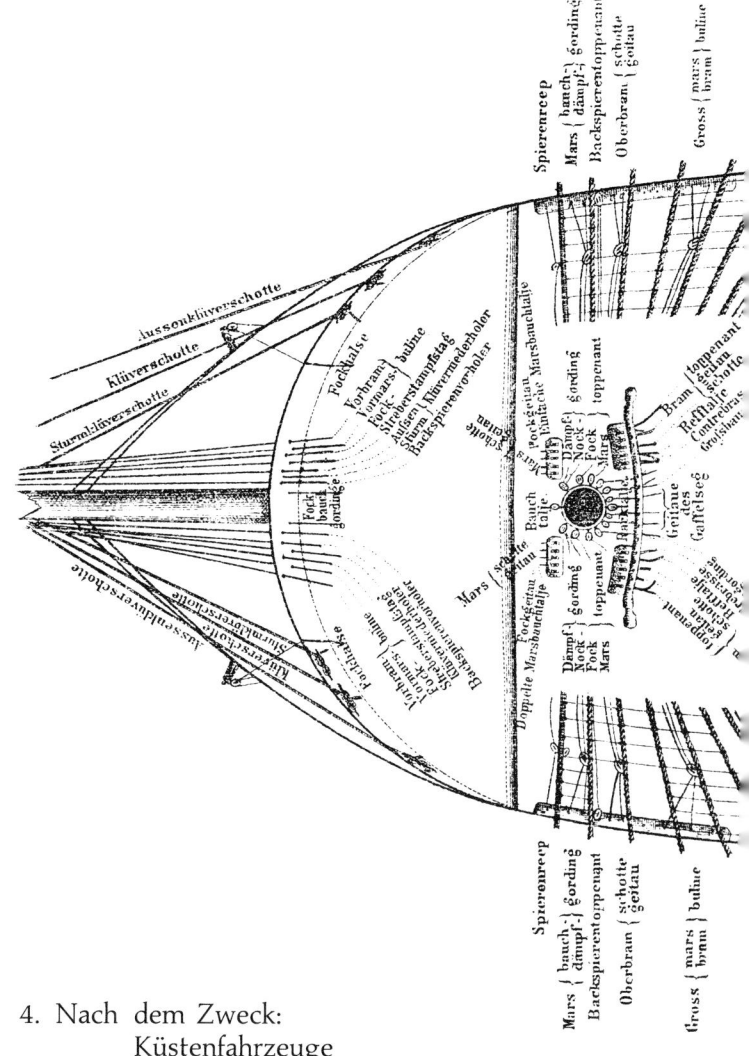

4. Nach dem Zweck:
   Küstenfahrzeuge
   Hochseeschiffe
   Stationsschiffe außerhalb der Adria
   Hilfsschiffe (Avisos, Transporter . . .)
5. Nach der Größe:
   Schlachtschiffe
   Kreuzer
6. Nach der Artillerie:
   Schiffe mit Breitseitbatterien
   Schiffe mit Zentralbatterien
   Schiffe mit Geschütztürmen
   Torpedoboote
   Zerstörer

Tegetthoff, der nur drei Jahre lang das Marinekommando führte, plante einen Flottenausbau nach den damaligen modernsten Gesichtspunkten. Sein plötzlicher Tod beendete alle Projekte. Bis zu der Zeit, in der der Thronfolger Franz Ferdinand Flotte und Flottenausbau protegierte, blieb die Marine das Stiefkind aller Rüstungsverbesserungen und aller Finanzminister.

Nach Tegetthoffs Tod 1871 folgte Konteradmiral Freiherr von Pöck in der Leitung des höchsten Marineamtes bis zum

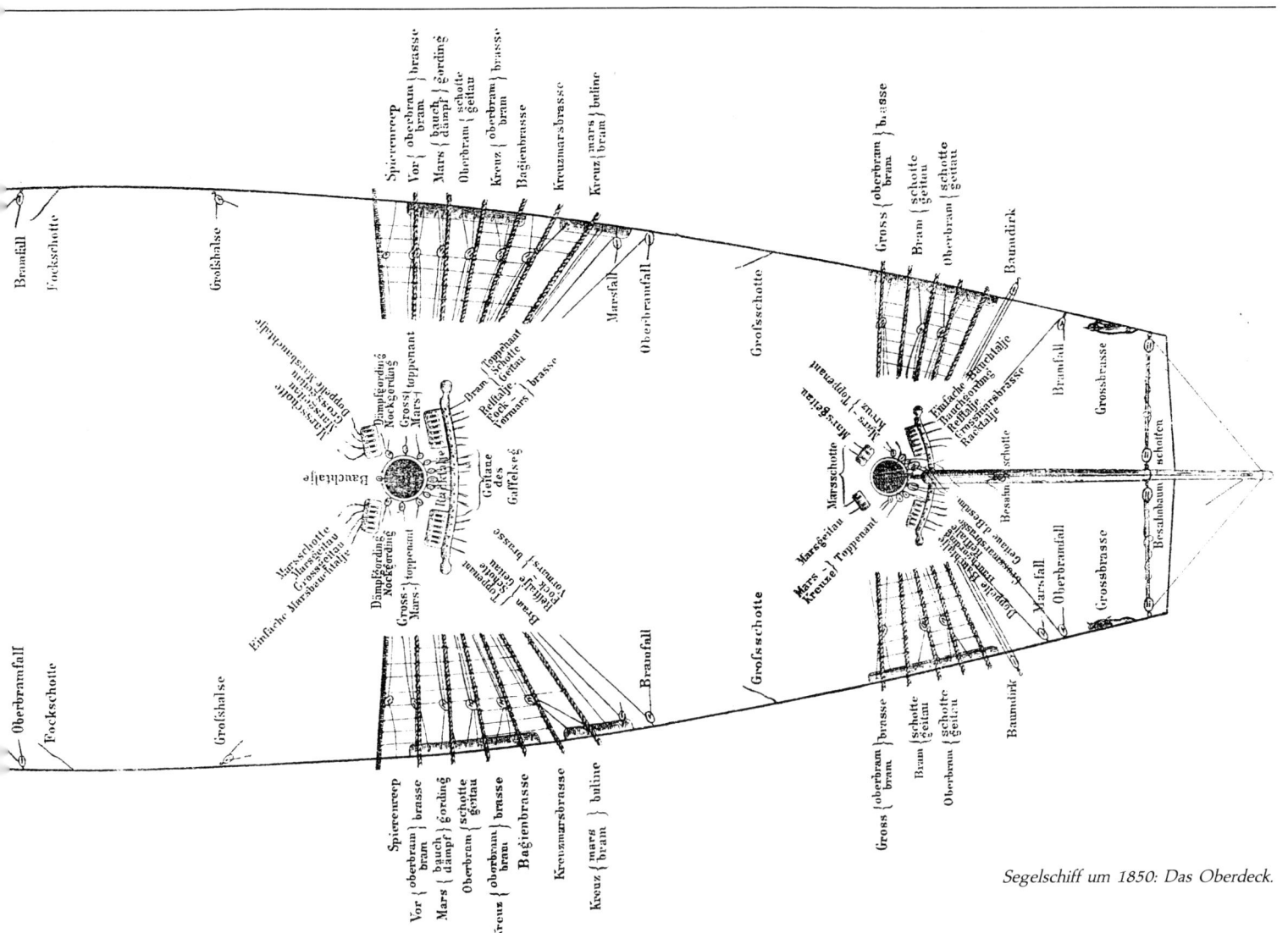

Segelschiff um 1850: Das Oberdeck.

Jahre 1883. In der Ära Pöck stagnierte der Flottenausbau, die wenigen fertiggestellten Einheiten waren Kasemattschiffe, Holzkorvetten und Raddampfer. Eine im Jahr 1880 erstellte Marineenquete bestätigte zwar die Notwendigkeit der Verstärkung der Flotte, erlaubte aber bei der tristen finanziellen Lage der Monarchie keine Erhöhung der mit 18,5 Millionen Gulden jährlich recht knapp bemessenen Marinedotation.

Der nächste Marinekommandant, Konteradmiral Freiherr von Sterneck, beschäftigte sich in seinem Flottenprogramm mit der Frage der Defensivmöglichkeiten der österreichischen Küstengebiete. Sterneck sah in der Weiterentwicklung der Torpedo- und Seeminenwaffe eine Hauptaufgabe der österreichischen Marine. Die Flotte wurde in verschiedene Divisionen unterteilt, die aus Schlachtschiffen, Kreuzern, Torpedofahrzeugen, Schulschiffen und einem Train (Kohlen-, Werkstätten-, Spitalschiffen usw.) bestanden. Nach Sternecks Meinung sollten die Schlachtschiffe aus nicht zu großen Turmschiffen bestehen. Die Kreuzer sollten zu raschester Fahrt befähigt, mit Turmgeschützen armiert,

gepanzert und zum Rammen geeignet sein. Die Technik des Rammsporns war seit Lissa populär geworden, die taktische Ausführung des Rammens erfolgte jedoch nicht mehr. Die Torpedoboote waren für den direkten Angriff auf feindliche Einheiten gedacht.

Alle diese militärischen Überlegungen blieben Theorie, denn die Ära Sternecks war die Zeit der friedlichen Missionsreisen, der wirtschaftlichen Expansion und der wissenschaftlichen Erforschung. Die Flotte wurde unter Sterneck bis zum Jahr 1897 um 5 Turmschlachtschiffe, 7 Torpedofahrzeuge, 2 Hochseetorpedoboote, 24 Torpedoboote und mehrere Trainschiffe vergrößert.

In den Jahren nach Lissa vollzog sich im Kriegsschiffbau – von den USA ausgehend – eine tiefgreifende Neuentwicklung. Anstelle der „Breitseiten-Artillerie", die den Nachteil der Unbeweglichkeit mit dem Nachteil des „Zielscheibeneffektes" in sich vereinigte, nahm die Idee der schwenkbaren Geschütze und drehbaren Geschütztürme in Konstruktionen und ersten Bauversuchen immer mehr Gestalt an. Bald kam es zu einem „Wettlauf" zwischen Geschützen mit

großer Reichweite und starker Durchschlagskraft und immer stärker werdender Panzerung.

1867 wurde in der Werft S. Marco in Triest mit dem Bau des ersten Kasemattschiffes, der *Lissa,* begonnen. Der Schiffskörper der *Lissa* bestand aus Holz, die Deckplanken und das Oberschiff vor und hinter der Kasematte aus Eisen. Ein durchlaufender Gürtelpanzer reichte bis unter die Wasserlinie. Die Weiterentwicklung brachte 1872 die *Custozza* und die *Erzherzog Albrecht,* beide sogenannte Bugbatterie-Kasemattschiffe. Sie waren durchwegs aus Eisen, ihre Geschütze konnten teils in die Breitseite, teils in die Bugrichtung feuern.

Bei den „Turmschiffen" wurde die Artillerie in gepanzerten Kuppeln untergebracht, die man etwas irreführend „Türme" nannte. Diese Türme waren drehbar und ermöglichten somit ein Schußfeld nach allen Richtungen. Gelegentlich wurden zwei schwere Geschütze als „Zwillinge" in den Türmen installiert.

Die ersten österreichisch-ungarischen Turmschiffe waren die in Pola gebaute *Kronprinz Erzherzog Rudolf* und die in Triest entstandene *Kronprinzessin Erzherzogin Stephanie.* Beide liefen 1887 vom Stapel.

„Torpedo" (lateinisch „Zitterrochen") ist die Bezeichnung für eine Unterseewaffe, die sich nach dem Abschuß mit eigener Kraft fortbewegt. Die Idee des Torpedos stammte von dem österreichischen Fregattenkapitän Blasius Luppis. Der in Fiume wirkende englische Schiffsmaschinen-Ingenieur Robert Whitehead entwickelte den Torpedo in jahrelangen Konstruktionsversuchen weiter und stellte 1868 seine Erfindung in Österreich-Ungarn und in England vor. Whitehead startete in Fiume ein eigenes Unternehmen mit dem Namen „Silurificio Whitehead" und verkaufte seine Torpedos an alle interessierten Marinen. England, das Deutsche Reich, Frankreich, Österreich-Ungarn, Italien, Rußland und Schweden zählten zu seinen Hauptkunden. Robert Whitehead erhielt von Kaiser Franz Joseph mehrere Auszeichnungen und den Adelstitel „Baron". Eine der Töchter und eine der Enkelinnen Whiteheads heirateten einen k. u. k. Marineoffizier. Der Schwiegersohn Graf Georg Hoyos half neben seiner Tätigkeit als Marineoffizier seinem Schwiegervater bei der technischen Weiterentwicklung des Torpedos. Der Schwiegerenkel Baron Georg von Trapp wurde im Ersten Weltkrieg zu einem der erfolgreichsten U-Boot-Kommandanten.

Der whiteheadsche Torpedo der Jahrhundertwende war etwa fünf Meter lang, trug 80 Kilogramm Sprengstoff, wog

350 Kilogramm und hatte eine Reichweite von 800 Metern. Er hatte die Form einer Zigarre oder eines Fisches und bewegte sich unter Wasser durch eine Propellerschraube, die durch eine von Preßluft angetriebene Maschine bewegt wurde. Eine der Schwimmblase eines Fisches ähnliche Vorrichtung regelte den Tiefgang. Im Propellerkopf war eine Sprengladung untergebracht, die bei Berührung mit dem getroffenen feindlichen Objekt zur Explosion kam. Torpedos konnten aus Lancierrohren ober und auch unter Wasser ausgestoßen werden.

Der Torpedo entwickelte sich bis zum Erscheinen der ferngesteuerten Raketen und ersten Atomwaffen zu der gefürchtetsten Vernichtungswaffe zur See.

Torpedoboote wurden eigens für diese Waffe konstruiert. Die U-Boote, die in Österreich-Ungarn seit 1907 gebaut wurden, waren ebenfalls mit Torpedos bestückt.

Nach dem Ableben Sternecks wurde 1897 Vizeadmiral Hermann von Spaun mit dem Oberkommando der Kriegsmarine betraut. Das jährliche Marinebudget wurde auf 26 Millionen Gulden (52 Millionen Kronen) gesteigert. Unter der „Ära Spaun" nahm der Tonnengehalt des gesamten Schiffsmaterials um 80 Prozent zu. Um die Jahrhundertwende wurde die sogenannte „Habsburg-Klasse", bestehend aus den Einheiten *Habsburg*, *Arpad* und *Babenberg*, gebaut. Eine Klasse wurde nach ihrem ersten Repräsentanten, dem typbildenden Schiff, bezeichnet. Die Schwesterschiffe hatten die gleichen Dimensionen wie der Prototyp. Die Einheiten der Habsburg-Klasse waren etwa 108 Meter lang, 20 Meter breit und 12,5 Meter hoch, davon 7 Meter unter der Wasserlinie. Sie waren nach dem Doppelbodensystem mit mehreren wasserdichten Abteilungen gebaut. Ihr Gewicht betrug 8340 Tonnen.

Die Kreuzerflotte erhielt durch die schnellaufenden gepanzerten Schiffe *Kaiser Karl VI.* und *Sankt Georg* und durch die ungepanzerten *Szigetvár*, *Zenta* und *Aspern* Verstärkung. Die Donauflottille und die Torpedoflotte erhielten ebenfalls wichtigen Zuwachs.

Nachdem 1904 Admiral Spaun in den Ruhestand getreten war, übernahm Vizeadmiral Rudolf Graf Montecuccoli den Oberbefehl über die Flotte.

Der Ausbau der Flotte ging nun noch rascher voran. Innerhalb weniger Jahre wurden sechs Torpedobootzerstörer, 20 Hochsee-Torpedoboote, sieben Zerstörer und drei Donaupatrouillenboote gebaut. Einige U-Boote wurden in Kiel angekauft, andere entstanden bei Whitehead in Fiume und im Arsenal von Pola.

Die schon in der Ära Spaun begonnene „Erzherzog-Karl-Klasse" wurde weitergebaut und vollendet.

Eine neue Schlachtschiffklasse entstand mit dem Prototyp *Erzherzog Franz Ferdinand*. Die Grazer „Kleine Zeitung" vom 3. Oktober 1908 berichtete auf ihrem Titelblatt über den Stapellauf mit folgender Meldung:

„Das neue Schlachtschiff *Erzherzog Franz Ferdinand*. Am Mittwoch fand der Stapellauf des neuen Schlachtschiffes *Erzherzog Franz Ferdinand* statt. Durch die Stapellassung des neuen Schlachtschiffes *Erzherzog Franz Ferdinand* beging die k. und k. Kriegsmarine wiederum eine jener glanzvollen, in großem Stil gehaltenen Feiern, wie sie bei solchen Anlässen traditionell geworden sind. Das neu erbaute Schlachtschiff, welches in der Konstruk-

distische Ausrüstung anbelangt, erhält das Schiff zwei Unterwasser-Breitlanzierapparate und einen Unterwasser-Heckapparat. Sowohl das Artilleriematerial als auch die bisher aus dem Ausland bezogenen Unterwasser-Lanzierapparate werden nunmehr im Inland hergestellt."

1906 wurden in England sogenannte „Dreadnoughts" gebaut, Großkampfschiffe mit einem Gewicht von 17.900 Tonnen. Die USA beeilten sich, mit einer etwa gleich starken „Arkansas-Klasse", die Franzosen mit einer „Jean-Bart-Klasse" und die Deutschen mit einer „Kaiser-Klasse" im Wettrüsten gleichzuziehen. In Österreich-Ungarn wurde die „Viribus-Unitis-Klasse" mit vier Einheiten geplant.
Das erste österreichisch-ungarische Großkampfschiff, die *Viribus Unitis*, lief am 24. Juni 1911 in Triest vom Stapel. Sie verdrängte etwa 20.000 Tonnen Wasser, lief 20 Seemeilen pro Stunde und war das erste Dreirohrturmschiff der Welt. Jeder ihrer vier „Drillingstürme" enthielt drei 30,5-Zentimeter-Geschütze. Über den Stapellauf der „Viribus Unitis" gibt es nicht nur zahlreiche Pressemeldungen, sondern einen der ersten offiziellen Filmstreifen, die in der Monarchie gedreht wurden.
Im Jahr 1908, dem 60. Regierungsjahr Kaiser Franz Josephs, wurden einige ärarische Objekte dem interessierten Publikum zur Besichtigung vorgestellt.
In Pola konnte das Turmschiff beziehungsweise Schlachtschiff *Erzherzog Karl* bei Führungen besichtigt werden. Diese Führungen wurden in Prachtausgaben für Österreichische Bürgerkunde und in Jubiläumsschriften des Jahres 1908 wiedergegeben.
Die Zahlenangaben erfuhr man zu Beginn der Führung:
Die Kosten für ein Schlachtschiff nach dem Typus *Erzherzog Karl* (10.638 Tonnen) betrugen etwa 40 Millionen Kronen. Die *Erzherzog Karl* war ungefähr 119 Meter lang, was der Längsfront des Justizpalastes in Wien entspricht, 22 Meter breit und vom Kiel bis zum Oberdeck 22 Meter hoch.
Der größte Teil der Panzerung (wie Gürtel, Zitadelle, Kasematte und Geschütztürme) war aus 210 bis 240 Millimeter starkem Nickelchromstahl hergestellt. Das Panzerungsmaterial wog etwa 3.000 Tonnen.
Die Hauptarmierung bestand aus vier für die Anwendung von Metallpatronen eingerichteten Schnelladegeschützen (System Skodawerke). Die Geschütze waren in zwei Panzertürmen installiert und konnten fünf gezielte Schüsse binnen zwei Minuten abfeuern.

tionswasserlinie eine Länge von 137,37 Meter, eine Breite von 24,50 Meter und ein Deplacement von 14,457 Tonnen besitzt, ist das erste Schiff einer neuen Schiffsdivision, welche die seit 1906 aus der Liste der operativen Flotte gestrichenen Schiffe *Kronprinz Erzherzog Rudolf*, *Kronprinzessin Erzherzogin Stephanie* und *Tegetthoff* ersetzen soll. Für das Schiff werden zwei vierzylindrige Maschinen mit dreistufiger Expansion vorbereitet, welche etwa 20.000 Pferdekräfte indizieren und hiebei dem Schiffe eine Geschwindigkeit von 20,5 Seemeilen pro Stunde erteilen werden. Die Armierung des Schiffes ist mit 38 Geschützen (vier 30,5-Zentimeter-Geschütze, acht zu 24 Zentimeter, zwanzig zu 10 Zentimeter und sechs zu 7 Zentimeter, sowie zwei 8-Millimeter-Mitrailleusen) vorgesehen. Was die torpe-

Innerhalb weniger Jahrzehnte wurde der Kriegsschiffbau
grundlegend geändert. Die alte Segelflotte wurde zur Dampferflotte.
Anstelle von Holz wurde nun Eisen verwendet.

Die vorderen Turmgeschütze erhielten Rundfeuer über Bug bis zu 180 Grad nach jeder Bordseite gegen achtern, die achteren ein Rundfeuer über Heck bis zu 180 Grad nach jeder Bordseite gegen vorne. Das Drehen der Geschütztürme zur Fixierung der Seiten- und Höhenrichtung und die Zuführung der Munition erfolgten durch elektrische Dynamos. Außer mehreren auf zwei Decks verteilten Beigeschützen besaß das Schiff zwei Breitseit-Unterwasser-Lanzierapparate (System Armstrong) für 45-Zentimeter-Whitehead-Torpedos von fünf Metern Länge.

Die Fortbewegung des Schiffes erfolgte durch zwei vierzylindrige Motoren, die einen dreiflügeligen, aus Kanonenmetall hergestellten Propeller betrieben.

Die Beleuchtung aller Innenräume erfolgte durch ungefähr 700 Glühlampen. Für ihren Betrieb und die Außenfeldbeleuchtung an Deck waren zwei Dampfdynamomaschinen von je 50 Kilowatt erforderlich.

Auf Deck waren zwei Gefechtsmasten, die mit Geschützmarsen und Plattformen ausgestattet waren und die für Signale die notwendigen Rahen trugen.

Die Laderäume für Kohle faßten einen Vorrat von 1300 Tonnen, so daß das Schiff eine Distanz von 4500 Meilen mit wirtschaftlich optimaler Geschwindigkeit zurücklegen konnte, ohne frische Kohlen einschiffen zu müssen.

Die *Erzherzog Karl* bewahrte am Oberdeck zwei Dampfboote und 16 Ruderboote verschiedener Größe. Zwei für Dampf- und Handbetrieb eingerichtete Drehkräne und acht Handkräne dienten zum Aus- und Einsetzen der Boote, was höchstens drei Minuten Zeit in Anspruch nahm. Zur Sicherung des Schiffes dienten mehrere Anker, jeder 6000 Kilogramm schwer und durch 60 Millimeter starke Ankerketten fixiert. Ankerlichtmaschinen und Ankerwinden waren für Dampf- und Handbetrieb geeignet.

Der Schiffskörper war nach dem Doppelbodensystem kon-

struiert, so daß zwischen den Böden durch Querwände eine große Zahl von Zellen ausgespart blieb. Dadurch konnte man bei einem Geschütztreffer den Wassereinbruch räumlich begrenzen.

Eine das ganze Schiff durchziehende Drainageanlage konnte 22.500 Hektoliter Leckwasser pro Stunde über Bord pumpen. Mittel-, Batterie- und Oberdeck dienten auch als Wohnraum. Im Batteriedeck waren die Wohnung des Kommandanten, die Offizierskabinen, die Messen mit ihren Anrichtekammern, die Küche für Admiral und Stab und die Mannschaftsräume. Am Oberdeck befanden sich Stabs- und Unteroffizierskabinen und die Mannschaftsküche.

Drei Destillieranlagen lieferten aus dem Meereswasser täglich über 100 Tonnen Kesselwasser oder 7000 Liter Trinkwasser. Letzteres wurde durch Filter in eine Kühlanlage geleitet, die durch eine Eismaschine täglich 200 Kilogramm Eis erzeugen konnte. Das Trinkwasser, dessen Temperatur nie über zehn Grad Celsius stieg, wurde durch Rohrleitungen in mehrere Trinkwasserbrunnen geleitet.

Nahe der Küchenanlage befanden sich umfangreiche Vorratsdepots für die drei Küchen (mit je einer Dampfkombüse). An Bord waren ferner fünf Bäder mit Duschanlagen, eine Dampfwäscherei mit Trockenanlage, verschiedene Depots, Reparaturwerkstätten, Spital und Apotheke.

Die Bemannung bestand aus 37 Stabspersonen und 717 Männern des Mannschaftsstandes.

1908 und 1909 besuchte und besichtigte der deutsche Kaiser Wilhelm II. das Schiff. 1915 nahm die *Erzherzog Karl* an der Beschießung von Ancona teil. 1918 wurde das Schlachtschiff in die Bocche di Cattaro kommandiert, um bei der Niederschlagung der Meuterei mitzuwirken. Nach Kriegsende wurde die *Erzherzog Karl* Frankreich zugesprochen. 1920 sank das ehemalige „Paradeschiff" bei Schlechtwetter vor Anker vor der algerischen Küste.

VI.
Der Zentralhafen Pola

Der Name „Polai" (Pluralform von Pola) wurde zum ersten Mal in der Sage von Jason und Medea erwähnt. In einer tiefen Bucht an der Ostküste der Adria soll eine Siedlung gegründet worden sein. Die Legende weist auf das Bestehen einer Seeverbindung zwischen der Nordadria und dem altgriechischen Süden hin. „Colonia Julia Pollentia Herculanea", „Pietas Julia", „Polla", „Pula", das waren die verschiedenen Namen für die Siedlung an der Südspitze Istriens, die ab der Mitte des 19. Jahrhunderts zum Zentralhafen der österreichischen Kriegsmarine ausgebaut wurde.

Das Stadtbild von Pola wird heute noch immer von den beiden für die Stadt wichtigen Epochen geprägt – der römischen Kaiserzeit im ersten und zweiten nachchristlichen Jahrhundert und der Ära Kaiser Franz Josephs.

In der Zeit zwischen diesen beiden glanzvollen Perioden war die Siedlung auf das Niveau eines unbedeutenden Provinznestes herabgesunken. Die Einwohnerzahl blieb gering. Im Jahr 1797, als Venetien und Istrien an die Habsburger kamen, sollen in Pola nur 300 Menschen gelebt haben. 1914, zu Beginn des Ersten Weltkrieges, war die Zahl der Bewohner auf 60.000 gestiegen, heute sind es 70.000.

Die Zeugen einer lebhaften römischen Bautätigkeit begegnen uns in vielen gut erhaltenen Objekten, im Straßennetz, das radial vom Kapitol bis zur Küste angelegt war und die Siedlung in regelmäßige „insulae" aufteilte, in vielen Inschriften und vor allem im gewaltigen Oval der das Stadtbild beherrschenden Arena.

Die Blütezeit Polas begann unter Kaiser Augustus, zu Beginn unserer Zeitrechnung. Der Kaiser begünstigte die Stadt mit vielen prächtigen Bauten. Mehrere römische Patrizier wählten Pola als ständigen Wohnsitz. Kaiser Septimius Severus hielt hier mit Vorliebe Residenz.

Pola war nach dem allgemein üblichen Muster römischer Städte oder „coloniae" angelegt. Die Stadt war ummauert, mehrere Tore wie etwa die „Porta Minerva", die „Porta Herculia" oder die „Porta Jovia" wiesen den Weg zum Zentrum. In der Oberstadt – „Pars superior" – wurde ein natürlicher Hügel von einem Kapitol mit verschiedenen Kultbauten gekrönt. Das Forum lag in der Unterstadt – „Pars inferior" – nahe dem Meer. Ein kleines Theater und die große Arena waren außerhalb der eigentlichen Stadt.

Die kleinen Inseln innerhalb der Bucht waren ebenso locker besiedelt wie die nordwestlich der Bucht bereits im offenen Meer gelegene Inselgruppe Brioni. Auf ihnen befanden sich, wie an der Küste, prächtige Landsitze – „villae" – zwischen Weingärten und Olivenhainen.

Das früher erwähnte Forum bildete den Mittelpunkt der unteren Stadt. Hier war das Zentrum des gesamten öffentlichen, politischen, kulturellen, religiösen und wirtschaftlichen Lebens. Heute heißt dieser Platz *Trg Republike (Platz der Republik)*.

An der Nordseite dieses Platzes steht der kleine, sehr gut erhaltene, Rom und dem gleichnamigen Kaiser geweihte Augustustempel. Auf dem Giebelfeld ist noch die Inschrift „ROMAE ET AUGUSTO CAESARI INVIT PAT PATRIAE" erhalten. Dieser Tempel diente den Venezianern als Kornspeicher. Vor etwa hundert Jahren hat man ihn in ein Museum umgewandelt und, seinem ursprünglichen Zweck eher entsprechend, mit antiken Skulpturen ausgestattet.

Am Nordufer der Stadt wurde ein Jupitertempel errichtet, der wenige Jahrhunderte später einer frühchristlichen Basilika weichen mußte. Die Basilika wurde im 15. Jahrhundert umgestaltet, vergrößert und wenig später zum Dom erhoben.

Unter den römischen Denkmälern nimmt das Amphitheater den ersten Rang ein. Aus den gewaltigen Dimensionen – die Arena soll für 25.000 bis 30.000 Zuschauer Platz geboten haben – kann man auch die Bedeutung und Größe der Stadt Pola ermessen. Der imposante und aus weißem Marmor geschaffene Bau wurde in der Form einer Ellipse errichtet, deren Längsachse 135 Meter und deren Querachse 110 Meter betrug.

Das „Wahrzeichen" von Pola, die Arena, ist trotz der vielen Stürme, die im Laufe von zwei Jahrtausenden über die Stadt hinweggefegt sind, recht gut erhalten.

Großeltern und Urgroßeltern der Autorin wohnten in einem Haus, das direkt neben der Arena steht. Ein kleiner Teil der Geschichte der k. u. k. Kriegsmarine wurde hier aus der Perspektive einer Offiziersfamilie miterlebt.

Von dem erwähnten Haus konnte man zum Bahnhof sehen. Die Vorbereitungen, die jedesmal mit großem Aufwand getroffen wurden, wenn der Kaiser „seine Marine" visitierte und vom Bahnhof über den „Molo" zum Arsenal geführt wurde, waren gut zu beobachten. Man sah die Paraden, man hörte die Konzerte der Marinemusikkapelle, man sah dort den Start der Regatten aus dem Handelshafen. Man hörte hier die Signale und Salutschüsse, wenn ein Schiff nach langer Abwesenheit wohlbehalten im Kriegshafen vor Anker gegangen war.

Die Arena ist heute wieder zugänglich, sie wird als Kulisse für musikalische Aufführungen, Folkloreveranstaltungen und ein alljährlich stattfindendes Filmfestival genutzt.

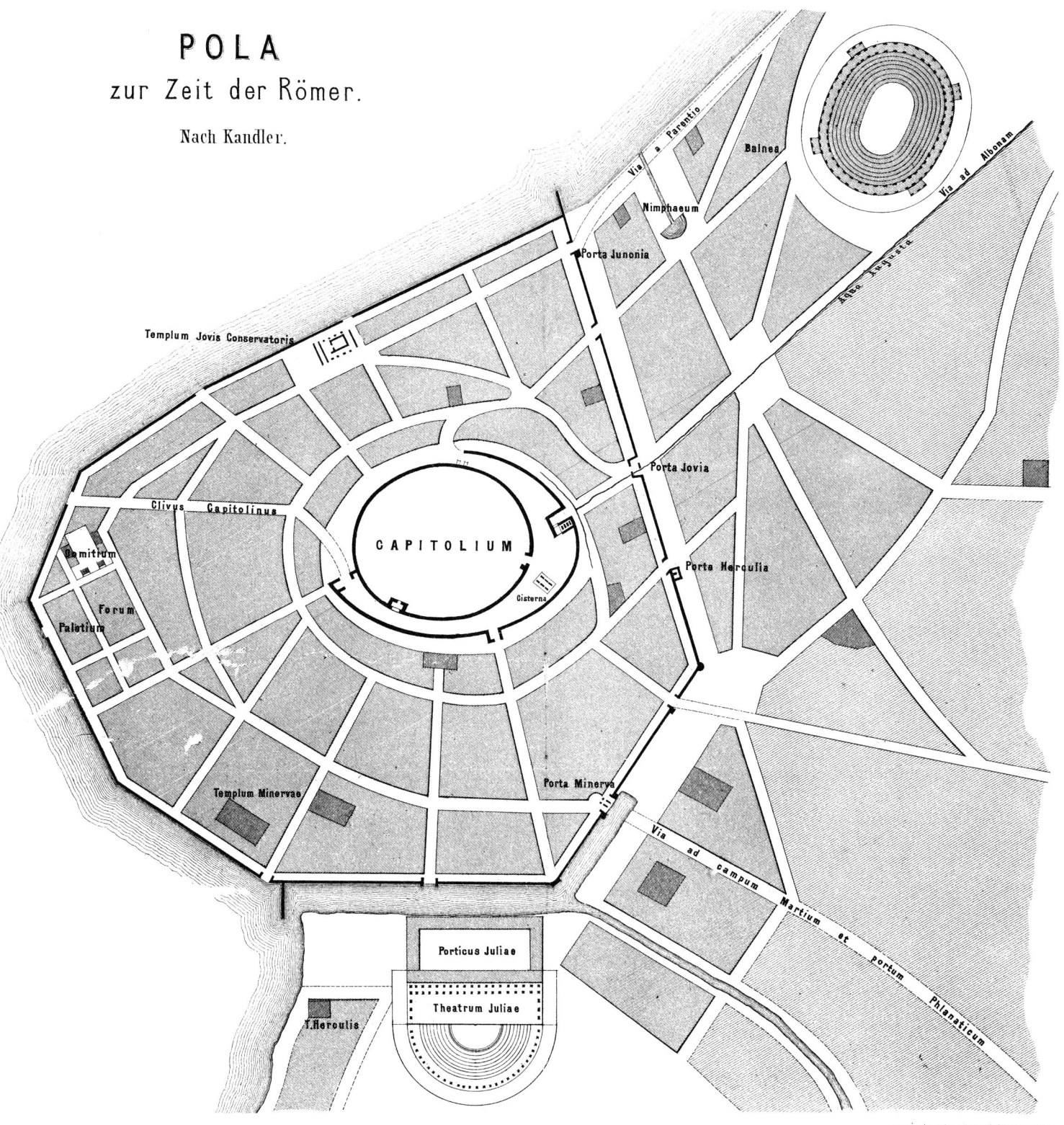

POLA
zur Zeit der Römer.
Nach Kandler.

Via a Parentio

Balnea

Nimphaeum

Porta Junonia

Aqua Augusta

Via ad Alboam

Templum Jovis Conservatoris

Porta Jovia

Clivus Capitolinus

CAPITOLIUM

Comitium

Porta Herculia

Forum

Palatium

Cisterna

Templum Minervae

Porta Minerva

Via ad campum Martium et portum Phlanaticum

Porticus Juliae

Theatrum Juliae

T. Herculis

Nach dem Untergang des Weströmischen Reiches gehörten Istrien und somit auch Pola dem Reich der Ostgoten an. Die Herrschaft wurde danach von Byzanz, dann vom fränkischen Kaiserreich und schließlich vom Patriarchat von Aquileia übernommen.

Die Markgrafschaft Istrien, ein Teil des „Reiches", geriet im Hochmittelalter in die Interessenkonflikte der italienischen Stadtstaaten. 1379 kam es in der Bucht von Pola zu einer Seeschlacht zwischen Venedig und Genua. Der Hafen wurde zerstört, Pola kam bis 1797 in venezianische Hand. Österreich trat an der Adria Venedigs Erbe an. Die Napoleonischen Kriege brachten neuerliche Veränderungen. Istrien gehörte zuerst einem kurzlebigen Königreich Italien an, dann den „Illyrischen" Provinzen. Der Wiener Kongreß stellte 1815 die alte Ordnung wieder her. Istrien und damit auch Pola kehrten in den Besitz Österreichs zurück.

Seit der Römerzeit hatte es keine auffallenden baulichen Veränderungen in Pola mehr gegeben. Die Bevölkerungsanzahl war durch die Bedeutungslosigkeit der Stadt, aufgrund der Pest, die Pola mehrmals heimsuchte, sowie durch die Malaria, die man lange nicht bekämpfen konnte, gesunken. Die Hafenanlagen blieben unbrauchbar. Man nannte die Gegend das „Cayenne" von Österreich-Ungarn.

Der Zentralhafen der Habsburgermonarchie

Nach dem Revolutionsjahr 1848, in dem Venedig vehementen Widerstand gegen die Herrschaft Habsburgs gezeigt hatte, wurde Pola zum neuen Zentralhafen ausersehen.

Das Kriegsministerium beauftragte eine Kommission, bestehend aus Marineoffizieren, Festungsbau- und Hafenbauarchitekten, Ärzten und Klimatologen, ein Urteil über die

Brauchbarkeit des Raumes Pola abzugeben. Monatelang wurde vermessen, verglichen, geprüft, erwogen, diskutiert. Allen Aspekten, die bei der Gründung eines militärischen Stützpunktes von Wichtigkeit waren, sollte Beachtung geschenkt werden. Man unterschied zwischen „innerer", „äußerer" und „geographischer" Eignung.

Zur „inneren Eignung" rechnete man die Zufahrt von der Landseite über Straßen- und Schienenweg, die Möglichkeiten der Lebensmittelversorgung, die Wasserleitung und die Kanalisation.

Die „äußere Eignung" war vorgezeichnet. Sie ergab sich aus der Natur. Der Küstenverlauf, die Form und Tiefe der Bucht, die Lage der Inseln vor und in der Bucht erfüllten die Voraussetzungen.

1886 erschien in Pola eine „Studie" mit lokalpatriotischem Kolorit. Sie war wohl eine Art Rechtfertigung über den bereits erfolgten Ausbau. Die äußere Eignung Polas wird mit folgenden Worten bewiesen:

„... Der geräumige tiefe Hafen wird durch die Eilande Caterina, Andrea und Pietro in einen Vorhafen und einen inneren Hafen geteilt, welch letzterer wieder von den zwei erstgenannten Inselchen und der Insel Olivi in ein nördliches und südliches Becken (das nördliche der ‚Handelshafen' genannt) getrennt ist. Am Ufer des südlichen Beckens liegen Schiffe der Reserve und die Schulschiffe vertäut; längs dieses Ufers und auf den Hügeln desselben befinden sich die Etablissements der Marine: das Seearsenal, die Marinekaserne, das Marinespital, die Sternwarte etc.

Der Innen- und der Vorhafen, welche zusammen eine Flächenentwicklung von 2½ Quadratseemeilen und eine Uferausdehnung von 10¼ Seemeilen haben, bieten

einer großen Flotte von tiefgehenden Schiffen guten, vor Seegang und theilweise auch gegen heftige Winde geschützten Ankergrund. Die engste fahrbare Stelle der Einfahrt (ungefähr 800 m breit) gestattet gleichzeitig mehreren Schiffen rasches und sicheres Auslaufen. Eine besondere Eignung als Centralhafen erhält Pola dadurch, dass der Canal von Fasana gewissermaßen den Außenhafen desselben bildet, in welchem die Flotte im Kriegsfalle – geschützt und gesichert – zur Action bereit liegen kann, ohne in einer geschlossenen Bucht eingesperrt zu sein. Dieser Canal, vom Festlande und den Brionischen Inseln gebildet, bietet großentheils guten Ankergrund und hat eine nordwestliche und eine südwestliche Einfahrt, letztere zunächst des Hafens von Pola gelegen. Beide Einfahrten sind für die größten Schiffe fahrbar. Strömungen, die der Schiffahrt unter Dampf oder dem Legen von Annäherungshindernissen (Seeminen etc.) Schwierigkeiten bieten würden, bestehen weder im Canale von Fasana, noch in der Einfahrt von Pola . . ."

Zum dritten, zur „geographischen Eignung", meinte die Kommission, daß man von dem starren theoretischen Gebot abgehen sollte, daß ein Zentralhafen wirklich im Zentrum einer zu schützenden Küstenlinie liegen müsse. Tatsächlich lagen die Handelsinteressen Österreichs zur See eher in den Hafenstädten Triest und Fiume. Von Pola aus könnte man diese Interessen rasch verteidigen oder gar die Zerstörung nationalen Gutes verhindern.

Was die Entfernung Polas von der südlichsten Grenze des Reiches betraf, so meinte die Kommission optimistisch, daß eine Flotte von zehn Knoten Geschwindigkeit die Bucht von Cattaro in 30 Stunden und die am weitesten von der dalmatinischen Küste entfernte Insel Lissa in 15 Stunden erreichen könnte.

Eine feindliche Flotte, die im südlichen Dalmatien operierte, könnte, so meinte man, weder einen erfolgreichen Angriff auf Befestigungen noch eine abgeschlossene Ausschiffung im großen Stil durchführen. Die optimistische Prognose sollte sich bewahrheiten.

Pola — der ausgebaute k. (u.) k. Zentralhafen

Wie groß die Veränderung Polas in den wenigen Jahrzehnten vor dem geplanten und nach dem ausgeführten Ausbau war, beweist der Vergleich der Stadtpläne und noch deutlicher der Vergleich der Ansichten aus den Jahren 1836 und 1886.

Die Ansicht Polas aus dem frühen 19. Jahrhundert zeigt von der Meerseite gesehen ein idyllisches kleines Städtchen. Einige kleine Boote sind in der Bucht und am Ufer, das unverbaut ist, zu sehen. Die Siedlung wird durch eine desolate Mauer umgeben, wirkt aber dadurch weder eingeengt noch geschützt. Die Stadt ist locker verbaut, viele Grünflächen, die man aber kaum als Parkanlagen bezeichnen kann, vermitteln ein Bild der Geruhsamkeit. Der Stadtplan vertieft diesen Eindruck. Außer einer kleinen Mole nahe der Arena ist das Ufer felsig und naturbelassen. Die Oliveninsel ist noch unbesiedelt.

Die Ansicht und der Stadtplan aus dem Jahr 1886 liefern ein völlig verändertes Bild, Pola ist kaum wiederzuerkennen.

Die Stadtmauer ist bis auf einige römische Torbogen gefallen. Die Ansicht zeigt in der Bildmitte eine ausgebaute Uferanlage mit mehreren repräsentativen Gebäuden. An der rechten Bildseite sieht man die eigenwillige Stahlkonstruktion einer Brücke, die das Ufer mit der nun völlig verbauten Oliveninsel verbindet. Im rechten Bildhintergrund befinden sich die ausgedehnten Anlagen des Arsenals. Davor, im eigentlichen Kriegshafen, liegen einige Schiffe vor Anker. Am nördlichen Stadtrand, nahe der Arena, führt die Bahnlinie bis knapp zum Uferrand des Handelshafens. Die Altstadt und das Arsenal werden in einem weiten Bogen von fünf „Borgi", Hügeln, umgeben, die teils verbaut, teils mit Parkanlagen begrünt sind.

Ganze Stadtteile sind aus dem Boden gewachsen. So auch „Borgo San Policarpo" – „das" Marineviertel schlechthin. Begeben wir uns jetzt auf einen Spaziergang in das Pola von 1886:

Kam man mit der Eisenbahn in Pola an, so erwartete einen fürs erste eine Enttäuschung. Man glaubte, das weite Meer zu finden, und sah eine unscheinbare Wasserfläche – den

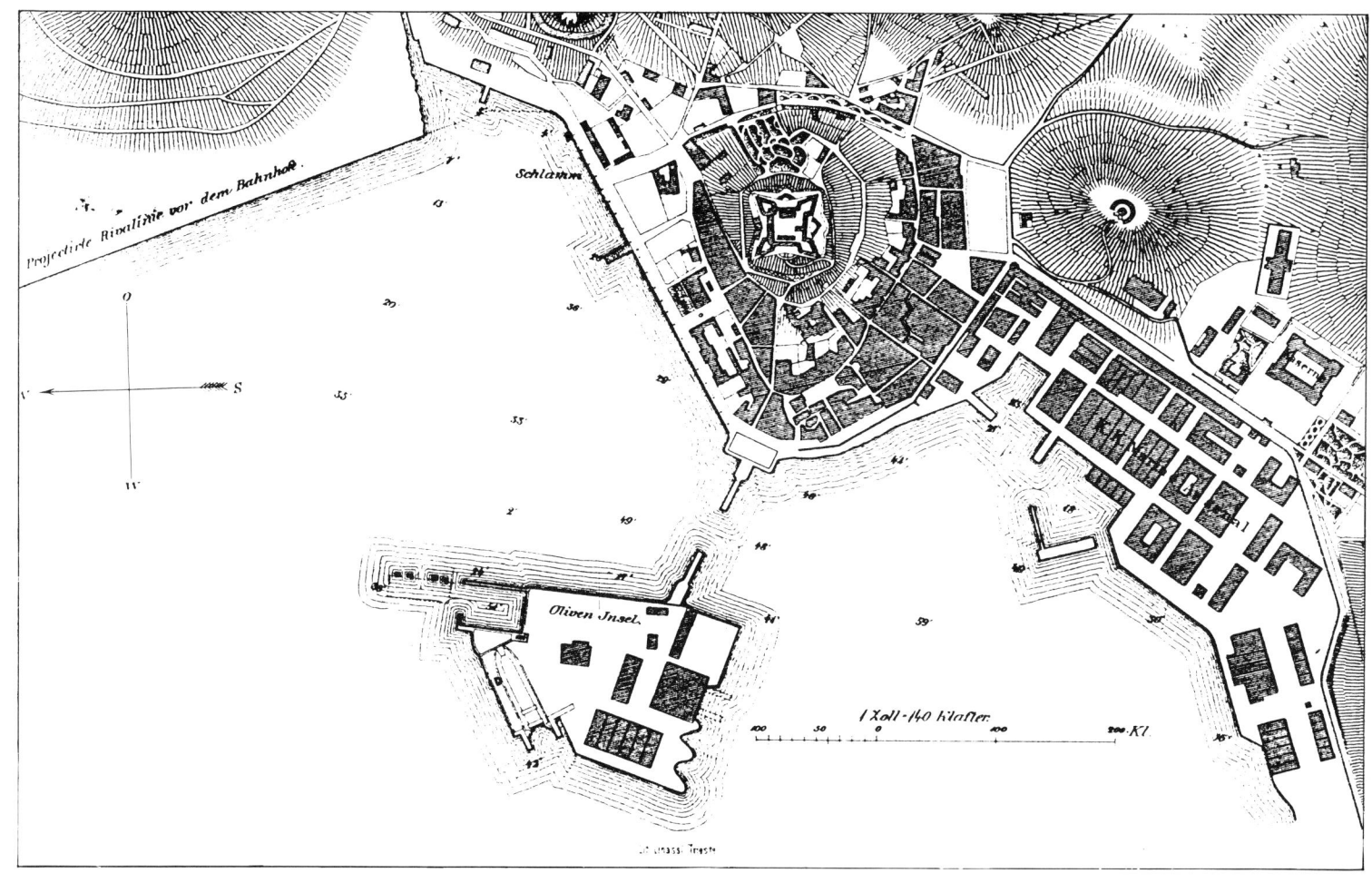

Handelshafen zwischen der „Riva" (offiziell Kaiser-Franz-Josephs-Kai), der Oliveninsel und dem Bahnhofsareal. In der Mitte des Handelshafens lag oder, besser gesagt, „schwamm" die Zivil-Schwimmschule, ein eigenartiges verankertes Holzungetüm, das man nur mit Booten oder schwimmend erreichen konnte. Der Weg zum Zentrum führte nahe der Arena vorbei – dem Molo entlang. Hier lagen das Gebäude der Sanität, das Stabsgebäude und die Infanteriekaserne. Die Infanteristen wurden von den Marineuren spöttisch „Piombi", was soviel wie Bleipatzen bedeutete, genannt. Vor dem Hafenkapitanat lagen meist kleine Handelsschiffe vor Anker.

Am Ende des Molo begann das Terrain des k. u. k. Seearsenals, das zu betreten für Zivilpersonen streng verboten war. Zwei Tore führten in das militärische Sperrgebiet, das Haupttor nahe dem alten Forum und das Tor nahe der Marinekaserne, das merkwürdigerweise die Bezeichnung Tor 8 trug. Beide Tore wurden von „Zerberussen" bewacht, die den Eintretenden streng prüften, auch wenn sie ihn jahrelang kannten.

Der k. u. k. Marinekommissar Dr. Oswald Straub erzählt in seinem Erinnerungsbüchlein „Erlebtes und Erlauschtes aus dem alten Pola" zu diesem Thema folgendes:

„Vor allem ein Torhüter, der alte Sergio, war allen Marineuren wegen seiner spitzen Zunge und kollegialen Ungeniertheit selbst gegen Höchste wohlbekannt. Da er ‚Lissakämpfer' war und stets das ‚große Silberne' an der Brust trug, galt er als Respektsperson, besonders gegenüber Offiziersanwärtern. Als der Arsenalskommandant ihn einmal mit den Worten ansprach: ‚Me par, che diventemo vecchi', erfolgte schlagfertig die Antwort: ‚Lei force, eccelenca, me no', was soviel bedeutete wie: ‚Mir

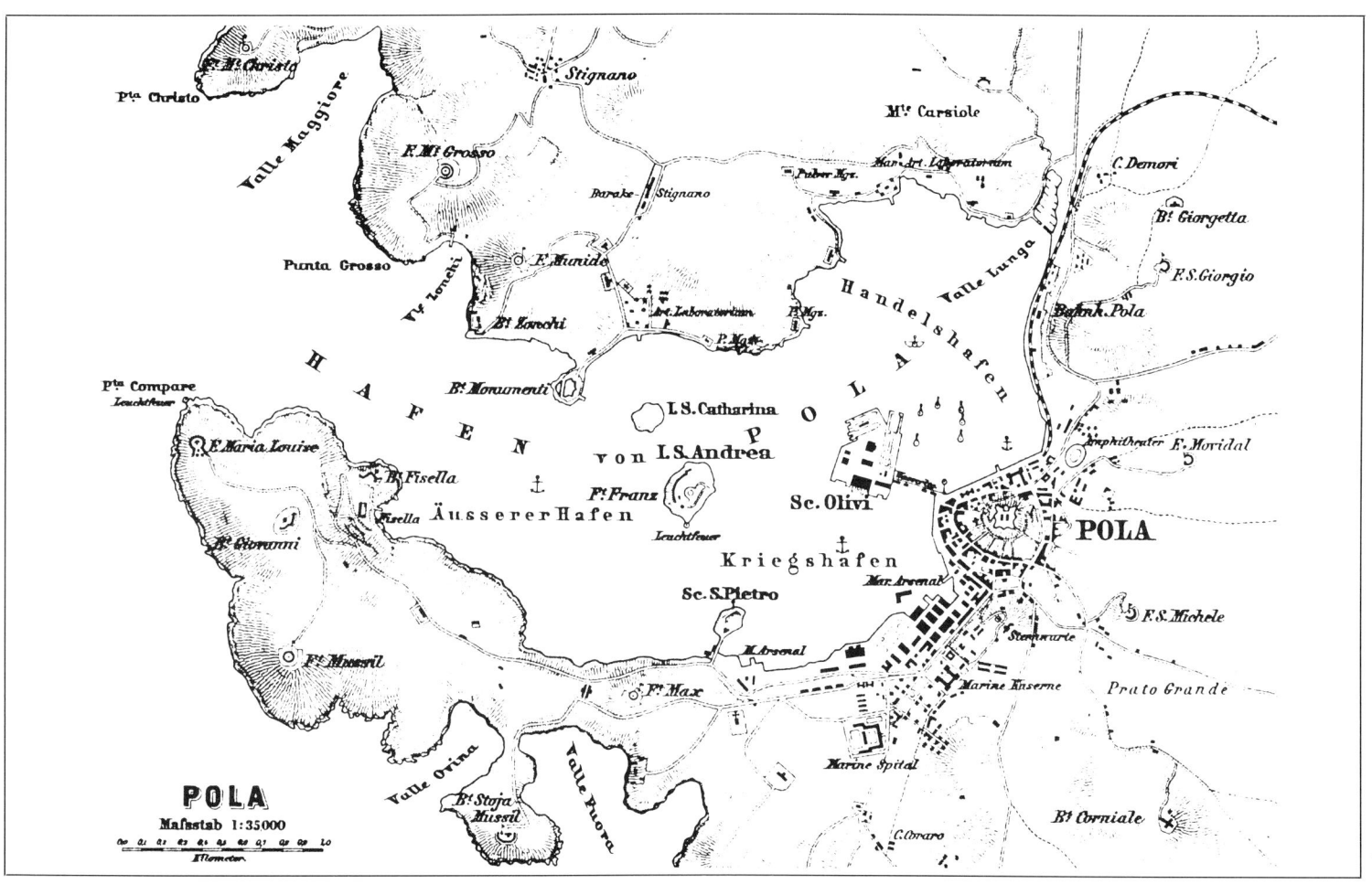

scheint, wir werden alt.' Antwort: ,Sie vielleicht Exzellenz, ich nicht.' "

Innerhalb des Arsenals fanden sich eine Menge von Ämtern, Werkstätten und Magazinen, viele Kräne, Molen und ein acht Kilometer langer Schienenweg.

Zu den Ämtern gehörten unter anderen die Artilleriedirektion, die Takeldirektion, die Land- und Wasserbaudirektion und das Gebäude der Arsenalskommandatur. Der Kommandant hatte für seine Inspektionsgänge durch das weitläufige Arsenal eine Draisine zur Verfügung, inoffiziell der „Sonnenwagen" genannt, dem von zwei schwitzenden Matrosen ein respektables Tempo verliehen wurde. So konnte der „Sonnenkönig" ziemlich rasch und unerwartet auftauchen.

Zu den Werkstätten zählte man die Bootswerft mit dem Bootsstapel, die Maschinen- und Bautischlerei, die Schlosser-, Schmiede- und Blockmacherwerkstätte, die Gebäude

zur Herstellung von Böttcherwaren und Rudern und jene für die Masten, Anker und die Takelage.

Konteradmiral Freiherr von Sterneck – der Seeoffizier, der sich bei Lissa besonders auszeichnete und dafür den Maria-Theresien-Orden erhalten hatte – verfaßte 1873 in Pola ein grundlegendes Werk für Takelung und Ankerkunde. Die praktische Anwendung seiner Ausführungen sowie die Belastungsversuche des Materials erfolgten im Arsenal.

An Magazinen gab es das Feuerwehr- und Artilleriedepot, das Mastenholz- und Kettenmagazin, das Segeltuch- und Takeldepot und das Hauptmagazin für Gebrauchsgegenstände aller Art, die auf den Schiffen Verwendung fanden. Diese keineswegs vollständige Aufzählung der Arsenalsobjekte läßt wohl auf den gewaltigen Ausbau der Anlage schließen, den die Polesaner gerne mit dem Anwachsen der Industriezonen in amerikanischen Städten verglichen.

Ein Besucher des Arsenals war aber nicht nur durch die lärmerfüllte, energieverschlingende, materialproduzierende Tätigkeit beeindruckt, sondern er konnte auch zwischen den Gebäuden gepflegte Parkanlagen bewundern, von denen man einen guten Überblick über den Kriegshafen hatte. Das Arsenalsterrain ist heute noch immer militärisches Sperrgebiet, das Betreten des Arsenals und das Fotografieren sind verboten. Bei einer Hafenrundfahrt sieht man allerdings aus einer größeren Distanz, daß die alten Arsenalsbauten modernen Industriehallen gewichen sind.

Die alte Stahlbrücke zur Oliveninsel wurde durch eine Betonbrücke ersetzt.

Auf der Oliveninsel befanden sich zwei große Trockendocks mit Schwimmtoren und Pumpwerken, die für den Bau der größten Schiffe der Flotte geeignet waren. Ein großes Schwimmdock war bis zum Ersten Weltkrieg in Gebrauch. Um 1900 erfolgte noch der Zubau eines großen Schwimmdocks aus Stahl. Die Oliveninsel gehört heute noch immer zu den größten Werftanlagen Jugoslawiens.

Ein besonderer Stolz des Arsenals war „IL GRANDE GRUA" – einige Jahre lang der größte Kran der Welt mit einer Tragfähigkeit von 300.000 Kilogramm.

Am Handelshafen, wo heute ein lautstarker Besitzer eines kleinen Kutters die Touristen auffordert, die Hafenrundfahrt mitzumachen, ist ein Kuriosum zu sehen: Es ist ein Teil eines Kranes mit Kette und Haken in einem Sockel einbetoniert. Auf dem Kran ist eine alte Metallplatte angebracht, auf der man die Worte lesen kann: J. KÖRÖSI K. u. K. PRIVILEG. MASCHINENFABRIK ANDRITZ GRAZ.

Einige andere Einrichtungen wie das Marinespital, verschiedene Marineschulen, die Marinekaserne, das Marinestrafhaus und das Hydrographische Amt befanden sind außerhalb des Arsenals.

Eine Institution besonderer Art – beispielgebend für die gesamte Monarchie – war das 1872 errichtete Marinekasino. Viele junge Offiziere lebten als „möblierte Herren" in der Stadt. Das Marinekasino wurde für sie eine Art Heimstätte, ein gern besuchter Ort in einer Garnisonsstadt, die besonders im Winter wenig Freizeitmöglichkeiten bot. Der ursprüngliche Zweck, den Marineuren und ihren Angehörigen Räumlichkeiten für gesellige Zusammenkünfte zu bieten, wurde bald erweitert, das Gebäude vergrößert. Es gab hier einen Wintergarten, ein Kaffeehaus mit Damensalon, ein Restaurant, einen Tanzsaal, mehrere Lesezimmer und einen Billardraum. Im Garten waren eine Kegelbahn und eine Anlage für das hier landesübliche Bocciaspiel.

Die Standesgruppen der Marineure wie Offiziere, Stabsoffiziere, Geistliche und Ärzte, U-Boot-Kommandanten, Torpedisten und Flieger saßen geordnet nach Interessengruppen und Jahrgängen beisammen.

Im Kasino durften alle Ehrenbezeigungen weggelassen werden. Das „Du"-Wort war obligatorisch, allerdings wartete der im Range Niedrigere ab, bis ihm der Ranghöhere das

Das zivile Pola wuchs gleichzeitig mit den militärischen und ärarischen Einrichtungen an.

1880 fand in der gesamten Monarchie eine Volkszählung statt. Pola war noch im Aufbau, trotzdem nahm es unter den fünfzehn Landeshauptstädten Cisleithaniens den neunten Platz ein, wie folgende Tabelle zeigt (Einwohnerzahl einschließlich des Militärs, aufgerundet):

1.	Prag	162.000
2.	Lemberg	109.000
3.	Graz	98.000
4.	Brünn	82.000
5.	Triest	75.000
6.	Czernowitz	45.500
7.	Linz	39.000
8.	Laibach	26.000
9.	Pola	25.500
10.	Salzburg	25.000
11.	Troppau	20.500
12.	Innsbruck	20.500
13.	Klagenfurt	19.000
14.	Görz	16.000
15.	Zara	12.000

Man unterschied in Pola drei große Bevölkerungsgruppen: die „bürgerliche" Gruppe, die Militär- und Marineangehörigen und die Arbeiter.

In der „bürgerlichen" Bevölkerung, die zum einen Teil aus alteingesessenen Polesanern, zum anderen Teil aus neu hinzugezogenen Kaufleuten, Beamten und Handwerkern bestand, überwog das italienische Element.

Italienisch war die Verwaltungssprache, es war die Sprache, in der die Volksschüler unterrichtet wurden, Italienisch war die Geschäfts- und Umgangssprache, Italienisch waren die Straßenbezeichnungen.

Die große Gruppe der ungelernten Arbeiter, die bei den Arsenalsbauten beschäftigt waren, kam in erster Linie aus dem Landesinneren. Sie sprachen kroatisch und slowenisch. Bürger und Arbeiter fühlten sich fremd gegenüber dem dritten Bevölkerungselement, das die Militärs und Marineure bildeten. Hier überwog die deutsche Sprache, obwohl die Familiennamen auch auf italienische, slawische und sogar dänische und englische Herkunft schließen ließen.

Der Kontakt zwischen den drei Gruppen war nicht sehr eng. Es bestand keine Abneigung und kein schroffer Gegensatz, sondern eher eine Ungleichheit der Weltanschauung, vermutlich ein Ergebnis anderer Bildungsmöglichkeiten und

„Du" gab. Der Höhere wurde dann mit „Herr" und seinem Titel angesprochen, wie etwa: „Du, Herr Korvettenkapitän." Diese Sitte des Duzens war eine Eigenart innerhalb der k. u. k. Marine und Armee, die auf Ausländer befremdend oder typisch österreichisch skurril gewirkt haben mochte.

Das Marinekasino trägt jetzt die Aufschrift „Narodni Dom" (= Volkshaus), der Eintritt für Ausländer ist verboten.

anderer Lebensführung sowie einer anderen Einstellung gegenüber der Monarchie.

Die Garnison erlebte in Pola lange Zeit das Gefühl, eine bewunderte, aber doch künstlich eingepflanzte Kolonie zu sein. Die Offiziersgruppe und deren einzelne Mitglieder schlossen sich eng aneinander an, aber zugleich auch nach außen ab. Diese Eigenständigkeit zeigte sich bald im Stadtbild: Südlich des Arsenals entstand der neue Stadtteil Borgo San Policarpo, eine kleine Stadt für sich. Die italienische Bevölkerung meinte, hier sei das Dorf der „Gnocchi" (= Knödel), ein Schimpfwort, das die Unbeweglichkeit und den Mangel an Temperament der „Deutschen" genauso ironisierte wie deren angebliche Vorliebe für Knödel, Kraut und Kartoffeln.

Policarpo war ein Viertel mit schönen Villen, einigen ärarischen Gebäuden, der Marinekirche „Madonna del Mare", vielen Parkanlagen und dem berühmten Marinemuseum.

1902 besichtigte Kaiser Franz Joseph, der einem großangelegten Flottenmanöver im Raum Triest – Pola beiwohnte, mit dem Seearsenalskommandanten Paul von Pott das Museum.

Westlich von Policarpo lag und liegt auf einer natürlichen Felsstufe, die man durch einen Stiegenaufgang vom Arsenal aus überwinden kann, die Marinekirche „Madonna del Mare". 1891 erfolgte die feierliche Grundsteinlegung durch den Kaiser. Der Bau der Marinekirche wurde vom damaligen Marinekommandanten Max Freiherr von Sterneck angeregt. Der Kaiser gestattete, für den Bau im ganzen Reich Sammlungen durchzuführen. Der Wiener Fürsterzbischof und Kardinal Anton Gruscha unterstützte dieses Vorhaben. Die Entwürfe und Pläne für den Bau stammten von keinem Geringeren als dem Dombaumeister zu St. Stephan in Wien, Friedrich Freiherr von Schmidt, der auch der Architekt des Wiener Arsenals war.

Pola - Arena

Die Kirche war mit ihren einfachen Formen und dem etwas abseits stehenden Kampanile ein schönes Bauwerk, an dem ein „echter Marineur" nur eines auszusetzen hatte: Die steinernen Tauknoten, die am Hauptportal die Säulen umwinden, sind falsch geknüpft und müßten sich eigentlich jeden Augenblick lösen. Doch trotz dieses Fehlers „in der Takelung" steht die Kirche nun schon seit beinahe 100 Jahren. Sie ist gut erhalten und gepflegt, täglich werden Messen gelesen. Früher war um die Kirche ein Park. Heute sind davon nur Zypressen als einsame Zeugen zu sehen. Die Umgebung ist verbaut, man sieht einige ärmlich wirkende Häuser und Gärten. Wenn man die „Via Lissa", so hieß die Straße, an der die Marinekirche liegt, in Richtung Westen weitergeht, so trifft man nach einigen hundert Metern auf den alten Marinefriedhof.

Von allen Marineeinrichtungen im weitesten Sinn, die man heute in Pola findet, ist das wohl die ursprünglichste und

eigenartigste Anlage, denn mit Ausnahme der Marinekirche haben alle anderen Objekte ihr Aussehen oder zumindest ihre Funktion geändert. Sie wurden umgebaut, vereinfacht, verändert oder rationalisiert. Hier jedoch ist die Zeit stehengeblieben. Man kann nicht sagen, daß der Friedhof verwahrlost ist, die Wege sind durchaus begehbar, das gröbste Unkraut wird offensichtlich entfernt. Die Gräber selbst sind allerdings zum Großteil verfallen, einige Grabsteine stehen schief, die Grabplatten werden von wildem Efeu überwuchert. Zwischen den Gräbern erheben sich alte, schmale, hohe Zypressen wie dunkle Mahnmale. Man meint hier plötzlich zu verstehen, was es bedeutet hat, dabeigewesen zu sein. Die Begriffe auf den Grabsteinen „Vaterland", „Reich", „Ruhm" und „Ehre" wirken nicht pathetisch antiquiert, sondern zeitlos und lebendig. Man spürt die selbstverständliche Pflichterfüllung des einzelnen, die Toleranz gegenüber den anderen Nationalitäten, die unbedingte

Loyalität gegenüber dem Monarchen, der gleichbedeutend war mit der Staatsidee. Die Grabsteine geben Auskunft über Einzelschicksale, die zugleich ein wichtiges Detail der österreichischen Marinegeschichte sind. So findet man eine Gedenktafel mit der Inschrift: „Zum Andenken an Janko Vukovic k. u. k. Linienschiffsleutnant, Kommandant der Viribus Unitis, der am 1. November 1918 in treuer Pflichterfüllung mit seinem Schiff unterging."

Nicht weit von der Gedenktafel liegt ein einfacher Grabstein mit der Aufschrift „K. u. K. Admiral Karl D . . ." – die anderen Buchstaben sind unleserlich; weder Jahreszahl noch Daten und Taten sind vermerkt. Gleich daneben hat man das Andenken des k. u. k. Bootsmannes Antonio Vianelli gewürdigt.

Alle Ränge sind vertreten, man findet Namen aller Nationalitäten der weitgespannten Monarchie wie Butscheck, Herrmann, Ivancich, Krainer, Zopa, Pilny, Blumenthal. Es gibt kein Heldenzentrum und keine Peripherie auf dem Friedhof, keine Rangordnung und keine Abstufung der Wichtigkeit. Die Mitglieder einer Familie sind hier versammelt auf einem Platz, der zugleich morbide und unsterblich ist.

Wenn man damals vom Marinefriedhof kommend die „Via Lissa" in Richtung Stadt spazierte, erreichte man bald den Maximilian-Park, ein beliebter Treffpunkt und ein Zentrum des Stadtteiles San Policarpo. Hier wuchsen Palmen; Steineichen, Platanen, dazwischen Lorbeer- und Oleanderbüsche. Im Zentrum der Grünanlage war ein Monument, das den Erzherzog Ferdinand Max darstellte.

Wenige Schritte neben dem Gebäude des ehemaligen Marinekasinos erhebt sich der Hügel Borgo Zaro. Hier stand das Denkmal des Admirals Wilhelm von Tegetthoff. Es wurde nach dem Ersten Weltkrieg entfernt und steht heute in Graz. Wenn man mit der Grazer Straßenbahnlinie „1" vom Zentrum in Richtung Hilmteich–Mariatrost fährt, erreicht man nach einigen Stationen die Haltestelle „Tegetthoffplatz". Das Denkmal steht in einem kleinen Park, begrenzt vom Areal der Elisabeth-Volksschule und des Seebachergymnasiums. Es zeigt den Helden und Sieger von Lissa – barhäuptig, in Admiralsuniform, mit einem Fernrohr in der rechten Hand. Das Podest ist von vier Figuren, antike Gottheiten darstellend, umgeben. Am Podest sind die beiden berühmten Inschriften zu lesen, die längst zu geflügelten Worten geworden sind:

„TAPFER KÄMPFEND BEI HELGOLAND"
    und
„GLORREICH SIEGEND BEI LISSA".

Eine dritte Inschrift erzählt:

„DIESES DENKMAL WURDE IN POLA ERRICHTET AM 20. JULI 1877 DEM 11. JAHRESTAG DER SEESCHLACHT BEI LISSA. ES WURDE DURCH DIE STADTVERWALTUNG GRAZ IM OKTOBER 1935 VOR DEM JAHRESTAGE DER REGIERUNGSÜBERNAHME WEILAND KAISER FRANZ JOSEF I. – 2. DEZEMBER 1848 UNTER DEM BÜRGERMEISTER HANS SCHMIED FEIERLICH ENTHÜLLT."

Doch zurück von Graz nach Pola!
In der Umgebung Polas befanden sich mehrere Befestigungsanlagen, deren stärkste das Panzerfort Verudella war. Es liegt etwa zehn Kilometer südwestlich vom Zentrum Polas entfernt, auf einer ebenfalls Verudella genannten, felsigen Landzunge. Es ermöglichte eine ausreichende Sicherung des südlichen Istrien und des „Quarnero" (heute Kvarner = Bucht zwischen Istrien und der Insel Cres). Die schweren Geschütze konnten bei Bedarf die Einfahrten in den Hafen Polas sperren. Das Areal um den Panzerturm war militärisches Sperrgebiet. Nach dem Ersten Weltkrieg ließ man das Fort verfallen, alle Metallteile wurden natürlich

demontiert. In den siebziger Jahren unseres Jahrhunderts wurden nahe dem Fort moderne großzügige Hotelanlagen errichtet. Das Zentrum bildet das Hotel Brioni. Alljährlich findet hier im Juni ein internationales Neuropsychiatrisches Symposion statt. Dieser Kongreßtourismus hat im Großraum Polas Tradition. Denn ab 1900 besuchten, nachdem es Dr. Robert Koch gelungen war, die Malaria einzudämmen, mehrere Ärztekommissionen die ehemals malariaverseuchten Gebiete. Die berühmten Psychiater und Neurologen Dr. Sigmund Freud und Dr. Wilhelm Swetlin aus Wien sowie der Grazer Professor Krafft-Ebing trafen sich auf Brioni zur Erholung und zu Fachgesprächen.

Der Alltag für die Marine wurde in Pola kaum zur Routine. Es gab immer wieder etwas zu eröffnen, zu veranstalten und zu feiern, wenn die kurze kalte Jahreszeit vorbei war.

Schon ab Februar promenierte man jeden Abend zwischen dem alten Forum und der Porta Minerva in einem schmalen Gäßchen, das am Tage schlicht „Via Sergia" hieß, aber am Abend „der Corso" wurde. Man tauschte Neuigkeiten aus und kam, zu sehen und um gesehen zu werden.

Der Jahresablauf brachte die traditionelle Frühjahrs- und Herbstregatta — ein farbenprächtiges Bild und ein gesellschaftliches Ereignis. Die Marinemannschaft „PIETAS JULIA" hatte internationalen Ruf, war sie doch einmal sogar Siegerin bei einer Regatta in den USA geworden. Ein beliebtes Ziel der Segler war Brioni.

Zu den hohen christlichen Feiertagen kam der Bischof von Parenzo (heute Poreč). Es gab Festgottesdienste im Dom, prunkvolle Prozessionen am „Molo".

Außerdem gab es Feste und Gedenktage, die die einzelnen Bevölkerungsgruppen besonders gestalteten: die slawische Gruppe den „Vidovdan" (St.-Veits-Tag) am 15. Juni, der an die Schlacht auf dem Amselfeld im Jahr 1389 erinnerte, den „Ferragosto" am 15. August, wenn alle Italiener mit Kind und Kegel unterwegs waren, und den 20. Juli, wenn alle Marineure den Jahrestag von Lissa feierten. Alle Polesaner feierten den 18. August — den Geburtstag des Kaisers.

Ein anderer Höhepunkt im Jahresablauf war der Fasching. Am Rosenmontag herrschte Maskenfreiheit, da drängte sich ganz Pola auf dem Corso, es wurde gesungen und getanzt. Die „Mularia" (Kinder zwischen zehn und fünfzehn Jahren) bewarfen die Passanten mit „Serpentinen" (klebrige Teigpatzen), die „Sartorelle" (Sammelname für die jungen italienischen Mädchen, eigentlich Schneiderinnen) versuchten durch Gekicher das Interesse der jungen Offiziere auf sich zu lenken.

Es gab auch sonst recht viel zu feiern. Jedes erfolgreiche Flottenmanöver wurde festlich gewürdigt, jede Heimkehr eines Schiffes wurde glanzvoll gefeiert. Jeder Stapellauf war ein so bedeutendes Ereignis, daß die Presse aller Kronländer der Monarchie davon berichtete und daß es durchaus üblich war, einen Vertreter des Kaiserhauses zu dieser feierlichen Zeremonie zu entsenden. Oft wurde die Schiffstaufe von einer Erzherzogin durchgeführt, Glückwunschtelegramme vom Wiener Hof gelangten zum Hafen- und Arsenalskommandanten in Pola.

Der Kaiser war einige Male in Pola. Meist war der Anlaß dazu ein Flottenmanöver in der nördlichen Adria oder eine Inspektionsreise nach Triest oder Abbazia. Durch den „allerhöchsten Besuch bei Seiner Majestät Kriegsmarine" ergab sich jedesmal ein Fest, das man sich heute in seiner Farbenpracht, Fülle und Dimension kaum vorstellen kann. Die Vorbereitungen dauerten viele Tage, die Schulkinder bekamen frei, die Flotte wurde auf Hochglanz gebracht, die Mannschaften exerzierten die Flaggengala, es wurde fieberhaft gearbeitet und vorbereitet.

Am 6. Juli 1884 begaben sich der Kaiser und der Kronprinz Rudolf mit einem Separathofzug der Südbahn von der Station Hetzendorf/Wien aus zu einem Flottenmanöver nach Pola. Ein Chronist der „Neuen Freien Presse" berichtete die Einzelheiten:

„Am 7. Juli, lange vor der Ankunftszeit des Kaisers und des Kronprinzen in Pola, begann es in der Stadt lebhaft zu werden. An den festlichen Aufputz der Riva, an die Dekoration der Häuser mittels Flaggen, Teppichen und Tüchern wurde die letzte Hand angelegt. Mit dem ersten Morgengrauen begannen die Menschen ihre Häuser zu verlassen und die Straßen zu bevölkern, durch die Truppen und Vereine mit klingendem Spiele zogen. Punkt 6 Uhr bei schönstem Wetter langte der Hofzug unter dem Donner der Kanonen sämtlicher Forts und der im Hafen vor Anker liegenden, mit der großen Flaggengala geschmückten Kriegsschiffe in Pola an. Tausendstimmig war der Jubel der Kopf an Kopf dicht aneinandergereihten Menge, die mit Hurra-, Evviva- und Ziviorufen, mit Hüte- und Tücherschwenken den Monarchen begrüßte. Der Kaiser erwiderte von einem Waggonfenster aus die Grüße. Erst als die Haltestelle beim Hafenadmiralate erreicht war und der Kaiser samt Gefolge den Salonwagen verließ, nahmen die Ovationen ihr Ende.

Zum Empfange des Kaisers hatten sich eingefunden die vier Admirale Sterneck, Pokorny, Pitner und Manfroni, ferner die Statthalter Baron de Pretis, die Gemeindevertreter, der Bezirkshauptmann von Pola, die Bischöfe von Parenzo und Rovigno und die Schuljugend.

Der Kaiser trug die österreichische Generals-, Kronprinz Rudolf die Admiralsgalauniform.

Der Kaiser wechselte mit den Vizeadmiralen Sterneck und Pokorny sowie mit dem Statthalter Baron de Pretis einige Worte und begab sich dann in Begleitung des Kronprinzen und seiner Suite zu Fuß nach dem Exerzierplatze, wo die Volkshymne intoniert wurde.

Kontreadmiral Kronowetter schritt dem Kaiser salutierend entgegen und meldete demselben die Zusammensetzung und Stärke der Treffen.

Die Truppen waren in Parade, das Regiment in weißen Waffenröcken, die Marine in blauen Tuchanzügen ausgerückt, nur die Genietruppen trugen die Kampagneuniform. Der Kaiser stand in der Mitte des Paradeplatzes, unmittelbar in seiner Nähe der Kronprinz, die Suite und der gesamte Stab der Garnison in Gala. Nahezu eine halbe Stunde währte das Defilieren . . .

Hierauf bestieg der Kaiser samt Gefolge die bereitstehenden Wagen und fuhr zur Besichtigung des Panzerforts nach Verudella hinaus.

In Verudella unterzog der Kaiser den hydraulisch drehbaren Panzerturm einer genauen Besichtigung und ließ einige Drehungen vornehmen.

In schneller Fahrt ging es sodann zum Scoglio San Pietro, woselbst die Einschiffung stattfand. Mit blitzartiger Geschwindigkeit kletterten allseits auf den flaggengeschmückten Schiffen die Matrosen in den Takelagen empor, stellten sich auf den Rahen zurecht, und kaum stieß das Galaboot vom Lande, als aus tausend kräftigen Matrosenkehlen begeisterte Hurrarufe erschollen. Gleichzeitig intonierten die auf den Schiffen *Miramar*, *Lissa* und *Triest* eingeschifften Musikkapellen die Kaiserhymne. Um 9 Uhr legte das Galaboot am Fallreep der *Miramar* an, wo das Hoflager bezogen wurde. Die Standarte flog am Großmast empor, und der Kaiser bestieg unter dem Donner der salutierenden Kanonen das Deck seiner Jacht . . .

Nun flogen wieder die Signale auf der Jacht empor: ‚Auf das gegebene Zeichen gleichzeitig ankern!'

Der Kanonenschuß erdröhnt, die schweren Anker reißen sich von ihren eisernen Umarmungen los, sie sausen,

mächtige Gischtberge emporpeitschend, in die Tiefe hinab, die Flotte steht wie festgebannt in der Formation. Gleichzeitig klettern wieder die Matrosen auf allen Schiffen empor.

Ein Signalzeichen gibt den Augenblick an und die bunten Flaggen steigen wieder in die Lüfte empor. Alle Schiffe prangen abermals in der großen Flaggengala, die mit Sonnenuntergang stets eingeholt wird."

Am Abend, sofort nach Sonnenuntergang, zeigte ein Hornsignal das Abflaggen an. Die Hornisten bliesen den Generalmarsch, auf den Flaggenschiffen wurde von der Musikkapelle die Kaiserhymne intoniert. Die bunten Signale flatterten in raschem Fluge herab, die Kriegsflagge und das Banner Österreichs wurden eingeholt. Die auf dem Deck jedes Schiffes angetretenen Wachen präsentierten das Gewehr. Jeder, der sich auf Deck befand, wandte sich zur Flagge hin und salutierte so lange, bis diese gänzlich eingeholt war. Auf allen Schiffen S. M. Kriegsmarine war es Nacht geworden.

VII.
Versunkene Welt?
Es gilt die Spuren aufzusuchen!

Schiffe, Wracks und Wrackteile

Die Einheiten der k. u. k. Kriegsmarine wurden nach dem Zusammenbruch der Monarchie unter den Siegermächten aufgeteilt. So erhielt zum Beispiel England neben kleineren Einheiten die Schiffe *Erzherzog Ferdinand Max, Habsburg* und *Monarch. Prinz Eugen* und *Erzherzog Karl* wurden französischer Besitz, und die beiden Schiffe mit den traditionsschweren Namen *Tegetthoff* und *Radetzky* fuhren fortan unter italienischer Flagge. Heute, fast 70 Jahre danach, existiert noch ein Schiff der ehemaligen Kriegsmarine. Die ehemalige *Dalmat*, eine Admiralsjacht, heißt heute *Istranka*, sie dient als Kaffeehausschiff und liegt im Hafen von Split vor Anker. Wracks und Teile von österreichischen Schiffen liegen teils ungehoben auf dem Meeresgrund, teils befinden sie sich an recht kuriosen Stätten. Die Reste eines Wracks sind in einer Auslage eines Grazer Busunternehmens zu besichtigen. Der Vater des Unternehmers hatte 1962 von der Auffindung eines vor Grado gesunkenen U-Bootes Kenntnis erhalten und war in der Folge sehr um die Identifizierung des Wracks bemüht. Nach umfangreichen Recherchen, nach Interviews mit altösterreichischen U-Boot-Fahrern und nach Rückfrage in italienischen Archiven stand bald fest, daß es sich bei diesem Wrack um die *U-20* handelt, die am 4. Juli 1918 nach einem Torpedotreffer nahe der Tagliamentomündung mit achtzehn Mann Besatzung gesunken war. Das Wrack wurde gehoben, einige Teile landeten in Graz, der Kommandoturm steht im Marinesaal des Wiener Heeresgeschichtlichen Museums. Die Gebeine der Männer der *U-20* wurden bis zu ihrer Überführung auf den Militärfriedhof in Wiener Neustadt auf dem großen Soldatenfriedhof Redipuglia bei Grado bestattet. Vor dem „Museo storico navale" in Venedig stehen zwei Anker zu beiden Seiten des Portals. Der eine trägt die Aufschrift „VIRIBUS UNITIS", der andere den Schiffsnamen „TEGETTHOFF". Ein Teil des Mobiliars in der Kanzlei des Museums stammt aus den Kabinen der Kommandanten der beiden genannten Schiffe. Der freundliche, hilfsbereite Archivar des Museums, Carlo Ramelli, zeigt auf Wunsch gerne die Objekte der k.u.k. Marine. Besondere Raritäten des Museums sind eine Uniform aus dem Jahr 1805, ein schwerer Armsessel mit dem eingeschnitzten Namen Tegetthoff vom gleichnamigen Schiff sowie Teile eines österreichischen Hydroplanes.

Neben dem „Museo storico navale" befindet sich die Vaporetto-Station Nr. 5, die von hier durch das Areal des Arse-

nals zur Friedhofsinsel San Michele und nach der Glasbläserinsel Murano führt. Das Arsenal darf zwar durchfahren, aber nicht betreten werden. Obwohl die meisten Anlagen, die man bei der Durchfahrt sieht, außer Betrieb sind und recht verwahrlost ausschauen, ist das Arsenal militärisches Sperrgebiet. Durch einen Zugang vom „Museo storico navale" gelangt man auf einen Platz innerhalb des Arsenals, auf dem der Bug der *Viribus Unitis*, die einen Tag nach dem Waffenstillstand versenkt und zum Teil Jahre später gehoben wurde, aufgestellt ist.

Die Galionsfigur des hölzernen Linienschiffes *Kaiser* – sie stellte den damals noch jungen Kaiser Franz Joseph dar – fiel während der Schlacht von Lissa bei einem Rammversuch der Österreicher auf die feindliche *Rè di Portogallo*. Die kaiserliche Galionsfigur soll heute in einer Kirche von Ancona als Ersatzheiligenfigur dienen. Wrackteile der *U-12* und viele Erinnerungsstücke aus der Zeit, in der Venedig noch bei Österreich war, sind in dem erwähnten Schiffahrtsmuseum zu sehen. Die Besatzung der *U-12* wurde auf der Friedhofsinsel San Michele in Venedig beigesetzt.

Vergoldeter Löschwasserkessel in der „Kaiserstadt" in Peking.
Die Kratzspuren stammen von Marinetruppen,
die nach der erfolgreichen Niederwerfung des Boxeraufstandes
die Stadt plünderten.

Der Lloyd-Dampfer *Baron Gautsch* liegt noch immer in der Hafeneinfahrt von Pola. Er war 1914 in eine von Österreichern gelegte Minensperre gelaufen und gesunken. In der Nähe des Dampfers, der an Bord Frauen und Kinder von Cattaro nach Pola geführt hatte, liegt das Torpedoboot *86*. Teile der von Luigi *Rizzi* torpedierten *Wien* liegen im Hafenbecken von Triest. Die Besatzung ist in einem Sammelgrab in Triest bestattet.
Die *Szent István* ruht in einem militärischen Sperrgebiet, ein jugoslawisches TV-Team hat sie vor einigen Jahren unter Wasser gefilmt.
Die *Zenta,* der erste Verlust der Kriegsmarine im Ersten Weltkrieg, liegt in 70 Metern Tiefe nahe der Stadt Bar.
Die *Kaiserin Elisabeth,* die 1914 von der eigenen Besatzung versenkt wurde, liegt noch immer im Hafen von Tsingtau. Sie soll von chinesischen Kameraleuten vor einigen Jahren unter Wasser gefilmt worden sein.

Gräber und Monumente

Abgesehen von dem mehrfach erwähnten Marinefriedhof in Pola, dem Tegetthoff-Grab in Graz und einer großen Anzahl von Grabstätten ehemaliger Marineure in Wien, gibt es in den ehemals österreichischen bzw. österreichisch-ungarischen Küstenorten, aber auch außerhalb des Adria-Raumes viele Erinnerungen an die k. (u.) k. Marine. So stand und steht das „k. u. k." auf Marinegedenkstätten und Gräbern in Tasmanien, in Japan, in Hawaii, in Aden, in Peking und auf der Insel Guadalcanar, nordöstlich von Australien. Auf dieser Insel, die zur Gruppe der Salomonen gehört, fiel im Jahr 1896 ein Teil der Besatzung S. M. S. *Albatros* im Kampf mit den Eingeborenen. Der berühmte „Löwe von Lissa", die Figur, die auf der gleichnamigen Insel an die Seeschlacht von 1866 erinnerte, ruht heute − wohl etwas erstaunt − vor der Marineakademie in Livorno.

Das Tegetthoff-Denkmal, das früher auf dem Monte Zaro in Pola stand, ist seit 1935 in Graz. Auf dem Grazer St.-Peter-Friedhof befindet sich das Grab des Kommandanten der *Zenta*, Paul Pachner. Nahe dieser Ruhestätte, die ein einfaches Holzkreuz mit der Aufschrift „Fremder Seemann" trägt, befindet sich ein Grab für einen Marineoffizier, der Teilnehmer der „*Novara*-Expedition" und „Lissa-Kämpfer" war.

Ein anderes Tegetthoff-Denkmal schmückt in Wien den Mexikoplatz. In der Michaelerkirche in Wien erinnert ein Ehrendenkmal, gestiftet vom österreichischen Marineverband, an die k. u. k. Marine.

Am Beginn des Weges neben dem Elbeufer in Hamburg-Altona erinnert ein Monument an die Gefallenen der österreichischen Marine nach dem Gefecht von Helgoland 1864.

Marinemuseen — Marinearchiv

Triest, Piran und Rijeka verwahren in ihren Marinemuseen Objekte aus der Zeit der Monarchie. Die Schätze des alten Marinemuseums von Pola sind heute aufgeteilt in italienischen Museen — im „Museo storico" in Venedig, im Technischen Museum von Mailand, im Marinemuseum von La Spezia, aber auch im Marinesaal des Heeresgeschichtlichen Museums in Wien zu sehen.

Eine unerschöpfliche Fundgrube ist das Archiv der k. u. k. Kriegsmarine im Kriegsarchiv Wien. Das Schriftgut lagert auf Regalen in Gängen, die zusammen eine Strecke von fast drei Kilometern ergeben.

Die Bestände datieren vom 18. Jahrhundert an. Das Archiv war ursprünglich in Venedig und übersiedelte während des 19. Jahrhunderts nach Triest, von dort nach Pola, um schließlich 1908 im Marine-Zentralarchiv in Wien zu landen.

Das Marinearchiv wird heute in fünf Gruppen unterteilt:

1. Schriftgut und Akten
2. Plansammlungen (Schiffspläne)
3. Seekartensammlung
4. Bildersammlung
5. Handbibliothek

Unter dem Schlagwort „Schriftgut" verbergen sich etwa 23.000 Faszikel und Kartons. Besonders aufschlußreich sind die Personalakten von Offizieren und Beamten, die seit 1760 geführt werden und nur die Offiziere betreffen, die nicht von den Nachfolgestaaten der Monarchie übernom-men wurden. Die Personalakten geben Auskunft über die persönlichen Daten, die Laufbahn, die Fähigkeiten, die Beurteilung durch Vorgesetzte und über Art und Dauer der einzelnen Einschiffungen.

Die baulichen Objekte

Die Werftanlagen in Triest, Monfalcone, Fiume und auf der Oliveninsel in Pola sind heute — natürlich unter anderem Namen — noch immer in Betrieb. Hafenkapitanat und Marinespital in Pola sowie die Verwaltungsgebäude des Arsenals erfüllen noch immer ihre Funktion. Entlang der jugoslawischen Küste und auf vielen Inseln sieht man noch immer gut erhaltene Festungsanlagen, wie — um nur eines zu nennen — das Fort Tegetthoff auf Brioni sowie alte Signalstellen und gut erhaltene Leuchttürme. Fast alle Hafenanlagen an der jugoslawischen Adriaküste stammen in ihrer baulichen

Grundsubstanz aus der Monarchie. Die ehemalige Marineakademie in Rijeka erfüllt heute ihre Funktion als städtisches
Spital.

Die Männer der Kriegsmarine

Nach dem Zusammenbruch der Monarchie kehrten die Matrosen in ihre zivilen Berufe zurück, die Angehörigen der
südslawischen Nationalitäten wurden von Jugoslawien
übernommen. Für die Offiziere, die vorwiegend deutschösterreichischer Herkunft waren, ergab sich eine doppelt
schwierige Situation. Die neue kleine Republik Österreich
hatte keinen Zugang zum Meer und naturgemäß keine
Verwendung für Marineoffiziere. Für die Ausübung eines
zivilen Berufes in gehobener Position fehlte aber eine entsprechende umfassende Vorbildung. Einigen Offizieren gelang es, in den Nachfolgestaaten der Monarchie in ihrem
Beruf als Marineoffizier Fuß zu fassen oder sich bei verschiedenen Handelsmarinen zu verdingen.
Admiral Horthy übergab, wie erwähnt, die österreichisch-
ungarische Flotte an den neuen Staat Jugoslawien. 1919
organisierte er eine Gegenrevolution gegen die kommuni-
stische Rätediktatur. Horthy wurde 1920 zum provisorischen Staatsoberhaupt und Reichsverweser ausgerufen. Er
sollte die Monarchie Ungarn in Vertretung des Königs
regieren. Bei dem Versuch Kaiser Karls, die königlichen
Rechte in Ungarn wieder einzunehmen, weigerte sich
Horthy, die Macht zu übergeben. Kaiser Karl kehrte in die
Schweiz, die ihm Asyl gewährte, zurück. 1921 ergingen
von Ungarn aus wiederum dringende Aufforderungen an
den Habsburger, zurückzukehren. Diesmal stellte sich
Horthy offen gegen die königstreuen Truppen und seinen
Monarchen. Kaiser Karl und seine Gattin Zita wurden auf
Beschluß einer Botschafterkonferenz in Paris außer Landes
verwiesen. Ein englisches Kanonenboot brachte das Kaiser-
paar auf dem Donauweg zum Schwarzen Meer. Von dort
folgte der Transport nach dem neuen Verbannungsort, der
Insel Madeira. Kaiser Karl starb dort im April 1922. Er war
noch keine 35 Jahre alt.
Paul Pachner wurde ebenso wie Tegetthoff im steirischen
Marburg/Drau geboren. Er besuchte die Marineakademie in
Fiume und war dort Jahrgangskollege des später berühmten
Dichters Franz Karl Ginzkey. Ginzkey schildert in seinen
Jugenderinnerungen die Gepflogenheiten in der Marine-
akademie und die Jugendstreiche des überaus temperament-
vollen Paul Pachner.

PHOT. SCHRECKER
POLA 1915.

Linienschiffsleutnant
Egon Lerch
der heldenhafte Kommandant des Ub. XII.

Der ehemalige Kommandant der *Zenta* diente nach dem
Krieg zuerst in der spanischen und danach in der ägyptischen Marine und verbrachte seine letzten Lebensjahre in
Graz.
Fregattenkapitän Wulff (ehemaliger Kommandant der
Donauflotte) erhielt von Horthy das Kommando über die
ungarische Donauflottille. Er wurde außerdem schiffahrts-
technischer Sachverständiger der internationalen Donau-
kommission.
Korvettenkapitän Trapp gründete die „Vega"-Reederei in
Hamburg/Greifswald, die mit einigen kleineren Einheiten
ihren Dienst in der Nord- und Ostsee versah. 1921 gründete Trapp eine Schiffahrts-AG, deren Route von Wien
nach Giurgiu (Rumänien) reichte. Nach dem Anschluß
Österreichs an das Deutsche Reich emigrierte Trapp mit
seiner großen Familie in die USA. Hier organisierten Trapp
und seine Gattin die „Trapp-Family" zu einem Chor, der
durch seine Spirituals, aber auch durch österreichische
Volkslieder weltberühmt wurde.
Gottfried von Banfield wählte nach Kriegsende die italienische Staatsbürgerschaft und leitete sechs Jahrzehnte lang

*Der heldenmütige Kommandant des U.5.
Linienschiffsleutnant
Georg Ritter v. Trapp.*

eine weltweit bekannte Schiffsbergefirma in Triest. Die wohl bekannteste Tätigkeit seiner Firma war die Räumung des Suezkanals nach dem Krieg zwischen Ägypten und Israel 1956/57.

Im September 1986 starb er 96jährig in Triest und wurde in der Tripcovich-Gruft beigesetzt. Er war einer der höchstdekorierten Marineoffiziere des Ersten Weltkrieges.

Linienschiffsleutnant Rigele, ehemaliger U-Boot-Kommandant, wurde nach dem Weltkrieg zuerst Landarbeiter, dann Matrose bei verschiedenen holländischen und amerikanischen Reedereien und sodann kaufmännischer Angestellter bei einem deutschen Chemie-Konzern. Im Zweiten Weltkrieg erhielt Rigele seine Einberufung zur Dienstleistung bei der deutschen Kriegsmarine, er erhielt das Kommando über die *UD 3*. Bei Kriegsende war Rigele Hafenkommandant von Triest. Nach Kriegsende arbeitete der Fregattenkapitän a. D. als Hausknecht im steirischen Altaussee. Eine österreichische Chemie-AG bot ihm einige Jahre später die Direktion ihrer Firma an. Rigele übernahm diese Aufgabe bis zu seiner Pensionierung 1956. Der in Sarajewo geborene Marineoffizier verstarb 1982 im Alter von 91 Jahren in Wien.

Patente, Erfindungen und Talente

Einige Männer der Kriegsmarine vollbrachten auf dem Gebiet der Kunst, Wissenschaft und Technik hervorragende Leistungen, die in manchen Fällen nur bedingt mit ihrer beruflichen Tätigkeit in Zusammenhang standen.

Joseph Ressel (1793–1857), ein k. k. Marineforstbeamter, erfand die Schiffsschraube, die er 1829 in Triest mit dem Dampfer *Civetta* erprobte.

Die Probefahrt endete mit einem Dampfrohrbruch. Der Versuch mußte unterbrochen werden. Ressel verkaufte sein Patent ins Ausland. 1840 lief ein Schraubendampfer Triest unter englischer Flagge an. 1863 wurde vor dem Technischen Museum in Wien ein Denkmal für Joseph Ressel enthüllt.

Karl Ritter von Ghega (1802–1860), Sohn eines k. k. Marineoffiziers, besuchte das Marinekolleg in Venedig. Der spätere Verkehrstechniker erbaute von 1848 bis 1854 die Semmeringbahn, die erste Gebirgsbahn der Welt.

Der Marinearzt Dr. Julius Wagner-Jauregg (1857–1940) widmete sich der Neuropathologie und entwickelte ab 1902 sein Hauptwerk über die Malaria-Behandlung der progressiven Paralyse, wofür ihm 1927 der Nobelpreis für Medizin verliehen wurde.

Der Marinearzt Dr. Anton von Eiselsberg (1860–1939) war Assistent und Mitarbeiter des Chirurgen Theodor Billroth und begründete mit ihm zusammen den Ruf der Wiener medizinischen Schule. Eiselsberg war der Vorkämpfer der Unfallchirurgie und entwickelte neue Methoden für Magen-, Darm-, Gehirn- und Rückenmarksoperationen.

Der Marinekapellmeister Franz Lehár (1870–1948) wurde einer der bekanntesten Operettenkomponisten.

Der Marineoffizier Theodor Scheinpflug (1865–1911) gilt als der Begründer der modernen Luftaufnahme. Scheinpflug entwickelte die Aerophotogrammetrie, die das Vermessungswesen auf eine neue Grundlage stellte.

1883 wurde der „k. k. Hof-Photograph" Wilhelm Burger eingeladen, eine Stellungnahme zur Einführung der Fotografie bei der österreichischen Kriegsmarine abzugeben. „Betraut wurde Burger dann 1884 mit dem fotografischen Kurs für die Seeoffiziere und der umfangreichen Beschaffung von fotografischem Schul- und Übungsmaterial für die künftigen Unterweisungen durch den Instruktor auf dem Torpedo- und Seeminen-Schulschiff in Pola." Anlaß waren die Aufnahmen, die Linienschiffsleutnant Richard Basso von Gödel-Lannoy von der Insel Jan Mayen mitbrachte, erklärter Zweck die Auskundschaftung fremder Hafenanlagen und Küstenbefestigungen.

Der Fregattenkapitän Blasius Luppis erfand 1819 den „Küstenbrander", den Robert Whitehead zum „Torpedo" weiterentwickelte.

Franz Karl Ginzkey (1871–1948) war Schüler der Marineakademie in Fiume, später Infanterie-Offizier, Zeichner im militärgeographischen Institut und Beamter im Kriegsarchiv. Er wurde durch seine stimmungsvollen Gedichte, Balladen, Romane und Erzählungen über die Grenzen der Monarchie hinaus bekannt.

Der k. u. k. Schiffsleutnant Ludwig Ritter von Höhnel unternahm 1887 mit dem ungarischen Grafen Samuel Teleki eine Expedition nach Ostafrika. Im ostafrikanischen Grabensystem wurden zwei große Seen entdeckt, die nach dem österreichischen Kronprinzenpaar Rudolf und Stephanie benannt wurden.

Der Marineoffizier Karl von Weyprecht wurde durch die Entdeckung des Franz-Joseph-Landes zu einem Pionier der Polarforschung.

Als „Pola-Tiefe" (4404 Meter) wird heute noch die tiefste Stelle im Mittelmeer südlich des Kaps Matapan (Griechenland) bezeichnet. Der Name erinnert an das Tiefsee-Forschungsschiff *Pola,* das von 1890 bis 1894 mit verschiedenen Forschungsaufgaben im östlichen Mittelmeer betraut war. Der Name des Korvettenkapitäns Wilhelm Mörth ist mit diesen Tiefsee-Lotungen eng verbunden.

Marinemaler

Unter den Marinemalern, die zumeist selbst aus dem Milieu von Marineoffizieren hervorgingen, fanden Alexander Kircher, Anton Perko, Anton Romako und August von Ramberg internationale Beachtung.

August Freiherr von Ramberg, geb. 1866 im Jahr von Lissa, war auch Marineoffizier. Da er die Heiratskaution nicht erbringen konnte, mußte er seinen Beruf aufgeben. Nach dem Besuch der Kunstakademie in Wien widmete er sich der Marinemalerei. Eines der bekanntesten Bilder Rambergs „S. M. TORPEDOFAHRZEUG ULAN IM FEUER" illustrierte ein Kriegsereignis vom 16. August 1914.

Alexander Kircher ist mit seinen Werken der am häufigsten vertretene Künstler im Marinesaal des Heeresgeschichtlichen Museums. Kirchner zeigt neben der Darstellung zahlreicher Einheiten der k. u. k. Marine auch die Szenen aus der

Marinegeschichte, die sich vor seiner Zeit als Marinemaler ereigneten, wie z. B. die Eröffnung des Suezkanals.

Der in der Steiermark auf Schloß Purgstall geborene Anton Perko mußte seine Seeoffizierslaufbahn beenden, da er die erforderliche Heiratskaution nicht aufbringen konnte. Es gelang ihm jedoch, sein Zeichentalent mit einer Tätigkeit, die seinem ursprünglichen Beruf sehr nahe kam, zu verbinden. Er nahm an der Seeschlacht von Lissa als offizieller Zeichner und Kriegsberichterstatter teil. Ein „Lissa-Album", bestehend aus zwölf gezeichneten Episoden der Seeschlacht, war das Ergebnis seiner fachmännischen Beobachtung. Perko begleitete Mitglieder der kaiserlichen Familie auf verschiedenen Reisen und erhielt den Ehrentitel „Kammermarinemaler".

Der Wiener Anton Romako war freischaffender Künstler, bevorzugte keine bestimmten Themen, wurde aber durch das Bild, das Tegetthoff während der Schlacht bei Lissa auf der Kommandobrücke zeigt, über Nacht bekannt. Das Bild, das ursprünglich im Besitz des Kaisers war, befindet sich heute in der Gemäldesammlung im Oberen Belvedere.

Bohuslaw Kokoschka, Marineoffizier und Bruder des berühmten Oskar Kokoschka, verfaßte einen autobiographischen Roman mit dem Titel „Ketten in das Meer" und lieferte dazu zahlreiche Illustrationen. August von Ramberg erreichte den Rang eines Korvettenkapitäns und mußte dann seinen Beruf aus privaten Gründen aufgeben. Seine bisherige Liebhaberei, die Darstellung von Schiffen, wurde zum Hauptberuf.

Die wichtigsten Spuren der österreichischen Marine sind freilich in keinem Hafenbecken, auf keinem Friedhof und in keinem Museum zu finden. Sie sind Erinnerung und Idee. Diese Spuren sind Teilgedanken einer alten karolingischen Reichsidee, die durch das Weltreich des Habsburgers Karl V. wieder belebt wurde und in der Doppelmonarchie ihren Höhepunkt erlebte. Diese Idee betonte — ohne den modernen Terminus zu verwenden — das Übernationale, die Gleichrangigkeit ihrer Völker und die Toleranz gegenüber Nationen. Die Marine der k. (u.) k. Monarchie beschränkte ihre militärische Tätigkeit auf die Verteidigung ihrer Interessen und auf den Schutz ihrer Küste. Ihre große Leistung aber blieb die friedliche Erforschung der Welt und das Zeigen der rot-weiß-roten Flagge auf allen Meeren, getreu dem Wahlspruch Kaiser Karls V., das bei den Säulen des Herkules den Übergang vom Mittelmeer zum Atlantik zeigt:

„PLUS ULTRA"

Nachwort

Für meine Angehörigen,
die an den Ufern der Adria
und den Ufern der Donau
geboren wurden.

Der Dank an alle Förderer meiner Arbeit soll mit einer Erklärung beginnen, die sich von jedem Emanzipationsanspruch distanziert. Bei allen erstmaligen Vorsprachen im Verlag, in Museen, Archiven und Bibliotheken tauchte nach wenigen Worten die Frage auf, warum ich mich als Frau mit einem typisch männlichen und militanten Thema befasse. Meine Gegenfrage war stets, ob es in der Geschichte Spezialgebiete gebe, deren Beschreibung oder Beurteilung Männern vorbehalten sei. Ich sehe in meiner Arbeit keine Konkurrenz zu den männlichen Kollegen in diesem Metier, sondern eher einen Freiraum, der es erlaubt, andere Schwerpunkte zu setzen.

Die Geschichte der habsburgischen Marine ist ein Randthema der österreichischen Geschichte, das unabhängig von vielen wirtschaftlichen und sozialen Aspekten, vom Standpunkt des Betrachters aus, viele neue Perspektiven einschließen kann. Die übernationale Reichsidee Karls V., der Anteil Österreichs an der Erforschung der Welt, ferner auch die positive Seite der Nationalitätenvielfalt in der österreichisch-ungarischen Monarchie und die Spuren Österreichs in aller Welt ergeben, wenn man sie vom Standpunkt eines Beobachters (einer Beobachterin) und Bewunderers der österreichischen Seegeltung aus ansieht, einen veränderten Blickwinkel.

Die „österreichische Mentalität" neigt dazu, entweder der Geschichte unserer Heimat nostalgisch-wehmütig nachzutrauern oder die Leistungen vergangener Epochen allzu stark zu kritisieren und zu ironisieren, ohne genauere Informationen einzuholen.

Dieses Buch soll eine allgemein verständliche Information über ein wichtiges Randgebiet der österreichischen Geschichte darstellen. Es soll ferner die Achtung für die eher unbekannten Leistungen österreichischer Marineure erwekken, und es soll zur weiteren Vertiefung mit der Materie anregen. Die Freude am Berichten und Beschreiben, am Herstellen von Querverbindungen, am Hinüberleiten vom Vergangenen in die Gegenwart, sowie die Bewunderung alter Traditionen waren die Motive zur Entstehung dieses Buches.

Freilich sind meine Marineinteressen auch in langer Familientradition verankert. Großvater, Urgroßvater und dessen Großvater dienten in der k. (u.) k. Marine. Der Großvater erzählte während meiner Kinderjahre immer wieder von seinen Erlebnissen auf der *Bellona,* der *Tegetthoff,* der *Monarch,* der *Babenberg,* der *Zrinyi* und von seiner Tätigkeit auf der Schiffswerft von Turn-Severin an der Donau.

Die Großmutter ließ sich nur allzugern bitten, Alltag und Atmosphäre im alten Pola zu schildern. Sie wurde nicht müde zu betonen, daß der Kaiser mit allerhöchster Erlaubnis und ausnahmsweise gestattet hatte, die für Offiziere übliche Heiratskaution zu reduzieren und somit ihre Ehe mit dem Großvater zu ermöglichen.

Meinen Großeltern, die meine Marine-Interessen begründeten und die mir viele die Marine betreffende Bilder und Schriften hinterließen, sei hiemit Dank gesagt.

Mein Dank gilt ferner Herrn Norbert Basch, Fachreferent für Kriegswissenschaft der Steiermärkischen Landesbibliothek am Joanneum in Graz. Ich danke Herrn Dr. Erich Gabriel für viele Hinweise und für die freundliche Erlaubnis, die Objekte des Heeresgeschichtlichen Museums zu fotografieren.

Herzlichen Dank sage ich den Freunden der Familie, Herrn Helmuth Rieß und Dr. Anton Grabner-Haider, für die Vermittlung wichtiger Kontakte.

Eine ganz besondere Hilfe für alle meine Recherchen war Herr Dr. Peter Jung, der Marinereferent im Kriegsarchiv Wien. Herr Dr. Jung, ein Marinefan, lebendes Lexikon für alle Marinefragen, ein begeisterungsfähiger und Begeisterung vermittelnder junger Wissenschaftler, war im persönlichen Gespräch, telefonisch und brieflich immer wieder bereit, sein Wissen weiterzugeben.

Für etliche Bilder und für viele kritische Hinweise danke ich meinem ehemaligen Lehrer und nunmehrigen Kollegen, Herrn Prof. Dr. Helmut Sittinger. Für weiterführende Literatur und für die Hinweise über die Zusammenhänge der Marinegeschichte mit der Geschichte Innerösterreichs danke ich Herrn Univ.-Prof. Dr. Othmar Pickl, dem Ordinarius für Wirtschafts- und Sozialgeschichte an der Universität Graz.

Ich danke meiner Tochter Angelika für ihre Arbeit bei der Erstellung des Bildnachweises.

Zum Schluß danke ich Herrn DDr. David Frantz-Krimmer für die fotografische Hilfeleistung, für seine Geduld bei meinen enthusiastischen Marineberichten, für seine permanente Verläßlichkeit und für seinen Zuspruch bei allen Turbulenzen und äußeren Verzögerungen, die sich im Laufe der Arbeit an dem Buch ergaben.

RENATE BASCH-RITTER

Glossar

Abrüsten: Ein Schiff außer Dienst stellen.

Achter: Alle Bezeichnungen, die den rückwärtigen Teil eines Schiffes betreffen.

Admiral: Oberbefehlshaber zur See. Dreifache Abstufung: Admiral, Vizeadmiral und Konter-(Kontre-)Admiral.

Admiralität: In England und im Deutschen Reich Bezeichnung für das Marineministerium.

„Alle Mann auf Deck": Kommando, um alle dienstfähigen Leute auf Deck zu rufen.

Auspurren: Aufwecken, aufstehen.

Ausrüstung: Alle Gegenstände (Munition, Geschütze, Kohle, Instrumente, Lebensmittel, Hängematten etc.), die das „zugerüstete" Schiff vervollständigen.

Aviso: Schnelles Fahrzeug für den Depeschendienst.

Back: Hölzerner Eßnapf.

Backbord: Bei Blick zum Bug – linke Seite des Schiffes. In der Nacht durch rotes Positionslicht gekennzeichnet.

Badegäste: Ironische Bezeichnung für Mitglieder des Stabes, die keine Seeoffiziere sind, wie z. B. Ärzte, Kommissare, Priester.

Barkasse: Großes Ruderboot.

Bart: Gewächse, die sich am Kiel eines Schiffes festsetzten.

Batterie: Mehrere nebeneinander aufgestellte Geschütze.

Besteck machen: Standortbestimmung auf See.

Boot: Sammelbezeichnung für alle Fahrzeuge mit Riemen (Ruder).

Bootsmann: Ranghöchster Unteroffizier des Deckdienstes.

Bootsmannpfeife: Signalpfeife zur akustischen Unterstützung verschiedener Aufträge und Arbeiten an Bord.

Brigantine (Brigg): Fahrzeug mit zwei vollgetakelten Masten.

Bug: Vorderteil des Schiffes.

Bugspriet: Rundholz, das schräg über den Bug hinausreicht.

Colombscher Signalapparat: Akustisch und optisch periodisch wiederkehrendes Signalzeichen.

Detachement: Eine für eine bestimmte Aufgabe abkommandierte Abteilung.

Diana: Morgenwache von 4 bis 8 Uhr.

Division: Abteilung von zwei bis fünf Schiffen.

Dock: Gemauert oder schwimmend – zur Aufnahme von beschädigten Schiffen.

Dreidecker: Linienschiff mit drei gedeckten Batterien.

Dreadnought: Engl. Schlachtschifftypus (ab 1905).

„Enter auf": Erstes Kommando bei Segelmanöver.

Entern (aufentern): Auf die Takelung klettern.

Entern: Ein feindliches Schiff mit Enterhaken heranziehen und stürmen.

Eskadre: Eine Anzahl von Schiffen unter gemeinsamem Oberbefehl.

Feluke: Arabisches Küstenfahrzeug mit zwei senkrechten (oder leicht geneigten) Masten.

Flagge zeigen: Entsendung (Mission) von Kriegsschiffen, um zu repräsentieren.

Flagge halbstocks (halbmast): Zeichen der Trauer.

Flagge streichen: Zeichen der Niederlage.

Flaggengala, große: Flaggenschmuck eines Schiffes zu festlichen Anlässen. Alle an Bord befindlichen Flaggen (auch Signalflaggen) werden an Flaggenleinen von Masttopp zu Masttopp gesetzt.

Flaggengala, kleine: Kriegsflaggen werden auf jeden Masttopp gesetzt.

Flaggentuch: Leichter Wollstoff, Herstellungsmaterial für Flaggen.

Flaggenoffizier: Jeder Admiral oder Kommandant, der auf seinem Schiff eine Kommandoflagge führt.

Flaggenschiff: Schiff, das die Kommandoflagge führt. In der deutschen Marine Flaggschiff.

Flottenrock: Uniformrock von Marineoffizieren.

Fockenmast: Vordermast eines Schiffes.

Fregatte: Vollgetakeltes leichtes Kriegsschiff mit einem Batteriedeck.

Galeere: Allgemeine Bezeichnung für große Ruderschiffe (von der Antike bis ins 17. Jh.).

Galion. Ein vor dem Bug vorspringender Ausbau – Basis für den Bugspriet. Im Inneren des Galions befindet sich ein Boden aus Holzgitter – Mannschaftstoiletten.

Galionsfigur: Bild oder Figur auf der Außenseite des Galions.

-gast: (Nachsilbe) für bestimmte Funktionen des Mannschaftsstandes, z. B. „Bootsgast".

GDO: Gesamtdetailoffizier – in der österr.-ungar. Marine erster Offizier nach dem Kommandanten.

Generalrunde (-ronde): Von einem Offizier ausgeführter Kontrollgang während der Nachtruhe.

Gig: Kleines Boot zur Verwendung für den Kommandanten.

Goletta (Goelette): Fahrzeug mit zwei oder drei Masten, Rahen nur am vorderen Mast.

Gut: Sammelbezeichnung für Tau und Takelwerk.

Hafenkapitän: Offizier, der die Aufsicht über den Hafen führt.

Heck: Oberer Teil des Hinterschiffes.

Hissen (heißen): Einen Gegenstand mit einem Tau oder einem Flaschenzug in die Höhe ziehen.

Hulk: Ausgedientes Kriegsschiff, wird meist als Quartierschiff vor Anker benützt.

Jakobsleiter: Leiter aus Tauen mit hölzernen Sprossen.

Kabel: Starkes Tau.

Kabine: Wohnraum an Bord für Stabsoffiziere.

Kadett: Absolvent der Marineschule (Marineakademie), wird auf Kriegsschiffen zum Offizier ausgebildet.

Kadettenmesse: Gemeinsamer Wohnraum der Seekadetten.

Kajüte: Wohnung des Admirals oder Kommandanten an Bord.

Kalfatern: Die zwischen den Planken befindlichen Fugen mit Werg verstopfen und mit Teer bestreichen.

Kanonenboot: Kleines Kriegsschiff mit weniger als sechs Geschützen.

Kaperbrief: Der von einer Regierung ausgestellte Paß zur Aufbringung feindlicher Schiffe. 1856 wurde die Kaperei offiziell abgeschafft.

Kapitän: Kommandant eines Schiffes, auch für die Handelsschiffahrt üblicher Ausdruck.

Kasemattschiffe: Panzerschiffe mit Zentralbatterie.

Kielwasserlinie: Taktische Formation, bei der die Schiffe hintereinander fahren.

„Klarschiff": „Bereit zum Gefecht".

Knoten: Bezeichnung für Schiffsgeschwindigkeit in Seemeilen pro Stunde. Die Bezeichnung stammt von den in die Logleine eingeknüpften Knoten. 1 Knoten = 1 Seemeile = 1855 m.

Kombüse: Schiffsküche.

Kommodore: Titel für einen Kapitän während der Dauer eines Kommandos.

Konvoi: Handelsschiffe, die sich in den Schutz von Kriegsschiffen begeben.

Korvette: Größeres getakeltes Kriegsschiff.

Kreuzer: Schnelles, leicht gepanzertes Kriegsschiff zur Aufklärung.

Kriegsschiff: Jedes der Kriegsmarine angehörende Schiff.

Kurs: Richtung („Kompaßstrich"), auf der ein Schiff fährt.

Labsalben: Das Tauwerk mit Teer, die Masten mit Öl (Fett) einschmieren, um sie gegen die Witterung zu schützen.

Lass fallen: Kommando beim Manöver „Segel los", alle Segel werden zugleich von den Rahen losgelassen.

Lateinisches Segel: Dreieckiges Segel an langer, beinahe senkrechter Rahe befestigt.

Laufsteg: Schmaler Gang auf Galeeren zwischen den Ruderbänken.

Lee: Die vom Wind abgewandte Seite.

Linienschiff: Großes vollgetakeltes Schlachtschiff.

Logbuch: In der österr.-ungar. Monarchie Bordjounal. Aufzeichnung aller wichtigen Ereignisse, Tagesposition etc.

Log(g): Kleines Brett mit Meßleine zur Messung der Geschwindigkeit eines Schiffes.

Loten: Messen der Meerestiefe mit Hilfe eines Senkbleis und der Lotleine.

Luv: Einfallsrichtung des Windes.

Maat: Unteroffizier.

Manöver: Jede Veränderung und Wendung des Kurses mit Hilfe von Segel, Steuer (Maschinenkraft).

Marinearchitekt: Schiffsbauingenieur.

Meile: Der sechzigste Teil eines Äquatorgrades = 1855 m. Eine Kabellänge beträgt 185 m (zehnter Teil einer Seemeile), 4 Seemeilen = 1 geograph. deutsche Meile = 7420 m.

Messe: Speiseraum für Offiziere.

Mission: Entsendung zu einer transozeanischen Reise.

Monitor: Gepanzertes Küsten- und Flußkriegsschiff mit Turmgeschützen.

Nautik: Seefahrt, Seefahrtskunde.

Navigationsoffizier: Für die Ortsbestimmung zuständiger Offizier.

Niederentern: Vom Takelwerk herunterklettern.

Ochsenauge (Bullauge): Rundes Seitenfenster.

Offenes Fahrzeug: Schiff ohne Deck.

Panzerschiff: Ursprünglich Holzschiffe, die mit Eisenplatten verstärkt wurden (ab etwa 1860).

Panzerturm: Gepanzerte drehbare Kuppel auf Panzerschiffen (ab etwa 1880).

Pforte (Geschützpforte): Öffnung für Geschütze an den Breitseiten von Kriegsschiffen (vom Beginn der Neuzeit bis etwa 1870 gebräuchlich).

Prise: Ein im Krieg (oder durch Kaperung) erbeutetes Schiff.

Purren (auspurren): Aufwecken, aufstehen.

Quarantäne: „40" Tage Wartefrist mit Ausgangssperre für Schiffe und deren Besatzung, die aus seuchenverdächtigen Häfen kommen.

Quartier: Eine der jeweils vier Unterabteilungen der beiden Wachen.

Quartiermeister: In der österr.-ungar. Marine der unterste Unteroffiziersrang.

Ra(a), Rah: Waagrechtes Rundholz zum Tragen der Quersegel.

Rammen: Ein feindliches Schiff anrennen.

Rammsporn: Ein vom Rammbug auslaufender eiserner Sporn unter der Wasserlinie.

Reede (Rhede): Ankerplatz vor einem Hafen ohne künstlichen Schutz.

Reep: Tau, Leine.

Reeperbahn: Gerade Linie, in der die Reeper Taue, Leinen und Garne herstellen.

Reffen: Segelfläche verkleinern.

„Rein Schiff": Kommando zur Säuberung des Schiffes.

Riemen: Ruderstange.

Riß(ss): Konstruktionszeichnung eines Schiffes.

Rolle: Zuweisung der Besatzung zu verschiedenen Dienstvorrichtungen, z. B. Gefechts-, Wach-, Manöver-, Feuer-, Boots-, Back-, Rein-Schiff-Rolle.

Ruder: Vorrichtung zum Lenken eines Schiffes.

Rumpf: Schiffsgebäude ohne Takelung.

Salutieren: Begrüßen eines Schiffes mit Salutschießen bzw. mit Flaggen.

Schanghaien: Widerrechtliche Verpflichtung eines Matrosen zum Dienst.

Schiemannsarbeiten: Zubereitung des Tauwerkes für die Takelung.

Schiffsetikette: Vorgeschriebene Höflichkeitsformen an Bord.

Schiffsjunge: 14- bis 16jährige Buben, die auf eigenen Schulschiffen zu Matrosen ausgebildet werden.

Schoner: Fahrzeug mit 2 oder 3 Rahen.

Schott: Feste, wasserdichte Trennwand im Schiffsinnern.

Seearsenal: Werft.

Seemacht: Staat mit Kriegsflotte, die Flotte selbst.

Seeräuberei: Das Aufbringen eines Schiffes ohne Kriegszustand und ohne Kaperbrief.

Seerecht: Sammlung von internationalen Gesetzen, die Seefahrt betreffend.

Seezeichen: Dienen zur Kennzeichnung des Fahrwassers (z. B. Leuchttürme, Bojen, Feuerschiffe).

Signalflaggen: Werden auf Leinen gehißt und geben anderen Schiffen Befehle bzw. Nachrichten.

Signalmast: Auf Schiffen ohne Takelage zum Hissen der Signalflaggen.

S. M. S. (Seiner Majestät Schiff): Bis 1867 amtlich den Schiffsnamen vorangesetzt. In der Literatur weiterhin gebräuchlich.

Sonnensegel: Sonnenzelt, das über das Oberdeck gespannt wird.

Sorren: Festbinden.

Stab eines Schiffes: Seeoffiziere, Marinekommissare, Marineärzte und Priester, Seekadetten.

Stapellauf: Feier, bei der ein neugebautes Schiff ins Wasser gleitet.

Steuer: Ruder.

Steuerbord: Bei Blick zum Bug — rechte Seite des Schiffes. In der Nacht durch grünes Positionslicht gekennzeichnet.

Steuerbordwache: Die Besatzung eines Kriegsschiffes wird in zwei Abteilungen geteilt. Alle ungeraden Nummern bilden die Steuerbordwache, alle geraden die Backbordwache.

Streichen: Senkrechtes Niederholen (einer Flagge).

Takelung, Takelage: Sammelbegriff für alle Rundhölzer und Segel, die man für Segelschiffe braucht.

Tau(werk): Sammelname für alle Seile (Leinen, Trossen, Kabel etc.).

Topp: Oberes Ende eines Mastes.

Torpedo: Unterwassergeschoß mit Eigenantrieb.

Traversade: Transozeanische Fahrt unter Segel.

Vierkant vertäuen: Ein Schiff vor ein oder zwei Anker und ein oder zwei Landfesten legen.

Vollschiff: Klassische Form des Großseglers. Jeder Mast trägt einen Satz Rahsegel.

Wache: Zeitraum, während die Hälfte der Mannschaft den Dienst verrichtet. Der Tag wird auf See in sieben Abschnitte geteilt, der Wachetag im Hafen in vier.

Wachrolle: Regelt den Wachdienst der Mannschaft.

Wimpel: Lange, schmale Flagge, die vom Topp des Großmastes weht.

Windjammer: Große Segelschiffe.

Wurm (Schiffswurm): Durchbohrt Holzteile eines Schiffes. Die im Wasser befindlichen Schiffsteile werden zum Schutz mit Kupfer beschlagen.

Zurren: Zusammenschnüren von Hängematten.

Zurüstung: Ausstattung eines Schiffes mit Takelage, Ankergerät, Maschinen, Booten usw.

Zwischen Wind und Wasser: In der Ebene des Wasserspiegels.

Zeittafel

1350–1500

Österreichische Marine	Allgemeine österreichische Geschichte	Europäische Geschichte	„Übersee" und allgemeine Ereignisse der Seefahrt
1379 Seeschlacht bei Pola zwischen Venedig und Genua	1348–50 Pest, Seuchen, Hungersnot, Erdbeben, Judenverfolgung	1356 „Goldene Bulle" Kaiser Karls IV.	1350 Venedig – Handel mit Orient
1382 Triest unterstellt sich dem Schutz Herzog Leopolds III.	1358–65 Herzog Rudolf IV. „der Stifter"	1370 „Hanse" auf dem Höhepunkt ihrer Macht	1420–35 Seekrieg der Hanse gegen Dänemark
1440 Gründung eines Arsenals in Wien – Bau von Flußkriegsschiffen	1359 Privilegium maius	1389 Serben auf dem „Amselfeld" von Türken geschlagen	1420 „Seefahrerschule" des Prinzen Heinrich von Portugal
1440–85 erste kaiserliche Donauflottille	1433 Stephansturm vollendet	1339–1453 „100jähriger Krieg" zwischen Frankreich und England	1420–70 Portugiesen erkunden Westküste Afrikas
1471 St. Veit am Pflaumb (erst Fiume, dann Rijeka) wird von Kaiser Friedrich III. erworben	1440–93 Kaiser Friedrich III. „A E I O U" Ungarnkrieg – Matthias Hunyadi	1414–18 Konzil von Konstanz	1487 Bartholomäus Diaz entdeckt Südspitze Afrikas
1500 Kaiser Maximilian I. gründet auf dem „Tabor" in Wien das „Römisch-Kayserliche Streit-Schiff-Arssiniall"	1472–83 Türken in der Steiermark	1450 Gutenberg erfindet den Buchdruck	1492 Kolumbus erreicht Westindien
	1477 Vermählung Maximilians mit Maria von Burgund	1453 Türken erobern Konstantinopel Renaissance	1494 Vertrag zu Tordesillas – Teilung der Welt
	1493–1519 Kaiser Maximilian I.	Künstler: Tizian, Michelangelo, Leonardo da Vinci, Dürer	1497 Vasco da Gama – Seeweg nach Indien

16. Jahrhundert

1511 Triest stellt gegen Venedig zwei bewaffnete Brigantinen	1500 Habsburger erben Görz	1517 Thesen Martin Luthers – „Reformation"	Eroberer:
1529 Erste Türkenbelagerung Wiens – Mitwirken einer Donauflottille	1508 Krieg Kaiser Maximilians I. gegen Venedig	1534 König Heinrich VIII. von England – Anglikanische Hochkirche	Cortez in Mexiko Pizarro in Peru Cabral in Brasilien
1532–40 Bau einer Donauflottille im Wiener Arsenal	1515 „Wiener Doppelhochzeit" zwischen Habsburgern und Jagellonen	1540 Ignatius von Loyola gründet Jesuitenorden	1500 Brasilien wird portugiesisch
1540 „Landsknechtsordnung" erhält eine Schiffsordnung	1519 Regierungsantritt Kaiser Karls V.	1545–63 Konzil zu Trient	1513 Balboa entdeckt Pazifik
1555 Befestigung der erbländischen Städte Triest und Fiume	1525 Bauernaufstände	1558–1603 Elisabeth I. Königin von England	1519–22 Magellans erste Weltumsegelung
1571 Don Juan d'Austria besiegt die türkische Flotte bei Lepanto	1526 Schlacht bei Mohács gegen die Türken Beginn des habsburgischen Vielvölkerreiches	1567 Aufstand in spanischen Niederlanden	1528 Weltbild des Kopernikus
1556–1600 mehrere Türkenkriege – Donauflottillen	1556 Aufspaltung der habsburgischen Dynastie in spanische und deutsche Linie	1587 Tod Maria Stuarts	1540 Las Casas – Indianerbericht
	1564 Dreiteilung der habsburgischen Länder	1564–1642 Galilei	1588 Spanische „Armada" von England besiegt
	1586 Gründung der Universität Graz	1571–1630 Johannes Kepler	1577–80 Zweite Weltumsegelung, Sir Francis Drake
	1570–1620 Gegenreformation in Österreich	1582 Gregorianischer Kalender	

17. Jahrhundert

1600–17 „Uskoken" – Unruhen an der nördlichen Adria	1608/09 „Union" – „Liga"	Absolutismus in Frankreich Merkantilismus	1602 Holländisch-Indische Kompanie
1618 Erster Versuch zur Gründung einer kaiserlichen Marine	1618 „Prager Fenstersturz"	ca. 1640–1770 Barock	1603 Erste französische Siedlung in Kanada
1618–48 30jähriger Krieg Wallenstein „Admiral" des Baltischen und Ozeanischen Meeres	1600–1620 Aufstand in Siebenbürgen	1643–1715 Ludwig XIV. „Sonnenkönig"	1607 Englische Siedlung in Nordamerika
1632 Kaiserliche Kriegsschiffe am Bodensee	1634 Wallenstein ermordet	1649 König Karl I. von England enthauptet	1624 Erste englische Kolonie in Indien
1664 Türkenkrieg Kaiser Leopolds I. – Donauflottille	1650 „Postkutsche"	1675 Aufstieg Brandenburg-Preußens	1650 Holland gründet Kapkolonie
	1664 Türkenkrieg – Schlacht bei Mogersdorf	1689–1725 Zar Peter „der Große" von Rußland	1652 Tasman entdeckt Australien
	1679 Abraham a Sancta Clara in Wien	1688 Glorreiche Revolution in England	1652 Holländer gründen Kapstadt
	1683 Zweite Türkenbelagerung Wiens		1675 Gründung der Sternwarte Greenwich
	1697 Prinz Eugen besiegt Türken bei Zenta		

17. Jahrhundert

Österreichische Marine	Allgemeine österreichische Geschichte	Europäische Geschichte	„Übersee" und allgemeine Ereignisse der Seefahrt
1683 Zweite Türkenbelagerung Wiens – Donauflottille, Sperrketten, Schiffsbrücken	1699 Friede von Karlowitz – Ungarn und Siebenbürgen kommen an Österreich		1684–98 Seekrieg zwischen Venedig und Türkei
1696 Kampf zwischen kaiserlichen und türkischen Kriegsschiffen an der Theißmündung			
1697 Erste Ordinarii – Ulm–Wien „Ulmerschachteln"			

18. Jahrhundert

ab 1700 „Schwabenzüge" werden von kaiserl. Kriegsschiffen begleitet	1701–14 Spanischer Erbfolgekrieg: Span. Niederlande und Teile Italiens fallen an Österreich	1700–21 Nordischer Krieg	1742–63 Englisch-französischer Kolonialkrieg
1716 In der Schlacht bei Peterwardein wird Prinz Eugen von einer Donauflottille unterstützt	1711–40 Kaiser Karl VI.	1701 Preußen wird Königreich	1757–84 England erobert Indien
1717 Donauüberquerung und Schlacht bei Belgrad – Sieg Prinz Eugens über Türken	1713 Pragmatische Sanktion	1740–86 Friedrich „der Große" von Preußen	1766 Captain Cook erforscht die Südsee
1719 Gründung der k. k. privilegierten „Ostender" Kompanie	1728 Bau der Semmeringstraße	1740–63 Österreichische Erbfolgekriege	1776–83 Nordamerikanische Freiheitskriege
1725 Aufbau einer kaiserl. Flotte in Triest	1736 Tod Prinz Eugens	1762–96 Katharina „die Große" von Rußland	1776 Gründung der U.S.A.
1730 Erstes kaiserliches Marinereglement	1740–80 Kaiserin Maria Theresia	1769 Dampfmaschine – James Watt	1795 England gewinnt Kapkolonie und Ceylon
1738 Bau einer Donauflottille	1757 Stiftung des Maria-Theresien-Ordens	1772 Erste Teilung Polens	1798 Sieg der britischen Flotte unter Admiral Nelson bei Abukir (Ägypten) über die Flotte Frankreichs
1753 Vermessungsbeginn der österreichischen Meeresküste	1765 Joseph II. wird Mitregent seiner Mutter Maria Theresia	1789 Beginn der Französischen Revolution	
1760–80 Österr. Kolonien in Afrika und Indien	1780–90 Kaiser Joseph II.	1793 Hinrichtung Ludwigs XVI.	
1776 Trennung des deutschen vom ungarisch-kroat. Litorale	1790–92 Kaiser Leopold II.	1798/99 Ägyptenfeldzug Napoleons	
1786 Gründung der Triestiner Marine	ab 1792 Kaiser Franz II. (I.)	1799 Napoleon – Erster Konsul	
1786 „Flaggenbefehl" Kaiser Josephs II.			

1786–1848/49

1793 Josef Ressel geboren	1797 Friede zu Campoformido – Österreich erhält Venedig, Istrien, Dalmatien	1804 Napoleon wird Kaiser der Franzosen	1805 Seeschlacht bei Trafalgar – Sieg Admiral Nelsons gegen die Franzosen
1797 Gefecht bei Quieto zwischen österr. und franz. Einheiten	1804 Kaiser Franz II. wird als Kaiser Franz I. Kaiser von Österreich	1805 Austerlitz	1807 Robert Fultons Dampfschiff „Claremont" auf Hudson
1801 Erzherzog Karl (Sieger von Aspern) wird Kriegs- und Marineminister	1809 Höhepunkt des Krieges zwischen Napoleon und Österreich Schlacht bei Aspern, Deutsch Wagram, am Berg Isel (Andreas Hofer) Friede von Schönbrunn – Österreich verliert alle Küstengebiete	1809 Napoleon in Wien	1815–1830 Freiheitskampf der südamerikanischen Kolonien
1803 Dienstvorschrift für die Marine		1812 Rußlandfeldzug Napoleons – Brand Moskaus	1820–1840 Seeräuber im Mittelmeerraum
1815 Österreichischer Besitz an der Adria am Wiener Kongreß endgültig bestätigt		1814 Verbannung Napoleons auf Elba	1834 „Maria Dorothee" – erster Dampfer auf dem Mittelmeer
1817 Fahrt der Fregatten „Austria" und „Augusta" nach Brasilien		1815 Wiener Kongreß, Verbannung Napoleons auf St. Helena	
		ab 1815 „Nationalismus", „Liberalismus", „Arbeiterbewegung" Beginn des technischen Zeitalters	

1786–1848/49

Österreichische Marine	Allgemeine österreichische Geschichte	Europäische Geschichte	„Übersee" und allgemeine Ereignisse der Seefahrt
1819 Kartographische Aufnahmen der Adria 1827 Wilhelm von Tegetthoff geboren 1829 Seegefecht bei El Araisch (Marokko) 1830 Gründung der „DDSG" 1836 Gründung der österr. Lloyd in Triest 1840 Eroberung von Saida (Erzherzog Friedrich Kommandant der „Guerriera") 1840 Eroberung von Akkon durch britische und österreichische Einheiten 1848 Aufstand im Arsenal von Venedig – Abfall Venedigs 1849 Angriff mit Raketen und Ballonbomben auf Venedig – Venedig kapituliert	1814/15 Wiener Kongreß – Österreich erhält alle inzwischen an Napoleon gefallenen Gebiete zurück 1815 Gründung der „Heiligen Allianz" 1815–48 „Vormärz" in Österreich – „Biedermeierzeit" – „Polizeistaat Metternichs" 1837 Erste Dampfeisenbahn in Österreich 1848 Märzrevolution in Wien, Aufstand in Prag, Budapest, Mailand und Venedig – Sieg Generalfeldmarschalls Radetzky in Oberitalien – Kaiser Ferdinand I. (1835–1848) dankt zugunsten seines Neffen ab – Kaiser Franz Joseph I. (1848–1916) 1857 Fertigstellung der Südbahn	1830 Julirevolution in Paris 1821–29 Freiheitskampf in Griechenland gegen die Türkei 1848 Revolution in Paris greift auf fast alle europäischen Zentren über	1837–1842 Englands Opiumkrieg mit China 1842 Buren gründen Oranjefreistaat 1846–48 Krieg USA–Mexiko 1849 Briten heben „Navigationsakte" auf

1848/49 bis 1866

Österreichische Marine	Allgemeine österreichische Geschichte	Europäische Geschichte	„Übersee" und allgemeine Ereignisse der Seefahrt
1849 Venedig wieder bei Österreich 1850 Pola wird zum Zentralhafen ausgebaut 1854–64 Erzherzog Ferdinand Max Marinekommandant 1857–59 Weltumsegelung der „Novara" 1864 Seegefecht bei Helgoland – Kommodore Tegetthoff 1866 Seeschlacht bei Lissa 20. Juli: Sieg Tegetthoffs – Venetien an Italien	1849 Feldmarschall Radetzky siegt bei Mortara und Novara 1854 Semmeringbahn eröffnet 1856 Pläne Negrellis für Suezkanal 1857 Wiener Stadtmauer geschleift – Ringstraße 1858 Tod Radetzkys 1859 Schlacht bei Solferino 1864 Deutsch-dänischer Krieg 1864 Erzherzog Ferdinand Max wird Kaiser von Mexiko 1866, 3. Juli: Schlacht bei Königgrätz	1851 Erste Weltausstellung in London 1852–70 Kaiser Napoleon III. 1853–56 Krimkrieg 1861–70 Einigung Italiens 1861 Viktor Emanuel König von Italien 1862 Bismarck preußischer Ministerpräsident 1864 Genfer Konvention 1866 Norddeutscher Bund	1850 Erstes Unterseekabel zwischen England und Frankreich Panzerschiffe, „Monitore", „Minenkrieg", „Rammsporn" 1853/54 Japan öffnet Häfen für Handel Opiumkriege in China Ab 1858 Frankreich erobert Indochina 1861–65 Amerikanischer Bürgerkrieg

1867 bis 1900

Österreichische Marine	Allgemeine österreichische Geschichte	Europäische Geschichte	„Übersee" und allgemeine Ereignisse der Seefahrt
1868 Tegetthoff Marinekommandant 1871 Tod Tegetthoffs 1872 Österreichische Arktisexpedition entdeckt Franz-Joseph-Land 1872 In Fiume Torpedos hergestellt 1880–1900 Missionsreisen der k. u. k. Marine 1891 „Polatiefe" 1896 Expedition nach den Salomoninseln 1900 Boxeraufstand – Entsendung von Marineeinheiten	1867 Ausgleich mit Ungarn 1867 Kaiser Maximilian in Mexiko erschossen 1869 Reichsvolksschulgesetz Allgemeine Wehrpflicht 1873 Weltausstellung in Wien 1878 Okkupation von Bosnien und Herzegowina 1889 Selbstmord des Kronprinzen Rudolf 1892/93 Weltreise Erzherzog Franz Ferdinands – Nationalitätenstreit 1897 Badenische Sprachenverordnung 1898 Ermordung der Kaiserin Elisabeth	1870/71 Deutsch-Französischer Krieg – Deutsches Kaiserreich 1877 Königin Viktoria Kaiserin von Indien 1878 Berliner Kongreß 1879 Zweibund Österreich-Ungarn – Deutschland 1882 Dreibund Österreich-Ungarn – Deutschland – Italien ab 1880 Französisches Kolonialreich ab 1880 Schaffung des italienischen Kolonialreiches 1879 Griechisch-Türkischer Krieg	1867 Rußland verkauft Alaska 1869 Eröffnung des Suezkanals 1869 Pazifikbahn 1891 Bau der Transsibirischen Eisenbahn 1895 Eröffnung des Nordsee-Ostsee-Kanals 1895 Krieg zwischen USA und Spanien 1894/95 Chinesisch-Japanischer Krieg 1895 Nobelpreis 1896 Olympische Spiele 1900 Zeppelin-Luftschiff 1900 Boxeraufstand in China

1900–1914

Österreichische Marine

1900 K. u. k. Marineeinheiten nehmen an internationaler Aktion in China teil
1902 Erzherzog Franz Ferdinand erhält Admiralsrang
1904 Gründung des österreichischen Flottenvereines
1904–13 Marinekommandant Graf Montecuccoli
1907 Erstes österreichisches U-Boot
1911 Stapellauf der „Viribus Unitis"
1913–17 Marinekommandant Anton Haus
1914 Ermordung des österreichischen Thronfolgers Franz Ferdinand und seiner Gattin in Sarajewo

Allgemeine österreichische Geschichte

1904 Berta von Suttner: „Die Waffen nieder"
1906 „Schweinekrieg" (Zollkrieg gegen Serbien)
1907 Allgemeines Wahlrecht
1908 Annexion Bosniens und der Herzegowina
1909 Eröffnung der Tauernbahn
1911 Serbischer Geheimbund „Schwarze Hand"

Europäische Geschichte

1905 Russische Revolution
1907 Jungtürkische Revolution
1907 „Entente" zwischen England, Frankreich, Rußland
1911/12 Krieg Italien–Türkei
1912 Abkommen zwischen Italien und Frankreich
1912/13 Erster Balkankrieg
1913 Zweiter Balkankrieg

„Übersee" und allgemeine Ereignisse der Seefahrt

1900 Boxeraufstand in China
1899–1901 Burenkrieg in Südafrika
1904 Seekrieg Rußland–Japan
1905 Russisch-japanische Seeschlacht bei Tsuschima
1900–14 Bau der Bagdadbahn
1912 Chinesische Revolution
1914 Eröffnung des Panamakanals
1914 85% der Erde von Europäern beherrscht

1914–1918/19

1914 Transport- und Sicherungsaufgaben in Dalmatien
Blockade Montenegros, dabei Verlust der „Zenta"
Donau-Monitore gegen Serbien
Selbstversenkung S.M.S. „Kaiserin Elisabeth" vor Tsingtau
1915 Italienische Kriegserklärung verursacht Angriff der ö.-u. Flotte gegen italienische Adriaküste
Flankenschutz der Isonzofront
Deutsche U-Boote im Mittelmeer
Donau-Monitore gegen Serbien
Bei einem Angriff auf Pola wird das italienische Luftschiff „Citta di Jesi" abgeschossen
1916 K. u. k. Marine unterstützt Angriff auf Lovčen-Paß aus der Bucht von Cattaro
Donauflottille beschießt rumänischen Hafen Giurgiu
1917 Gefecht in der Otrantostraße
Marineflugboote zerstören Ballonhalle in Ferrara
Bomben auf Venedig, geringe Schäden
1918 Meuterei in Cattaro
Versenkung der „Szent István" und der „Viribus Unitis"
K. u. k. Flotte aufgeteilt auf Siegermächte

1914 Kriegserklärung an Serbien löst Ersten Weltkrieg aus
Niederlagen in Galizien und Serbien
Karpatenfront
1915 Das „Drei-Bund-Mitglied" Italien tritt auf der Gegnerseite in den Krieg ein
Isonzo und Dolomitenfront
Galizien zurückerobert
Serbien und Montenegro besetzt
1916 Weitere italienische Angriffe am Isonzo
Rumänien besetzt
Tod Kaiser Franz Josephs
Nachfolger Kaiser Karl I.
1917 Friedensversuch Kaiser Karls („Sixtusbriefe")
Rückzug der Italiener vom Isonzo zum Piave
1918 „Steckrübenwinter" (Hungerzeit)
„Vittorio Veneto" – italienische Schlußoffensive
Zerfall der Monarchie in „Nachfolgestaaten"
Kaiser Karl – Exil, Proklamation der 1. Republik
1919 Friedensvertrag von St. Germain
Österreich Binnenstaat mit heutigen Grenzen

1914 „Mittelmächte" (Dt. Reich, Österreich-Ungarn, Türkei) gegen „Entente" (Serbien, Montenegro, Rußland, Frankreich, Großbritannien, Japan)
„Stellungskrieg" an der Westfront
1915 Kriegseintritt Bulgariens gegen Serbien
Schwere Verluste für Rußland
1916 „Materialschlachten" bei Verdun und an der Somme
Einsatz neuer Kampfmittel – Tanks, Jagdflugzeuge
1917 „Oktoberrevolution" in Rußland – Sturz des Zaren
Kriegseintritt der USA
1918 25 „Entente-Staaten" bekämpfen die 4 Mittelmächte
Letzte deutsche Angriffe im Westen
Gegenoffensive der Entente
Waffenstillstand und Ende des Deutschen Kaiserreiches
1919 Friedensvertrag von Versailles
Beginn der Weimarer Republik

1914 Verlust der „Emden"
Deutsche Hochseeflotte in der Nordsee „eingesperrt"
Kolonialkrieg
1915 Verteidigung der Dardanellen durch Türkei
Torpedierung der „Lusitania"
Verlust der deutschen Kolonien und Funkstationen
Konvoi-System gegen U-Boot-Gefahr
1916 Seeschlacht „am Skagerrak"
Wirtschaftlicher Engpaß der Mittelmächte
1917 Deutschland erklärt den „uneingeschränkten U-Boot-Krieg"
1918 „14 Punkte" des US-Präsidenten Wilson
Meuterei der deutschen Hochseeflotte
1919 Selbstversenkung der deutschen Hochseeflotte in Scapa Flow

Literatur

Aichelburg, Wladimir: „Kriegsschiffe auf der Donau", Heft 37, Militär-historische Schriftenreihe, hrsg. vom Heeresgeschichtlichen Museum.

Aichelburg, Wladimir: „Erzherzog Franz Ferdinand und Artstetten", Wien 1983.

Aichelburg, Wladimir: „Sarajevo 28. Juni 1914" Wien 1984.

Aichelburg, Wladimir: „K. u. k. Marinealbum", Schiffe und Häfen Öster-reich-Ungarns in alten Photographien, Wien–München–Zürich 1976.

Allmayer-Beck, Lessing: „Die k. (u.) k. Armee 1848–1914" Wien o. J.

Attlmayr, Ferdinand; Marine Akademie Professor d. R., k. k. Korvetten-kapitän: „Über maritime Kriegsführung", Wien 1884.

Banfield, Gottfried von: „Der Adler von Triest", der letzte Maria-There-sien-Ritter erzählt sein Leben, Graz 1984.

Bayer von Bayersburg, Heinrich: „Die k. u. k. Kriegsmarine auf weiter Fahrt", Wien 1958.

Beeching, Jack: „Don Juan d'Austria, Sieger von Lepanto", München 1983.

Benesch, Kurt: „Nie zurück", die Entdeckung des Franz-Joseph-Landes, Wien 1967.

Benko von Boinik, Jarolim Freiherr: „Geschichte der k. k. Kriegsmarine während der Jahre 1848 und 1849", Wien 1884.

Benko von Boinik, Jarolim Freiherr: „Die Reise S. M. Schiffes ,Zrinyi' nach Ostasien, Yang Tse Kiang und Gelbes Meer 1890–1891", Wien 1894.

Brommy, Rudolf; Kontreadmiral, und Littrow, Heinrich von; k. k. Fregat-tenkapitän: „Die Marine", Wien–Pest–Leipzig 1878.

Conte Corti, Egon Caesar/Sokol, Hans: „Der alte Kaiser", Franz Joseph I. vom Berliner Kongreß bis zu seinem Tode, Graz–Wien–Köln 1955.

Carpinteri, Faraguna/Furio, Bordon: „. . . denn Österreich war ein ordentli-ches Land", Wien–Hamburg 1984.

Dienstreglement für die k. k. Kriegsmarine, 1879, 1901, 1906.

Donaumuseum, Katalog des NÖ. Landesmuseums, o. J.

Dizionario istorico teorico e pratico di marina venezia 1759.

Franz Ferdinand, Erzherzog: „Tagebuch meiner Reise um die Erde 1895–1896", 2 Bände, Wien 1895/96.

Freyheit der Schiffahrt und Handlung neutraler Völker im Kriege nach dem allgemeinen und dem europäischen Völkerrechte, Leipzig 1780.

Friedenfels-Normann, Eduard von; k. u. k. Linienschiffsleutnant a. D.: „Don Juan d'Austria als Admiral der Heiligen Liga und die Schlacht bei Lepanto", Wien–Pola 1902.

Ginzkey, Franz Karl: „Die Reise nach Komakuku", aus dem 4. Band, ausgewählte Werke in vier Bänden, Wien 1960.

Gogg, Karl: „Österr. Kriegsmarine 1848–1918", Salzburg 1967.

Gogg, Karl: „Österr. Kriegsmarine 1440–1848", Salzburg 1972.

Goerke, Heinz: „Geschichte der Schiffahrtsmedizin", Bonn 1983.

„Graz als Residenz", Katalog der kulturhistorischen Ausstellung, hrsg. Stmk. Landesbibliothek am Joanneum, Graz 1964.

Habsburg, Otto von: „Die Reichsidee, Geschichte und Zukunft einer über-nationalen Ordnung", Wien–München 1986.

Hamann, Brigitte: „Mit Kaiser Max in Mexiko", aus dem Tagebuch des Fürsten Carl Khevenhüller 1864 bis 1867, Wien–München 1983.

Hamann, Günther: „Die österr. Kriegsmarine im Dienst der Wissenschaf-ten", in: Schriften des Heeresgeschichtlichen Museums in Wien, Band 8, Wien 1980.

Handel-Mazzetti, Peter: „Die Österreichisch-Ungarische Kriegsmarine vor und im Weltkriege", Klagenfurt o. J.

Harbauer, Karl: „Der Kaiser und die Kriegsmarine", Wien 1910.

Hassinger, Hugo: „Österreichs Anteil an der Erforschung der Erde", Wien 1949.

Jedina, Leopold von; k. u. k. Linienschiffsleutnant: „An Asiens Küsten und Fürstenhöfen", Tagebuchblätter von der Reise SR. MAJ. Schiffes „Fasana" und über den Aufenthalt an asiatischen Höfen in den Jahren 1887, 1888, 1889, Wien–Olmütz 1891.

Kaminski, Gerd/Unterrieder, Else: „Von Österreichern und Chinesen", Wien 1980.

Knappich, Wilhelm: „Die Habsburger Chronik", Salzburg–Stuttgart 1959.

Khuepach zu Ried, Zimmerlehen und Haselburg, Arthur von: „Die österrei-chisch-venezianische Kriegsmarine während der Jahre 1802 bis 1805", Wien 1942.

Khuepach zu Ried, Zimmerlehen und Haselburg, Arthur von/Bayer von Bay-ersburg, Heinrich: „Die österreichisch-venezianische Kriegsmarine (1814–1849)", Graz–Köln 1966.

Kisch, Egon Erwin: „Der rasende Reporter", Berlin 1924.

Kleindel, Walter: „Österreich", Daten zur Geschichte und Kultur, Wien 1978.

Krisch, Anton: „Das Tagebuch des Maschinisten Otto Krisch", Graz–Wien 1973.

Kropf, Brigitte: „Die großen Wasserstraßen der Erde. Ihre gegenwärtige Relevanz", Hausarbeit zur Erlangung des Lehramtes, Institut für Geo-graphie, Universität Graz 1984.

Kronprinz Rudolf: „Die Orientreise des Kronprinzen Rudolf 1881", Wien 1882.

Lerchenfeld-Schweiger, Armand von: „Die Adria", Land und Seefahrten im Bereich des Adriatischen Meeres, Wien–Pest 1883.

Littrow, Heinrich: „Von Wien an die Adria, nach Triest und Fiume, Reise-bilder in gemüthlichen Reimen", Wien 1883.

Marchetti, Hermann; Linienschiffsleutnant: „Die Erdumsegelung S. M. Schiffes Saida in den Jahren 1890, 1891, 1892", Wien 1894.

Maria Theresia als Königin von Ungarn: Katalog zur Ausstellung im Schloß Halbthurn, veranstaltet von der Kulturabteilung des Amtes der Burgenländischen Landesregierung, 1980.

Martiny, Nikolaus von: „Bilddokumente aus Österreich-Ungarns Seekrieg 1914–1918", 2 Bände, Graz 1939.

Mayer, Horst-Friedrich/Winkler, Dieter: „Als die Adria österreichisch war", Wien 1986.

Oesterreichische Seeverwaltung 1850–1875, im Auftrag der k. k. Seebe-hörde, verfaßt vom Sekretär derselben, Triest 1875.

Pemsel Helmut: „Biographisches Lexikon zur See-Kriegsgeschichte", Koblenz 1985.

Pemsel, Helmut: „Seeherrschaft", eine maritime Weltgeschichte von den Anfängen der Seefahrt bis zur Gegenwart, Koblenz 1985.

Pfragner, Julius: „Die Unglücksfahrt der Civetta", Roman einer weltweiten Erfindung, Wien–Stuttgart 1954.

Pickl, Othmar: „Die wirtschaftlichen Auswirkungen der Türkenkriege", Grazer Forsch. zur Wirtschafts- und Sozialgeschichte, Band 1, Graz 1970.

Pickl, Othmar: „Die Habsburger Monarchie als Wirtschaftsfaktor im Ad-riaraum bis zur Mitte des 19. Jahrhundert", Sonderdruck aus Publika-tionen aus dem Archiv der Univ. Graz, Band 4, Graz.

Pola, seine Vergangenheit, Gegenwart und Zukunft; eine Studie, Wien 1886.

Randa, Alexander: „Österreich in Übersee", Wien–München 1966.

Reden, Sixtus Alexander von: „Hoffnung aus der Vergangenheit", Die Wiederentdeckung Österreichs in Norditalien, Graz–Wien–Köln 1982.

Reden, Sixtus Alexander von: „Österreich-Ungarn. Die Donaumonarchie in historischer Dokumentation", Salzburg 1984.

Reifenscheid, Richard: „Die Habsburger in Lebensbildern. Von Rudolf I. bis Karl I.", Graz–Wien–Köln 1982.

Rohrer, Paul: „Als Venedig noch österreichisch war", Stuttgart 1914.

Rosenberg, Gert: „Wilhelm Burger", Ein Welt- und Forschungsreisender mit der Kamera, Wien 1983.

Rottauscher, Max von: „Als Venedig österreichisch war", Wien–München 1966.

Sammlung von Gesprächen in serbokroatischer Sprache für den Gebrauch an Bord, Wien 1899.

Scherzer, Karl von: „Reise der österreichischen Fregatte ‚Novara' um die Erde", 3 Bände, Wien 1861/62.

Siegert, Peer: „Das blieb vom alten Österreich", Wien 1978.

Siegert, Heinz: „Hausbuch der österreichischen Geschichte", Wien 1976.

Sokol, Anthony Eugen (aus dem Amerikanischen von Hans Hugo Sokol): „Die kaiserliche und königliche Kriegsmarine 1382–1918", Wien–München–Zürich 1972.

Steinrück, Heinz: „Tegetthoffs Briefe an seine Freundin", Wien–Leipzig 1926.

Sterneck, Contreadmiral Freiherr von: „Takelung und Ankerkunde für die k. u. k. Kriegsmarine", Wien 1873.

Straub, Oswald; k. u. k. Marineoberkommissär a. D.: „In memoriam, Erlebtes und Erlauschtes aus dem alten Pola", Wien, o. J.

Trapp, Georg von, Korvettenkapitän: „Bis zum letzten Flaggenschuß", Erinnerungen eines österreichischen U-Boot-Kommandanten, Salzburg–Leipzig 1935.

Trost, Ernst: „Das blieb vom Doppeladler", Wien–Zürich–München 1966.

Tul, Johann: „Ave Maris Stella!", Katholisches Maringebet, Belehrung und Erbauungsbuch, Graz–Wien 1917.

Tunkl, Franz Freiherr von: „Schiffahrt und Seewesen", Darstellung der gesamten praktischen und sportlichen maritimen Einrichtungen und Verhältnissen der Gegenwart, Wien–Leipzig 1913.

Valentinitsch, Helfried: „Der englische Seeräuber und Diplomat Robert Elliot und die Anfänge einer österreichischen Kriegsmarine 1616–1624", in: Domus Austriae, Festgabe Hermann Wiesflecker, Graz 1983.

Wallisch, Friedrich: „Die Flagge Rot-Weiß-Rot", Graz 1956.

Winterhalder, Theodor Ritter von; k. u. k. Linienschiffsleutnant: „Kämpfe in China", Wien–Budapest 1902.

Wellenburg, Carl Graf Lanjus von: „Leitfaden für den Unterricht über Schiffsmanöver an der k. u. k. Marineakademie", Wien 1895.

Wulff, Olaf Richard: „Die österreichisch-ungarische Donauflottille im Weltkrieg 1914–1918", Wien–Leipzig 1934.

Zahorsky-Suchodolski, Anton: „Triest, Schicksal einer Stadt", Wien 1962.

Ziak, Karl: „AEIOU, Unvergängliches Österreich", Wien 1958.

ZEITUNGEN, ZEITSCHRIFTEN, PERIODIKA

Almanach für die k. k. Kriegsmarine, Wilhelm Schmidt, Pola–Wien, Kriegsausgabe 1918.

Marine Almanach 1932, hrsg. auf Anregung und unter Mitwirkung des Marine-Verbandes.

Die Flagge, Zeitschrift für Seewesen und Seeverkehr, hrsg. vom österreichischen Flottenverein.

Neue Freie Presse, Wien.

Tagespost, Graz.

Kleine Zeitung, Graz.

„Kladderadatsch" – satyrisches humoristisches Wochenblatt, Berlin ab 1850.

Illustrierte Geschichte des Ersten Weltkrieges, Wien ab 1914.

Marine, Gestern, Heute: Nachrichten aus dem Marinewesen, Verlag Arbeitsgemeinschaft für österreichische Marinegeschichte, Wien–Mistelbach–Peuysdorf, seit 1974 viermal jährlich.

Illustrierte Geschichte des Ersten Weltkrieges: Stuttgart–Berlin–Leipzig–Wien.

Das interessante Blatt, Wien ab 1881. Illustrierte Zeitschrift.

„Adria" – Illustrierte Monatsschrift für die Adriaküste und ihre Hinterländer, Triest ab 1908.

Bildnachweis